ON CYBER CRIME
FROM SUBSTANTIVE LAW

网络犯罪实体法研究

谢鹏程 / 主编
邓思清 蔡 巍 / 副主编

中国检察出版社

图书在版编目（CIP）数据

网络犯罪实体法研究 / 谢鹏程主编 . —北京：中国检察出版社，2022.1

ISBN 978 – 7 – 5102 – 2632 – 8

Ⅰ.①网… Ⅱ.①谢… Ⅲ.①互联网络 – 计算机犯罪 – 研究 – 中国 Ⅳ.①D924.364

中国版本图书馆 CIP 数据核字（2021）第 182411 号

网络犯罪实体法研究

谢鹏程　主　编
邓思清　蔡　巍　副主编

责任编辑：王梓铭
技术编辑：王英英
封面设计：天之赋设计室

出版发行：中国检察出版社
社　　址：北京市石景山区香山南路 109 号（100144）
网　　址：中国检察出版社（www.zgjccbs.com）
编辑电话：（010）86423708
发行电话：（010）86423726　86423727　86423728
　　　　　（010）86423730　86423732
经　　销：新华书店
印　　刷：北京玺诚印务有限公司
开　　本：710 mm×960 mm　16 开
印　　张：20.5
字　　数：376 千字
版　　次：2022 年 1 月第一版　2022 年 1 月第一次印刷
书　　号：ISBN 978 – 7 – 5102 – 2632 – 8
定　　价：69.00 元

检察版图书，版权所有，侵权必究
如遇图书印装质量问题本社负责调换

序　言

网络犯罪现已不是一个新的刑法名词,但至今是一个新的刑法概念。法学是一门由一个个法概念组成的学问。法律科学的基础在于作为法体系最小单位的法概念的科学性。在刑法学中,刑法概念的科学性体现为它的教义学化程度。高度教义学化的刑法概念往往至少具有三个形式特征。一是历史性。很少有刑法概念是在短期内形成的,它必然经历一个漫长的时期,经过一代又一代刑法学人的普遍承认和反复使用。二是排他性。刑法的概念家族具有十分强烈的领地意识,新的刑法概念"不经一番寒彻骨"的历史性考验很难成为这个家族的一员。三是稳定性。刑法的概念地位一经确立就极为稳固,无论内涵和外延如何发展变化甚至相互对立,框架性的概念表述一般不会有哪怕一字的改动。虽然我国刑法学界关于网络犯罪的研究已有数十载,但是网络犯罪作为一个刑法概念的教义学化程度并不高。或者说,网络犯罪作为一个犯罪学、刑事政策学概念尚未完全刑法教义学化。

刑法学研究应当避免将新名词当作新概念,更无必要在著述颇丰的当下再将网络犯罪作为刑法新名词的标签。区分"新的刑法名词"和"新的刑法概念"的旨趣,便在于说明网络犯罪概念的"新"新在其尚处于教义学化过程之中。个中缘由,固然涉及网络犯罪这一词语本身是否具有成为刑法教义学概念的潜质,也不能忽略网络犯罪是一种极具自我更新能力的犯罪类型的特性。网络犯罪的这种自我更新能力与生俱来,只要网络信息技术不停发展,网络犯罪便不断更新。因此,用法教义学语句定义网络犯罪的概念,并以此为原点构建网络犯罪的刑法学理论体系,是一项艰难的刑法学任务。然而,网络犯罪概念的教义学化进程并没有因此而停滞。这是因为刑法教义学化的重要目的之一是服务刑事司法实践,网络犯罪概念的教义学化就是要通过本土化、精细化、体系化的理论学说,及时且预见性地、法治化地解决网络犯罪刑事司法实务中正在发生和将要发生的各种问题。

本书即是网络犯罪概念教义学化进程的助推之作。网络犯罪概念教义学化的路径有二：一是由抽象到具体，先建构网络犯罪的抽象概念和理论体系，后应用于具体的刑事司法实践；二是由特殊到一般，从个案具体问题的解决中抽象出一般规则，再回到个案的刑事司法实践之中。包括本书在内的诸多研究都采用了第二种研究进路。关键是，研究的问题是否是不同于传统线下犯罪的真问题，是否是暴露刑法规定空白的真问题，是否是需要修正甚至颠覆现有刑法理论的真问题。近年来，随着经济社会生产生活的信息化、网络化、数字化、智能化，网络犯罪不断为刑法理论提出一个又一个新问题，为犯罪治理带来一个又一个新挑战。其一，网络犯罪产业化。网络犯罪逐渐告别"单兵作战"模式，更多以团伙、跨境形式作案，各环节分工日益精细化、流程化，形成并依附于规模庞大的地下黑灰产业链：上游为犯罪团伙提供技术工具、收集个人信息等；中游实施诈骗或开设赌场等网络犯罪；下游利用支付通道"洗白"资金。其二，网络犯罪平台化。网络平台流量大、资源集中且高效快捷，往往成为网络犯罪的"温床"或者"遮挡墙"，平台企业面临更重的监管义务和更严峻的合规风险。比如，微信、QQ等即时聊天工具已成为不法分子使用较为频繁的工具；有的犯罪分子利用同城速递即收即送、线上化等特点实施犯罪，不直接参与取毒、送毒，犯罪行为更加隐蔽；互联网企业、电信运营商等处存储大量手机号码，一旦因操作系统、服务器和数据库设置不当留下漏洞极易成为犯罪分子的入侵攻击对象，给公民个人信息安全带来较大威胁；部分APP违反相关法律规定，超出必要范围大量收集公民个人信息；等等。其三，网络犯罪数字化。除了以往的财产的数字化，区块链将要成为网络犯罪数字化借助的更高形式。本书针对这三个关于网络犯罪的新近问题展开深入研究，以期在解决具体刑事司法个案的同时，促进网络犯罪概念的教义学化，助力构建一般的网络犯罪刑法学理论。

网络犯罪的产业化问题涉及的是网络共同犯罪研究。本书认为，在网络社会去中心化、跨时空互动性、开放性、自由性等特质的推动下，以网络黑恶势力犯罪为代表的网络有组织犯罪结构出现嬗变，网络犯罪帮助行为的社会危害性日益凸显，其在犯罪中的地位和性质已经发生了由附属性到独立性、由从属性到主导性的根本变化，要注意到网络犯罪的有组织化模式与线下犯罪的差别，应从犯罪协作而不仅仅是共同犯罪的角度加以认识。网络犯罪"一对多"的共犯处罚困境的症结并不在于共犯从属性原则和罪量要素体系定位等传统理论命题,而是在于对同一主观犯意支配下连续、反复、并发性违法共犯行为进行罪数论上的刑法评价。网络犯罪帮助行为的意思联络性和行为共同性都较低,可按结构分为"漠不关心"的分离射线型和"心照不宣"的链条型。这两种样态行为的刑事可罚性侧重点不同,后者属于我国重点打击的网络黑灰产业链的一环,侧重于考察客观行为所产生的社会危害性;而前者类似"个体户"行为,游走于罪与非罪的边缘,侧重于考察帮助者对自身行为非法性的认识程度以及是否达到"积量构罪"之标准。

网络犯罪的平台化问题涉及的是网络平台犯罪研究。本书认为,行为人通过网络平台可能构成帮助犯的案件往往呈现出中立行为性和帮助对象不特定性两个特征,不加甄别地适用传统的因果共犯论,可能会阻碍网络技术的发展。以高频交易为代表的证券交易技术蓬勃发展,利用高频交易等算法优势进行证券操纵的行为也日益增多。高频交易下的虚假申报操纵行为在刑事司法实践中面临刑法定性差异化、操纵行为入罪标准复杂化、主观认定客观化等现实挑战。对此,应将"滥用优势"界定为操纵证券市场犯罪的本质特征;在入罪标准的判定上,要以市场优势的滥用作为违法所得认定的基本原则,并坚持整体性评价的判断方法。为完善现有网络交易平台诈骗犯罪量刑机制,应以动态视角下的量刑公正理念为指导,在调整包括网络交易平台诈骗犯罪在内的司法解释中增加预防性因素,确立以定量为主的量刑基本方法,以规范法官刑罚裁量权、防止量刑偏差引发不公。

网络犯罪的数字化问题涉及的是新型网络犯罪研究。本书认为,刑法对财产的保护应着眼于财物的效用,但同时要坚持刑法对民法保障法性质,将效用作为财产罪的保护法益,实现刑法对于有形物和无形物乃至网络虚拟物的有效保护。智能合约的信用体系存在助长新型网络犯罪生态系统的风险,与传统的网络犯罪系统相比,智能合约可以成为犯罪行为的完美载体。对此,应确认新生事物的法律属性,建立智能合约犯罪的罪名体系。面对区块链技术存在被不法分子用以传播有害信息的风险,应将区块链信息服务提供者作为治理区块链有害信息的切入点,对其赋予管理信息内容和配合监督检查的网络安全管理义务;在区块链信息服务提供者不履行配合检查义务的场合,依循纯正不作为犯的路径来认定其刑事责任；在区块链信息服务提供者不履行信息内容管理义务的场合，从保证人地位的判定、可归责的危害后果类型以及主观方面的认定等方面来对其不纯正不作为的刑事责任范围予以限缩。

本书尽管集《中国刑事法杂志》近年来优秀网络犯罪刑法学论文于一体，且许多成果是"国家重点研发计划资助"项目《侦查与审判活动全过程监督支撑技术研究》（2018YFC0832000）的重要成果，在一定程度上回应了网络犯罪司法实务的最新问题，体现了网络犯罪相关研究的最新进展，但是，也仅仅是网络犯罪概念教义学化进程中积累的素材之一。编者希冀发挥聚合效应，抛砖引玉，与学界同人一道不断深挖网络犯罪刑法的理论富矿，共同推动网络犯罪教义学概念的形成和教义学理论的构建，更好解决网络犯罪立法和司法的现实问题，维护网络安全，净化网络生态。

检察理论研究所
2021 年 12 月 7 日

目 录

网络犯罪基础理论研究

网络犯罪帮助行为正犯化的规范解读与理论省思 …………（ 3 ）
    一、网络犯罪帮助行为正犯化的路径梳理 ……………（ 4 ）
    二、网络犯罪帮助行为正犯化的理论反思与正当性解读 …（ 9 ）
    三、网络犯罪帮助行为制裁体系的完善思路 …………（ 13 ）

网络规制与犯罪治理 ………………………………………（ 19 ）
    一、引言 …………………………………………………（ 19 ）
    二、如何处理网络治理中规制与刑事惩罚的关系 ……（ 21 ）
    三、如何解决信息保护与网络犯罪治理的关系 ………（ 23 ）
    四、如何看待并应对网络中的有组织化犯罪 …………（ 25 ）
    五、代结语：惩治网络犯罪的刑事政策 ………………（ 27 ）

帮助信息网络犯罪活动罪的若干司法适用难题疏解 ……（ 30 ）
    一、主观上明知的诉讼证明 ……………………………（ 31 ）
    二、情节严重的准确把握 ………………………………（ 34 ）
    三、犯罪竞合的科学处置 ………………………………（ 38 ）

限制网络平台帮助行为处罚的理论解构 …………………（ 42 ）
    一、Winny 案的案情及理论问题 ………………………（ 42 ）
    二、Winny 案的审判流程和解析 ………………………（ 46 ）
    三、限制网络平台帮助行为处罚的前提一：中立行为
        理论的慎用 …………………………………………（ 49 ）
    四、限制网络平台帮助行为处罚的前提二：针对不特定者
        可能成立帮助犯 ……………………………………（ 53 ）
    五、限制针对不特定主体成立帮助犯的可能路径 ……（ 57 ）
    六、结语 …………………………………………………（ 62 ）

网络语境中的共同犯罪与罪量要素 ……………………………（63）
　　一、问题的提出 ………………………………………………（63）
　　二、现有解决方案及其局限 …………………………………（65）
　　三、新的思考方向 ……………………………………………（71）
　　四、结论 ………………………………………………………（82）

网络共犯中的罪量要素适用困境与教义学应对 ………………（84）
　　一、问题的提出：网络共犯中正犯与共犯罪量要素的分置思考 …（85）
　　二、问题核心：罪量要素的犯罪论体系性定位释疑 ………（90）
　　三、难题化解：最小从属性说之下罪量要素分置的教义学证成 …（95）
　　四、结语 ………………………………………………………（100）

帮助信息网络犯罪活动罪的解释方向 …………………………（102）
　　一、现有理论的缺陷 …………………………………………（103）
　　二、网络帮助行为的类型划分与独立化解释新思路 ………（106）
　　三、非帮助犯之网络帮助行为的种类细分 …………………（112）
　　四、非帮助犯之网络帮助行为的刑事可罚性 ………………（115）
　　结语 ……………………………………………………………（123）

利用网络犯罪研究

未成年人网络犯罪的结构分析与预防策略 ……………………（127）
　　一、关于未成年人网络犯罪的整体判断：互联网时代易发的
　　　　新型犯罪行为 ……………………………………………（128）
　　二、立足网络背景的未成年人犯罪的精准减控："点、链、面、代"
　　　　四个层次的犯罪预防 ……………………………………（130）
　　三、治理未成年人网络犯罪的宏观刑事政策定力：
　　　　坚持四个传统的刑事政策 ………………………………（136）

网络交易平台诈骗犯罪量刑机制的实证研究 …………………（141）
　　一、网络交易平台诈骗犯罪量刑机制实证研究的基础 ……（142）
　　二、量刑规定影响量刑结果的实证分析与检验 ……………（147）
　　三、多维视角下的现有网络交易平台诈骗犯罪量刑机制 …（156）
　　四、网络交易平台诈骗犯罪量刑机制的完善路径 …………（161）
　　五、结论 ………………………………………………………（164）

网络有组织犯罪结构的嬗变与刑法转向 …………………………… (166)
 一、有组织犯罪的网络化 …………………………………………… (167)
 二、网络黑恶势力犯罪有组织性的二重维度 …………………… (170)
 三、网络黑恶势力犯罪立法与司法规范的发展 ………………… (177)
 四、网络黑恶势力犯罪刑法理念的调整 ………………………… (182)
 五、网络黑恶势力犯罪规范发展的方向 ………………………… (186)

恶意透支型信用卡诈骗罪"非法占有目的"研究 ………………… (191)
 一、提出问题 ………………………………………………………… (191)
 二、"非法占有目的"认定标准分析 ……………………………… (192)
 三、"非法占有目的"推定要素评析 ……………………………… (196)
 四、"非法占有目的"证明要素提倡 ……………………………… (203)
 五、余论 ……………………………………………………………… (209)

大数据时代证券市场虚假申报操纵犯罪的司法认定 ……………… (210)
 一、虚假申报操纵犯罪的新态势及司法认定问题的引出 …… (211)
 二、虚假申报操纵刑事司法认定的法律挑战 ………………… (215)
 三、虚假申报操纵刑事司法认定的路径优化 ………………… (221)
 四、结语 ……………………………………………………………… (227)

组织、领导传销活动罪中"骗取财物"的刑法分析 ………………… (228)
 一、"骗取财物"是组织、领导传销活动构罪的前提 ………… (228)
 二、"骗取财物"不要求组织者、领导者主观上具有
  非法占有目的 …………………………………………………… (229)
 三、"骗取财物"并不意味着参与者完全被骗 ………………… (229)
 四、"骗取财物"不需要以实现为前提 ………………………… (230)
 五、"骗取财物"是区分此罪与彼罪的关键 …………………… (231)

金融衍生品犯罪法律适用问题研究 …………………………………… (233)
 一、问题缘起:案例与痛点 ……………………………………… (233)
 二、问题研究:定性与量刑 ……………………………………… (234)
 三、未来展望:对策与创新 ……………………………………… (236)

新型网络犯罪研究

网络虚拟物作为财物的法益属性及其标准 ………………………… (243)
 一、序说 ……………………………………………………………… (243)

二、传统所有权理论形成的原因及其反思 …………………………（245）
　　三、互联网时代财产罪保护法益的确立标准 ……………………（250）
　　四、效用法益的评价依据及其实践展开 ……………………………（254）

区块链技术驱动下智能合约犯罪研究 ……………………………（263）
　　一、智能合约犯罪与传统网络犯罪 …………………………………（264）
　　二、智能合约作为犯罪行为载体的场景展示 ………………………（267）
　　三、智能合约犯罪对刑事法律的挑战 ………………………………（270）
　　四、智能合约犯罪的司法应对 ………………………………………（274）
　　结语 ……………………………………………………………………（278）

刑民交叉型诈骗犯罪的司法认定 …………………………………（279）
　　一、刑民交叉型诈骗犯罪的基本类型 ………………………………（280）
　　二、刑民交叉型诈骗犯罪的认定原则 ………………………………（283）
　　三、刑民交叉型诈骗犯罪的认定方法 ………………………………（291）
　　结语 ……………………………………………………………………（295）

区块链信息服务提供者的刑事责任研究 …………………………（297）
　　一、引言 ………………………………………………………………（297）
　　二、区块链场景的有害信息治理：以区块链信息服务
　　　　提供者为切入 ……………………………………………………（298）
　　三、从行政违法到刑事违法：区块链信息服务提供者的
　　　　义务违反 …………………………………………………………（301）
　　四、区块链信息服务提供者承担刑事责任的具体类型 ……………（307）
　　五、结语 ………………………………………………………………（315）

网络犯罪基础理论研究

网络犯罪帮助行为正犯化的规范解读与理论省思[*]

于 冲[**]

摘 要：伴随网络犯罪的高发，网络犯罪帮助行为的社会危害性日益凸显，其在犯罪中的地位已经由附属性演变为独立性、由从属性演变为主导性，在犯罪中的地位和性质发生根本变化。刑事司法与刑事立法逐渐开始探索对于网络犯罪帮助行为的制裁模式，确立了片面共犯正犯化、帮助违法行为犯罪化的应对思路。在梳理与反思现有应对模式的基础上，进一步完善司法解释的评价标准，确立网络犯罪帮助行为制裁和评价的规则体系，成为网络犯罪治理亟需思考和回应的理论话题。

关键词：网络犯罪　帮助犯　共犯行为　犯罪化

网络犯罪全面高发的时代背景下，为网络犯罪提供技术支持、互联网服务等帮助行为成为助推网络犯罪的关键因素，显示出巨大的社会危害性。当前，我国网络犯罪逐步形成了分工严密的犯罪产业链条，涵盖了网络技术支持、广告推广、互联网服务、资金结算等各个环节。其中，为犯罪提供互联网接入、服务器托管、网络存储、通讯传输等技术支持，[①]或者提供广告推广、支付结算等帮助行为已经成为很多网络犯罪实施的主导行为、核心行为。某种程度上讲，网络犯罪帮助行为已经开始突破其在犯罪中的从属地位，由从属性演变为主导性、由附属性转变为独立性，成为当前网络犯罪治理中亟待解决和面对的难题。

---

[*] 基金项目：2015 年北京市社会科学基金青年项目"大数据环境下个人信息的刑法保护研究"（项目号：15FXC052）的阶段性成果；中国政法大学贯彻党的十八届四中全会精神校级人文社科专项项目（15ZFZ82010）资助。

[**] 于冲，中国政法大学副教授，法学博士。

[①] 《刑法修正案（九）》已将此类行为入罪，增设了帮助信息网络犯罪活动罪。

有鉴于此，刑事立法、司法不断探索对于网络犯罪帮助行为的制裁模式，其中，对于部分网络犯罪帮助行为予以正犯化处理，成为一种普遍而有效的探索模式。但是，网络犯罪帮助行为正犯化带来的问题是，刑法作为最严厉的法律制裁手段，将违法或者故意犯罪的帮助行为，一概予以正犯化处理是否合理受到理论界的质疑。① 因此，立足于当前网络犯罪帮助行为的规范梳理和理论界的观点争讼，有必要对网络犯罪帮助行为正犯化的合理性及其路径选择作进一步探讨。

一、网络犯罪帮助行为正犯化的路径梳理

伴随网络空间犯罪帮助行为社会危害性的凸显，刑事立法、司法不断探索对于网络犯罪帮助行为的制裁模式，其中，对于部分网络犯罪帮助行为予以正犯化处理成为普遍而有效的探索模式。所谓帮助行为的正犯化，有学者指出是指"将形式上属于犯罪行为的帮助犯、实质上已经具有独立性的网络违法犯罪帮助行为"，通过立法修正、司法解释扩大解释为独立的正犯行为，即不再依靠传统的共犯理论对其进行有限地评价，直接根据刑法分则基本的犯罪构成予以定罪处罚。整体上讲，网络犯罪帮助行为正犯化的探索模式体现在司法层面，即通过司法解释的形式对于具有严重社会危害性的网络犯罪帮助行为，赋予独立的评价标准，实现"司法上的犯罪化"；② 体现在立法层面，即通过刑法修正案的形式对于司法的成功探索予以立法确认，全面实现网络犯罪帮助行为的正犯化。

（一）司法路径：网络犯罪帮助行为正犯化解释的司法探索

最高司法机关对于具有严重社会危害性的网络帮助行为，通过片面共犯的司法确认、帮助行为的正犯化不断将其纳入刑法的打击范围之内，某种程度上解决了网络空间中犯罪帮助行为难以有效制裁的司法困境。

1. 形式的共犯化、实质的正犯化：共犯理论的司法突破

面对日益严峻的网络犯罪及其帮助行为，最高司法机关对于大部分的网络犯罪行为均以网络犯罪的"共犯"进行认定。《刑法》第25条规定："共同犯罪是指二人以上共同故意犯罪。"因此，无论是根据刑法规定，还是传统的共

---

① 刘艳红：《网络犯罪帮助行为正犯化之批判》，载《法商研究》2016年第3期。
② 司法上的犯罪化由张明楷教授提出，指在司法解释制度的情形下，使刑法不断适应变化的犯罪事实，将新型违法行为予以司法上的犯罪化处理，以实现刑法保护法益和人权保障的机能。参见张明楷：《司法上的犯罪化与非犯罪化》，载《法学家》2008年第4期。

犯理论，共同犯罪的成立均要求共同的犯罪行为和共同的犯罪故意。但是，梳理有关网络犯罪帮助行为的司法解释可以发现，其对于网络帮助行为"共犯化"的规定并非属于刑法意义上的共犯行为，而是均已经超越了传统的共犯理论。这种超越主要包括两种类型：一是，共同犯罪故意要件的剥离，即提供帮助的行为人只要明知他人实施特定犯罪即可，二者之间无须形成共同的犯罪故意，无须存在犯罪意识的沟通和联络；二是，共同行为要件的剥离，即成立共犯不再要求被帮助行为构成犯罪，不再需要存在共同的犯罪行为。

（1）意思联络的剥离：片面共犯的司法确认

一般认为，共犯成立要求主观方面形成共同的意思联络。与之相对，片面共犯则是指在参与实施犯罪的行为人之间，仅有一方认识到自己在和他人共同实施犯罪，而另一方没有认识到有他人在和自己共同犯罪的情形。[①] 最高人民法院、最高人民检察院2005年5月11日颁布的《关于办理赌博刑事案件具体应用法律若干问题的解释》（以下简称《赌博案件解释》）第4条规定："明知他人实施赌博犯罪活动，而为其提供资金、计算机网络、通讯、费用结算等直接帮助的，以赌博罪的共犯论处。"这一规定将明知他人实施赌博犯罪活动，而为其提供计算机网络等直接帮助的行为规定为赌博罪的共犯。从规范层面上看，司法解释将明知他人实施赌博犯罪而依然提供帮助的，认定为赌博罪的共犯，而不需要双方之间的意思联络。这种规定突破了传统共犯理论关于共同犯罪的认定规则，但对于制裁危害性日增的网络犯罪帮助行为具有重要意义，也是对理论界片面共犯理论的规范认可。此外，相似的规定还有，2011年3月1日发布的最高人民法院、最高人民检察院《关于办理诈骗刑事案件具体应用法律若干问题的解释》（以下简称《诈骗案件解释》）第7条规定："明知他人实施诈骗犯罪，为其提供信用卡、手机卡、通讯工具、通讯传输通道、网络技术支持、费用结算等帮助的，以共同犯罪论处。"

（2）共同行为的剥离：帮助违法行为的犯罪化

网络空间中的帮助违法行为是指，明知他人实施网络违法行为而依然提供帮助的行为。例如，明知他人实施盗窃QQ号的行为而予以帮助，尽管盗窃QQ号个案的社会危害性不足以认定为犯罪，但是向不特定多数的违法行为人提供信息网络技术支持的行为，在社会危害性层面被无限放大。有鉴于此，最高人民法院、最高人民检察院2011年9月1日起颁布施行的《关于办理危害计算机信息系统安全刑事案件应用法律若干问题的解释》（以下简称《危害系统安全解释》）第9条规定，明知他人实施非法侵入计算机信息系统、非法获

---

① 张明楷：《刑法学（上）》（第五版），法律出版社2016年版，第435页。

取计算机信息系统数据、非法控制计算机信息系统以及破坏计算机信息系统行为,而依然提供互联网接入等帮助行为的,应认定为共同犯罪,依照刑法第285条、286条的规定处罚。

《危害系统安全解释》将明知他人实施刑法第285条、286条规定的行为,而为其提供用于破坏计算机信息系统功能的程序、工具等帮助的行为认定为共同犯罪。从文字表述来看,这一解释依然将网络犯罪的帮助行为作为共同犯罪处理,似乎并没有脱离共犯认定的窠臼。但从共同犯罪理论进行深层次的分析,可以发现,这一司法解释的"共犯化"认定模式已经超越了共同犯罪成立的基础和前提。详言之,根据共犯理论,帮助犯不具有独立性,帮助犯的成立需要以正犯的存在为前提,没有正犯则没有帮助犯。因此,帮助的对象应当是犯罪行为,帮助违法行为并不能成立刑法意义上的帮助犯。因此,司法解释中的"应当认定为共同犯罪"并非注意性规定,而是实际上起到了帮助行为正犯化的效果。

(3) 共同故意与共同行为的双重剥离:共犯理论的全面突破

最高人民法院、最高人民检察院、公安部2010年8月31日联合颁布实施的《关于办理网络赌博犯罪案件适用法律若干问题的意见》(以下简称《网络赌博意见》)第2条第1款规定:"明知是赌博网站,而为其提供下列服务或者帮助的,属于开设赌场罪的共同犯罪,依照刑法第三百零三条第二款的规定处罚:(一)为赌博网站提供互联网接入、服务器托管、网络存储空间、通讯传输通道、投放广告、发展会员、软件开发、技术支持等服务,收取服务费数额在2万元以上的;……"由此可见,《网络赌博意见》较之《赌博案件解释》和《危害系统安全解释》更进一步,将网络违法犯罪帮助行为的共犯化发挥到了"极致",既不要求行为人之间的意思联络,也不要求被帮助行为成立犯罪,只要行为人明知是赌博网站,而依然为对方提供信息网络技术支持的行为,即可视为开设赌场罪的帮助犯。

一方面,向赌博网站提供服务或者帮助行为,只要求对方知道是赌博网站即可,并不要求其所帮助的对象是犯罪行为。因此,同样为了补足帮助行为认定为共犯的量的缺失,《网络赌博意见》第2条第1款和第2款规定了提供服务、帮助的行为"成立共犯"所应满足的定量标准,以及结果加重犯成立的定量标准。另一方面,"明知"的规定同样不再要求行为人之间存在意思联络,只要提供服务、帮助的行为人存在主观明知,即符合网络开设赌场罪共犯成立的主观要件。除此之外,《网络赌博意见》第2条第3款为了解决司法实践中"明知"难以认定的问题,同时规定了"行为人明知"的法定情形,为制裁向网络开设赌场违法犯罪提供服务、帮助的行为解除了主观认定的困难。

此外值得注意的是，《网络赌博意见》在诉讼程序上更进一步打破了共同犯罪的外在特征，其中第 2 条第 4 款规定："如果有开设赌场的犯罪嫌疑人尚未到案，但是不影响对已到案共同犯罪嫌疑人、被告人的犯罪事实认定的，可以依法对已到案者定罪处罚。"至此，明知是赌博网站依然向其提供服务和帮助的行为的"共犯化"历程完整结束，不难发现，司法解释对于网络赌博网站帮助行为的"共犯化"几乎实现了对共犯理论的全面颠覆，本质上使此类行为具有了实质的"独立化"和"实行化"，其作为共犯的立法属性和理论属性已经完全丧失。

2. 帮助行为的正犯化：《淫秽电子信息若干问题解释（二）》的首次尝试

《危害系统安全解释》《赌博案件解释》以及《网络赌博意见》等，对于网络违法犯罪的帮助行为都是形式上的"以共犯论处"、实质上的"帮助行为正犯化"，尽管实际上实现了独立制裁网络违法犯罪帮助行为的现实效果，但依然依托共犯模式进行评价。随着网络犯罪黑色产业链条的逐步形成，以及网络犯罪分工的细密化，网络违法犯罪帮助行为的独立性愈加明显。因此，对于此类行为的制裁也要求独立化。

2010 年 2 月 4 日起施行的最高人民法院、最高人民检察院《关于办理利用互联网、移动通讯终端、声讯台制作、复制、出版、贩卖、传播淫秽电子信息刑事案件具体应用法律若干问题的解释（二）》（以下简称《淫秽电子信息若干问题解释（二）》）第 4 条、5 条规定了"网站建立者、直接负责的管理者明知他人制作、复制、出版、贩卖、传播的是淫秽电子信息，允许或者放任他人在自己所有、管理的网站或者网页上发布的行为"，数量或者数额达到传播淫秽物品牟利罪、或者传播淫秽物品罪数倍以上的，直接构成传播淫秽物品牟利罪或者传播淫秽物品罪。例如，《淫秽电子信息若干问题解释（二）》第 5 条规定："网站建立者、直接负责的管理者明知他人制作、复制、出版、贩卖、传播的是淫秽电子信息，允许或者放任他人在自己所有、管理的网站或者网页上发布，具有下列情形之一的，依照刑法第三百六十四条第一款的规定，以传播淫秽物品罪定罪处罚：（一）数量达到第一条第二款第（一）项至第（五）项规定标准十倍以上的……"由此可见，司法解释面对具有独立性的网络犯罪帮助行为，已经尝试脱离传统共犯理论的评价模式，将其直接作为独立的正犯行为予以犯罪化评价，成为"司法上的犯罪化"的经典写照。但值得注意的是，由于司法解释本身的权限问题，此种探索是否有违罪刑法定原则受到了理论界的诟病与质疑。

（二）立法路径：从《刑法修正案（七）》到《刑法修正案（九）》

在司法解释对于具有严重社会危害性的网络帮助行为予以"犯罪化"的

同时，立法层面也开始了关于网络犯罪帮助行为入罪化的历程，先后通过《刑法修正案（七）》和《刑法修正案（九）》扩大和严密了网络犯罪帮助行为的刑法打击圈。

1. 提供侵入、非法控制计算机信息系统程序、工具行为的正犯化

通过共犯理论在刑事司法中适用，来适度扩大刑法对于网络犯罪帮助行为的制裁范围，某种程度上属于一种短期内便可解决问题的模式，但是，毕竟要借助于"共犯"才能对其追究刑事责任。有学者指出，司法解释对于网络犯罪帮助行为的正犯化仍是权宜之计。理想的远景则是将网络"帮助"行为单独入罪化，对于网络犯罪帮助行为实现独立化的评价，增强网络犯罪上游、下游帮助行为的刑法制裁力度。

鉴于此，2009年2月通过的《刑法修正案（七）》增设提供侵入、非法控制计算机信息系统程序、工具罪，将"提供专门用于侵入、非法控制计算机信息系统的程序、工具，或者明知他人实施侵入、非法控制计算机信息系统的违法犯罪行为而为其提供程序、工具，情节严重的"行为设定为独立的罪名。《刑法修正案（七）》这一罪名的增设首次在立法层面实现了网络帮助行为的正犯化，加强了对网络犯罪上游帮助行为的制裁。从立法目的上看，提供侵入、非法控制计算机信息系统程序、工具行为的正犯化设置，是为了从源头上断绝网络犯罪的技术来源，也是对计算机病毒产业链的重点打击。网络犯罪本身作为一种高技术、高智能犯罪，对于犯罪人自身的网络技术有着较高的要求，但是由于网络提供计算机病毒程序的泛滥，向不法行为人提供侵入、非法控制计算机信息系统的程序、工具，极大降低了网络犯罪的门槛，某种程度上推动了网络犯罪的高发。因此，提供侵入、非法控制计算机信息系统程序、工具行为罪的增设，正是为了有效打击相关网络犯罪的帮助行为，将已经具备严重社会危害性、高度独立性的提供程序、工具行为予以正犯化认定。[①]

2. 网络犯罪技术支持与帮助行为的正犯化

2015年8月29日全国人大常委会通过的《刑法修正案（九）》开始多视角、全方位思考网络犯罪的回应思路，分别基于不同网络犯罪类型，有差异、呈体系地构建起网络犯罪的制裁体系。《刑法修正案（九）》第29条规定："明知他人利用信息网络实施犯罪，为其犯罪提供互联网接入、服务器托管、网络存储、通讯传输等技术支持，或者提供广告推广、支付结算等帮助，情节严重的，处三年以下有期徒刑或者拘役，并处或者单处罚金。"这一规定直接

---

① 于冲：《网络犯罪罪名体系的立法完善与发展思路——从97年刑法到〈刑法修正案（九）草案〉》，载《中国政法大学学报》2015年第4期。

将网络犯罪帮助犯规定为一种正犯行为,涵盖了向网络犯罪提供技术支持、广告推广、支付结算等直接帮助和间接帮助行为,是对以往司法解释探索模式的立法确认,也是对网络帮助行为为社会危害性突增的立法回应。

详言之,网络犯罪数量呈现爆炸式增长的同时,网络犯罪行为在分工上也更加精细化、产业化,从网络木马、病毒等恶意程序的制作传播,到个人信息、个人财产的窃取和销赃等各环节实现了基本的"流水作业",逐步形成了完整的黑色产业链条。以侵害公民个人信息犯罪为例,已经形成了集木马制作传播、信息非法获取、信息非法交易的犯罪链条,尤其提供信息交易服务的"中间商",在整个犯罪链条中充当了信息非法交易与扩散的核心作用。因此,《刑法修正案(九)》对于网络犯罪帮助行为的全面犯罪化,无疑是对网络犯罪帮助行为所体现出的独立性、主导性的全面回应。关于帮助信息网络犯罪活动罪,有学者将其解读为一种特殊的量刑规则,本质上并非帮助行为的正犯化,这种立法模式只能被视为立法对共犯限制从属性说的认可。[①] 笔者认为,学界对于帮助信息网络犯罪活动罪的性质解读,某种程度上讲刑法总则与刑法分则罪名的设置产生了界限的模糊性认识,在帮助信息网络犯罪活动罪被刑法设定为独立罪名,并设置独立法定刑的情况下,即已经属于独立罪名。

二、网络犯罪帮助行为正犯化的理论反思与正当性解读

通过对网络帮助行为"正犯化"的路径解读,不难发现,无论是刑法修正案,还是相关司法解释,其核心要旨均在于将网络违法犯罪的帮助行为作为独立的犯罪来进行定罪处罚。这一路径对于刑法修正并无不妥,但面临质疑的问题在于,司法解释是否有这一权力进行"法律拟制",将网络犯罪帮助行为拟制为独立的正条行为予以评价。换言之,网络帮助行为正犯化的根据何在?

(一)理论反思:是否违背罪刑法定原则?

考察司法解释与立法对于网络犯罪帮助行为的回应模式,可以发现,尽管司法解释将此类行为作为特定罪名的共犯进行认定,但其本身已经脱离于正犯行为具有了一定的独立性,实质上仍然属于帮助行为的正犯化。因此,突破传统共犯理论,通过司法解释的形式将网络违法犯罪的帮助行为予以实质的正犯化处理,是否违背了罪刑法定原则成为需要思考和回应的现实问题。

1. 司法上的犯罪化:理论界关于司法解释的合理性质疑

关于司法上的犯罪化,理论界与司法实务界均存在诸多的争议,尤其对于

---

① 张明楷:《论帮助信息网络犯罪活动罪》,载《政治与法律》2016年第2期。

网络犯罪帮助行为正犯化的司法回应模式，一度受到了理论界的质疑。对此，曾有学者指出："共犯行为正犯化求得量刑的合理性而舍弃构成要件的定型性、类型性的路径并不可取，而司法解释随意将某罪的实行行为进行扩张，已经有'重新立法'之嫌。"①

笔者认为，所谓网络犯罪帮助行为的正犯化并没有否定传统的共犯理论，也没有逾越罪刑法定原则的红线，而是对于传统理论在新时代背景下的发展和延伸，是对传统罪名的一种扩大解释。诚如有学者指出："刑法必须适应不断变化的社会生活事实，充分发挥保护法益和保障人权的机能……在我国实行司法解释制度的情形下，司法上的犯罪化与非犯罪化更是成为可能。"② 因此，面对网络犯罪的日渐高发，传统犯罪出现全面网络异化的情况下，传统的帮助行为在网络空间之中具备越来越强的独立性和主导性。在罪情发生重大变化的情况下，在刑法条文本身所涵盖的含义之内，对于刑法做出符合时代要求和法治需求的客观解释，是刑法含义在不同时代背景下变迁和扩张的结果。对此，有学者认为，"新的技术的、经济的、社会的、政治的、文化的、道德的现象，强烈要求根据现有的法律规范作出法律判断。因此，我们就处在比历史的立法者自己所作的理解'更好地去理解'制定法的境地之中。"③ 因此，网络犯罪帮助行为的正犯化解释，是对刑法在信息互联网时代做出客观解释的必然结果。

2. 司法解释的初衷：刑法含义的当代解释与扩张

从形式上看，司法解释通过网络犯罪帮助行为正犯化的回应思路，解决了为网络犯罪提供互联网接入等帮助行为按照共同犯罪论处的司法适用标准的问题。司法解释的本意在于严厉制裁通过向不法网站投放广告、提供技术支持等网络犯罪帮助行为，正是此类行为某种程度上诱发和推动了网络犯罪的高发。因此，司法解释增设这一条的目的，是严厉打击目前日趋猖獗的上游网络犯罪的帮助行为，切断网络犯罪的黑色产业链条。但是，限于司法解释自身效力，大部分网络犯罪帮助行为的司法解释都无法脱离共犯理论的限制。从规范层面看，司法解释将网络服务商、网络广告商对下游网络犯罪的"帮助"行为作为犯罪处理，体现了刑法对于相关行为的当代评价，对于已经具备独立性、主导性的行为，已经难以再根据共犯理论中的帮助犯予以评价，因此将其作为正

---

① 阎二鹏：《共犯行为正犯化及其反思》，载《国家检察官学院学报》2013年第3期。
② 张明楷：《司法上的犯罪化与非犯罪化》，载《法学家》2008年第4期。
③ [德]卡尔·恩吉施：《法律思维导论》，郑永流译，法律出版社2004年版，第109—110页。

犯处理是恰当的。同时，网络犯罪帮助行为的正犯化，也并非有学者所指出的为求得量刑合理性而牺牲构成要件的类型性，而是刑法严密法网，是对刑法客观解释的结果，是对于刑法分则客观要件内容的扩充，是传统刑法在网络空间中的延伸适用，也是刑法理论对于时代变革和犯罪异化的积极回应。

（二）理论回应：网络犯罪帮助行为正犯化的根据与解读

伴随网络犯罪帮助行为从属性的弱化，独立性的增强，以及社会危害性的显著提升，网络犯罪帮助行为正犯化的必要性愈加明显。同时，传统共犯理论在网络空间中面临的挑战，也迫切要求刑法理论予以信息时代的延伸与扩张。

1. 理论基础：共犯行为正犯化的可行性与必要性

共犯行为正犯化，简言之，即将共同犯罪形态中的共犯行为提升为正犯行为，使其脱离于原有的共犯关系独立成新的罪名。实际上，我国现行刑法典中，共犯行为正犯化的立法例早已存在，即将原本属于刑法分则正条行为的教唆行为、帮助行为、组织行为独立为新的正条行为，例如，第103条第2款规定的煽动分裂国家罪，第107条资助危害国家安全犯罪活动罪，等等。从立法原意来考虑，立法之所以将共犯行为独立入罪，根本原因在于此类共犯行为已经具备了严重的社会危害性特征，甚至超越了刑法条文已经规定的正犯行为的社会危害性。

反观网络空间中共同犯罪的共犯行为，其社会危害性、相对独立性则较之现实社会更为突出，共犯行为的正犯化这一立法模式必然成为立法制裁网络犯罪的不二法门。审视《刑法修正案（七）》、《刑法修正案（九）》中新增设的网络犯罪条款，实际上也遵循了"共犯行为正犯化"的立法思路。共犯行为的正犯化，可以有效弥补网络犯罪资助、技术支持等帮助行为的评价不足。其一，对于网络犯罪提供单方技术帮助的片面共犯而言，无论是否依附于网络犯罪的正犯行为进行处罚，都将造成巨大的司法尴尬。① 其二，对于日益高发的公布计算机安全漏洞行为、搜索引擎网站对侵权复制品的链接行为等，现有刑法体系下仅依靠共犯形态定罪处罚尚存在诸多困难。诸如 TXT 小说网②等小型

---

① 如果依附于正犯行为定罪处罚，鉴于技术帮助行为的巨大危害性，可能出现正犯不构成犯罪、共犯构成犯罪的情形；如果不依附于正犯行为，则无法对此类技术帮助行为定罪处罚。

② TXT 小说网为盗贴网站，进入该盗贴网站主页，可以发现网站各类可供下载的小说不过500本，在违法所得数额上，该网站难以达到3万元的数额标准。

盗贴网站可能仅存在数量很少的侵权复制品,但通过 SoDu 网①等搜索引擎的链接行为,却导致上述盗贴网站中的侵权复制品得以在全球范围内迅速传播,有学者指出,此时盗贴网站因其涉案数额较小无法构罪,而具备巨大社会危害性的搜索引擎链接行为也无法依照"共犯"进行定罪处罚。②

2. 问题的根本:网络犯罪"帮助"行为单独入罪化的必要性

笔者认为,鉴于当前网络犯罪帮助行为的高发性态势和社会危害性程度,今后刑事立法中,继续全面将网络犯罪帮助行为单独入罪化,势在必行。除了立法的功利目的之外,从本质上讲,帮助行为的正犯化源于其自身的独立性和类型化,更源于其自身独立的严重的社会危害性。

(1) 网络犯罪帮助行为具备了类型化特征

随着网络犯罪分工的逐步细化和网络犯罪黑色产业链的形成,网络犯罪从病毒程序制作、买卖到互联网服务的提供、资金交易的支持均形成了相互独立的"产业链条",而这些产业链上的技术帮助行为、资金资助行为、网络服务提供行为均成为推进网络犯罪高发的关键要素,使得网络犯罪已经从"精英犯罪"演变为"平民犯罪",极大降低了网络犯罪的犯罪门槛。因此,除了将网络犯罪帮助行为由"共犯行为"提升为"实行行为"的法理基础之外,当前网络犯罪行为日益增多的原因,某种程度上也是由于此类上游类型化的"帮助"行为的存在。在网络安全日益受到重视的社会背景之下,在打击网络犯罪罪名体系愈加完备的趋势之下,应当说,以刑法手段来制裁网络犯罪"帮助"行为已经越来越有必要。当然,"帮助"行为是否需要独立入罪化,面临的一个理论怀疑之一是,究竟是否有必要运用刑法来评价和制裁此类行为?对此笔者认为,面对逐渐高发的网络犯罪及其"帮助"行为,再强调刑法的谦抑性和最后性稍显不合时宜。

(2) 帮助行为具备了独立的法益侵害性

网络空间中的帮助行为,正成为网络违法犯罪行为的核心助推器,成为网络违法犯罪高发的源头,其社会危害性已经极大的超越了个体的网络违法犯罪行为。例如,木马程序、计算机病毒等破坏性程序的传播与出售推进了网络盗号、网络非法获取公民信息等违法犯罪行为的高发;淫秽色情网站的广告投放、服务推广等行为助长了网络传播淫秽色情的猖獗……传统的帮助行为仅仅

---

① SoDu 网为链接网站,其在最短的时间内提供盗贴小说的更新链接,网民输入任何一本热门的网络小说的名字,均会得到根据章节顺序排列的小说链接。

② 共同犯罪的网络异化使得传统共犯理论无法对于具有严重社会危害性的帮助行为予以评价,亟需共犯理论的内容扩张。

是推动或便利了正犯行为的实施,其在共犯中的作用和社会危害性均小于正犯。在司法实践中,对于侦破的向色情网站投放广告等行为,几乎成为色情网站的主要收入,间接或者直接成为"资助"传播淫秽物品犯罪的经济保障。对此,司法解释将此类行为以下游具体网络犯罪的共犯加以惩处,可以说是一种应急性的短期对策。因此,将作为具体网络犯罪上游行为的"资助"行为,提前予以打击,就能够在某些犯罪链的第一个阶段破解这个犯罪链,消除其经济来源。因此,有必要将原本属于"帮助行为"的"资助"行为加以"正犯化"处理,将其提升为独立的犯罪。

三、网络犯罪帮助行为制裁体系的完善思路

从 2005 年《赌博案件解释》对于网络赌博帮助行为实质正犯化的探索,再到《危害系统安全解释》对于网络违法犯罪帮助行为正犯化的普遍确立,直至 2010 年《淫秽电子信息若干问题解释(二)》将帮助行为直接解释为刑法分则罪名的具体实行行为,体现了最高司法机关对于网络违法犯罪帮助行为的逐渐重视,也体现了网络帮助行为正犯化的司法认同和实际需要。鉴于网络犯罪帮助行为的日趋猖獗,稍显滞后的刑法制裁体系应当及时加以完善和增补,从严厉打击网络犯罪的共犯行为逐渐转向严厉打击新型网络犯罪行为。

(一)现实的思考:司法解释关于帮助行为正犯化解释的进一步完善

短期来讲,新的犯罪类型的刑法评价,不一定立刻通过塑造新的罪名体系予以应对,通过扩大解释现有刑法规范的模式仍不失为一条捷径。因此,对于网络犯罪帮助行为的刑法制裁,最为节约的模式,即在现有司法解释的基础上,适度完善相关规定,进一步扩大刑法的打击半径。

1. 共同犯意的确立原则:对于"明知"标准的明确与细化

鉴于司法实践对于"共同犯意"判定的操作困难,司法解释可以进一步对于行为人的主观明知做出进一步解释。不应忽视的司法努力是,2005 年《赌博案件解释》、2010 年《网络赌博意见》等司法解释已经提供了类似的借鉴路径,列举了可以认定行为人"明知"他人开设赌场而为其提供帮助的四种情形,同时规定能够证明确实不知道的除外。

详言之,司法解释对于网络犯罪帮助行为正犯化的定性思路,关键在于如何认定行为人明知其帮助的对象在实施网络犯罪。例如,随着网络服务业、网络广告业的发展,网络服务商、网络广告商面临着更加复杂的海量业务,对于客户为了赚取广告资助费而实施网络犯罪的,可能以共犯定罪处罚。客观讲,网络广告商面对海量的业务,可能无法尽到对客户行为一一核查的义务,因此,对于向网络犯罪提供"资助"的行为进行制裁,需要行为人主观明知对

方实施了网络犯罪行为。因此,"司法解释应进一步明确认定网络犯罪'明知'的司法标准",既要严厉打击和制裁明知他人实施网络违法犯罪依然提供帮助的人,也要避免对于诸如网络服务商等"中立"帮助行为的过度评价。①因此,司法解释有必要对于网络犯罪帮助行为的主观"明知"做出进一步界定。当然,在严厉打击网络犯罪帮助行为的同时,也应避免犯罪圈的过度扩张。因此,司法解释的完善思路为:"借鉴《信息网络传播权保护条例》第14条至第24条的网络服务提供者的免责、担责规定,以及2010年《网络赌博意见》第2条的规定,以公众举报或行政机关责令改正后进行技术、资金帮助、执法人员调查过程中故意销毁、隐匿相关数据等情形为依据,建立认定网络服务商和网络广告商符合本条中的'明知'的司法标准。"②

2. 共犯解释模式的补足:刑法分则罪名客观要件的扩张解释

司法解释某种程度上规定了为网络犯罪提供资金等帮助行为按照共同犯罪论处的司法适用标准,但在适用上仍然存在问题,其对于制裁上述网络犯罪帮助行为的客观作用也是有限的,因为这一条款的适用范围仅仅是打击作为网络犯罪共犯形式出现的帮助行为,尤其强行将投放广告等网络帮助行为与下游网络犯罪绑在一起作为共犯处理,在双方不具备共犯构成要件的情况下,强行以网络犯罪共犯处理显得有失偏颇。因此,司法解释中确立的共犯处理原则,难以全面应对网络犯罪帮助行为带来的挑战,以2010年《淫秽电子信息若干问题解释(二)》为例,可以对于诸如传播淫秽物品罪、传播淫秽牟利罪等传统罪名的客观要件,进行信息时代的扩张解释,赋予传统罪名以新的时代内涵,使传统罪名能够延伸适用于网络空间。但是,要从根本上实现对于"帮助"行为的刑法制裁,仍需确认帮助行为正犯化的立法思路。

(二)帮助行为正犯化的模式确立及其制裁体系的完善

关于网络犯罪帮助行为制裁体系的完善:一方面,刑法对于网络犯罪帮助行为应当提前化评价和制裁,不能依赖于后续的正犯行为定罪处罚;另一方面,鉴于网络犯罪开放性、聚焦性、急速性导致的巨大社会危害性,不应将刑法制裁的重点限制在具体犯罪类型上,而是应当切断网络犯罪的犯罪链条,从严厉打击具体的网络犯罪类型,转而兼顾打击网络违法犯罪的帮助行为。

1. 网络空间中帮助违法行为的入罪化思路

如前文所述,网络空间中帮助违法行为的社会危害性日益凸显,而传统的

---

① 皮勇:《我国新网络犯罪立法若干问题》,载《中国刑事法杂志》2012年第12期。
② 皮勇:《我国新网络犯罪立法若干问题》,载《中国刑事法杂志》2012年第12期。

共犯理论只能适用帮助犯罪的行为，要解决网络帮助行为的定罪问题，必须以被帮助对象实施相关犯罪活动，即要存在正犯才能确定帮助行为的刑事责任。因此，传统共犯理论对于逐渐泛滥的网络违法帮助行为无力评价。受制于传统共犯理论的限制，刑事立法与司法实践也往往束手无策。因此，有学者认为，对于网络空间中普遍存在的帮助违法行为进行类型化研究与梳理，对于已经具有严重社会危害性的帮助违法行为予以犯罪化处理，成为制裁网络犯罪的必要路径之一。

关于网络帮助违法行为的犯罪化思路，2011 年《危害系统安全解释》提供了经验与借鉴，将明知他人实施刑法第 285 条、286 条规定的行为，而为其提供用于破坏计算机信息系统功能的程序、工具等帮助的行为认定为共同犯罪。这种解释模式仅规定了帮助的对象性质，即刑法第 285 条、286 条规定的行为，但并未要求帮助的对象成立犯罪。换言之，网络帮助的对象既可以是犯罪行为，也可以是违法行为，但为了弥补帮助对象行为定量因素的缺失，通过对帮助行为本身的定量标准进行了补足。进而言之，帮助网络违法犯罪行为成立"共同犯罪"还需满足特定的定量标准。[①] 例如，提供破坏性程序、工具的帮助行为成立共同犯罪，须满足"违法所得五千元以上或者提供十人次以上"。因此，司法解释关于帮助违法行为认定为共同犯罪是对共犯理论的突破，是实质的帮助行为正犯化。

随着网络违法犯罪的爆炸式增长，网络违法帮助行为必然愈加泛滥。尤其面对网络空间中大量"一对多"的帮助行为，在被帮助对象不构成犯罪的情况下，帮助行为也不构成犯罪，而此种"一对多"的帮助行为自身却存在巨大的社会危害性。因此，刑事立法有必要对于已经具有严重社会危害性的网络违法帮助行为予以入罪化。整体上讲，可以赋予网络帮助行为两种性质，一是共同犯罪的帮助行为，另一个则是独立于帮助对象的实行行为。详言之，对于网络犯罪帮助行为的制裁，如果帮助对象构成犯罪，则依传统的共犯理论将帮助行为作为共犯进行定罪处罚，传统共犯理论依然应当成为网络犯罪评价的重要根据。但除此之外，还需考虑网络违法帮助行为的入罪化，即如果被帮助对象不构成犯罪，则可以借鉴 2011 年《危害系统安全解释》的解释思路，通过对帮助行为设置独立的定量标准，对于符合定量标准的违法帮助行为即可进行定罪处罚。这一解释模式，解决了网络空间中"一对多"帮助行为被帮助对

[①] 我国刑法具有定性＋定量的特征，即某一行为是否成立犯罪，不仅属于刑法规定的危害行为，还应满足刑法的定量要求，这也是我国二元刑事立法的独有特征，不符合定量标准的行为便被行政处罚予以分流。

象不成立犯罪，无法追究帮助者刑事责任的难题，实现帮助行为在立法上的正犯化。

2. 片面共犯行为的正犯化思路

理论界对于是否承认片面共犯有着一定的争议性，否定论者认为片面共犯不成立共犯，① 肯定论者认为片面共犯亦应认定为共犯，② 折中观点则仅承认片面的帮助犯或者片面教唆犯。③ 一般认为，片面共犯包括片面的帮助犯、片面的教唆犯以及片面的正犯，而这些观点已经被司法解释所认可。

笔者认为，随着传统共同犯罪形态的网络异化，以及网络空间中共犯形态的特有属性，有必要将传统刑法理论中的片面共犯理论引入网络犯罪的治理与评价体系之中。网络违法犯罪帮助行为往往缺乏明确的正犯，尤其被帮助对象不构成犯罪的情况下，很难将其作为共犯予以认定。网络空间的帮助行为，同传统犯罪帮助行为的根本差异，在于打破了传统共犯"一对一"的同盟性关系，而是多以"一对多"的形式予以呈现。因此，网络空间中的共犯形态已经发生严重异化，迫切需要对传统的共犯理论进行时代更新与扩张。

一般认为，所谓帮助犯，是指向实行犯提供便利，使其更易于实施犯罪的行为。根据传统共犯理论，网络犯罪帮助犯的成立一般应具备以下两个特征：（1）帮助犯的故意。帮助的故意，一般是指帮助者认识到实行犯的实行行为，并且认识到自己的帮助行为将便于他人实施犯罪，希望或者放任自己的帮助行为造成危害结果。④ 进而言之，判定网络犯罪帮助犯成立的主观要件，在于认定帮助者认识到提供诸如技术支持、资金结算服务等帮助行为能够易于正犯行为的实施，并且希望或者放任帮助行为造成危害结果。（2）帮助犯的帮助行为。帮助行为，一般是指为他人实施犯罪创造便利条件的行为。帮助者成立网络犯罪的帮助犯，客观上必须具备同实行犯共同参与犯罪的行为，其行为形式是多样的，主要包括了技术支持、互联网络接入、资金结算、资金资助等一系列行为。但是，随着网络空间中帮助行为"一对多"模式的确立，共犯之间的紧密性、同盟性已经极大淡化，尤其行为人之间的意思联络几乎不复存在，传统共犯理论中的共同犯意也被弱化。因此，鉴于网络空间中帮助行为自身往往具备较高的独立性，同网络犯罪正犯行为之间的"共同性"特征趋于淡化，

---

① [日]曾根威彦：《刑法总论》，成文堂2000年版，第278页。
② [日]山口厚：《刑法总论》，付立庆译，中国人民大学出版社2011年版，第350—351页。
③ 张明楷：《刑法学》，法律出版社2011年第四版，第323页。
④ 曲新久：《刑法学》，中国政法大学出版社2011年版，第156页。

刑事立法应当确立网络空间中片面共犯的正犯化路径,对于司法实践的探索经验予以立法确认。

3. 空间意识和平台责任的确立:网络服务商帮助行为的入罪化

随着网络空间的形成,网络服务提供商以及第三方支付平台在网络犯罪中开始扮演起特殊的角色。整体来讲,网络服务商、支付平台等行为方在网络犯罪中的地位主要体现在"一对多"式的帮助行为,以及不作为责任的确立。

(1) 网络平台帮助行为的正犯化

网络平台向网络违法犯罪行为提供的互联网接入、费用结算等帮助行为,可以按照帮助违法行为的正犯化思路予以解决。网络淫秽色情、网络赌博、网络传销等违法犯罪活动大多通过第三方支付平台进行交易,很多支付平台在明知他人实施网络传播淫秽色情、网络赌博违法犯罪的情况下,依然提供支付服务并从中获利。如果仅从网络传播淫秽色情或者网络赌博的个案来看,可能因其数额较小或者数量较低不成立犯罪,但由于第三方支付平台巨大的客户数量,往往使其成为网络违法犯罪中最大的获利方。如果根据共犯理论,无法对其进行定罪处罚。有鉴于此,2004年9月3日公布的最高人民法院、最高人民检察院《关于办理利用互联网、移动通讯终端、声讯台制作、复制、出版、贩卖、传播淫秽电子信息刑事案件具体应用法律若干问题的解释》第7条规定:"明知他人实施制作、复制、出版、贩卖、传播淫秽电子信息犯罪,为其提供互联网接入、服务器托管、网络存储空间、通讯传输通道、费用结算等帮助的,对直接负责的主管人员和其他直接责任人员,以共同犯罪论处。"此外,《淫秽电子信息若干问题解释(二)》"明确了电信业务经营者、互联网信息服务提供者、广告主、广告联盟、第三方支付平台以及网站建立者、直接负责的管理者等的刑事责任,有利于从源头上切断传播淫秽电子信息的利益链条。"①

(2) 网络平台不作为责任的确立

"双层社会"视野下,网络空间成为公众重要的工作生活平台,网络空间中的行为结果都可能在现实社会中呈现,甚至已经具备了独立于现实社会的属性,仅对网络空间场所秩序产生损害,"网络与现实空间中间的'蝴蝶效应'已经成为现实,轻轻点击计算机键盘所实施的网络行为,甚至可能引发现实社

---

① 徐日丹:《依法严惩淫秽电子信息犯罪,净化互联网和手机媒体环境——"两高"负责人就〈关于办理利用互联网、移动通讯终端、声讯台制作、复制、出版、贩卖、传播淫秽电子信息刑事案件具体应用法律若干问题的解释(二)〉答记者问》,载《检察日报》2010年2月4日。

会中的重大结果。"① 某种程度上讲，网络空间已经由单纯的虚拟空间转变为现实社会、现实空间的重要组成部分，其虚拟性日益淡化。因此，在网络空间逐步形成的过程中，网络空间的管理者和重要参与者——网络服务提供者——也应承担起相应的作为义务和管理责任。因此，《刑法修正案（九）》第28条规定，"网络服务提供者不履行法律、行政法规规定的信息网络安全管理义务，经监管部门责令采取改正措施而拒不改正"，符合法定情形的，构成犯罪。因此，对于网络平台基于其不作为，产生对网络犯罪间接帮助的行为，也应成为今后刑法所制裁和打击的重点内容。

（责任编辑：石磊）

---

① 于冲：《网络诽谤行为的实证分析与刑法应对——以10年来100个网络诽谤案例为样本》，载《法学》2013年第7期。

网络规制与犯罪治理

时延安[*]

摘 要：网络犯罪治理，首先要解决网络空间及网络行为的规制问题，进而通过合理有效的规制形成网络空间秩序。预防、惩治网络犯罪的重点是，要解决公民个人信息保障问题，要认识到网络犯罪就是广义的信息犯罪；建立完善的公民个人信息保护制度和机制，可以有效遏制网络犯罪的快速发展。对网络犯罪的认识，要明晰网络犯罪的特征，要注意到网络犯罪的有组织化模式与线下犯罪的差别，应从犯罪协作而不仅仅是共同犯罪的角度加以认识。

关键词：网络规制 犯罪治理 个人信息保护 犯罪协作

一、引言

从目前刑事犯罪发展的总体态势看，网络刑事案件已经成为全部刑事案件中的"主流"，因而今后犯罪治理的"重头戏"就在于网络犯罪的惩治和预防。在过去几年，理论界与司法实务界对此已经展开全面的研究，然而，令人遗憾的是，迄今为止，刑事法学界对网络犯罪的研究尚处于现象层面的研究，就刑法教义学的研究总体而言，尚不能提供充分的研究成果为司法实务提供理论支持。理论研究的相对滞后，究其原因，还是在于对网络空间及网络对人们交往方式改变还缺乏足够的理解和认识。

理解网络犯罪，在犯罪学论域内思考，首先要对这种交往方式的改变有着明确而深入的认识。从某种意义上说，犯罪是人们之间异化的交往方式，是一种不被认可的利益剥夺或滥用行为，而犯罪作为人际交往，同时也是信息传递和生成的过程，只不过这种信息传递和生成方式，在传统社会里比较简单。互联网作为信息传播的载体，首先改变的是信息传播方式，进而改变人们的交往方式，因而犯罪的形式也必然发生转变，而行为人对信息的运用成为网络犯罪

---

[*] 时延安，中国人民大学刑事法律科学研究中心主任、特聘研究员，法学院教授。

的基本特征,从这个角度讲,网络犯罪也是一种广义的信息犯罪。虽然网络犯罪的危害后果,最终表现为个人利益、社会利益或者国家利益的损害,但其行为方式以及造成危害后果的方式发生了改变。传统刑事法律以及刑事司法,主要是关注已经造成损害后果的危害行为,无论从法律规定的角度还是从司法实践运作来看,大多是以危害后果及其程度作为是否犯罪化或者是否刑事追究的一个前提。[①] 然而,对于网络犯罪的治理,如果仍坚守这种观念,则一方面会导致惩治的时间节点过于滞后,无法有效及时排除这类行为的妨害,因为在网络上的危害行为可能会不断被复制和继续传播;另一方面,也会为司法实务部门在认定犯罪上造成诸多困惑,因为无论是证明后果严重程度还是在证明因果关系方面都存在较大的难度。

既然犯罪方式已经发生改变,应对犯罪的政策和策略就应当进行调整。网络犯罪的治理,首先应建立一个对网络犯罪认知的基本"模型",并比较它与线下犯罪的"模型"之间的差异。两个"模型"的差异,集中表现在四个方面:一是对信息的利用方式,显然网络犯罪的实施对信息(及数据)具有高度的依赖性,这在网络诈骗案件中最为明显,网络诈骗就是通过操纵信息实施犯罪的;二是网络犯罪行为的组织形式及特征。这是前一个模型最为显著的特征,具体表现在危害行为在网络实施中随机但又匿名的组织性;三是网络利益的形成,网络技术的发展使得网络空间已经成为相对于现实物理空间的"存在",由此在网络空间中也形成了特殊利益,这类利益直接与人身、财产相关,这类利益其中有的与线下利益具有对应性,有的则仅仅具有网络性质,不过,这类利益的主体不会发生改变,就是个人和组织体;四是对网络平台的高度依赖。线下犯罪的实施对中立第三方的依赖并不明显,只有少数犯罪的实施会利用他人的经营行为作为犯罪或者转移犯罪收益的工具,如洗钱犯罪对金融机构的利用;但网络犯罪对第三方的经营行为(通常是网络平台)却是高度依赖的。

目前刑事法理论界也正是看到网络犯罪这些特征,在解释性的研究中,将重点聚焦在网络虚拟财产、[②] 中立帮助行为、网络平台责任(主要是对拒不履行网络安全管理义务罪)[③] 等问题的研究,在对策性的研究方面,有学者认为主要聚焦在刑法的扩张方面。不过,总体而言,目前关于网络犯罪的研究,是

---

① 虽然在理论上会有不同认识,但这确实是立法和司法实践的逻辑。
② 张明楷:《非法获取虚拟财产的行为性质》,载《法学》2015年第3期;刘明祥:《窃取网络虚拟财产行为定性探究》,载《法学》2016年第1期。
③ 谢望原:《论拒不履行信息网络安全管理义务罪》,载《中国法学》2017年第2期。

以传统刑事法理论为出发点或者参照系的,而且集中于以网络为工具的犯罪行为进行研究,且缺乏对证据法和程序法层面的关照,因而研究成果总体上尚不能满足网络犯罪治理的现实需要。本文的目的是,从刑事政策的角度对网络犯罪治理问题提出相对宏观的建议,并尝试以此作为网络刑事法制构建的一个基础性原理。本文认为,在现实情况下,网络犯罪治理以及网络刑事法制的构建,应当重点解决三个基本问题,即(1)如何处理网络治理中规制与刑事惩罚的关系?(2)如何解决信息保护与网络犯罪治理的关系?(3)如何看待并应对网络中的有组织化犯罪?本文的论域定位刑事政策的维度进行研究,同时也会对现有刑事法解释理论进行必要的检讨,其目的在于,为形成体系化的网络刑事法制提供理论基础。

二、如何处理网络治理中规制与刑事惩罚的关系

这里的规制,是指政府为确立经济、社会秩序、依据法律或执行行政法规、规章等对个体性行为限制、约束。① 政府的规制行为在于确立经济、社会的"表面(superficial)"秩序,也就是,它不涉及对社会基本伦理价值等基底性秩序的调整。网络治理中的规制对象,主要是网络运营者,即网络运营者,是指网络的所有者、管理者和网络服务提供者(《网络安全法》第76条第3项)。

网络秩序的建立,有自发的一面,如网络运营者对网络经营秩序的确立,也有政府主动干预、进行规制的一面,后者对前者也有通过进一步规制的功能。这两种治理力量,对于网络秩序的构建都具有重要意义,而且网络运营者参与网络治理的重要性,有其明显的优势。当然,如此也带来很多法律上的问题:一是网络运营者作为服务提供者,其参与治理活动是否有权限制公民的权益,例如,提供信息搜索服务的网络运营者是否有权屏蔽、删除其认为"不合适"的言论、信息?二是网络运营者为政府提供数据涉及个人信息,是否应当根据正当秩序进行提供,是否应当根据有权机关的合法决定进行提供?②

---

① 本文中所使用规制的概念,比经济行政法中"规制"的概念要宽泛得多。参见时延安:《刑法调整违反经济规制行为的边界》,载《中国人民大学学报》2017年第1期。

② 例如,2015年,在美国圣贝纳迪诺发生恐怖袭击案,美国联邦调查局获得犯罪嫌疑人苹果手机,囿于手机密码只得向苹果公司寻求援助,但遭到拒绝。因而FBI以《所有令状法案》(All Writs Act)为依据,通过联邦检察官以美国政府的名义向美国地方法院加州中心区法官申请了一份强制苹果公司协助联邦机构搜查的指令(No. ED15－0451M)。苹果公司在第一时间就提出了救济申请并公开拒绝了该指令,并认为该指令的实质是开设程序"后门"。参见陈逸宁:《FBI与苹果公司的法律攻防战》,载《检察风云》2016年第9期。

三是政府要求网络运营者提供数据的根据应当如何确定？等等。这些问题提出的最终指向，实际上是行政机关与网络运营者在网络治理中的角色与分工问题。例如，就网络安全问题，国家机关多关注国家安全和网络公共安全（例如反恐），而网络运营者多关注网络经营安全。从角色定位上看，两者的功能是互补的，因而应建立良好的合作关系。从目前实践看，大型互联网公司与行政主管部门、司法机关都有着良好的合作关系。从法治的角度分析，这种合作关系本身也要进行规制。

毫无疑问，网络安全法就是网络行为规制法，而且该法将网络规制的重点放在了网络运营者身上，并赋予了网络运营者较高的法律义务。例如，该法第47条规定："网络运营者应当加强对其用户发布的信息的管理，发现法律、行政法规禁止发布或者传输的信息的，应当立即停止传输该信息，采取消除等处置措施，防止信息扩散，保存有关记录，并向有关主管部门报告。"该条提供了一个义务性规范，义务主体显然是网络运营者，然而，法律并没有赋予网络运营者具有公法意义上的管理职能，而从该条规定似乎又可以推导出网络运营者具有类似的权限，因为该条使用了"管理"这个带有上下级关系的用语。这就形成了一个矛盾：从法律关系上看，网络运营者与用户之间是民事上的法律关系，并主要是服务合同关系；网络运营者对其用户利用其平台发布、传输信息行为的监管，按照该条规定认为具有管理性质，而网络运营者事实上也就拥有对是否属于"法律、行政法规禁止发布或者传输的信息"的判断权。而且，法律也没有给网络运营者如何进行判断进行指示，设若某用户认为网络运营者"删错了帖子"或者认为侵犯了其言论自由，该用户几乎无法得到法律上的支持。从现实生活看，网络运营者在进行这类"管理"活动中，难免有"误伤"其用户的可能，虽然这种损害可能很小，但仍应有法律上救济的必要性。

当网络运营者违反其网络经营义务时，就要承担相应的法律责任。与《网络安全法》第47条规定相联系，该法第68条第1款规定："网络运营者违反本法第四十七条规定，对法律、行政法规禁止发布或者传输的信息未停止传输、采取消除等处置措施、保存有关记录的，由有关主管部门责令改正，给予警告，没收违法所得；拒不改正或者情节严重的，处十万元以上五十万元以下罚款，并可以责令暂停相关业务、停业整顿、关闭网站、吊销相关业务许可证或者吊销营业执照，对直接负责的主管人员和其他直接责任人员处一万元以上十万元以下罚款。"从法条关系上看，该法第47条意在设定法律义务，而第68条第1款则是惩罚性条款，即当网络运营者违反这一义务时，则应依据该条处罚。不过，这就产生一个问题：根据《刑法》第286条之一拒不履行信息网络安全管理义务罪规定，如果网络服务提供者不履行法律、行政法规规定的信息网络安全管理义务，经监管部门责令采取改正措施而拒不改正的，致使违法信息大量传播的（第一项），属于构成该罪的情形之一。比较该条与网络安全法第 68 条规定，两者适用界限并不清楚，显然，网络运营者承担刑事责任的效果和承担行政违法责任的效果是不同的，前者会使从事网络经营的公司遭受"灭顶之灾"。当然，从刑法教义学可以给出限制该罪适用的条件，即通过目的解释使该罪适用犯罪得以限缩。不过，这条路径为法律实践所认可恐怕着实不易。对此，应用基本法律政策进行思考，并形成法律实践的共识。

这一基本法律政策，主要是确立针对网络运营者的行政规制与法律制裁问题的基本政策。对这一问题处理，要考虑三方面的利益平衡，即如何认识网络运营者、国家机关以及公众三者之间的关系。判断网络运营者是否违法方面，行政机关有权作出判断，不过，这一判断属于行政性的，而该违法行为是否构成犯罪，则应由法院进行判断，即进行刑事违法性的判断。法院进行刑事违法性的判断，则应重点考虑这一违法行为对公共利益的影响程度；如果这一违法行为未对公共利益产生明显影响，或者公众对该违法行为持包容态度的，① 则不应以该罪进行处罚。其理由在于，该罪属于扰乱公共秩序的犯罪，如果该行为仅仅违反行政机关设定的社会规制，还不宜作为犯罪进行处罚；而只有对公共利益造成损害的情况下，才符合立法机关设定该罪的目的。同时，对这类案件处理中刑事政策的把握，还应在刑事政策制定中考虑产业政策。如前所述，对从事经营的网络公司进行刑事处罚，对其造成的影响几乎是毁灭性的，而为维护其"再生"能力，应更多地通过行政处罚手段对其进行惩罚，以使其回归依法经营的轨道。②

三、如何解决信息保护与网络犯罪治理的关系

如前所述，网络犯罪就是广义的信息犯罪，是违法行为人通过操控信息来实施的犯罪，从这个角度看，信息，尤其是个人信息，是理解和分析网络犯罪的关键。从网络犯罪治理的角度分析，信息保护尤其是个人信息保护，是网络犯罪治理的关键。

对公民个人信息的保护，首先且主要地应当依靠行政法来进行保护。《民法总则》第 111 条规定："自然人的个人信息受法律保护。任何组织和个人需

---

① 如果涉及侵犯公民个人信息的案件，对公民个人的影响不明显。
② 时延安：《非公经济刑法保护应遵循三项原则》，载《检察日报》2017 年 3 月 11 日。

要获取他人个人信息的，应当依法取得并确保信息安全，不得非法收集、使用、加工、传输他人个人信息，不得非法买卖、提供或者公开他人个人信息。"虽然该条被规定在民法当中，但该条并非典型的民法规范，因为该条是一般性规制条款，且"该法"是指行政法律而非民法。至于公民对其个人信息的占有、使用等，能否作为单独的民事权利加以保护，还需要充分的讨论并理性进行确定。考虑到个人信息及其范围的特殊性，将之单独规定为一种民事权利，会造成法律实践中的诸多困惑，会增加大量的社会纠纷解决成本。况且，在民法上已经特定化的民事权利，如隐私权等，已经能够解决公民对个人信息享有方面基本的利益保护问题。总之，依靠民法保护个人信息，即赋予公民个人以民事权利，通过民事纠纷解决方式来维护公民个人权益问题，并非一个合理适当的选项。

以行政法来规制和保障公民个人信息，就是建立起完备的公民个人信息的保护秩序。目前，违法犯罪分子获取个人信息最终来源主要是具有个人信息采集需要的单位，包括政府机关、企事业单位和各种社会团体。从这个角度分析，为保障公民个人信息安全，政府机关、企事业单位和社会团体应当建立完善的防范机制。对于涉及公民重要个人信息的，应当对这类单位的收集、存储、使用、销毁等设立严格的法律规制；对违反这种规制的行为，应当给予适当的行政处罚，以督促相关责任主体进行改正。对于依靠个人信息经营的企业，如快递公司、电信公司等，相关行政机关应设立严格的审批程序并进行严格监管，并定期进行评估。不过，对于这些单位违反有关公民个人信息规制的行为，应以行政处罚进行惩治，而不宜作为犯罪处理；当然，如果故意泄露公民个人信息且情节严重的，应当根据侵犯公民个人信息罪（《刑法》第253条之一）定罪处罚。

从实践看，违法犯罪分子获得个人信息来源的方式是多样的。[①] 不过，主

---

① 以非法获取公民个人有关银行等支付信息为例，其方式包括：（1）通过在普通POS机中安装能够测录银行卡磁道信息及支付密码的芯片盗取个人信息；（2）利用在二维码中植入木马病毒窃取信息；（3）利用"撞库"窃取个人身份信息；（4）利用手机木马登录他人微信或支付宝账户窃取个人信息；（5）利用从网上下载的抓包软件或手机模拟器等技术手段将交易价格由高改低后支付；（6）利用"伪基站"发送钓鱼网站的短信，实施银行卡盗用、欺诈等犯罪活动；（7）利用"猫池"拨打电话或发送短信获取个人信息；（8）利用"改号软件"冒充公安、检察院、法院或信用卡客服进行诈骗，获取个人信息；（9）利用已植入木马程序的钓鱼网站骗取用户个人身份证、账号密码等；（10）从网上购买的公民身份证、银行卡、手机号码等信息。参见程琳：《加强个人信息保护完善互联网金融安保体系》，载《中国信息安全》2017年第8期。

要可以划分为三种类型：一是依靠网络技术，尤其是发现网站漏洞窃取信息；二是通过骗取方式获得信息；三是直接从其他人获得。从目前网络犯罪发展趋势看，网络黑产已经形成较为完善的分工，从事窃取公民个人信息的行为人与从事具有直接被害人犯罪的行为人分别占据网络犯罪的上下游，而开发木马等软件的行为人则占据网络犯罪的最上游。从这个产业链条的上下游关系看，打击网络犯罪的重心就应向前挪移，一方面要严厉打击买卖公民个人信息的行为，另一方面要严厉控制和打击非法开发网络技术的行为。对于这两方面违法行为的监管，需要网络执法机关协同网络运营者进行"全天候"的网络巡查。

值得特别研究的是，如何看待公司、企业间的数据交换（包括交易）行为？如果公司企业就其自己收集的数据进行交易，一般而言，法律予以禁止是没有正当理由的，从目前实践看，这类交换行为属于正常的市场经济行为。不过，如果公司企业经授权后取得的数据，尤其是与公民个人信息之间相关的数据，其将该数据进行转让乃至交易，就没有正当可能性可言，因为已经超出了授权人的授权范围。从维护公民对其个人信息利益角度分析，对这类行为，法律应当予以禁止，尤其是涉及到公民的个人的人身安全、财产安全相联系的信息数据，法律不仅设定较为严格的规制，而且对违反这一规制的行为，要给予严厉的惩罚。此外，目前法律对国家机关、人民团体等单位在公民个人信息保护方面设定明确的法律义务，尤其是没有规定，违反这些义务的行为人应承担何种法律责任。对此，立法机关应当考虑对这类单位设定必要的法律义务，当然应区别于从事市场经济活动的公司企业。

四、如何看待并应对网络中的有组织化犯罪

随着网络产业的迅速发展，网络犯罪越来越表现出产业化的特征，即网络将从事不同类型违法行为的人联络起来，并形成产业化的链条，而且网络违法行为的分工也日趋"精细"，各种网络技术、程序、个人信息等在网络空间有着庞大且隐秘的销售市场。如前所述，从事针对具体犯罪活动（即针对具体被害人）的行为人不需要自己开发技术，也不需要自己窃取他人个人信息，而是通过网络"黑市"购买他人个人信息。例如，在网络诈骗案件中，从事非法获取个人信息的犯罪行为与利用个人信息进行诈骗的犯罪行为是分开的，两者完全通过网络进行交易，而不必面对面进行联系。前者对后者如何利用信息并不关心，而后者对前者如何获取信息并不清楚，也不关心。这在"徐玉

玉案"中表现得十分明显。① 在复杂的网络刑事案件中,这种匿名化的联络方式和越加复杂的分工方式是相伴生的。可以说,在网络环境下,不法行为人进行犯罪联络,并不是通过犯意进行连接的,而是利用经营的方式进行的。

  网络犯罪中这种产业化的有组织化犯罪方式,可以用"犯罪协作"一词来进行概括。犯罪协作就是指多个行为人基于产业化合作方式,对某一造成被害人的损害产生影响。对这一现象进行分析,可以发现其具有三个特点:一是,犯罪协作是一种产业化的组织方式,就是每个行为人基于分工处于不同的"产业链条",每个行为人只是基于其分工提供"服务",如开发窃取个人信息的技术的人,只负责提供这种技术,并不从事具体的犯罪活动;从事窃取个人信息的人,利用购买的技术(程序)等窃取个人信息而后再行销售,也不从事具体的犯罪活动;实施具体犯罪活动的人,购买信息针对被害人进行犯罪;二是,不同行为人之间的联系属于匿名性的交往,即相互之间并不认识,也不知道彼此的身份,从某种意义上说,处于上下游的行为人之间,更像是一种买卖关系;三是,基本上没有犯意联络,就是说,处于上游的行为人对购买其技术或者信息的人利用其技术从事何种行为,前者是漠不关心的,后者对于前者如何拥有技术、来源也不关心。这种犯罪协作模式,是当前网络犯罪中最为常见的组织形式,产业化特征和上下游关系是比较清楚的。

  这种犯罪协作模式给刑法解释及司法认定带来的问题就是,处于上游的行为人是否要对最下游犯罪造成的结果负责。如果让处于上游的行为人对最终犯罪结果负责,则这种思路是将犯罪协作理解为《刑法》第25条所规定的共同犯罪进行处罚,处于上游的行为人会被视为帮助犯。但将犯罪协作理解为共同犯罪是不妥当的,理由在于,上下游行为人之间并不符合现行《刑法》第25条关于共同犯罪的规定,尤其是上下游行为人之间没有犯罪意思联络,也就是说,处于上游的行为人不知道最下游行为人最终实施何种性质的行为,也不知道最下游行为人针对哪些人群实施何种性质的犯罪。从这个角度分析,犯罪协作是比共同犯罪更为宽泛的一个有组织化犯罪的概念。当然,从逻辑上看,共同犯罪包含于犯罪协作当中,但不能以共同犯罪的法理来理解和解释犯罪协作行为。对处于犯罪协作关系且不属于共同犯罪中的多个行为人,基于罪责自负的原则,仅就其所实施的行为承担刑事责任,而不能根据共同犯罪"部分行为、全部责任"的法理进行追究。就网络诈骗而言,对针对被害人实施的诈

---

① 本案中,杜天禹通过植入木马等方式,非法侵入山东省高考考生信息平台网站,窃取2016年山东省高考考生个人信息64万余条;陈文辉从杜天禹处买来信息后,对徐玉玉等人实施了诈骗。参见百度百科:"徐玉玉案"。

骗行为，应以诈骗罪追究行为人刑事责任；而对于向诈骗行为人提供（包括销售）个人信息的人，只应负侵犯公民个人信息罪的刑事责任。在"徐玉玉案"中，即采取这种处理方式。

《刑法修正案（九）》规定的帮助信息网络犯罪活动罪（《刑法》第287条之二），就应从犯罪协作的角度加以理解。从立法必要性来看，对明知他人利用信息网络实施犯罪而提供互联网接入等帮助的，如果能够按照共同犯罪进行处理，设立本罪就没有必要；立法者规定该罪，从解决司法实践的困境来讲，要降低刑事司法证明的困难，从行为类型的确定方面，立法者显然也注意到了这类帮助行为的特殊性，具体而言，从产业链的角度分析，从事这种帮助行为的人并不知道他人具体是谁、他人实施哪种信息网络犯罪、如何实施、被害人是谁等信息，"他人"也不知道行为人的想法。对该罪进行解释，也要从犯罪协作的角度进行分析，具体而言，对该条中的"明知他人利用信息网络实施犯罪"应做相对宽松的理解：（1）对明知的认定，只要行为人认识到，他人可能实施信息网络犯罪活动即可；（2）这里的"犯罪"，应从实体法角度理解而不是从刑事诉讼法角度（即《刑事诉讼法》第12条）理解，而且，"犯罪"应被解释为，具有社会危害性且符合某些犯罪客观要件的行为。

总之，对网络有组织化犯罪，应从犯罪协作角度加以理解，而不能单纯运用共同犯罪的法理进行分析。对于网络有组织化犯罪的研究，还要重点考虑过失提供网络帮助的处理，例如，对于提供网络技术，既可以从事合法网络经营行为，也可以用于违法网络经营行为的，如果该网络技术本身具有较大的风险性，法律应当为这种技术提供行为设定较为严格的规制，要求其对使用者进行严格的审查；如果网络技术提供者基于重大过失未对使用者进行必要的审查而造成严重后果，对网络技术提供者的重大过失行为应考虑予以犯罪化。当然，这同样不是基于共同犯罪的法理（因为我国刑法不承认过失共同犯罪），而是从犯罪协作的角度进行思考。

五、代结语：惩治网络犯罪的刑事政策

从目前刑事案件发案率看，暴力犯罪尤其是严重暴力犯罪呈显著下降趋势，而网络犯罪的发生却在不断上升，换个角度讲，一方面线下世界的犯罪数量在下降，另一方面线上世界（网络空间）中的犯罪数量在上升。在社会总体治安向好的同时，"网络治安"问题却日趋严重，更为麻烦的是，迄今为止我们还无法估量线上犯罪以及线上线下结合的犯罪的总体规模以及犯罪"黑数"有多少。有人曾戏谑地提出，"违法犯罪分子去哪儿了？"可以肯定地说，他们中很多转向了线上犯罪，况且，最下游网络犯罪并不要求行为人具有太高

的文化水平。从已经查获的刑事案件看,目前从事网络犯罪的人大多数都是年轻人,而他们又是对互联网"生态"最为敏感也最为得心应手的人群。对于这些人犯罪的刑事责任追究,就涉及宽严相济刑事政策的把握问题。如果从造成的危害后果(尤其是财产损失后果)看,特别是考虑刑罚的一般威慑效果,对这类案件应当予以严惩;而如果从这类人群从事网络犯罪的原因,特别是考虑刑罚的特别威慑效果时,对这类人群又应该予以从宽处罚。对此,综合各种利益考虑,对从事网络犯罪的年轻人仍应当采取轻缓的刑事政策,更多地通过发挥刑罚的教育和预防功能,令这类人群的犯罪人能够迷途知返。

　　治理网络犯罪的刑事政策,重点是处理好规制与惩罚的关系,其中惩罚部分要处理好行政处罚与刑事处罚的关系。毫无疑问,网络空间需要秩序,因而政府依循法治精神对网络空间、网络行为进行规制。客观地讲,网络空间及网络行为规制还是存在较大欠账的,主要表现在规制思路不适应网络空间规律、规制主体责任不清、规制手段相对落后、对规制可能造成不当干涉合法权利的影响估计不足,等等。以在网络上散布宣扬恐怖主义信息为例,法律(主要包括《反恐怖主义法》《网络安全法》)只是笼统地规定了禁止性条款[①]及解释性规定,而对发表何种网络言论已经构成宣扬恐怖主义,并没有给予法律的界定,而达到何种程度(即考虑《刑法》第13条规定)构成犯罪,[②] 目前也没有清晰的法律或司法解释的界定。将宣扬恐怖主义的行为入罪是合理正当的,但法律(包括行政法规或部门规章)应当对这类行为的表现进行界定并通过适当的方式向公众提示,也就是说,对公众进行必要的行为引导,进而形成法律秩序;只要严重违反这一秩序的行为,才能作为犯罪进行处罚。

　　对于网络违法行为,究竟应以行政处罚还是以刑事处罚相威吓,一方面要考虑不同性质处罚之间比例关系的建立,一方面也要考虑规制与刑罚的关系。行政处罚是辅助于行政规制的,简单地说,行政处罚的功能是促使违法行为人认识到法律及秩序进而使之"重回秩序"当中,从这个角度看,行政处罚是行政规制的组成部分。刑罚的功能,虽然也有秩序维持功能,但其主要功能是

[①] 例如,《网络安全法》第12条第2款规定:"任何个人和组织使用网络应当遵守宪法法律,遵守公共秩序,尊重社会公德,不得危害网络安全,不得利用网络从事危害国家安全、荣誉和利益,煽动颠覆国家政权、推翻社会主义制度,煽动分裂国家、破坏国家统一,宣扬恐怖主义、极端主义,宣扬民族仇恨、民族歧视,传播暴力、淫秽色情信息,编造、传播虚假信息扰乱经济秩序和社会秩序,以及侵害他人名誉、隐私、知识产权和其他合法权益等活动。"

[②] 宣扬恐怖主义、极端主义、煽动实施恐怖活动罪(《刑法》第120条之三)的罪状中基本犯没有"情节严重"的限制,但该条应当受到《刑法》第13条的限制。

对犯罪人基于伦理的谴责,进而在一定程度上对犯罪人进行排斥。基于这种考虑,在网络违法犯罪治理当中,就应当充分考虑行政处罚与刑事处罚功能上的差异。例如,对于网络炒作信誉、刷单行为,就应当合理划清行政处罚与刑罚的边界,如果行为人从事这类行为只是为了提高自己经营网上"店铺"的声誉,应视为不正当竞争行为,对其只宜进行行政处罚;① 而如果行为人从事这类行为用于欺诈获取他人财物的,才应作为犯罪进行处理。

总之,随着《网络安全法》的施行,以及有关网络治理的法律、法规不断出台,会促使网络空间秩序的形成,并使得网络行为得以规范化。对于网络犯罪治理而言,要妥善处理网络规制与刑事惩罚的关系,明晰网络犯罪的发生、发展规律,着重打击网络犯罪的上游行为,维护公民个人信息安全,如此,可以形成对网络犯罪治理的基本秩序。

(责任编辑:石磊)

---

① 例如,新修订的《反不正当竞争法》第20条第1款规定:"经营者违反本法第八条规定对其商品作虚假或者引人误解的商业宣传,或者通过组织虚假交易等方式帮助其他经营者进行虚假或者引人误解的商业宣传的,由监督检查部门责令停止违法行为,处二十万元以上一百万元以下的罚款;情节严重的,处一百万元以上二百万元以下的罚款,可以吊销营业执照。"

帮助信息网络犯罪活动罪的
若干司法适用难题疏解

张铁军[*]

摘　要：帮助信息网络犯罪活动罪的主观明知已成为本罪的常见辩护事由，对事实因素的认识应是对一般违法犯罪行为的概括性明知，应当重视通过刑事推定等制度破解证明难题。司法机关对"情节严重"的定罪因素及其标准的探索缺乏专属性与专门性，尤其未能正确处理本罪的情节严重与正犯犯罪是否成立之间的分离关系，应综合运用刑法解释方法，并通过案例指导制度与专门司法解释等方式，加快明确定罪处罚标准。关于本罪的犯罪竞合，一般应遵从第 3 款的从重处罚规定，也应根据犯罪构成要件要素、刑法溯及力规定、特殊法条优于一般法条规则等，区分本罪与关联犯罪、正犯的共犯形态。

关键词：帮助信息网络犯罪活动罪　主观明知　情节严重　犯罪竞合

在法益保护的严苛化和前置化的立法指导精神下，限缩中立帮助行为的出罪空间，将帮助行为予以正犯化，是刑法积极预防功能的体现，也是对过往司法解释的一种确认。[①]《刑法修正案（九）》增设第 287 条之二帮助信息网络犯罪活动罪，将明知他人利用信息网络实施犯罪，为其犯罪提供互联网接入、服务器托管、网络存储、通信传输等技术支持，或者提供广告推广、支付清算等帮助行为入罪化，具有前款行为，同时构成其他犯罪的，依照处罚较重的规定定罪处罚。第 287 条之二的立法过程中不乏主张帮助犯从属正犯、没有必要独立定罪的呼声。[②] 但网络犯罪帮助行为的现实危害是与未然犯罪绑定的，并不指向任何一个特定被害人，而是寻找潜在被害人的过程，制造犯罪机会，扩大

---

[*] 张铁军，北京大学法律硕士，现任北京市人民检察院第三分院党组书记。

[①] 赵秉志：《中国刑法的最新修正》，载《法治研究》2015 年第 6 期。

[②] 全国人大法工委刑法室编：《刑法修正案（九）草案向社会公众征求意见的情况》（法工刑字〔2015〕2 号，2015 年 1 月 4 日）。

被害群体。其独立化的价值在于突破难以从共犯角度被惩罚的瓶颈。目前,有关第287条之二的已决案件数量正在增加,关于明知的认定、情节严重的把握、犯罪竞合的处理等难题越来越突出。在立法已成既定事实之际,应当将视线转向该罪的司法适用。

一、主观上明知的诉讼证明

根据第287条之二的规定,主观上要求是"明知"。关于"明知",从规范层面看,通常认为是"故意",包括直接故意或间接故意。在认识因素上,要求必须是"有认识"。但在网络犯罪案件中,主观上明知的认定往往比传统案件更难,在运用法定证明方式以及推定制度之际,应更注重归纳司法经验,并制定专门的司法解释。此外,不应忽视认罪认罚从宽制度具有特殊的"舒缓"功能。

(一)主观明知的证明问题

在刑事诉讼证明层面,罪过这一主观要素的证明是世界性难题。在帮助信息网络犯罪活动罪中更加明显,因为以网络信息技术为前提的网络犯罪,犯罪主体更加隐秘,行为缺乏物理上的可视性,行为主体的认识能力处在新的环境。这共同导致认识因素的判断更困难,意志因素的认定更复杂。实际上,通过考察帮助信息网络犯罪活动罪的审判情况,可以发现,不少犯罪嫌疑人、被告人及其辩护人,对"明知"提出异议或加以否定。例如,犯罪嫌疑人、被告人辩称与辩护人提出:是正犯要求制作网站,并隐瞒从事非法活动的真实目的,因而并不知情,谈不上故意帮助;或者辩称:是疏于对网站、网页等的管理,主观上并无恶意帮助的心态,对信息网络服务并不知情;只是从事一般性的网络服务业务,并未从正犯犯罪中获得好处,缺乏相应的犯罪动机,更无共同犯罪的意思联络,等等。这使司法机关必须首先解决"明知"的证明问题。这里以一个具体的案例进行剖析:2015年11月至2016年4月,被告人冷某某在其开设的淘宝店铺上出租上海铁通等固定电话号码,在明知有租用者从事诈骗等违法犯罪的情况下,为牟利仍提供呼叫转接(固定电话绑定指定手机号码)及充值话费等通信服务。在被害人楼某报案称其被骗359万元的电信诈骗案中,诈骗团伙使用的诈骗电话号码之一(021×××× 0922),是冷某某当时出租的固定电话号码。冷某某其他出租的39个固定电话号码还涉及全国电信诈骗案件100余起,涉案金额1800余万元。被告人冷某某辩解,只是出租电话号码,对于租用者利用其出租的电话号码从事诈骗活动不是很明确的知道。辩护人的辩护意见为:被告人的行为虽有一定的违法性,但尚未构成犯罪。从主观方面看,被告人对客户租用电话号码用于诈骗等犯罪行为仅是一种猜测，并不明确知道租用者一定将电话号码用于犯罪活动，主观上对租用者利用信息网络实施诈骗等犯罪并不明知。而且，由于本案认定他人利用信息网络实施犯罪的证据未经查实，相应的行为也未经法院生效裁判确定是犯罪，本案证据无法证明被告人明知他人利用信息网络实施犯罪，并为他人犯罪提供通信传输等技术支持行为。一审法院认为，被告人冷某某知道租用者可能利用其出租的固定电话号码从事诈骗等违法犯罪活动，仍为了牟利，为租用者提供呼叫转接及充值话费等通信服务，放任危害结果的发生，符合间接故意的主观心理态度。被告人冷某某明知他人利用信息网络实施犯罪，为其犯罪提供通信传输等技术支持，情节严重，构成帮助信息网络犯罪活动罪。① 从该案可以看到，"是否明知"成为重要的辩护事由，也是庭审的重点，法院最后综合各种客观证据，推定被告在主观上是"明知"，且并未考虑正犯是否构成犯罪这一因素。以此类推，在帮助信息网络犯罪活动罪中，"明知"是法定的构成要件要素，是需要被证明的事实，关系罪与非罪的判断。当缺乏口供的情况下，仍主要取决于案件的所有证据是否形成完整的链条，是否达到法定的证明标准。基于主客观相统一原则，刑事推定是主观事实证明的重要手段。而且，由于正犯是否定罪处罚或者是否属于《刑法》第287条之二规定的"犯罪"是不确定的因素，也直接影响"是否明知"或者"认识到是犯罪"的基本判断。

（二）明知的内容界定

根据刑法原理，在解决《刑法》第287条之二的"明知"问题时，应当明确认识因素的事实范围与规范属性，并澄清网络中立行为介入后对"刑事违法性"判断的影响。具体如下：（1）认识的事实因素。在"明知他人利用信息网络实施犯罪"的判断上，提供网络帮助的行为人，应当认识到自己正在提供信息网络服务，而且知道或应当知道他人正在利用自己所提供的网络技术帮助实施犯罪。具体在认识因素的事实内容上，原则上要求有一定程度的认知或者概括性的认识，无需达到具体清楚的程度，毕竟二者之间不存在事前的意思联络，也就不存在共同实施正犯犯罪的主观故意。对实施犯罪的具体内容、过程并不明确知道的，仍属于"明知"。② 在认识能力的具体判断上，帮助信息网络犯罪活动罪中的"明知"仅限于实际知道与有理由或能力知道，③

---

① 绍兴市上虞区人民法院（2016）浙0604刑初1032号刑事判决书（绍兴市上虞区人民检察院绍虞检刑诉〔2016〕997号起诉书指控罪名为帮助信息网络犯罪活动罪）。

② 浙江省绍兴市中级人民法院（2016）浙06刑终307号刑事判决书。

③ 欧阳本祺、王倩：《〈刑法修正案（九）〉新增网络犯罪的法律适用》，载《江苏行政学院学报》2016年第4期。

或者说是有能力认识到的,因而排除超出一般人认识能力的极端情形。(2) 认识的规范内容。在理解《刑法》第 287 条之二中的"犯罪"时,究竟是采取广义的扩张解释,还是狭义的限缩解释。对此,应当明确的是,第 287 条之二之所以作为独立犯罪加以规定,是因为网络犯罪的分工日益精细化,为了切断网络犯罪的利益链条,有必要将一些网络帮助行为单独入罪,从而破解"共犯从属性"这一传统理论引发的定罪处罚障碍。① 因此,正犯是否构成犯罪,与网络帮助行为是否构成犯罪,并无直接的处罚关联性。在理解"犯罪"这一问题时,应作出扩张解释,是指一般意义上的违法犯罪行为,而非已经构成犯罪的行为。如果进行限制解释,主张必须认识到是刑法意义上的犯罪,则有损第 287 条之二的处罚独立性,也不利于本罪与正犯之间保持相适应的罪量梯度;更可能导致第 287 条之二的入罪门槛偏高,压缩本罪的适用范围,与本罪是轻罪的罪质特征不符。(3) 对中立行为的认识与是否明知的排除。在制定第 287 条之二时,区分网络中立行为与网络帮助违法犯罪行为之间的界限是焦点。网络中立帮助行为,是指不以非法目的为导向的,通常被认为属于网络正常营业或生产经营的行为。在判断"明知"时,如果在现有的互联网发展阶段以及网络技术标准等背景下,一般人无法认识到自己的行为是帮助网络犯罪活动的行为,或明显超出了普通人的认识能力或行业标准、国家标准的,则可以基于是网络中立行为,排除涉嫌构成犯罪。② 例如,行为人采取相当的审慎态度且必要的防范措施,可以认为妥当地履行了《网络安全法》的法律规定中的内容审查义务等网络安全管理义务,即使被他人非法利用实施犯罪,也不是"明知的网络帮助行为"而提供帮助,否则,过高的义务标准违背刑法的自由精神。③ 继而,在真正的网络中立业务行为中,因缺乏违法性,"明知是犯罪"的认识问题不复存在。

(三) 证明方法的综合运用

在有口供的情况下,可以直接证明"明知";在没有口供的情况下,间接证据通过形成完整的证据链可以完成证明任务。当前,还可以运用刑事推定等措施,破解证明难问题。运用刑事推定解决"明知"的诉讼证明问题,已经

---

① 喻海松:《刑法的扩张——〈刑法修正案(九)〉及新近刑法立法解释司法适用解读》,人民法院出版社 2015 年版,第 243—245 页。

② 孙道萃:《网络片面共同犯罪的制裁边界:兼议"快播"案》,载《浙江工商大学学报》2016 年第 4 期。

③ 车浩:《刑事立法的法教义学反思——基于〈刑法修正案(九)〉的分析》,载《法学》2015 年第 10 期。

成为司法实践的可行办法。在推定本罪的明知时，首先应以行为人为他人实施信息网络犯罪提供技术支持和帮助这一客观事实为前提。[①] 例如，某判决书的裁判理由指出，因被告人马某所租用的线路涉及诈骗犯罪活动，安庆电信公司发出《关于呼叫中心业务集团投诉处理意见函》，要求马某彻底整改其租用线路上的诈骗犯罪活动。被告人马某明知上述诈骗活动所在线路源自被告人宋某，为获取利益，马某将上述《意见函》转发给被告人宋某后仍继续将电信线路提供给被告人宋某使用。这说明被告人是知情的。[②] 例如，某判决书的裁判理由认为，无论从涉案仿冒网站设立方式的非正常性，仿冒网站获取访客个人金融账户名称、密码等私密信息的隐蔽性，还是从仿冒网站对于网络杀毒防护软件拦截功能的规避行为，被告人都能认识到该仿冒网站极有可能是用于诈骗等违法犯罪活动，而这一要求并未超出常人的认知能力。[③] 目前，第287条之二作为新罪名，在司法解释阙如之际，可以通过已决案件，进行司法归纳与整理，并借鉴过往的司法解释，初步明确可以推定是"明知"的基本情形，从而在证明方法上减轻司法机关的压力。在实践中，可以结合对他人所实际从事活动的认知情况、之间往来与联络情况、收取费用等，综合审查推定为"明知"。[④] 主要包括以下常见情形：一是明知网站、网页等内容的虚假性；二是收取的网络服务费用明显超过行业标准，或收取巨额广告费等费用；三是提供网络技术支持或服务，并非法牟取利益的；四是从事专门用于违法犯罪的活动或者提供专门用于违法犯罪活动的程序、工具的；五是因违法行为被有关部门提出告知或整改意见或已经接受行政处罚；六是营利模式或者提供的技术服务所对应的活动是否符合常规；七是故意避开网络监管要求或采取技术规避措施；等等。

二、情节严重的准确把握

根据《刑法》第287条之二的规定，"情节严重"是本罪的构成要件之一，因而，本罪是情节犯（结果犯）。因而在追究刑事责任时，应当明确追诉标准，否则，适法不明问题直接导致罪与非罪的界限变得模糊。目

[①] 张春：《〈刑法修正案（九）〉第二十九条规定的网络犯罪问题研究》，载《人民司法》2016年第19期。

[②] 江苏省无锡市滨湖区人民法院（2015）锡滨刑二初字第00026号刑事判决书（无锡市滨湖区人民检察院锡滨检刑诉（2014）616号起诉书指控罪名为诈骗罪）。

[③] 北京市海淀区人民法院（2016）京0108刑初字2019号刑事判决书。

[④] 全国人大常委会法制工作委员会刑法室编：《中华人民共和国刑法修正案（九）条文说明、立法理由及相关规定》，北京大学出版社2016年版，第230页。

前，在司法解释尚未出台之际，应基于对该罪的罪质理解，根据审判经验，确定合适的处罚标准。

（一）司法探索的归整

由于没有出台司法解释，实践中对"情节严重"的认定，缺乏统一的标准。尽管如此，从现有的已决案件，仍可以窥探司法运行的规律。大体分为以下几种情形：（1）并无明确的定罪标准，判决说理相对含糊。如绍兴市上虞区人民法院（2016）浙0604刑初1032号刑事判决书指出，根据本案的社会危害性，被告人冷某某的行为应认定为情节严重。这充分暴露了在缺乏司法解释的情况下，"情节严重"的认定有一定的随意性，也间接导致司法机关"套用"以往的相关司法解释的规定，也即参照正犯罪名的标准进行判断，客观上背离第287条之二独立成罪的立法初衷。（2）泄露的个人信息数量。如江苏省常熟市人民法院（2016）苏0581刑初769号刑事判决、江苏省苏州市中级人民法院（2016）苏05刑终776号刑事判决书指出，通过网站发布的公民个人信息总计1218636条。从第287条之二的罪状与行为方式看，泄露个人信息数量应当是正犯犯罪的危害结果，也即该判决实质上"套用"正犯犯罪的入罪标准。（3）网络服务的数量。如江苏省无锡市惠山区人民法院（2016）苏0206刑初578号刑事判决书指出，帮助他人进行非法控制的计算机信息系统的维护，提供财付通账户为他人的获利提供支付结算的帮助。在4台服务器勘验取证时发现非法控制软件控制的计算机台数共计60余台。又如，浙江省浦江县人民法院（2016）浙0726刑初968号刑事判决书指出，被告人陈某某预收100元并提供四个域名，在明知他人以钓鱼网站形式进行电信诈骗，仍提供域名并进行解析。他人利用所购买的域名所建网站，以在淘宝网上购买衣服未支付成功、银行卡被冻结等理由，从被害人傅某处骗取共计191920元。这两个判决书主要以网络帮助的数量为逻辑起点，并未实质参照正犯犯罪的危害结果作为判断依据，但网络技术帮助或支持的行为情形仍需增加。（4）非法获利。如徐州市鼓楼区人民法院（2016）苏0302刑初206号刑事判决书指出，被告人彭某某明知钟某某等人利用信息网络实施盗取他人支付宝账号、密码、支付密码及手机验证码等相关信息的犯罪，仍为其犯罪提供制作程序、互联网接入等技术支持，非法获利人民币1100元。又如，江苏省无锡市滨湖区人民法院（2015）锡滨刑二初字第00026号刑事判决书指出，被告人马某非法获利30余万元，他人通过非法利用信息网络帮助非法获利8万元，使被害人被骗走计83.5万元。这是最直接且行之有效的追诉标准，但标准不统一。（5）受害人遭受损失。如江西省吉安县人民法院（2015）吉刑初字第204号刑事判决书指出，致使被害人康某于2015年3月在"绿色2015"网站被骗

5400元，被害人张某于2015年2月在"绿色2015"网站被骗19872元，被害人梁某依链接网址于2015年2月被骗34560元。将被害人遭受损失作为"情节严重"的情形，实质上突破直接因果关系理论，扩大到间接因果关系的归责层次，实践中运用中不排除扩大犯罪圈的可能。这些不同形式的"类比"或"参照"，是在司法解释尚未出台之际的有益尝试，但实践中采用的定量因素及其标准也不尽完全合理，仍需加以规范和完善。

（二）情节严重的认定误区

从目前的实践做法看，对"情节严重"的掌握，主要存在以下几个问题：（1）"情节严重"的认定标准亟待明确，否则，有损司法统一，甚至出现犯罪圈过度化的可能。而且，在情节严重的具体情形不明确之际，也可能迫使司法机关弃用本罪，转而选择其他罪名。（2）根据帮助信息网络犯罪活动罪的罪质及其客观行为方式特征，选择合适的定罪因素并确定相应的入罪标准，并未成为一种主流的司法导向。反而，主要还是借鉴相关计算机犯罪罪名或过往司法解释的内容，如信息数量、计算机信息系统数量、非法所得、经济损失等。这使本罪的定量因素及其定量标准缺乏一定的专属性或特殊性。（3）正犯是否成立犯罪对本罪是否处罚的影响。二者究竟是完全独立还是有所关联，在目前的司法实践中并未明确，容易产生司法误区。反而，一些个案根据正犯情况决定本罪是否达到"情节严重"，其实违背本罪的立法初衷，也往往间接提高本罪的入罪门槛。有观点认为，认定帮助信息网络犯罪活动罪，通常以帮助对象实施的行为构成犯罪为前提。尚未依法裁判，但查证属实的，不影响帮助信息网络犯罪活动罪的认定。[①] 笔者认为，本罪与正犯犯罪之间存在罪质差异，法定刑不同，在认定是否符合"情节严重"时，不应以正犯是否已经构成犯罪为前提，否则，仍是遵循"共犯从属性"思维的司法倒退，无法发挥切断犯罪链条的立法意图。而且，实践中查证正犯行为已经达到犯罪成立标准非常困难。而这正是独立成罪的立法背景。当确因客观条件限制无法证实帮助对象实施的行为达到犯罪程度，但经查证确系刑法分则规定的行为；或实际的犯罪情节明显高于"情节严重"，虽无法查证正犯行为构成犯罪，但帮助行为的社会危害性十分严重，明显达到独立处罚的实质条件；或帮助对象人数众多的，无法逐一查证。这些都属于第287条之二规定的"情节严重"，因而，帮助信息网络犯罪活动罪一般不要求正犯已经构成犯罪。但对于帮助单个或者少数特定对象利用信息网络实施犯罪的特殊情形，在排除不是共同犯罪后，一般应以

---

① 喻海松：《网络犯罪的立法扩张与司法适用》，载《法律适用》2016年第9期。

正犯构成犯罪为入罪前提。

(三) 解决途径

关于本罪情节严重的掌握，在司法解释尚未出台之前，应根据目的性解释与体系性解释等方法，合理确定制裁的边界。同时，应加快网络犯罪案件指导制度的建设，填补司法解释的空缺。但最终仍应尽快出台专门的司法解释，明确本罪的追诉标准，解决入罪标准模糊的现实难题。这三种途径的适用要求为：(1) 运用解释学确定追诉边界。在解释本罪的追诉条件时，大体可以分两步走：一是充分根据本罪的罪质与罪状，综合确定最适合本罪的"追诉标准"。本罪的法定最高刑是三年以下有期徒刑，是典型的轻罪。[①] 这是入罪解释的逻辑前提，也是刑事制裁的边界。二是结合《网络安全法》并参照"两高"《关于办理危害计算机信息系统安全刑事案件应用法律若干问题的解释》(2011年) 的规定。《网络安全法》第六章"法律责任"明确规定了行政处罚的标准。这为确定刑事制裁标准提供了基本的参照。同时，从法定最高刑看，《刑法》第287条之二与第285条第1款、第285条第2款与第3款的基本罪形态完全相同，并且低于第286条的基本罪形态规定的5年以下有期徒刑。《关于办理危害计算机信息系统安全刑事案件应用法律若干问题的解释》第1条第1款、第3条第1款、第4条第1款、第6条第1款，分别对上述罪名的追诉标准作出相应的规定。基于罪责刑相适应原则，这些追诉情形具有很强的参照性，但应与行政责任相区分。(2) 完善网络犯罪案例指导制度。刑法解释学对追诉标准作出解释是无奈之举，可能导致出罪与入罪不当的法治危险。我国已经确立案例指导制度，是缓解立法供给不足的重要举措。但是，围绕网络犯罪案件发布的指导性案例不足，[②] 第287条之二作为新罪名更是如此。本罪的一些适法难题相继暴露，不宜因为已决案件数量偏少，而忽视帮助信息网络犯罪活动罪的指导性案例工作，随着最高人民检察院在2017年10月围绕"惩治计算机犯罪"的主旨发布第九批指导性案例后，发布新一批的指导性案例的时机已经成熟。(3) 出台新的司法解释。可以对已决案件进行整理，归纳常见情形，进行类型化的梳理，选取最具代表性的定罪因素类型，并据此拟定相应的追诉标准。更为重要的是，在设定追诉情形时，必须植入网络犯罪的特征因子，尊重网络犯罪的规律，特别是立足于第287条之二的案发特征等内容，综合确定科学的追诉标准。结合当前的实践与罪质内容，具体建议如下：

---

① 孙道萃：《犯罪分层的标准与模式新论》，载《法治研究》2013年第1期。

② 孙道萃：《网络财产性利益的刑法保护：司法动向与理论协同》，载《政治与法律》2016年第6期。

一是提供技术帮助或支持十人次以上；二是造成十台以上计算机信息系统无法正常运行，或造成二十台以上计算机信息系统数据丢失或被非法控制、病毒破坏；三是违法所得五千元以上或者造成经济损失一万元以上的；四是其他情节严重的情形。

三、犯罪竞合的科学处置

从立法背景看，本罪的犯罪竞合问题不可避免，既包括与正犯之间的竞合，也包括与关联网络犯罪之间的竞合。对此，首先应根据《刑法》第287条之二第3款的规定，依照处罚较重的规定定罪处罚。同时，也应根据个案，具体区分罪与非罪。

（一）与诈骗罪的界分

从发案情况看，本罪与诈骗罪的竞合现象较为突出。这是因为当前互联网诈骗案件高发，不少网络技术帮助行为背后的正犯行为，往往是诈骗犯罪行为。例如，在某案中，2016年2月至5月，被告人张某、毛某，利用被告人汪某制作的"北京高赏珠宝文化有限公司"等虚假信息网站，以代加工珍珠需要收取"保证金"等名义，骗取32名被害人共计190800元。一审法院认为，被告人张某、毛某构成诈骗罪。被告人汪某明知被告人张某、毛某利用信息网络实施犯罪，仍为其提供互联网接入、服务器托管等技术支持，情节严重，符合帮助网络犯罪活动罪的构成要件，应当以帮助网络犯罪活动罪定罪处罚，公诉机关指控被告人汪某犯诈骗罪的罪名不当，二审维持原判。[①] 该案就展示了诈骗罪与本罪在实践中的竞合问题。对于二者之间的界限，应当明确以下几个方面：（1）立法原意的厘定。关于第287条之二的立法争议，也即究竟独立设罪，还是按照共同犯罪的帮助行为论处，在立法通过后便告一段落。本罪是帮助行为正犯化的立法产物，与背后的正犯之间已经划清界限。除非有证据证明，双方存在事前实施正犯犯罪的故意，或者说存在事前的意思联络，[②] 否则，在明知他人可能利用信息网络实施犯罪而提供网络技术支持或帮助的，应当构成本罪，而不构成相关犯罪的帮助犯。[③] 当具有帮助的故意或共

---

① 孝感市孝南区人民法院（2016）鄂0902刑初429号刑事判决书（孝感市孝南区人民检察院指控罪名为诈骗罪）；湖北省孝感市中级人民法院（2017）鄂09刑终15号刑事裁定书。

② 全国人大法工委刑法室编：《〈中华人民共和国刑法修正案（九）〉释解与适用》，人民法院出版社2015年版，第157—158页。

③ 赵秉志、袁彬：《刑法最新立法争议问题研究》，江苏人民出版社2016年版，第69页。

同犯罪的故意，仍可以按照第 3 款的规定处理：按照行为人在共同犯罪中所起作用，处罚较轻的，应当依照《刑法》第 287 条之二第 1 款的规定，以帮助信息网络犯罪活动罪论处；如果按照行为人在共同犯罪中所起作用，处罚较重的，应当依照《刑法》第 287 条之二第 3 款的规定，以共同犯罪论处。
(2) 刑法修正案的溯及力问题。《关于办理诈骗刑事案件具体应用法律若干问题的解释》(2011 年) 第 7 条规定："明知他人实施诈骗犯罪，为其提供信用卡、手机卡、通讯工具、通讯传输通道、网络技术支持、费用结算等帮助的，以共同犯罪论处。"第 7 条属于特别规定，将网络技术帮助行为按照共同犯罪处理，但《刑法》第 287 条之二直接予以独立处罚。由于第 7 条与《刑法》第 287 条之二之间存在时间先后问题，进而，"从重处罚"可能演变为刑法的时间效力认定问题。例如，下面的案件较为充分地反映了这一新变化。法院认为，被告人刘某甲、苏某甲明知他人可能在利用自己建立的购物网站实施诈骗犯罪，仍为其犯罪提供网络帮助，从中谋取利益，情节严重，按照《关于办理诈骗刑事案件具体应用法律若干问题的解释》的规定，应以诈骗共犯论处，但由于《刑法修正案（九）》已将帮助信息网络犯罪的行为由共同犯罪行为中的帮助行为单独作为犯罪定罪处罚，而且《刑法》第 287 条之二的处刑轻于第 7 条的处罚，根据从旧兼从轻的原则，应适用新的刑法，被告人刘某甲、苏某甲的行为构成帮助信息网络犯罪活动罪。① 因此，如果出现刑法时间效力问题，应根据从旧兼从轻原则处置；如果案件发生在刑法修正案生效后，则直接按照第 3 款的从重规定处理。

(二) 与非法利用信息网络罪的区分

《刑法修正案（九）》同时增设第 287 条之一、第 287 条之二，旨在强化保障信息网络安全的管理秩序。② 尽管犯罪客体相近，但由于二者的立法旨趣仍存在实质差异，在实践中需区别适用。例如，2015 年 10 月，被害人李某在北京市海淀区武警总医院内，因登录虚假的"中华人民共和国最高人民检察院网站"等非法网站，造成巨额经济损失。后经过侦查发现，被告人胡某与该案中的非法网站存在如下直接联系：被告人胡某自 2015 年 6 月至 2016 年 2 月，明知巫某利用信息网络实施违法犯罪活动，仍利用信息网络为其设立、维护专门用于实施违法犯罪活动的虚假非法网站。法院认为，被告人胡某在 QQ 群中主动发布"低价建站仿站"的信息招揽生意。巫某正是通过上述途径找

---

① 江西省吉安县人民法院 (2015) 吉刑初字第 204 号刑事判决书。
② 赵秉志主编：《〈中华人民共和国刑法修正案（九）〉理解与适用》，中国法制出版社 2016 年版，第 162—167 页。

到胡某，提出仿冒正规网站的要求。胡某制作仿冒正规网站网页界面、加挂链接以及采取技术手段规避杀毒软件拦截的行为，是仿冒网站能够得以运行的重要前提，也是网站设立行为不可或缺的一部分。被告人胡某利用信息网站设立用于实施诈骗犯罪活动的网站，情节严重，构成非法利用网络罪。① 在该案中，区分"非法利用信息网络"与"帮助信息网络犯罪活动"是关键。根据立法原意，这两种网络危害行为的本质特征不同：第287条之一属于"预备行为实行化"的立法，非法利用信息网络是网络预备行为；② 第287条之二是"帮助行为正犯化"立法，帮助网络信息犯罪活动是具有独立属性的特定网络帮助行为。但在"对象型"网络犯罪中，非法利用行为与实行行为之间，可能存在"网络技术帮助或支持"的关系，与第287条之二可能发生逻辑上的竞合关系。在区分时：从主观上看，首先应通过口供，确认是否存在帮助的故意，还是单纯非法利用的故意，并结合其他客观证据逐一认定。同时，在客观方面，应当从技术层面进行实质区分，究竟属于设立违法网站、通信群组，还是属于第287条之二明确规定的特定网络技术帮助或支持行为。从立法意图看，非法利用信息网络行为是前端行为，本质上是预备性行为，对应的是网络实行行为；而帮助信息网络犯罪活动行为往往是中端或末端行为，实质上是已经实施的"网络实行性行为"，对应的是网络正犯行为。因而二者在网络犯罪分工的整个体系中，存在实质的功能差异，危害程度也不同。在本案中，"设立非法网站"首先是典型的非法利用信息网络的行为，虽然客观上具有帮助正犯犯罪的一定作用，但并非第287条之二明确规定的某种特定网络技术帮助或支持行为，而且在无法证明存在帮助故意之际，更符合第287条之一的立法旨趣与构成要件特征。

（三）与破坏计算机信息系统罪、非法控制计算机信息系统罪的区别

本罪与破坏计算机信息系统罪、非法控制计算机信息系统罪存在一定的交叉地带。例如，在某案中，2015年8月至2016年7月，被告人符某受客户"王者风范"（昵称）的要求，入侵酷听网等网站，在网站服务器上植入3000多个"代开发票"的广告网页。"王者风范"通过支付宝按照约定向符某的支付宝转款，共支付给符某64000元。一审法院认为，被告人符某违反国家规定，为谋取非法利益而破坏他人计算机信息系统功能，造成计算机信息系统不

---

① 海淀人民检察院京海检公诉刑诉（2016）1675号起诉书（罪名为非法利用信息网络罪）；北京市海淀区人民法院（2016）京0108刑初字2019号刑事判决书。

② 梁根林：《传统犯罪网络化：归责障碍、刑法应对与教义限缩》，载《法学》2017年第2期。

能正常运行,违法所得 64000 元,后果特别严重,构成破坏计算机信息系统罪。被告人符某上诉称,应以帮助信息网络犯罪活动罪追究刑事责任。辩护人也提出相同的辩护意见。二审法院认为,上诉人符某利用他人的计算机网络为其客户进行网络推广和进行广告链接是为了获利,没有明确知道或认为他人是在利用信息网络实施犯罪,不构成帮助信息网络犯罪活动罪。上诉人在受害计算机系统网站植入广告的行为不是增加该计算机网站的广告功能,而是利用该网站的广告功能,也没有造成严重的后果,构成非法控制计算机信息系统罪。[①] 在该案中,这些关联罪名的客观行为存在交叉性,是导致犯罪竞合的重要原因。理由为,"破坏"作为第 286 条规定的客观行为的关键词,具有相当的包容性与模糊性,第 285 条第 2 款规定的非法控制、第 287 条之二的"网络帮助",在逻辑上也可以归属一种为"破坏",[②] 而非法入侵网站、强制植入广告并占用网络流量的行为具有多重属性。对于这三个罪名的区分,首先,应从犯罪构成的客观方面出发,基于危害行为的客观事实,与三个条文匹配,选择最接近的罪状与罪名。其次,应查证相关的犯罪目的与主观态度,但本案的所有证据无法证明存在"明知"的主观心态,为了避免放纵犯罪,应选择其他一般性罪名。如果通过以上方法无法区分,对于竞合情况,应根据第 3 款的从重规则处置:法定最高刑一致,应当援引第 287 条之二,因为它是特殊条文,也是新规定;法定最高刑不一致,则直接按照第 3 款的规定,选择更重的罪名。在本案中,从"从重处罚"的角度看,一审和二审分别认为构成破坏计算机信息系统数据罪与非法控制计算机信息系统罪是合理的。但这仍取决于第 287 条之二的追诉标准已经明确,以便确保第 3 款的从重处罚适用有理有据。

(责任编辑:石磊)

[①] 海南省儋州市人民法院(2016)琼 9003 刑初 586 号刑事判决书;海南省第二中级人民法院(2017)琼 97 刑终 74 号刑事判决书。

[②] 孙道萃:《移动智能终端网络安全的刑法应对——从个案样本切入》,载《政治与法律》2015 年第 11 期。

限制网络平台帮助行为处罚的理论解构

——以日本 Winny 案为视角的分析[*]

储陈城[**]

摘　要：网络时代背景下，被告人通过网络平台可能构成帮助犯的案件往往呈现出两个特征，即中立行为性和帮助对象不特定性。不加甄别地适用传统的因果共犯论，可能会阻碍网络技术的发展。如何既合理保护法益，又不致技术萎缩，是新时代刑法需要面对的问题。日本 Winny 软件案所展示出的法理具有一定的启示意义。摒弃对中立行为理论的依赖，坚持传统共犯论的基础之上，合理地添加限制性要素，能够成为当前问题的解决之策。

关键词：帮助犯　因果共犯　中立行为　Winny 软件

一、Winny 案的案情及理论问题

被告人开发了一款文件共享软件 Winny，反复地进行改良，并且将其在网络上予以公开，向不特定的多数人予以提供。有两名正犯利用该软件，将具有著作权的游戏软件、电影等，通过互联网，向公众进行传播。因为其行为违反了著作权法，侵害了著作的公众传播权（日本《著作权法》第 23 条第 1 项），被认定为著作权侵害罪的正犯。被告人也因为公开和提供最新版的 Winny 软件，而被当作帮助犯予以起诉。对于开发者的刑事责任，一审认定有罪，[①] 二审则判决无罪，[②] 该案最终送至最高法院，2011 年，最高法院做出判决，否定

---

[*] 本文为教育部人文社科规划项目"刑法出罪机制问题研究"（15YJA820015）的阶段性成果。

[**] 储陈城，安徽大学法学院副教授。

① 京都地判平成 18·12·13 判夕 1229 号 105 页。

② 大阪高判平成 21·10·8 刑集 65 卷 9 号 1635 页。

了软件开发者的刑事责任,认定被告人无罪。① 本案的基本事实如下:

Winny 是一款通过运用 P2P 技术,实现文件共享的软件。它是在能够确保信息发送主体匿名性(匿名性机能)的同时,还兼具记忆区分、多重下载以及自动下载(能够确保文件检索、传播更加具有效率)等功能,是可以在诸多领域中予以运用的软件,但是也可能以如本案的正犯所为的侵害著作权的方式,被滥用。

被告人为了验证新的文件共享软件可以在兼具匿名性和效率性的状态下运转的技术,于 2002 年 1 月,着手开发 Winny 软件。同年 5 月 6 日,被告人在自己开设的网站上,将 Winny 的最初试用版予以公开。其后,又依次地公开了改良版的 Winny,并于同年 12 月 30 日,将 Winny 的正式版——Winny1.00 予以公开,2003 年 4 月 5 日,公开了 Winny1.14 版。其后,被告人为了实现建立利用 P2P 技术的大型的 BBS,创设新的商业模式的目标,着手开发 Winny2.0,于同年 5 月 5 日,公开了 Winny2.0 的最初试用版,同年的 9 月,依次公开了被本案的两名正犯所利用的 Winny2.0β6.47 以及 Winny2.0β6.66。并且,Winny2.0 和 Winny1 拥有几乎一样的文件共享机能(以下将 Winny1 和 Winny2 合称为 Winny),被告人在公开 Winny 的时候,在网络上附注了警告说明——"请勿利用该软件实施违法的文件交换。"

本案的正犯 B,在 2003 年 9 月 3 日,将 Winny2.0β6.47 下载入手,在并无法定除外事由的情况下,且未经著作权人的许可,于 9 月 11 日到 9 月 12 日,通过该软件,将 25 盘游戏软件进行上传,向不特定多数的互联网用户进行自动传播,侵害了著作权人拥有的对著作的公众传播权,属于违反了著作权法的行为。另外,本案的正犯者 C,在同月的 13 日,下载入手了 Winny2.0β6.66,在无法定除外事由的情况下,且没有得到著作权人的许可的情况下,从 24 日到 25 日间,通过该软件,将 2 部电影上传,向不特定多数的互联网利用者进行自动传播,同样损害了著作权人的公众传播权,属于违反著作权法的行为。

(一)价值中立的行为构成帮助犯的争议

在 Winny 案件中,软件开发者被追究的刑事责任是侵害著作的公众传播权,因而构成著作权侵害罪的帮助犯。帮助犯的成立要件,在日本刑法条文上仅规定为"帮助正犯的人"。根据一般的理解,其意义是"对于正犯给予物理的或者精神的援助、支援,促进该实行行为的进行,并且促使构成要件该当事

---

① 最决平成 23·12·29 第三小法廷·刑集 65 卷 9 号 1380 页。

实的惹起。"① 一直以来,日本的学说、判例沿袭了德国关于帮助犯的成立要件:即帮助犯的成立必须要有帮助行为性、因果关系和帮助故意。所谓帮助行为是指使得犯罪实行变得容易的行为。帮助的因果关系,并不需要无帮助行为正犯即无法实施实行行为这样的条件关系,只要能够认定帮助行为,使得正犯的实行变得容易即可。当然,因为帮助犯也是故意犯,要想成立帮助犯的话,在实施了满足客观的成立要件的基础上,还必须要对此有认识和预见,即犯罪的意思。这些要素都满足的话,行为和结果之间具有因果性,对于对此有认识和预见的所有的行为,就都能够成立帮助行为。帮助的故意只要达到未必的故意就已足够。这种通说的理解的基础是,共犯的处罚根基为通过正犯,间接地惹起对法益的侵害,即因果共犯论(惹起说)。②

然而问题是,如果按照上述的见解来看的话,帮助犯的成立范围是不是过于广泛了?刑法学对于这一问题已经有所察觉,对于因果性和故意被认定的行为,开始积极讨论是否存在否定帮助犯成立的余地。

具有代表性的就是围绕"中立行为(日常行为)"的讨论了。③ 比如说,五金店的员工甲,偶然得知客人乙计划实施侵入他人住宅,因为想到和自己并无关系,便将螺丝刀卖给了该客人。乙使用该螺丝刀实施了侵入住宅的行为。甲售卖螺丝刀的行为,实际上使得乙的侵入住宅行为变得容易,甲在对此明知的情况下,则具备了因果性和故意。按照之前的帮助成立要件来看的话,甲便构成了侵入住宅罪的帮助犯。但是,甲并没有想帮助乙实施侵入住宅的意思,甲也要被认定为成立帮助犯吗?④

对于贩卖螺丝刀案,学说中的多数观点认为,螺丝刀也是属于对社会具有用途的工具,或者认为这种工具贩卖行为,属于日常性实施的交易行为,并展开了否定帮助犯成立的探讨。对于实施中立行为的案例,尽管能够认定因果性

---

① [日]山口厚:《刑法》(第3版),有斐閣2015年版,第160页。
② [日]川端博:《共犯の理論》,成文堂2008年版,第170页。
③ [日]山中敬一:《中立的行為による帮助の可罚性》,载《関西大学法学》2006年第56卷第1号;以及曲田统:《日常的行為と従犯》,载《法学新报》2004年第3·4号,等等。
④ 日本对于中立帮助行为的裁判,也存在否定处罚和肯定处罚的两种立场,否定处罚的比如:熊本地判平成6.3.15判时1514号169页;肯定处罚的,比如东京高判平成2.12.10判夕752号246页。

和故意，在理论上也做限定处罚范围的尝试。① 尽管这样的理论构成，尚没有一致的见解。

Winny案也是如此，一、二审和最高法院的决定，虽然在理论构成上有所不同，但是在Winny是价值中立的软件，以及在对提供价值中立的软件行为限定帮助犯成立等问题上，都具有共通之处。价值中立的软件是指同时可以用于合法和违法用途的软件。二审当中，将提供价值中立的软件的行为称之为"价值中立的行为"。在最高法院的犯罪意见当中，大谷刚彦法官提出，根据利用帮助的行为者目的的不同，法益侵害的危险性有无会存在差别的行为，称之为"价值中立的行为"。那么Winny一类的案件是否应该依照中立行为理论来限定帮助犯的成立呢？

（二）针对不特定者该当于帮助犯的递进难题

Winny案当中，也并非只涉及到"中立行为"这一个问题。"本案中，被告人将既能够用于合法用途，也可以用于违法用途的Winny通过互联网向不特定的主体进行公开，具有向不特定多数人概括性提供的特征。"也即本案还包含了中立行为以外的法律问题。②

一般来说教唆犯当中，被教唆者必须是特定的人。与此相对，在帮助犯的场合，几乎没有人探讨过被帮助者的特定性问题。在Winny案当中，被告人并不是向特定的人提供Winny软件，甚至对于正犯是谁都没有认识。因此，有观点认为，某种技术被开发，虽然将该技术向不特定多数人进行提供，该技术被用于著作权侵害的场合下，面向不特定的多数人是不能被认定构成帮助的。③ 换言之，帮助犯要想成立，必须要有帮助的行为、帮助的故意和帮助的因果性。在实施帮助的对象不特定的情形下，甚至连自己的言行该如何被采纳以及将和何种犯罪行为相关联都不甚明确，当事人之间的信任关系也不存在。作为帮助行为，使得社会通常观念上的正犯的行为变得容易，必须指的是以特定的相对方来实施的行为，即便是作为帮助的故意，也必须要以认识和预见特定的正犯者为必要，所以被告人开发和公开Winny，向不特定多数人予以提供的行为，不该当于帮助行为；对于被告人来说，其帮助的故意也不能被认定。

---

① 比如［日］西田典之ほか编：《注释刑法第1卷总论第1条—第72条》，有斐阁2010年版；［日］永井善之：《关于中立的帮助行为》，载《齐藤丰治先生古稀祝贺论文集》，成文堂2012年版，第129页，等等。

② ［日］矢野直邦：《判解》，载《Law and Technology》2012年第55号。

③ 圆田寿：《Winnyの開発提供に関する刑法的考察》，载《刑事法ジャーナル》2007年第8号。

如 Winny 案那样，不是对正犯进行个别贡献的案件中，帮助犯不能被认定。①然而在 Winny 案当中，一审和二审法院的判决都否定了这一观点，认为对于不特定多数人也能成立帮助犯。因此，从本案来看，不仅仅因为提供行为是中立的，另外向不特定多数人提供的特征也可能是限定网络帮助行为成立的事由之一。针对不特定主体是否有可能成立帮助犯？如果有可能，则较之于普通的帮助行为，在构成要件上是否存在特殊要求？这些都是在此之前从未被正面探讨过的问题。

二、Winny 案的审判流程和解析

Winny 案一审判决认为不管被告人是在何种目的之下开发了此款软件，Winny 的技术本身是价值中立的，提供价值中立的技术的行为一般来说难以认定为犯罪行为，基于无限定的扩大帮助犯成立范围有失妥当这一立场，将这种技术向外部提供的行为自身，是否是作为帮助行为而具有违法性，应根据这种技术在社会现实中的利用状况、被告人对这种状况的认知，以及其在提供技术时的主观心态如何而定。

因此一审判决认为，从客观状况上来看，用户利用包括 Winny 在内的文件共享软件，进行传输的文档当中，有将近 90% 是受侵害的著作，并且，Winny 被认为是即便用来侵害著作权，也是很安全的一款软件，因为其效率更高，更具有便利性，所以能够被广泛地予以利用。被告人对于 Winny 的现实利用状态等存有认识，也期待借此创造一种新的商业模式的，因此，被告人对于 Winny 在现实中被利用的状态有认知的情况下，仍然将 Winny 在网站上予以公开，使得不特定的多数人能够入手。因为这种行为能够包摄各个正犯的实行行为，因此，认定成立著作权侵害罪的帮助犯，判处被告人罚金 150 万日元。②

对于第一审判决结果，被告人提出了上诉，检察官也提出了抗诉，二审的判决推翻了一审判决结果，否定被帮助行为的成立，认定被告人无罪。

首先该判决讨论了 Winny 的利用状况，其就文件共享软件所导致的著作权侵害状况的观点，和第一审判决不同，认为根据时期、统计方法的不同，对于调查结果也会产生差别。而原判决对于 Winny 被公开、提供时的现实利用状况，被告人具有何种认识，并不明确；且达到何种程度的被利用状况，才能够成立帮助犯，其基准也不清晰。

---

① 丰田兼彦：《不特定者に対する帮助犯の成否》，载《立命館法学》2009 年第 5·6 号。
② 京都地判平成 18·12·13 判夕 1229 号。

其次，该判决就提供价值中立的软件是否成立帮助犯进行了检视，做出了如下判断：匿名性机能是为了保护通信秘密所必要的技术。该技术自身不能够被视为是违法的。并且，下载路径增加机能、集群化机能、被参照量阅览机能、多重下载机能，都是为了使得文件检索和传送更有效率，降低网络负荷的技术，其本身也不能被视为是违法的。因此，Winny 的文件共享技术，在 P2P 通信中，以匿名性和传送的效率化、降低网络负荷为技术核心，Winny 的大规模 BBS 机能，也不是为助长著作权侵害而被设计的。这一技术和机能，都不是为让著作权侵害方式特殊化，Winny 是价值中立的软件。当然，在这种情况下，该软件也可能会被用于侵害著作权。以在互联网上提供软件的行为的形式，成立帮助犯，是在此之前不曾有过的、全新的类型。对其进行刑罚的科处，需要从罪刑法定主义的视角下，进行慎重的检讨。

以上述判断为前提，二审关于帮助犯的成立要件，做出了如下分析：对于在互联网上提供价值中立的软件的行为，以帮助犯追究刑事责任，必须要予以慎重对待。申言之，在互联网上提供价值中立的软件，要想说成是使得正犯的实行行为变得容易，进而成立帮助犯，不仅需要软件的提供者，对于不特定的多数人中出现实施违法行为的人的可能性和盖然性，有认识和许可。而且，还要就将软件只用于违法性用途，或者主要用于违法用途，在互联网上进行劝诱，进而提供软件。

具体到本案当中，被告人将价值中立的软件在互联网上公开、提供的时候，对于出现著作权的侵害者的可能性和盖然性，虽然有认识，也予以默认，但是，无法认定被告人是劝诱他人只将该软件作为著作权侵害之用途，或者主要用于著作权侵害，并提供软件。因此，被告人不构成本案的帮助犯。①

对于这一判决结果，检察官以违反判例为理由，继续提出抗诉。

最高法院认为检察官所谓的"违反判例这一点，因为其援用了存在事实差异的判例，运用于本案不具有适当性，另外事实误认、只是对法律的违反的主张，并不符合刑诉法第 405 条抗诉的理由，"② 因此驳回了抗诉，最高法院的多数意见主要体现为以下三点：

第一是关于二审判决采用的判断方法是对刑法第 62 条的误读。检察官关于"原判决所作出的对帮助犯的成立要件需要达到'劝诱他人进行违法使用'的程度，是对刑法第 62 条的错误解释的主张"予以采纳，并做出如下解释：

---

① 大阪高判平成 21·10·8 刑集 65 卷 9 号。
② 岛田聪一郎：《Winny 開発提供者の罪責に関する最高裁決定》，载《刑事法ジャーナル》2012 年第 32 号，第 146 页。

刑法第 62 条第 1 项中的从犯,是具有对他人犯罪予以加功的意思,通过有形、无形的方法来实施帮助,使得他人的犯罪变得容易的人。① 帮助犯是对行为使得他人的犯罪变得容易存有认识和容许的同时并实施,实际上也发生了正犯行为,则帮助犯既已成立。而原判决着重关注提供价值中立软件行为的特殊性,认为只有"劝诱他人将该软件仅作为或主要作为侵害著作权的用途而使用"并提供的时候,才能成立帮助犯,而不问该软件的性质(被用于违法行为的可能性较高)和客观的利用状况如何,其判断根据不具有充分性,属于对刑法第 62 条解释的错误。

第二是本案应该采用的判断方法。最高法院首先指出了以下三点因素:(1) Winny 是既能够用于合法用途,也能够用于违法用途的软件。(2) 将开发中的软件上传到互联网上对不特定多数人无偿公开、提供,来促进软件开发是合理的软件开发方法。(3) 新开发的软件会受到社会广泛的评论,如果考虑到开发的迅速性要求的话,则不应当对在开发中的软件产生过度萎缩的效果。

最高法院在指出这些因素的基础上,做出如下论述,提出具体判断的方法:如果只是存在被他人利用进行著作权侵害的一般可能性,提供者对此有认识和默许的同时,将该软件予以公开和提供,正犯据此实施著作权侵害,是不能直接认定符合著作权侵害的帮助行为的。要成立帮助犯,必须要有超越一般可能性的具体侵害利用状况,而且需要提供者对此有认识和容许。

最高法院对该判断方法进行分解如下:①"软件的提供者,对于该软件被利用现实地进行具体的著作权侵害有认识和容忍的同时,还进行公开和提供,实际上出现了著作权被侵害的情形。"②"参照该软件的性质、客观利用状况、提供的方法等,能够认定入手该软件的人当中,非例外的范围的人利用该软件进行著作权侵害的盖然性较高,提供者对此有认识和容忍的同时,将该软件进行公开和提供,实际上也确实出现利用该软件实施著作权侵害。"只有在满足这两个因素的情况下,认定公开和提供软件的行为构成帮助行为才是妥当的。

第三是在这样的一般性前提下,得出本案的结论。显然被告人并不是在对于正犯现实地进行具体的著作权侵害有认识和容忍的同时,将本案的 Winny 软件予以公开和提供(因此不符合前述的①因素)。

那么其次就要检讨是否能够认定入手该软件的人当中,非例外的范围的人

---

① 最高裁昭和 24 年(れ)第 1506 号同年 10 月 1 日第二小法廷判决·刑集 3 卷 10 号 1629 页。

利用该软件进行著作权侵害的盖然性较高,被告人也对此有认识和容忍的同时,公开和提供本案的 Winny 软件。首先,Winny 是在保证多样信息交换和通信秘密的同时,使得传输更有效率的软件,在本案正犯者所实施的著作权侵害的情形中,其也是能够非常易于使用的软件。其次,从本案当时的客观利用状况来看,如原判决所指出的那样,关于通过软件进行著作权侵害的状况,根据时期和统计的方法会有相当幅度的变化,虽然该统计不是能够正确展示本案当时的 Winny 的客观利用状况的证据,但是根据原判决引用的关联证据,可以推测出在 Winny 网络上流通的文档中有 40% 以上是著作物,且没有经过著作权人的许可。再次,从被告人提供 Winny 软件的方法来看,其虽然采取了警示性措施——通过附加注意书的方式提醒用户不要流通违法的文档,但是对于下载者没有采取任何限定措施,而是无偿地、持续地将 Winny 软件公开在网络上。最后,综合这些因素来看,则可以得出这样的结论:被告人是在入手该软件的人当中,非例外的范围的人利用该软件进行著作权侵害的盖然性较高的背景下,实施公开和提供行为的(前述②因素的客观方面满足)。

另一方面,从被告人的主观方面来看,虽然能够认定被告人在公开、提供本案的 Winny 的时候,对于以下事实——存在利用 Winny 进行著作权侵害的人以及这样的人的数量在增加——有认识,但目前还没有证据能够证明,被告人在公开、提供该软件时能够认识和容忍这样的事实——利用 Winny 进行著作权侵害的人数扩张到非例外范围,且这些范围的人实施著作权侵害的盖然性较高[①](前述②因素的主观方面不满足)。

总而言之,最高法院采用了这样的判断方法即"相关软件的提供行为,要想成立帮助犯,必须要有超越一般可能性的具体侵害利用状况。"且"软件的提供者对此要有认识和容忍。"由于本案中欠缺后者,即软件提供者不具有认识和容忍要素,所以被告人不构成帮助犯。

三、限制网络平台帮助行为处罚的前提一:中立行为理论的慎用

如前所述,Winny 案的第一个主要特征就是和中立行为理论相关联。那么首先要明确什么是中立行为。法院是如何说明中立行为的呢?在德国,对于中立行为是否成立帮助犯的问题,有着很多的判例。[②] 联邦普通法院就什么是中立行为,没有给出详细的定义。但是,其将职业上典型的行为认为是中立的行为。其原因是,联邦普通法院在职业上典型的行为是否成立帮助犯的争议案件

---

① 最决平成 23·12·29 第三小法庭·刑集 65 卷 9 号。
② Vgl. Peter Rackow, Neutrale Handlungen als Problem des Strafrechts, 2007, S. 281.

中认为，职业上典型的中立行为展示出频繁地反复一般的原则。① 而有的联邦普通法院所做的判例中，阐述过一般原则也可能适用于中立的日常行为。② 因此，可以说联邦普通法院将职业上典型的行为和日常行为理解为中立行为。在德国法院虽然有和 Winny 案相类似的中立行为是否构成帮助犯的案件，但是就中立行为的内容，却没有做出和 Winny 案审理法院那样的说明。

即便是在学理上，就中立行为也没有固定统一的观点。比如，有观点在说明中立行为的时候认为中立行为就是自始就和犯罪行为无关系，因为其是追求法不否定的目的，对任何人都会实施的一切行为。③ 另有观点认为中立行为就是日常极为普通的行为。④ 还有观点认为，中立行为是指日常的，至少在外形上看似不具有犯罪意义的行为。⑤

诸如上述的观点，是以中立行为的概念存在为前提。然而还有有力观点认为，根本不存在中立行为的概念。⑥ 比如联邦普通法院就支持这一观点，认为"日常的行为、职业上典型的行为都不是中立的，"⑦ 进而否定中立行为的概念。但是如前所述，联邦普通法院在该案当中，是以中立行为概念存在为前提进行阐释的。这样在德国联邦普通法院的同一份判决中，看起来似乎出现了一边承认中立行为概念，一边又否定中立行为概念的矛盾现象。但是，该法院所使用的中立行为的概念，根据文脉的不同而做不同考量的话，则并不矛盾。联邦普通法院在说明适用于中立行为的一般原则的时候，该中立行为是指看起来欠缺可罚性的行为。而普通法院在该判决中称"无论是日常行为抑或是职业上的典型行为，在所有的案件中都不是中立的"的时候，该文脉当中的中立行为是指根本就无法进行可罚性评价，本来就没有犯罪意思的行为。一般来说，所谓中立行为的概念，是用于指看起来似乎缺乏可罚性的行为。⑧ 因此，法院的论述出现的诸多不同，不过是看起来欠缺可罚性的行为根据案件的不同，而呈现出的转换说法而已。同样学理上的不同观点，也不过是各个学者根

---

① BGH NJW 2000, 3010.
② BGH NJW 2003, 2996, 2999.
③ Marcus Wohlleben, Beihilfe durch äußerlich neutrale Handlungen, 1996, S. 4.
④ 曲田統：《日常的行为と従犯—ドイツにおける議論を素材にして》，载《法学新报》2004 年第 3・4 号。
⑤ 丰田兼彦：《共犯の処罰根拠と客観的帰属》，成文堂 2009 年版，第 170 页。
⑥ Vgl. Claus Roxin, Was ist Beihilfe, in festschrift für Koichi Miyazawa, 1995, S. 4.
⑦ BGH NJW 2000, 3010.
⑧ Vgl. Tomas Rotsch, Neutrale Beihilfe Zur Fallbearbeitung im Gutachten, Jura 2004, S. 21.

据案件的差异，对看起来欠缺可罚性的行为产生的不同理解而已。无论如何，看起来似乎缺乏可罚性的行为在能否成立帮助犯上都是一个需要解决的问题。

所谓中立行为的案件，是指涉及看起来似乎缺乏可罚性的行为能否成立帮助犯的案件。然而，即便是最典型的帮助犯案件当中，也存在看起来似乎缺乏可罚性的情况。也即，中立行为的案件并不是和典型的帮助犯案件有明确区别的特殊案件。在日本司法实践中，在 Winny 案中才第一次使用了"价值中立的行为"这一概念，在此之前，一直都没有使用过中立行为的表述，且对于中立行为理论的司法适用极为谨慎。[①] 绝大多数案件均认定中立行为构成帮助犯，只有极少数案件否定了帮助犯的成立，即便如此也没有以中立行为作为裁判的依据。

在为赌博提供斗鸡一案中，"被告人对开设赌场的人购买斗鸡是为了赌博而使用的事实明知，仍然提供该斗鸡，使得赌场开张变得容易。"该被告人的"所为该当于刑法第 186 条第 2 项、第 62 条第 1 项以及第 55 条。"虽然辩护方认为，被告人本来就是以贩鸡为业，并不具有帮助他人进行赌博的意思存在。但是大审院认为"以贩鸡为业的被告人已经知道开设赌场牟利者为赌博使用斗鸡，仍然贩卖给其斗鸡，使得开设赌场牟利的罪行变得更加容易，因此构成同罪的从犯。"[②]

在交付存款案一案中，从事交付存款业务的银行业务员，已经知道客户取款的目的具有刑事不法的性质，仅在程序上完备了形式上的要件，即按照请求拨付了存款。该业务员被认定为构成业务上侵占罪的帮助犯。法院认为"作为从事拨付存款业务的职员，即便对方请求拨付存款在程序上满足了形式上的要件，但是由于知道对方取款的目的在刑法上具有不法性，当然就不应该接受对方取款的请求。"因为该拒绝义务是法律上的义务，"被告人违背该义务，同意了对方的取款请求，使得对方的犯罪行为变得容易，因此构成该犯罪行为的帮助犯。"[③]

在宾馆手册制作案一案中，为宾馆制作宣传手册的印刷业者被判决构成介绍卖淫罪的帮助犯。该案的被告人被认为有帮助的故意，满足了帮助犯的所有要件，且该印刷行为被认为不是正当业务行为。[④]

---

① 滨田新：《帮助犯の処罰範囲限定理論について》，载《法学政治学論究》2012 年第 6 号。
② 大判昭和 7 年 9 月 26 日刑集 11 卷 1367 页。
③ 高松高判昭和 45 年 1 月 13 日判时 596 号 98 页。
④ 东京高判平成 2 年 12 月 10 日判（夕）752 号 246 页。

在车牌号隐藏器一案中，被告人作为汽车等用品制造销售业者的法定代表人，售卖一种能够让拍摄汽车车牌号变得困难的车牌号隐藏器——wizard，由于使得购买这种仪器的正犯实施速度违反之犯行变得容易，因而被判决构成帮助犯。判决概要如下："正犯超越最高速度限制驾驶普通汽车，在此之前，被告人向正犯售卖了一枚 wizard，该仪器能够使得为保全证据而进行夜间速度拍摄的自动监视装置，很难拍摄到汽车的车牌号。正犯将该装置安装在汽车车牌外侧，使得其实施违反最高限速的犯行变得容易。被告人的行为构成帮助犯。"①

在 Winny 案之前，唯一一起涉及中立行为被认定不构成帮助犯的案件就是轻油交易税案。关于地方税法中的轻油买卖税不纳入罪，从触犯该罪的具有特别征收义务人手中购买轻油的买主，虽然已经推知卖主有买卖税不纳入的意图，但是不能够认定买主构成共同正犯。因为被告人并不该当于同罪的共同正犯，"而且，对被告人的行为是否构成帮助犯进行检讨"的话，被告人"并不是基于为帮助正犯者的犯行的意思下开始交易的，而是为了自己交易的利益，只不过是和之前一样的从（正犯）手中购入轻油行为的继续。"因此否定了帮助犯成立的可能性。②虽然有观点认为，本判决是以中立的行为作为实质的理由来否定帮助犯的成立的。③但本案判决是否定了被告人有帮助的意思，因此最新的有力见解认为该判决是依据促进意思理论做出的。④

这些案件当中，法院对中立行为都保持相当缄默的态度，连帮助的一般成立要件都极少说明，对于中立行为更是没有拿出解释立场。而在 Winny 案当中的各级审理过程中，也没有引用这些裁判例。

确实，如 Winny 案最高法院判决的多数意见所认为的那样，"Winny 作为价值中立软件，是既能够用于合法用途也可以用于违法用途的软件，到底是将其用于著作权侵害还是其他用途，终究是委诸于各个利用者自身的判断。"反对意见中也认为，"如果软件按照适法的目的被利用的话，Winny 的提供行为自身不会产生任何法益侵害的危险性，然而如果该软件被予以滥用进行侵害性利用的话，则软件的提供行为就会有法益侵害的现实危险性和违法性。"

总而言之，最高法院并不是以中立行为为由，即提出本案和一般帮助成立

---

① 大阪地判平成 12 年 6 月 30 日高刑集 53 卷 2 号 103 页。
② 熊本地判平成 6 年 3 月 15 日判（夕）863 号 281 页。
③ 松宫孝明：《刑法総論講義》（第 4 版），成文堂 2009 年版，第 291 页。
④ 濱田新：《幇助犯の処罰範囲限定理論について》，载《法学政治学論究》2012 年第 6 号。

要件不同的意见。而且，如前所述，不管是多数意见抑或是反对意见中，都没有只将价值的中立性作为采用前述判决方法的根据。

最近，中立的行为的概念被指出具有多义性，① 或者说，"价值中立的意义内容极度暧昧，用何种形式来限制其要件、从处罚的对象中排出除去等理由，无法摆脱出循环论证的问题。"② 为此，最高法院没有采取依据中立行为的概念来解决问题的姿态应该得到支持。

这样来看，Winny案中最高法院判决不应该被理解为是和中立行为相关的判例，而应该被认定为之前几乎未被讨论过的向不特定多数主体提供帮助相关联的判例。

四、限制网络平台帮助行为处罚的前提二：针对不特定者可能成立帮助犯

现在是互联网时代，如Winny案那样，针对不特定多数人，在互联网上提供能够促进犯行的实物或者信息的案件，今后也肯定将时有发生。对于不特定者能否成立帮助犯进行检讨也更具有必要性。

在日本，有学者认为针对不特定者不可能成立帮助犯，帮助的相对方即被帮助者，需要是特定的人。③ 肯定对不特定者成立帮助犯的话，"会使得原本已丧失明确轮廓的帮助犯的成立范围变得更不具有限定性。"并且，在网络时代的背景下，"计算机技术的开发者常常会意识到技术会有被恶意使用的危险性，因此在开发一些具有划时代意义的技术的时候，结果会担心会被用于犯罪之目的，并很有可能会被认定为具有帮助的故意。"会给"软件产业全体带来强烈的萎缩效果。"④

在Winny案之前，日本最高法院尚没有判例对针对不特定者能否成立帮助犯的问题从正面进行探讨。但是，有判例对这一问题的前提进行过争论。

该判例内容如下，被告人是五金制造和贩卖商，对老客户A说："只要您需要，任何时候都可以将我收藏的色情电影借给您。"几日后，A向被告人提出想借被告人的色情电影以转借给自己的老客户。被告人便将自己所收藏的

---

① 濱田新：《幇助犯の処罰範囲限定理論について》，载《法学政治学論究》2012年第6号。
② 石井徹哉：《デュアル・ユース・ツールの刑事的規制について（下）》，载《千葉大学法学論集》2012年第2号。
③ ［日］大谷實：《刑法講義総論》（新版第4版），成文堂2012年版，第448页。
④ 園田寿：《Winnyの開発・提供に関する刑法的考察》，载《刑事法ジャーナル》2007年第8号。

10 卷色情电影借给了 A，A 则转借给了自己的老客户 B，B 因为将该色情电影让多数人观看，导致被告人被以公然陈列猥亵图画罪的帮助犯予以起诉。在本案当中，被告人将电影借给 A 的时候，客观上被告人（A 的老客户 B）被特定化了。但是，A 并没有告知被告人 B 的名字，只是说想转借给自己的老客户。在被告人的认识当中，被帮助者只停留在"是 A 的老客户"的限度内被特定化，因此，到底谁才是被帮助者上没有被特定。最高法院最终认定被告人成立公然陈列猥亵图画罪的帮助犯。①

虽然不能确定这一判决对无限定的不特定者成立帮助犯持肯定的态度，但是至少可以看出，该判决认为作为被帮助者的正犯即便不是个别化特定的人，也不影响帮助犯的成立。在正犯实施实行行为前，如果正犯需要是个别地被特定化是帮助犯的成立要件的话，作为帮助的故意，也需要对个别地被特定化的正犯有认识，但是最高法院对于欠缺这样认识的被告人，也认定成立帮助犯。

虽然本案属于一般的间接帮助的案件，在间接帮助的案件中，间接帮助者行为时，作为被帮助者的正犯没有被个别地特定化，或者说（虽然在客观上被特定化了）间接帮助者对于（被帮助者）没有具体的认识的案件并不少见。比如大审院大正 14 年 2 月 20 日的判决（刑集 4 卷 73 页）、大审院昭和 10 年 2 月 13 日判决（刑集 14 卷 83 页）和大审院昭和 11 年 11 月 12 日判决（刑集 15 卷 1431 页）等等。这些判例都认定在对正犯没有个别地认识的情况下，也可以成立帮助犯，和前述的最高法院的决定一样，认为在间接帮助者实施行为的时点，对于正犯无需被个别地特定化。

其中尤其需要注意的是大审院昭和 10 年 2 月 13 日的判决。作为大审院和最高法院的先例，本判决似乎是关于是否需要对特定的正犯有认识做出明示判断的唯一判决。案情大致如下：被告人推察金箔会被走私，将金箔销售给 A，A 将该金箔又出售给 B，B 实施走私行为，关于被告人是否构成外国汇兑管理法违反罪的帮助犯产生争议。辩护人主张，对于帮助犯的成立，必须要对特定的正犯有认识。对此，本判决认为，成立帮助犯无须确知谁是正犯，其理由是，是否确知谁是正犯，对于使得正犯行变得容易这一点上并不会产生任何差异，因此不支持辩护人的主张，认定帮助犯成立。②

以上的判例，均是和间接帮助相关的案件。在间接帮助的案件当中，帮助行为的直接相对方（中间的帮助者）虽然是特定的，但是却存在间接帮助者

---

① 最高裁昭和 44 年 7 月 17 日的决定，刑集 23 卷 8 号 1061 页。
② 小野上真也：《従犯における故意の認識予見対象の具体化》，载《千葉大学法学論集》2015 年第 1・2 号。

行为时，正犯没有被特定的情形。这种情形中，要想肯定帮助犯的成立，则只能说不需要正犯的事前特定性。相反，一旦要求正犯的特定性，间接帮助中将会有大量的案件，被做出否定帮助犯成立的判决。在这一意义下，正犯的特定性问题就会和间接帮助的可罚性问题也产生关系。

在德国，针对不特定者是否成立帮助犯进行正面争论的案件尚没有见到。但是也有一些相关联的判例。

如联邦普通法院 1952 年 6 月 10 日的判决，对于劝诱被害少女甘愿受到第三者的性交的行为，是否构成强制猥亵以及强奸的帮助犯的案件中，傍论（英美法系判决中的一个组成部分）中曾经指出，对于行为者所不知悉的正犯者也可能成立帮助犯。① 另外，在被告人伪造的邮票交给欺诈的实行犯之手，使用该伪造的邮票实施了欺诈罪，但最终欺诈未遂的案件中，联邦普通法院 2001 年 11 月 7 日的判决认为被告人成立同罪的帮助犯。该决定的理由当中提出"帮助者对于正犯是谁无须知悉。"②

以上的判例均认为无须知道正犯是谁，但是对于非个别特定的人是否也能成立帮助犯没有明确。

即便是在德国，也几乎没有文献研究帮助犯中被帮助者的特定性问题。但是在部分文献当中也有一些简单的记述。并且这些观点都一直认为，作为帮助犯的故意，没有必要知道正犯到底是谁。③ 并且在客观上正犯（在正犯实行行为开始前）也无须被特定化。④

当然这里应当注意的是帮助犯和教唆犯的比较。综观德国的相关研究，关于教唆犯中，正犯虽然无须是个别的被特定化的人，但是其必须是个别特定化的人群中的特定或者不特定的人。⑤ 与此相对，对于帮助犯却没有附加这样的限定条件。

那么这样理解的理由是什么呢？应该是教唆犯和帮助犯在构造上的区别。教唆犯是使得没有犯行决意的人产生犯行决意。而帮助犯则是对已经有犯罪决意的人施以援助。借用罗克辛教授的话来说，"教唆者是描绘并使（被教唆

---

① BGHSt 3, 65.

② BGH NStZ 2002, 145.

③ Vgl. Peter Cramer/Günter Heine, in: Adolf Schönke/Horst Schröder, Strafgesetzbunch Kommentar, 27. Aufl., 2006, §27 Rn. 19.

④ Vgl. Hans-Heinrich Jescheck/Thomas Weigend, Lehrbuch des Strafrechts Allgemeiner Teil, 5. Aufl., 1996, S. 695.

⑤ Vgl. Peter Cramer/Günter Heine, in: Adolf Schönke/Horst Schröder, Strafgesetzbunch Kommentar, 27. Aufl., 2006, §26 Rn. 18.

者）看见犯行。因此至少必须要知道大概的轮廓。"而在帮助犯中，"正犯的犯罪决意以及计划要实施的犯罪构想已经存在，因此无须在给予犯行的轮廓。"①

正犯和帮助犯之间即便欠缺相互意思联络也不影响其成立。诚然，判例和多数说都肯定片面的从犯（帮助犯），基于此，对于正犯来说，无须认识到有帮助犯对其进行帮助。但是，并不能得出这样的结论，即对帮助者而言无须对被帮助者是特定的有认识。如果要想得出那样的结论，则必须要有更充分的理由。另外，在帮助的故意问题之前，有必要检讨一下在客观上正犯是否必须要被特定化。

如果将正犯的存在放置在帮助者和结果之间的因果经过中进行理解的话，或许就能不再需要正犯的特定化了。并且站在将正犯专门作为事实的存在进行理解的纯粹惹起说的立场来看，将正犯的存在作为因果经过的一部分来进行理解也是有可能的。但是在纯粹惹起说以外的观点（责任共犯说、不法共犯说、修正惹起说、混合惹起说）当中，一直将正犯作为规范的存在来理解，正犯无法单纯地被作为因果经过来理解。将正犯的存在放在因果关系中来进行理解的方法，如果不是站在纯粹惹起说的立场，就无法被采用。

诚然，针对不特定者也能成立帮助犯，源自于帮助犯的构造。所谓教唆犯，因为是使得没有犯罪决意的人产生具体的犯罪意思，所以在教唆犯当中，教唆必须要对特定的人进行。与此相对，所谓帮助，是对已经有强烈犯罪决意的人施加援助的行为，且一般来说，该帮助只要能够使得正犯的实行行为变得容易即可。这样的行为即便针对的相对方或者正犯没有被特定化（正犯到底是谁都不知道）也是可以实施的。不管是间接帮助的案件抑或者是如Winny案的直接帮助的案件，都属于此种情形。

如果说对于不特定者可以成立帮助犯的话，那么也就可以推导出对于不特定多数者也存在成立帮助犯的可能性。帮助行为的相对方是少数者还是多数者，并不能左右帮助犯的可罚性。

当然，在向不特定多数主体提供犯罪工具的情形中，如果对于不特定多数者也可能成立帮助犯的话，因为帮助犯的追诉时效是在正犯行为终了之时才开始计算的，所以只要该工具尚存在，且出现了使用该工具实施犯罪的正犯的话，则对该工具的提供者是否不问期限地无限制地追究其刑事责任呢？这便是一个需要解决的问题。有观点认为关于刑事责任的范围，根据共犯的脱离

---

① Claus Roxin, Zur Bestimmthet des Teilnehmervorsaztes, in: Festschrift für Hannskarl Salger, 1995, S. 136.

(共犯的消解理论)应该可以通过适当地理论进行限定。如虽然将向不特定多数人提供的工具全部回收存在困难,但是倘若采取了一定的措施来进行回收,即便现实中并没有达到全部收回的效果,也可以认定从共犯当中脱离了。①

五、限制针对不特定主体成立帮助犯的可能路径

虽然针对不特定主体也存在成立帮助犯的可能,但是在互联网的背景下,不加限制地严格遵循传统的因果共犯论,或许会导致网络时代技术开发的萎缩效果。因此,如前所述最高法院的判决对于被告人帮助犯故意之否定的判断过程如下:

要想肯定故意的成立,作为认识和容忍所必要的对象,首先是公开、提供Winny的时候,"非例外的范围的人利用该软件进行著作权侵害的盖然性较高"(以下简称"侵害利用的非例外性")这样的客观事实。然后,判决认为,虽然能够肯定该客观事实的存在,但是在主观方面当中,没有足够的证据认定被告人对此有认识和容忍。

以上的对于帮助犯成立的理论构成,可以分解为,(1)客观上,必须要满足帮助的构成要件该当事实。(2)主观上,有帮助的故意,即要求对客观的构成要件该当事实有认识(即客观的要素充足且在主观面有所反映)。

但是,作为认识对象的"侵害利用的非例外性"这样的客观面,为什么是帮助犯成立所必需的?关于这一点,有进行讨论的必要。

一直以来,帮助犯是基于帮助行为使得正犯行为得以强化促进,以及推动作用结果的实现。按照此前的一般的理解来看,帮助犯的构成要件该当事实是,实施了使得他人犯罪变得容易的行为(帮助行为),然后,基于这一帮助行为,因果地促进了正犯的实行行为,进一步促进了构成要件该当事实。② 然而,最高法院的判决在帮助行为促进正犯实行行为这一事实之上,又进一步要求"侵害利用的非例外性"。

根据最高法院判决的理论,本案中的实施著作权侵害的正犯,利用公开、提供的Winny进行著作权侵害,即便能够认定正犯行为被现实地强化促进,如果Winny公开、提供之时,不能够认定"侵害利用的非例外性"的话,也不能够成立帮助犯。反言之,即便正犯利用Winny,且著作权侵害行为被现实地予以促进,如果该行为只是Winny使用者中的例外性情形的话,也会否定

---

① 小林宪太郎:《共犯関係の解消について》,载川端博等编:《理論刑法学の探究9》,成文堂2016年版,第199—202页。

② 小岛秀夫:《帮助犯の規範構造と処罰根拠》,成文堂2015年版,第32页。

帮助犯的成立。

为什么必须要将"侵害利用的非例外性"作为此种情形帮助犯的成立要件呢？确实，基于犯罪类型不同，存在将行为当时的客观的状况作为成立要件。但是，那里所说的客观状况，是作为行为的法益侵害性的必要根据，所以才成为成立要件。于此相对，本案中的"侵害利用的非例外性"，对于帮助行为给正犯行为的强化、促进作用的程度，并没有施加影响。那么为什么这样的事实会对帮助犯的成立与否带来决定性作用呢？

（一）具体的侵害利用状况的要求和"非例外性"

首先需要检讨的是，本判决所显示出的判断框架的理论根据。最高法院认为本案的Winny是"既可以用于合法用途，也可以被用于违法用途的软件，是利用其进行著作权侵害，还是利用作为其他用途，终归是委诸于利用者自己的判断"。基于这一特征，"相关软件的提供行为，要想该当于帮助行为，必须要是'超越一般可能性的、具体的侵害利用状况'，另外，提供者对此要有认识和容忍。"那么为什么必须要求有入手者当中，这种"侵害利用的非例外性"这一意义下的"具体侵害利用状况"呢？

关于其理由，最高法院的判决认为新开发的软件会受到来自社会的广泛的评价，考虑到其开发迅速性的要求的话，为了不导致对相关软件开发行为产生过度萎缩的效果，对于他人利用软件进行著作权侵害，仅具有一般的可能性，而提供者对此有认识和容忍，并公开和提供软件，事实上该软件也确实发生利用软件进行著作权侵害的行为，如果仅限于此的话，不应当直接作为著作权侵害的帮助行为处理。①

总之，最高法院注意到同时具有被合法和违法利用可能的软件的开发和公开行为的性质，为限定帮助犯的成立，附加了"具体的侵害利用状况""侵害利用的非例外性"这两个要件。

（二）侵害利用的高度盖然性＝惹起正犯结果的高危险性

如上所述，最高法院的多数意见认为，对于提供的软件是既能够用于合法用途，又能够用于侵害著作权目的，这种行为要想构成帮助犯的话，必须要具有具体的侵害利用状况，具体到本案当中，则是向不特定多数的人无偿公开和提供Winny的情形，必须要达到软件入手者中非例外范围的人进行侵害利用具有高度盖然性的程度。

---

① 龟井源太郎：《Winny事件最高裁决定と中立の行为论》，载《法学研究》2014年第3号。

那么最高法院所说的,"具体的侵害利用状况"的要求,在刑法理论上到底具有什么样的意义呢?尤其是诸如本案中,向不特定多数人进行概括提供的案件中,软件的入手者全体当中,非例外范围的人进行侵害利用的盖然性较高的这一状况,和作为帮助犯处罚根基的对正犯行为的因果促进之间,到底具有何种关系呢?

有学者认为,作为帮助犯的成立要件,正犯者必须要存在利用所提供的物品实施犯行的客观征兆。① 这种客观征兆表现正在现实地进行违法行为。即便这样的客观征兆没有被认定,如果"存在能够评价为和特定的正犯者现实地实施违法行为的情形可以等同视之之程度的,导致结果发生的危险"情形的话,也应该可以作为帮助犯来处罚。② 而这种等同视之可能的危险的存在的根据,就是最高法院的决定所说的"非例外范围的人"利用提供的物品进行违法行为的"高度盖然性"这一要素。

另外有学者认为,要想成立帮助犯,被帮助者必须是在"(工具被)提供时,能够被评价为实施犯罪实行盖然性较高的人",向不特定多数人提供物和工具的情形中,也必须要满足这一要件。并且认为归根结底,该正犯必须要被认定为"具有实施犯罪实行的高度盖然性"。换言之,这种观点认为,向多数人提供物品的案件当中,从利用状况来看,"广泛地被违法利用"的物就是"被用于犯罪实行的危险性较高的物"。想入手这样的物的人,就能够被评价为"进行犯罪实行盖然性较高的人"。而且,从提供时的利用状况来看,能够被评价为"被用于犯罪危险性较高的物"的 Winny,想要将其入手的人,在事前,就是具有实施犯罪实行盖然性较高的人,③ 因此其提供行为在客观上就符合帮助行为。

亦有学者认为作为衡量行为有用性和危险性的基础,必须要考量所提供的物和信息的客观利用状况。从"被许可的危险"的法理出发来看,④ 即便是在帮助犯的情形中,行为时点中有用性超过危险性的时候,则应该否定构成要件该当性。⑤ 这种观点认为,一般来说,"如果该软件虽然利用于少数的犯罪行为,但是从社会的全体来看,是具有较大有用性的话,则提供该软件的行为不

---

① 島田聪一郎:《広義の共犯の一般的成立要件》,载《立教法学》2001 年第 57 号。
② 島田聪一郎:《winny 開発提供者の罪責に関する最高裁決定》,载《刑事法ジャーナル》2012 年第 32 号。
③ 濱田新:《関与者によって提供される物の利用状況と幇助犯の成否》,载《法学政治学論究》2013 年第 96 号。
④ 林幹人:《刑法総論》(第 2 版),東京大学出版会 2008 年版,第 33 页。
⑤ 林幹人:《Winny 事件と帮助犯》,NBL2010 年第 930 号。

应当认定为违法"。在 Winny 案当中,虽然指出"本案中的软件,至少在行为当时,具有实现重要的社会利益的可能性。"但是在另一方面,"Winny 确实有多数法益侵害的高度盖然性。"① 因此,本案即应以此为由,采取客观上该当帮助行为的解释。

笔者认为日本最高法院的判决在基本维持之前的帮助犯的成立框架的同时,由于为了防止对软件开发行为造成过度的萎缩效果,因此有必要对"帮助行为"进行实质化考察,软件提供行为通过正犯行为,惹起正犯结果的危险性较高,通俗地说,着重审查,将该软件转交到利用之实施著作权侵害者之手,实际被利用进行侵害行为的可能性和盖然性会达到何种程度,现实地有具体的侵害利用状况,且这样的侵害利用,具有高度的盖然性的情形中,可以作为帮助行为来评价。

确实,作为能够按照帮助犯处罚的对象的行为,应该限定为惹起正犯结果危险性较高的行为,这一点要求结果确实关系到防止过度萎缩效果。但是,从过度萎缩效果防止这一观点来看,在理论上,则必须要导出作为限定处罚对象的行为范围的基准。

(三) 非例外性和危险性的关系

对于"认定成为侵害利用者的高度盖然性的非例外性"这一基准,很快就能联系到的疑问是,这样的基准和法益侵害的现实的危险性的有无、高低之间,是否没关系? 在以不特定多数人为相对方,进行软件的提供和公开的场合中,软件入手的众多利用者集团中,将来出现进行违法利用的高度的盖然性的人存在的话,即便他们的比例是极其"例外的",将来,侵害利用导致法益侵害被惹起的现实的危险性,在事前也能够被肯定的。

对于这一问题,有学者认为:"当想利用被提供的工具进行犯罪的人越来越多的时候,工具的提供行为和被提供者进行犯罪利用之间的关联的概率就越高。"根据利用所提供的工具进行犯罪的人的多寡、比率,由道具提供行为对正犯结果惹起的危险性的程度会发生变化。② 另外,岛田聪一郎教授也认为,"向不特定的多数人进行提供行为的场合中,'非例外范围的人'将所提供的客体用于违法行为的'盖然性较高'的情形中,这样的可能性、盖然性和可能的正犯者的存在之间就会有所谓的交叉,就可以评价为和特定的正犯者现实

---

① 林幹人:《Winny 事件と幇助犯》,NBL2010 年第 930 号。
② 丰田兼彦:《幇助犯における線引きの問題について》,载《立命馆法学》2012 年第 5・6 号。

地进行违法行为的情形等同视之的程度的,能够引起结果发生的危险的存在。"① 这便说明了"非例外性"和法益侵害惹起的危险性的高低之间的关系。

确实,如上述的见解所言,向不特定的多数人提供可能用于犯罪的工具的案件中,在提供行为的时点,因为接受方实际上是否利用该工具进行侵害利用上存在不确定性,具备潜在的出现侵害利用的高度盖然性的正犯者的数量,可以说左右着法益侵害惹起的概率的高低。

(四) 防止技术开发萎缩效果的评价

日本最高法院判决做出上述判断框架之时,强调了要防止对于软件开发行为产生"过度萎缩效果"。确实,虽然软件的开发、提供者在主观上对于"非例外范围的人""著作权侵害利用的盖然性较高"的客观状况,有认识和容忍,符合帮助犯的成立要件,这是对于开发者而言,合法软件的开发和违法软件的开发的界限所在。也即,作为开发者,只要对于侵害利用的盖然性有认识和容忍的场合,就应该控制软件的开发,反之,在只要没有这样的认识和容忍的情况下,应该保障其软件开发的自由。②

但是,根据客观利用状况以及对于这一状况的认识来划定界限,是否就可以防止因帮助犯的处罚导致过度萎缩的效果发挥充分的功能,尚有疑问。其原因是,开发者对于所开发的软件的客观利用状况,在行为时的认识方法是非常有限的。

对此,开发者恐怕只能够拿和开发、公开的软件性质大致相同的、同种软件的利用状况等进行参考,预测违法利用的风险。但是,对于个人层面进行软件开发的人而言,对于某种软件的客观利用状况,想要收集充分的统计数据,实际上是不可能的。要想防止对软件开发产生萎缩效果的话,作为开发者的立场,以能够获得的资料和数据为基础,能够在一定程度上判断出"非例外范围的人"进行违法利用的盖然性较低的话,则应该一律予以免责。但是,根据上述判决的框架,对于利用状况的认识和预见,终归是对客观面作为故意予以要求的。因此,对于违法利用的盖然性较高的认识和预见,即便只有未必的故意,也就已足够,因此,即便对于非例外范围的人实施违法利用的盖然性较高只有未必的认识和预见,实施开发和公开的开发者也可能被作为帮助犯来予以处罚。但是,因为缺乏客观的资料,而对于违法利用的风险只有未必认识的

---

① 岛田聪一郎:《winny 開発提供者の罪責に関する最高裁決定》,载《刑事法ジャーナル》2012 年第 32 号。

② 穴沢大輔:《ファイル共有ソフトの提供につき公衆送信権侵害罪の幇助の成立が否定された事例》,载《刑事弁護》2012 年第 70 号。

情况下，也认定故意成立的话，对于开发者来说也会带来相当的萎缩效果。要想避免这一现象，则应该对于无法获得客观利用状况资料的行为人，一律否定其故意的成立。但是这一结论，无法契合传统的故意论的框架。而且，也可能导致故意回避对于客观利用状况的资料的收集。

六、结语

日本最高法院在 Winny 案中的判决，对于兼具侵害用途和合法用途的工具，向不特定多数人予以提供的行为，在刑法上如何对待，展开了详细的论述，所做出的判断框架，具有重大的意义。在互联网平台上，多数对多数的交流、信息的获取是其特征，以不特定多数人作为相对方提供服务，通常来说，就会存在利用者违反刑法实施行为的潜在风险。刑法总则当中的帮助犯的规定，本来就缺乏限定性，容易导致帮助犯认定的宽泛化。Winny 案当中最高法院判决为防止"对于技术开发产生萎缩效果"所做出的限缩帮助犯处罚范围的方针应该得到积极的评价。但是，如前所述，"非例外范围"这样的基准是否能够成为消除萎缩效果的标准尚有疑问，仍然存在限定不充分的问题，对于需要特殊保护的范围，有待于后续的研究继续关注。

（责任编辑：石磊）

网络语境中的共同犯罪与罪量要素[*]

王华伟[**]

摘 要：由于信息网络技术的介入，共同犯罪的参与结构发生了变异，这与我国刑法分则罪名中的罪量要素共同造成了"一对多"型共犯处罚难题。目前学界存在四种理论应对方案，即共犯正犯化说，最小从属性说，罪量要素与共犯体系分离说，以及虚拟共同犯罪理论。但是，以上学说都存在一定程度的不足。"一对多"共犯处罚困境的症结并不在于共犯从属性原则和罪量要素体系定位等传统理论命题，而是在于对同一主观犯意支配下连续、反复、并发性违法共犯行为进行竞合论（或罪数论）上的刑法评价。从数额累计计算的理论实践中获取灵感，对"一对多"型共犯也同样应当借助于连续犯、集合犯的法理，采取规范性视角进行行为单数的认定，在此基础上实现共犯不法叠加的整体性判断，因应信息网络技术对共犯参与模式带来的冲击。

关键词：网络空间　共同犯罪　罪量　"一对多"　行为单数

一、问题的提出

互联网和信息技术彻底改变了我们的生活，以至于网络空间中人们的行为结构也开始发生形变，[①] 这一点非常鲜明地体现在网络共同犯罪之中。与传统的共同犯罪行为模式不同，在网络空间里出现了节点扩散型的共同犯罪形态。有学者认为较为常见的模式是，以某种服务提供者为中心向外辐射，网络共犯行为同时或连续与大量的用户（实际正犯）发生关联，形成了一种"一对多"

---

[*] 本文是司法部2018年国家法治与法学理论研究项目中青年课题"信息刑法的基本原理与理论建构"（18SFB3016）的阶段性成果。

[**] 北京大学法学院博士后研究人员，德国弗莱堡大学（马普刑法研究所）刑法学博士，北京大学法学院刑法学博士。

[①] 关于网络犯罪形变特征的总结，可参见黄京平：《新型网络犯罪认定中的规则判断》，载《中国刑事法杂志》2017年第6期，第9页。

的独特犯罪参与结构。例如，某些网络服务提供者明知其网络服务被许多用户用于传播淫秽内容，却仍然继续提供这类帮助性网络技术服务。由于这类服务提供者通常情况下并不直接提供违法内容或直接实施违法行为，而只是辅助性地提供信息网络服务，因而在这种"一对多"的参与结构中，作为节点的服务提供者从行为性质上来看一般被归入共犯（尤其是帮助犯）的范畴，而直接提供违法内容或从事违法活动的用户才是真正直接实现构成要件意义上的正犯。众所周知，我国《刑法》分则罪名中广泛地存在罪量要素。而当这些大量存在的罪量要素与上述网络空间中"一对多"犯罪参与模型相互交织时，就可能会产生颇为复杂的共犯处罚难题。只要不将罪量理解为客观处罚条件这样的体系外要素，依照共犯从属性原则的要求，共犯的可罚性以正犯的不法为基础，在正犯尚未达到罪量标准的情况下，共犯的可罚性也是存疑的。在网络空间中，作为实际正犯的网络用户往往只具有较低的不法程度，尚且达不到我国刑法分则设定的罪量标准，此时节点型的共犯也经常面临处罚困境。然而，网络空间里大量的违法行为正是以这样的参与结构发生，放任这种结构性问题恶化显然是不合理的。实际上，这样的问题在现实空间中也同样存在。例如，连续多次帮助他人实施盗窃或诈骗行为，而实际正犯却通通都没有达到刑法所规定的罪量标准。不过，由于网络通讯技术进一步打破了人际沟通中的时空隔阂，即时多维通讯变得稀松平常，因此这种"一对多"的共犯参与模式在网络空间中发生更加频繁。为了更形象地探讨这一问题，来看两则根据真实事件改编的案例。

案例一：电工 L 利用自己的技术，先后连续帮助 20 户居民非法改动电表，使电表的计量指针变慢，以达到偷电的目的。案发后查明，每户居民的偷电数额均未达到盗窃罪的最低定罪数额，但 20 户居民偷电数额累计达到 1.8 万元人民币。[①]

案例二：K 公司向公众提供带有 P2P 技术的视频播放软件，用户可以借助该播放器浏览大量他人上传的淫秽视频。事后查明，散布各地的淫秽视频上传者都无法达到传播淫秽物品牟利罪的罪量标准。

司法实践中，上述类型的案例为共犯的定罪处罚带来了不少困扰。原因在

---

① 董玉庭：《论数额犯中的虚拟共同犯罪问题——以盗窃罪为分析背景》，载《人民检察》2007 年第 20 期，第 37 页。需要指出的是，本案中行为定性属于盗窃还是诈骗可能存在争议。有学者认为这种情况下电力公司对少缴的费用的财产性利益具有处分意识，应构成诈骗罪。参见黎宏：《电信诈骗中的若干难点问题解析》，载《法学》2017 年第 5 期，第 171 页。由于该问题并非本文探讨重点，此处不再展开。

于，按照一种惯常的思路，如果正犯难以受到处罚，共犯自然也不宜入罪。尤其是，网络空间的刑法治理十分倚重于对这种聚合性节点的规制，因为不论从技术、成本还是法律的角度考虑，直接规制大量分散节点的做法都是较为困难的。有鉴于此，有必要从理论上来深入探讨如何解决"一对多"共犯参与模型中的处罚难题。

二、现有解决方案及其局限

面对上述困局，学者们已经给出了相当具有启发意义的解决方案，在此予以分析。

（一）径路一：共犯正犯化

为了应对上述共犯从属性原则与罪量要素形成的交叉性难题，有部分学者主张引入共犯正犯化（帮助行为正犯化）的做法。这种观点认为，网络使"一对多"的帮助成为可能，而这种"一对多"的帮助行为可以在很广的范围内促进多个实行行为，导致帮助行为的社会危害性超越了实行行为。按照这种观点，有学者认为帮助行为的独立性突破了传统的从属地位，为了应对帮助行为人的"主犯化"和"独立化"，司法解释和刑事立法都采纳了共犯正犯化（帮助行为正犯化）的做法。换言之，按照这种见解，让共犯直接上升成正犯，干脆绕开共犯对正犯的从属关系，这样便可以解决上述网络共犯与罪量的从属性难题。然而，这种看法经不起仔细推敲。

其一，在解释论的正当性上这种观点站不住脚。一方面，这种观点将诸多司法解释的相关规定宽泛地解读为共犯正犯化（帮助行为正犯化），扭曲了司法解释的权限边界。我国一些关于网络犯罪的刑事司法解释中出现了为共犯独立规定罪量要素的现象，如2010年"两高"《关于办理利用互联网、移动通讯终端、声讯台制作、复制、出版、贩卖、传播淫秽电子信息刑事案件具体应用法律若干问题的解释（二）》第6条、第7条，2011年"两高"《关于办理危害计算机信息系统安全刑事案件应用法律若干问题的解释》第9条等。以上论者据此认为，这种为共犯独立规定罪量要素的现象是共犯正犯化的表现，因此这种情况下共犯的刑事责任认定也不再以正犯满足相应罪量标准为前提。① 然而，只有立法者才有权基于法益保护的需要将帮助行为上升为正犯。上述司法解释为共犯独立规定罪量，并不意味着正犯的罪量要求就被免除，将

---

① 郭旨龙：《网络犯罪共犯行为的正犯化与定量评价》，载《科技与法律》2014年第6期，第1027页以下；于冲：《网络犯罪帮助行为正犯化的规范解读与理论省思》，载《中国刑事法杂志》2017年第1期，第83页以下。

其理解为"帮助行为正犯化"更无可靠依据，更何况相当多的条款仍然明确采用了"以某罪共犯论处"的表述。另一方面，为了解决罪量从属性的难题，上述观点进一步要求对《刑法》第 287 条之二进行极为扩张解释，① 有学者进一步指出，将该罪中"他人利用信息网络实施犯罪"理解为"他人利用信息网络实施违法行为"，使这里的"犯罪"不仅不受罪量要求限制，甚至可以突破刑法构成要件类型的制约。显然，将"犯罪"解释成"违法行为"已经明显超越了解释论的最大容许边界。

其二，这种观点对共犯从属性原则的实际内涵存在误读，并且轻易推倒传统共犯教义学基本原则，理论根基并不牢靠。在具体案件中，共犯发挥着比正犯更重要的实际作用，具有某种更加不可或缺的事实地位，这些都并非是对共犯从属性的突破，也不是所谓共犯独立性的体现。共犯从属性的真正内涵在于，通过构成要件对正犯的限定来控制共犯的处罚边界。因为，"教唆或帮助任意恶行的行为，当然不能笼统地被禁止和用刑罚来处罚。法律必须更清楚地说明，为何一个人不允许教唆或帮助他人"。② "法治国明确性的要求，只能通过刑法明确处罚的主行为来维持共犯的可罚性。就这一点而言，从属性原则体现了一种保障性构成要件的法治国界限。"③ 换言之，共犯从属性并非意味着共犯比正犯发挥了更为从属或次要的实际作用，而是指其对正犯直接实施构成要件的定型性依赖。而上述观点实际上是将正犯的概念混淆为主犯，进而将共犯发挥主要作用的情形含混地描述为共犯独立化和共犯正犯化。主犯更多的是量刑论上的术语，主要考虑参与人发挥的实际作用，而正犯则存在于犯罪论的范畴，是依托于直接实现构成要件而确立的概念，二者不可混淆。在实践中，正犯并不一定对应主犯，共犯也不一定对应从犯。以上论者在对共犯从属性产生误读的基础上，主张突破共犯从属性并走向共犯独立性，不仅造成理论术语的定义紊乱，而且也可能削弱了构成要件保障机能限定共犯处罚边界的重要功能。

其三，即使在立法上予以明确共犯正犯化，罪量要素与共犯的从属性难题也仍未解决。例如，《刑法》第 287 条之二帮助信息网络犯罪活动罪便属于

---

① 其他主张扩张解释的观点可参见时延安：《网络规制与犯罪治理》，载《中国刑事法杂志》2017 年第 6 期，第 21 页；张铁军：《帮助信息网络犯罪活动罪的若干司法适用难题疏解》，载《中国刑事法杂志》2017 年第 6 期，第 41 页。

② Vgl. Herzberg, Akzessorietät der Teilnahme und persönliche Merkmale, GA 1991, S. 148.

③ Vgl. Kühl, Strafrecht: Allgemeiner Teil, 7. Auf., 2012, § 20, Rn. 134.

"帮助行为正犯化"理念的立法实践，但是在该罪的适用中，被帮助的"信息网络犯罪"是否需要达到罪量标准仍然存在很大疑问。按照通说的观点，符合构成要件类型的行为只有达到刑法分则规定的罪量标准才能称之为"犯罪"。如果将这里的"信息网络犯罪"去罪量化，不仅在刑法解释限度上值得批判，而且也可能会以偏概全地造成处罚范围不当扩大。因为，被帮助的行为尚未达到刑事可罚的程度，帮助行为又如何能具有可罚性依据呢？在"一对多"的网络犯罪参与模型中尚可对实际共犯的可罚性做出某种论证和诠释，但是网络空间中仍然大量存在"一对一""多对一"等参与形式，此时如果实际正犯的可罚性不足，那么被正犯化的共犯也失去了刑事处罚的正当性基础。

（二）径路二：从属性原则的重新定位

第二种方案则试图从共犯从属性原理本身来寻找答案。按照这种观点，就共犯从属性原则而言，应当选择最小从属理论，即共犯的成立以正犯具备构成要件该当性即可，而无须其具备违法性和有责性。如果采取这种立场，在网络共同犯罪的场合，当分散的多个正犯因"量"不足以构成犯罪时，帮助者仍然可以构成帮助犯，因为此时正犯虽然不具备违法性，但是却已经具备了构成要件该当性。[①] 这种观点认为，在网络空间里，正犯仅具备构成要件符合性而无实质违法性的现象已是常态，这对限制从属性理论形成了冲击。最小从属性说将共犯的成立限缩在正犯符合构成要件该当性，并对正犯的违法性与共犯的成立进行切割判断，可以应对正犯合法而共犯违法或正犯违法而共犯合法的违法相对现象。[②] 这种观点甚至主张，在共犯处罚根据问题上应当回到纯粹的引起说，解除共犯与正犯违法性的隶属，以共犯行为自身为考察中心倡导违法相对性。[③] 但是，这种观点不仅在共犯基本理论上存在明显缺陷，而且最终也解决不了本文所探讨的问题。

一方面，最小从属说和共犯处罚根据问题上的纯粹引起说都难以成立。就共犯从属性问题而言，理论上一般认为存在最小从属说、限制从属说、极端从属说和最极端从属说四种方案。[④] 目前来看，不论是在我国刑法学界还是德日

---

① 闫二鹏：《共犯行为正犯化及其反思》，载《国家检察官学院学报》2013年第3期，第110页。

② 王霖：《网络犯罪参与行为刑事责任模式的教义学塑造——共犯归责模式的回归》，载《政治与法律》2016年第9期，第38页。

③ 王霖：《网络共犯归责模式新构——以改良纯粹惹起说为视角》，载《西部法学评论》2017年第1期，第98页。

④ 陈兴良：《规范刑法学（第二版）》上册，中国人民大学出版社2008年版，第223页。

刑法学界，后两种方案已经被主流学说抛弃，有限的争论仅存在于最小从属说和限制从属说之间。对此，德国学界的通说是限制从属说（Limitierte Akzessorietät），即共犯的可罚性以正犯具备构成要件该当性和违法性为前提，但无须正犯具备有责性。① 本文也认同这种立场，因为最小从属说潜存着不当扩大共犯处罚范围的风险。按照最小从属说的观点，即使正犯属于正当化行为，共犯仍然可以具有可罚性，这显然不合理。② 如此一来，共犯的不法评价已经相当程度地独立于正犯不法的认定了。也正是在这个意义上，认为最小从属说实际上接近于共犯独立说是富有见地的。③ 理论上也有反对性的意见以利用合法行为（正当防卫行为）等情形作为例子来反驳限制从属说，④ 但是这种情形实际上要么可以按照间接正犯的原理来解决，要么由于正当防卫的存在阻却违法，共犯行为本身就没有值得处罚的刑事不法。就刑事不法的程度而言，在共同犯罪问题上，只有当正犯达到刑事违法性的程度时，共犯才可能按照从属性原则具有刑事可罚性。如果正犯仅具有一般的违法性，那么共犯也不可能达到刑事违法性的程度。⑤ 而纯粹引起说则走得更远，因为这种观点导致共犯不法的认定完全是结果导向的，⑥ 它会使共犯处罚范围因脱离正犯构成要件行为的束缚而过度扩张，而在义务犯的场合又过度限缩。⑦

另一方面，着眼于罪量要素的体系定位，这种思路也没有真正"对症下药"地解决问题。就罪量要素的体系定位而言，在理论上主要存在客观处罚

---

① Vgl. Rengier, Strafrecht Allgemeiner Teil, 9. Aufl., 2017, § 45, Rn. 13; Roxin, Strafrecht, Allgemeiner Teil, Bd. II: Besondere Erscheinungsformen der Straftat, 2003, § 26, Rn. 4; Kindhäuser, Strafrecht Allgemeiner Teil, 7. Aufl., 2015, § 38, Rn. 19; Kühl, Strafrecht: Allgemeiner Teil, 7. Auf., 2012, § 20, Rn. 135.

② 钱叶六：《共犯与正犯关系论》，载《中外法学》2013年第4期，第772页。

③ [日] 福田平、大塚仁：《日本刑法总论讲义》，李乔、文石、周世铮译，辽宁人民出版社1986年版，第164页。

④ [日] 西田典之：《日本刑法总论》，刘明祥、王昭武译，法律出版社2013年第2版，第357页；周啸天：《最小从属性说的提倡：以对合法行为的利用为中心》，载《法律科学》2015年第6期，第77页。

⑤ Vgl. Günther, Strafrechtswidrigkeit und Strafunrechtsausschluss: Studien zur Rechtswidrigkeit als Straftatmerkmal und zur Funktion der Rechtfertigungsgründe im Strafrecht, Carl Heymanns Verlag, 1983, S. 390.

⑥ Vgl. Kindhäuser, Strafrecht Allgemeiner Teil, 7. Aufl., 2015, § 38, Rn. 12.

⑦ Vgl. Roxin, Strafrecht, Allgemeiner Teil, Bd. II: Besondere Erscheinungsformen der Straftat, 2003, § 26, Rn. 13 – 15.

条件说，① 可罚的违法性说②以及构成要件说三种基本立场。③ 但总的来看，由于罪量要素直接地决定着行为不法程度的大小，关系到犯罪应罚性的阈值，因此，在我国目前的刑法框架下，多数派的观点认为，构成要件既有质的一面，也有量的一面，应将罪量要素定位于构成要件该当性阶层，而不是违法性阶层。④ 鉴于我国刑法中罪量要素明文规定于罪状表述之中，且理论上一般认为违法性阶层主要做正当化的消极判断，所以构成要件说具有相当的合理性。按照这样一种主流的罪量体系定位，即使采取最小从属性说，共犯的可罚性也仍然应当以正犯达到罪量标准为前提，因此也没能真正解决上述难题。而且，退一步说，不论将罪量要素定位于哪个阶层，如果不将其纳入共犯从属性范围之内，那么都可能会出现正犯仅是违法行为而共犯构成犯罪的不合理现象。

（三）径路三：罪量要素与共犯体系分离

第三种观点虽然没有特别地探讨网络共同犯罪的议题，但是也指向了本文所讨论的核心问题，即共同犯罪与罪量要素的关系。这种观点在对罪量要素性质进行分析的基础上，试图将罪量要素从共犯参与体系中剥离，以此来解决共同犯罪中罪量要素的从属性难题。按照这种见解，罪体相当于犯罪构成客观要件，表明侵害法益的质，而罪量则是表明行为法益侵害程度的数量要件，前者表征个罪行为类型化，限定公权力介入界域，属于罪刑法定的基本要求，而后者则是对不同程度同类行为的公权力处置上的分工，二者并非处在同一层次的

---

① 陈兴良：《刑法的明确性问题：以〈刑法〉第225条第4项为例的分析》，载《中国法学》2011年第4期，第119页；陈兴良著：《本体刑法学》，中国人民大学出版社2011年第2版，第343页；熊琦著：《德国刑法问题研究》，元照出版公司2009年版，第98—99页；陈兴良：《刑法教义学与刑事政策的关系：从李斯特鸿沟到罗克辛贯通——中国语境下的展开》，载《中外法学》2013年第5期，第1003页。

② 刘为波：《可罚的违法性理论——兼论我国犯罪概念中的"但书"规定》，载陈兴良主编：《刑事法评论》（第10卷），中国政法大学出版社2002年版，第94页以下；刘士心：《论可罚的违法性》，载《中国刑事法杂志》2009年第3期，第24页。

③ 梁根林：《但书、罪量与扒窃入罪》，载《法学研究》2013年第2期，第138页；刘艳红：《情节犯新论》，载《现代法学》2002年第5期，第78页；王莹：《情节犯之情节的犯罪论体系性定位》，载《法学研究》2012年第3期，第136页以下；王强：《罪量因素：构成要件要素抑或处罚条件？》，载《法学家》2012年第5期，第36页。

④ 梁根林：《但书、罪量与扒窃入罪》，载《法学研究》2013年第2期，第138页；刘艳红：《情节犯新论》，载《现代法学》2002年第5期，第78页；王莹：《情节犯之情节的犯罪论体系定位》，载《法学研究》2012年第3期，第136页；陈少青：《罪量与可罚性》，载《中国刑事法杂志》2017年第1期，第52页。

要素。这种差异意味着,对共犯理论而言,二者必须舍弃其一,即舍弃将罪量要素也同时作为判断共犯成立的内容。① 但是,这种观点实际上并未取得逻辑上的自洽。

固然,罪体要素与罪量要素存在指向性上的差别,即前者构成不法类型,后者标示不法程度,但是二者也具有非常明显的共同点,即都具有不法相关性。这一点论者也是认同的。而且,对于达到应罚性标准的不法成立而言,罪体和罪量互相补充、缺一不可。如上文所言,国内外的学界大都认为,共犯的不法以正犯的不法为前提,而这里的不法不仅要满足构成要件该当性征表的形式违法,而且也要符合第二阶层所判断的实质违法。然而,为何罪体要素和罪量要素的上述差异就必然要求将罪量要素从正犯不法的判断中抽离出来,进而对正犯不法的判断仅做形式化处理?这一点论者并没有给出充分的论证。而事实上,这种将表征实质不法程度的罪量要素从共犯体系中剥离的做法,与最小从属说殊途同归。它最终可能导致的逻辑后果就是,正犯属于一般违法行为或行政违法行为,但是共犯却可能构成犯罪。虽然正犯构成要件发挥了类型性的限制机能和保障机能,但是对正犯不法程度要求的放弃,同样会在另外一个维度上造成罪刑法定原则的危机。

(四)径路四:虚拟共同犯罪

第四种观点着眼于本文开篇处介绍的案例一来展开讨论,虽然并非在网络共同犯罪的语境中展开,但是同样瞄准了共同犯罪与罪量要素关系这一核心问题。这种观点首先肯定了数额犯中数额累计计算的合理性,并将行为的连续性作为限定性的条件加以确立。具体就电工窃电案来说,电工与各个业主之间虽然是共同窃电行为,但是却并非共同犯罪,因为对于数额犯的共同犯罪来说,共同行为也必须达到定罪的数额标准。然而,虽然电工与每个业主均不成立共同犯罪,如果不考虑每个业主真实的自然人身份,可以把20个不同业主虚拟成一个非真实的自然人主体X。如此一来,电工与X共同窃电20次,数额累计计算即可构成盗窃罪。这就是"虚拟共同犯罪"的构想。而之所以能够做出这种虚拟设定,根本原因在于此时法益侵害并无本质区别。②

可以说,这种观点相当具有想象力和启发性,但是其不足之处也非常明显。其一,对共同犯罪做出这种虚拟设定的理由站不住脚。如学者所言,法益

---

① 王强、胡娜:《罪量要素的价值属性在共犯中的运用》,载《中国刑事法杂志》2012年第12期,第15页。

② 董玉庭:《论数额犯中的虚拟共同犯罪问题——以盗窃罪为分析背景》,载《人民检察》2007年第20期,第38—40页。

侵害事实的确不会因为行为主体不同、主体的多寡而有所不同，但是也绝不可能以此为依据将多个行为主体虚拟为一个主体。① 其二，就论者所依赖的连续犯法理来说，具体犯罪对象是否同一并不重要。在司法实践中，连续犯常常针对不同主体，例如对某小区的多户居民连续实施盗窃、对路过的行人连续实施抢劫等。如此看来，将不同业主拟制成相同的非真实主体 X 就没有太大意义。其三，共犯行为何以能够进行整体性评价、进而实现数额累计计算，以及这种做法是否导致共犯从属性原则被推翻，这些关键性的问题尚没有得到充分阐述。

综上所述，以上几种解决方案虽然都不无启发，但是始终没有很好地兼顾结论的妥当性和论证的合理性。

三、新的思考方向

（一）问题的根源

如前文所述，一般认为，我们所面临的核心难题在于，在网络语境中"一对多"犯罪参与模式下，因正犯达不到罪量标准而导致共犯处罚困难。换言之，这里似乎存在共犯应然当罚性和理论推导之不可罚性之间的矛盾。然而，综观上述研究，在思考方向上存在诸多值得反思之处。

实际上，既有研究不自觉地对"一对多"共犯行为进行了过度分割性地判断。固然，共犯不法以正犯不法为基础，因此单个正犯不法和共犯的从属性关联是思考的起点，但是，这并不是思考的终点，不能因此忽略该种犯罪参与模式中共犯行为本身的特殊性质和结构。具体来说，从单个正犯不法出发，每一次局部被拆解的共犯参与行为确实没有达到刑事可罚的程度，然而，不应忽略的是，共犯实际上在一定的时间范围内基于同样的主观心态多次、反复地实施了这种违法帮助行为，而这一事实是共犯从属性认定之外更加关键的考察对象。如果眼光仅仅囿于局部被拆解的共犯参与行为对个体正犯的从属关系，那么实际上陷入了刑法评价中"只见树木不见森林"的境地。

由于前述原因，诸多学者都将目光聚焦在从属性原则之上，由此对其进行解释论甚至立法论上的改造，这不但偏离了问题本身，还对传统共犯理论带来不必要的冲击。在"一对多"共犯参与模式中，局部来看，由于单个正犯行为尚未达到罪量标准，并不具备值得动用刑罚的刑事不法，被拆解的单个共犯

---

① 王强、胡娜：《罪量要素的价值属性在共犯中的运用》，载《中国刑事法杂志》2012 年第 12 期，第 18 页。

行为自然也不具有刑事可罚性。在这个范畴内，共犯从属性原则的机理和效力与一般犯罪参与模式的情形并无二致。这里共犯可罚性的关键争议其实在于，同一主观犯意支配下多次、反复甚至同时实施的同类违法帮助行为能否作为犯罪处理，问题并不在于从属性原则本身。在局部的共犯正犯关系上，从属性原则仍然依托正犯构成要件行为的保障机能妥当地发挥着限定共犯处罚范围的作用。相反，如果不当地将从属性原则作为"病灶"处理，否定通说主张的限制从属说、修正引起说而改采最小从属说、纯粹引起说，则会导致一般性的正犯、共犯关系失序，引发正犯没有刑事不法而共犯却具有刑事不法的现象，造成共犯处罚边界的不当扩张。试图直接否定共犯从属性原则的共犯正犯化思路则在这个错误的逻辑上走得更远。即使在"一对多"的独特犯罪参与模式中，局部性共犯行为对正犯行为的基本从属关系也并未改变。所谓"共犯比正犯具有更大社会危害性"的说法实际上偷换了概念，因为这里不当地将多次、反复、并发实施共犯行为的共犯与仅实施单次行为的正犯放在了一个比较范畴中。而且，如前所述，这种观点还将作用分类法中的影响力标准悄然置入正犯、共犯区分之中。在这些误读的基础上否定共犯从属性原则，无益地造成了传统共犯教义学理论内部的混乱。

综上，本文认为，寻找"一对多"共犯行为处罚难题的答案应当回归这种参与模式的事实特征本身，注重对同一主观犯意支配下多次、反复、并发性共犯行为的整体性刑法评价，而不应将目光局限在局部拆分的共犯参与关系中，更不宜轻易地推翻原有共犯教义学理论的基本原理。

（二）"数额累计计算"的启示

实际上，多个同类、尚未达到刑法罪量标准的轻微违法行为能否合并评价为犯罪的问题在理论上早有探讨，这集中体现在数额犯中关于"数额累计计算"的争论，这一点已经在上文第四种方案中有所涉及。①

"数额累计计算"的做法，在我国的刑事立法、司法解释中已经得到了相当程度的认可。在立法上的实践始于1988年全国人大常委会通过的《关于惩治走私罪的补充规定》和《关于惩治贪污罪贿赂罪的补充规定》，其中分别规定"对多次走私未经处理的，按照累计走私货物、物品的价额处罚""对多次贪污未经处理的，按照累计贪污数额处罚"。其后，全国人大常委会于1990年和1992年分别在《关于禁毒的决定》和《关于惩治偷税、抗税犯罪的补充规

---

① "数额累计计算"问题，既涉及单个行为没有达到罪量标准的情形，也涉及单个行为已经达到罪量标准的情况，而且以上两种情况完全可能以混合形式出现。为了切中主题，下文主要探讨第一种情形。

定》中对走私、贩卖、运输、制造毒品的行为和偷税行为确立了同样的规则。目前，我国《刑法》第153条第3款，第201条第3款，第347条第7款，第383条第2款延续了这样的规定。① 在司法解释中，"数额累计计算"的规则也得到适用，这尤其体现在理论上的营业犯（gewerbsmäßige Begchung）或职业犯（geschäftsmäßige Begehung）②之中。例如，2001年"两高"《关于办理生产、销售伪劣商品刑事案件具体应用法律若干问题的解释》第2条第4款规定，多次实施生产、销售伪劣产品行为，未经处理的，伪劣产品的销售金额或者货值金额累计计算。又如，2004年"两高"《关于办理侵犯知识产权刑事案件具体应用法律若干问题的解释》第12条规定，多次实施侵犯知识产权行为，未经行政处理或者刑事处罚的，非法经营数额、违法所得数额或者销售金额累计计算。

尽管"数额累计计算"规则在立法和司法实践中被相当程度地采用，但是理论上仍然存在较大争议。首先，关于这种做法是否具有正当性，就存在两种截然不同的观点。虽然多数学者有条件地肯定了这种规则，但是也有学者犀利地指出，这种做法体现出刑法的扩张和重刑倾向，背离刑法谦抑性。③ 其次，就其适用范围而言，学界的共识则更少。有的学者认为"数额累计计算"规则应当以立法明文规定为限，④ 不宜予以普适化，那些旨在进一步扩大其适用范围的司法解释应当减速、慎行。⑤ 而另外一些学者则主张将其上升为数额犯的一般性处理规则，⑥ 甚至进一步拓宽到"多次实施违法行为入罪化"的层

---

① 陈航：《累计数额刑事处罚制度研究》，载《云南大学学报（法学版）》2007年第6期，第29—30页。

② 所谓营业犯，是指通过反复实施某一犯罪行为来创造持续收入来源的犯罪。所谓职业犯，是指将反复实施的犯罪行为作为其经济或职业活动的一部分。二者都属于集合犯的下位概念。Vgl. Roxin, Strafrecht, Allgemeiner Teil, Bd. Ⅱ: Besondere Erscheinungsformen der Straftat, 2003, § 33, Rn. 275; Welzel, Das deutsche Strafrecht: Eine systematische Darstellung, 3. Aufl., 1954, S. 163.

③ 张小虎：《多次行为的理论定性与立法存疑》，载《法学杂志》2006年第3期，第36页。

④ 叶良芳：《刑法中数额的性质及其计算》，载《云南大学学报（法学版）》2006年第4期，第29页。

⑤ 陈航：《累计数额刑事处罚制度研究》，载《云南大学学报（法学版）》2007年第6期，第32页。

⑥ 朱铁军：《犯罪数额累计问题研究》，载《法治研究》2009年第10期，第76页。

面。① 再次，就"数额累计计算"的适用条件来说，多数观点都认为并不要求每次行为都已达到犯罪罪量标准。但是，有的学者主张系列行为必须符合徐行犯（接续犯）和集合犯的条件，而连续犯则不能适用这一规则；② 而有的学者则认为连续犯也可以包含在适用范围之内，甚至有观点主张可以完全突破连续犯的关联性限制。③ 最后，就"数额累计计算"的理论基础来说，有的观点诉诸于一种"社会危害性量的积累"或"社会危害性量变、质变统一"的思想。④ 而反对性的意见则认为，一个行为的性质总是在特定的时空条件下被界定的，即在行为时依行为时法来决定，如果某种行为不符合集合犯、徐行犯等特殊一罪形态性质，则不能在事后将这些违法行为"追认"为犯罪。⑤

可见，对"数额累计计算"的问题，学界远未达成广泛共识。而且，即使是支撑肯定说的那些论据和概念，如集合犯、连续犯，也在理论和实践中遭遇了许多的诘难。例如，就连续犯而言，该概念的认可度可谓一路下滑。日本曾在1947年删除了连续犯的规定，⑥ 德国1994年联邦最高法院的判决也将以往判例确认的连续犯思想予以推翻，⑦ 而我国台湾地区在2005年也将连续犯以一罪论处的规则予以删除。⑧ 理论上也认为，连续犯作为一罪处理本来就没有牢靠的思想基础，而且一方面在多个法益严重受损的情形中可能处罚过轻，而另一方面又可能因为追诉时效的延长对被告人造成不利后果。基于大体类似的理由，集合犯的行为也在德国帝国法院判例中被拆分处理，而不再统一视为

---

① 李恩民：《多次违法行为构成犯罪初探》，载《人民检察》1999年第2期，第12页。

② 陈航：《累计数额刑事处罚制度研究》，载《云南大学学报（法学版）》2007年第6期，第33页。

③ 王飞跃：《论一罪累计数量处罚制度的合理性》，载《法律科学》2009年第4期，第142-143页。

④ 朱铁军：《犯罪数额累计问题研究》，载《法治研究》2009年第10期，第76页；李恩民：《多次违法行为构成犯罪初探》，载《人民检察》1999年第2期，第12页；王飞跃：《论一罪累计数量处罚制度的合理性》，载《法律科学》2009年第4期，第140页。

⑤ 陈航：《累计数额刑事处罚制度研究》，载《云南大学学报（法学版）》2007年第6期，第32页。

⑥ [日] 西田典之：《日本刑法总论》，刘明祥、王昭武译，法律出版社2013年第2版，第378页。

⑦ Vgl. BGHSt 40, 165.

⑧ 林山田著：《刑法通论》（下册），北京大学出版社2012年版，第225页。

法律上的行为单数。①

但是，这并不代表连续犯和集合犯思想已经完全过时。在日本学界，虽然立法废除了相关条款，但是在理论和判决中连续犯的法理仍然在相当宽的范围内得到认可，因为完全不承认连续犯或将所有的连续犯都作为并和罪处理会带来诉讼程序上的麻烦。② 在德国，虽然连续犯（fortgesetzte Handlung）的概念逐渐被否认，但是系列型犯罪行为（Serienstraftaten）的处置仍然是不得不面对的问题。因此，这只意味着问题的转移，而并不代表问题的解决。③ 对此，理论和实务中主要有三种方式来予以填补：其一，通过建构宽松的评价整体来扩张适用构成要件的行为单数（tatbestandliche Handlungseinheit）；其二，扩张自然行为单数（natürliche Handlungseinheit）的适用范围；其三，在量刑层面对消极结果予以修正。④ 而就集合犯而言，日本刑法学界也仍然将其作为包括一罪的一种重要类型普遍予以承认。在德国，虽然集合犯在判例上曾被否定，但是理论上对此也不乏批判的见解。如 Welzel 认为，这种判例观点没有认识到，在行为单数之外，还存在犯罪生活方式的单数，这根植于一种并非理论创造，而是法律明确承认的生活事实。比如，《德国刑法典》分则罪名中多次出现了"营业性地"（Gewerbsmäßig）这一表述。因此，这种判决与法律的字面表述和内在含义都是冲突的。⑤

本文认为，在具体的案件中，依托于连续犯、集合犯的基本原理，结合特定犯罪构成要件的具体语义结构，在一定时间跨度内基于同一行为决意所进行的多个连续、反复行为仍然可能被整体性地评价为一个构成要件行为单数（tatbestandliche Handlungseinheit），在此基础上审慎展开"数额累计计算"则

---

① Vgl. RGSt 61, 147; Roxin, Strafrecht, Allgemeiner Teil, Bd. II: Besondere Erscheinungsformen der Straftat, 2003, § 33, Rn. 256 ff, 276 ff. 我国学者的类似看法，参见庄劲：《论连续犯概念之废除——兼论同种数罪的并罚模式》，载《求索》2007 年第 1 期，第 92 页；杨彩霞：《论连续犯概念的存废——以法律效果为视角》，载《中国地质大学学报（社会科学版）》2003 年第 6 期，第 82 页。

② 张明楷：《罪数论与竞合论探究》，载《法商研究》2016 年第 1 期，第 119 页；[日] 福田平、大塚仁：《日本刑法总论讲义》，李乔、文石、周世铮译，辽宁人民出版社 1986 年版，第 191 页。

③ Vgl. Fischer, Strafgesetzbuch, 61. Aufl., Vor § 52, Rn. 51.

④ Vgl. Wessels/Beulke/Satzger, Strafrecht Allgemeiner Teil, Die Straftat und ihr Aufbau, 43. Aufl., 2013, Rn. 774.

⑤ Vgl. Welzel, Das deutsche Strafrecht: Eine systematische Darstellung, 3. Aufl., 1954, SS. 163 - 164; Hippel, Deutsches Strafrecht, Band 2, 1971, S. 547.

是务实可行的。同样的案件事实，属于一个整体还是多个部分，被评价为一个行为还是多个行为，虽然是思考竞合论问题的逻辑起点，但是从来都难有定论。不同的结论完全取决于我们采取何种观察视角和尺度。因为，人的行为总是由一连串的作为或不作为构成，按照何种标准来拆解这一过程形成行为单数或行为复数，是这里的关键问题。① 虽然具体案件情况各不相同，但是大体上可以区分为自然性的视角（natürliche Betrachtungsweise）和规范性的观点。② 例如，判例和主流学说主张一种所谓的自然的生活观念（natürliche Lebensauffassung）标准，不过也有不同意见认为应将具体被损害的法定构成要件的意义作为标准。③ 但是，不论如何，行为单数和行为复数的区分绝不仅仅在于生理性的身体动作。④ 因为，刑法行为不是自然科学意义上，而是社会意义关联上的概念。⑤ 因此，如学者所言，构成要件行为单数的认定只能是采取一种规范性的判断标准，即我们同意将事件过程作为一个整体而不是分开来处理。而对于这种整体处理，经历的统一性就发挥了重要的作用，如时间的连续性、情境的相капро性、行为决意的同一性，以及价值评价的观点。⑥ 对一定时空范围内基于同一主观犯意连续性、反复性、并发性实施的行为，如果采取过于事实化、物理化的立场，可能会导致行为评价的碎片化，有时甚至会出现量刑失衡的现象。有学者指出，早期的见解常倾向于从事实层面区分行为单复数，因而始终难以提供一套令人信服的论据，近年来见解多渐从事实认定，朝向规范判断的基准。⑦ 因此，结合案件具体情形，⑧ 对具备上述特征的系列性行为进行规范

---

① Vgl. Jescheck/Weigend, Lehrbuch des Strafrechts, Allgemeiner Teil, 5. Aufl. , 1996, S. 710.
② 柯耀程：《刑法竞合论》，中国人民大学出版社 2008 年版，第 67 页。
③ Vgl. Kühl, Strafrecht: Allgemeiner Teil, 6. Aufl. , 2008, § 21, Rn. 6; Jescheck/Weigend, Lehrbuch des Strafrechts, Allgemeiner Teil, 5. Aufl. , 1996, S. 711.
④ Vgl. Sternberg-Lieben/Bosch, in Schönke/Schröder Strafgesetzbuch, 29. Auflage 2014, Vorbemerkungen zu den § § 52 ff, Rn. 10; Jescheck/Weigend, Lehrbuch des Strafrechts, Allgemeiner Teil, 5. Aufl. , 1996, S. 710.
⑤ Vgl. Kühl, in Lackner/Kühl, Strafgesetzbuch Kommentar, 28. Aufl. , 2014, Vorbemerkung zu den § § 52 ff, Rn. 4.
⑥ Vgl. Puppe, in Kindhäuser/Neumann/Paeffgen, Nomos Kommentar, 4. Aufl. , § 52, Rn. 17.
⑦ 柯耀程：《刑法竞合论》，中国人民大学出版社 2008 年版，第 68 页。
⑧ 例如，在德国刑法理论中，一般会对高度人身法益进行更为独立性的判断，而对非人身法益，尤其是可量化的财产性法益则进行更整体性的判断。Vgl. Puppe, in Kindhäuser/Neumann/Paeffgen, Nomos Kommentar, 4. Aufl. , § 52, Rn. 17.

性评价不仅是可行的，而且也是必要的。

尤其是在当下互联网全面覆盖的社会语境中，网络信息技术的介入使得虚拟空间中行为的多次性、反复性、并发性变得轻而易举，这越发凸显了规范性的评价思路的重要价值。例如，现实世界中的诈骗行为，由于时空条件的限制多以一对一的形式进行。而在网络空间中，不法分子借助于网络信息技术能够极低成本生成、复制、传播诈骗信息，极大地拓展可能受害群体的范围，轻松实现以"一对多"形式出现的违法犯罪。此时，如果仍然固守形式化、事实化的构成要件行为单数判断标准，不仅会背离社会大众对犯罪行为的一般理解与认知，而且会给司法实践中的定罪量刑带来无穷无尽的困扰。仍然以网络诈骗为例，不法分子常常借助信息通讯技术同时或者在一定连续性的时间范围内实施成千上万个诈骗行为，如果将这种不法事实依次、逐个拆分予以分别认定和处理，这对司法机关而言绝对是不可承受之重。显然，只有对构成要件行为单数予以规范化、拓展性理解才能找到出路。行为单数就好比数学中的基本度量单位，不同规格的采用取决于人类社会生活的具体语境与场景，它并不绝对，需要人们基于特定的目标设定做出规范性的评价和选择。在一个万物互联、边界消隐、无限扩展、无限复制的网络空间里，构成要件行为单数的认定尺度进行一定程度的扩张是刑法回应社会的一种合理表现。

而就集合犯而言，特定构成要件的表述本身就预设了行为的多次性和反复性，这种行为特征本身就被构成要件的语义射程所涵盖。以营业犯为例，在多数情况下，行为的多次性和反复性本身就是业务运营的基本条件。计划内行为的反复实施，是行为人之所以进行犯罪的基本动因之一。比如，司法实践中生产、销售假冒、伪劣商品的行为大都是反复实施、持续进行的，因为单次、独个的行为很难为不法分子带来可观的收益。又如，传播淫秽物品牟利者，也往往依赖于在一定时间幅度内、对多个受众主体反复实施传播行为，才可能达到营利目的。这类犯罪不但在实际行为模式中体现出连续性、多次性特征，而且其规范构成要件也多采取相对概括性、开放性的表述，从而为行为的上述事实特征预留了解释论上的充足空间。正因如此，在日本刑法学界，贩卖猥亵图画罪也理解为包含着性质上反复实施的多次行为，即使是在多次贩卖的场合，也仅是包括地成立一罪而已。① 数次有偿散发淫秽物

---

① ［日］山口厚：《刑法总论》，付立庆译，中国人民大学出版社 2011 年第 2 版，第 381 页。

品,也仅以有偿散发罪一罪来处罚。①

所以,在以上场合,虽然局部意义上存在多个可拆解的事实性行为,但是在规范评价上仍然是一个构成要件的行为单数。而在构成要件行为单数的基础上,数额累计计算就具有了相当的合理性。② 因为,虽然形式上这类行为具有一定复数性的特征,但是在规范判断上仍然属于一个整体,对其进行整合评价当属合理。在规范性判断的行为单数内部,连续举止的同质性(构成要件的类型性特征)是不法叠加的基础(公约数),而行为单数的整体性特征则为这种不法叠加提供了基本的框架。与连续犯作为一罪处理可能造成处罚过轻的指摘相对,数额累计计算可能造成的结果是处罚过重。因为连续犯的量刑限定在一个同类犯罪的刑罚幅度之内,而其刑罚框架在立法时未必充分预留了与这种多次、连续型犯罪法益侵害相当的刑罚力度。与之相反,数额累计计算造成的后果不仅可能是将治安违法处罚行为上升到刑事犯罪行为,也可能将基本的构成要件行为上升为加重的犯罪构成要件行为。不过,在具体时空和主客观条件的限定下,由于连续、反复行为整体上仍可评价为行为单数,这种行为内部的整体判断和数额累计计算可以免于上述理论非议。

(三) 共犯不法叠加理论的构想

如前文所述,网络语境中"一对多"共犯参与模式的处罚难题之症结,并不在于共犯从属性原则本身,也不在于罪量要素的体系定位,而是在于如何评价一定时间范围内同一主观犯意支配下实施的多次、连续违法共犯行为。秉承上述"数额累计计算"问题中所获得的启示,可以在本文所探讨的问题中寻找新的思路。

本文认为,竞合论中行为单数内部整体评价的思想,同样适用于共犯领域,这样一种做法本文暂且称其为"共犯不法叠加理论"。虽然共犯对正犯具有从属性,但是,无疑共犯本身也同样涉及行为单数、行为复数(或一罪与数罪)的判断。在日本刑法学界,关于共犯罪数的认定,也曾出现过正犯行为标准说与共犯行为标准说的对立。前者认为,共犯本身是缺乏特征性的行

---

① [日] 西田典之:《日本刑法总论》,刘明祥、王昭武译,法律出版社2013年第2版,第377页。我国刑法学界相同的看法,参见高铭暄、马克昌主编:《刑法学》,北京大学出版社、高等教育出版社2017年第八版,第191—192页。

② 实际上,《德国刑法典》第248条中"价值轻微"的判断,也承认这种行为单数上的累计计算。Vgl. Kindhäuser, in Kindhäuser/Neumann/Paeffgen, Nomos Kommentar, Strafgesetzbuch, 4. Aufl. 2013, §248 a, Rn. 6; Eser/Bosch, in Schönke/Schröder Strafgesetzbuch, 29. Aufl., 2014, §248a, Rn. 11 – 14.

动,不是独立的行为,所以共犯的罪数只能从属于正犯的罪数,共犯的罪数只能以正犯的行为为标准;而后者认为,应将共犯的罪数与正犯的罪数区别开来,共犯罪数应以共犯自身行为为标准。① 例如,甘添贵教授认为,日本刑法学界通说及司法实务基于共犯从属性说之立场,均认为共犯之罪数应与正犯一致,而以正犯之罪数作为认定之标准。因此,帮助犯以一个帮助行为帮助数人实施数个犯罪者,成立数个帮助罪。② 但是,相反的见解认为,正犯行为标准说的理论前提是极端的共犯从属性理论,历来被批判为"共犯从属性论的夸张",忽视了共犯行为的独立地位,违反了现代刑法的个人责任原则,因此共犯罪数判断的基准应当是共犯行为。③ 此外,早期日本的判例采取正犯行为标准说,但是,日本的最高裁判所在1982年一起帮助走私的案件中④认为,帮助犯的罪数应该就帮助行为本身来认定。对此判例转向及其背后的共犯罪数认定立场,山口厚、西田典之、松宫孝明、大谷实等教授也都予以认同。⑤ 显然,在日本理论界与实务界,通说早已经转向了共犯行为标准说。在德国刑法学界,判例⑥和理论也大都认为,共犯行为单数、行为复数(或一罪与数罪)的判断应当以共犯的行为为基准。例如,Kindhäuser教授就认为,如果只存在一个教唆或帮助行为,那么不管正犯实施了一个或多个独立的正犯行为,共犯都只能基于一个共犯参与行为受到处罚。⑦ Puppe教授也指出,帮助犯通过一个帮助行为同时对许多不同正犯予以帮助,以及教唆犯或者间接正犯通过一个

---

① 袁建伟:《论共犯罪数的判断》,载《法学评论》2012年第3期,第37页。
② 甘添贵:《罪数理论之研究》,中国人民大学出版社2008年版,第179页。
③ 袁建伟:《论共犯罪数的判断》,载《法学评论》2012年第3期,第38页。
④ 在该案中,正犯走私进口兴奋剂,共犯将正犯的现金换成银行保付支票,以此提供帮助,但是正犯事实上分两次走私了进口兴奋剂。
⑤ [日]西田典之:《日本刑法总论》,刘明祥、王昭武译,法律出版社2013年第2版,第381页;[日]松宫孝明:《刑法总论讲义》,钱叶六译,中国人民大学出版社2013年第4版补正版,第250页;[日]山口厚:《刑法总论》,付立庆译,中国人民大学出版社2011年第2版,第385页;[日]大谷实:《刑法总论》,黎宏译,法律出版社2003年版,第368页。
⑥ Vgl. BGH NJW1995, 1166. 在该案中,被告人为逃税提供的帮助行为,被视为是一罪评价的标准。BGH NStZ 1993, 584. 在该案中,被告人的丈夫多次骚扰和性侵其继女,但是作为母亲的被告人在知情的情况下放任了这种行为。法院认为,尽管正犯实施了多个独立的犯罪,但是属于不作为帮助犯的被告人应认定为一罪。
⑦ Vgl. Kindhäuser, Strafrecht Allgemeiner Teil, 7. Aufl., 2015, § 47, Rn. 30.

指示使不同的主体实施不同的犯罪，都只是一个行为。①

笔者认为，共犯行为单数、行为复数的认定基准，与共犯从属性原则是两个不同层面的问题，不应混淆。共犯从属性原则旨在通过正犯对共犯的制约来明确共犯的不法来源，划定共犯的成立界限，防止共犯可罚边界过度扩张。共犯从属性原则设想和处理的是抽象一般意义上的正犯、共犯关系，是基础（最低限度）可罚性层面所探讨的问题，而行为单数与行为复数，以及一罪与数罪的区分则是更为后置性的议题，它主要关乎行为或罪的数量认定。因此，共犯行为单数与行为复数，以及一罪与数罪的判断不能直接从共犯从属性原则中导出，而是应当依据共犯自身事实性的行为特征，同时结合规范性的视角来进行。与正犯类似，同样都是犯罪参与人，那些判断行为单数和行为复数，以及一罪与数罪的规则也同样适用于共犯。因此，如果共犯在同一主观犯意的主导下，同时或者在一段特定的时间内连续、反复实施同样的构成要件行为，也可以借助连续犯或集合犯的内在法理，结合相应构成要件的具体特征和实际情形，规范性地将其认定为行为单数。在此基础上，作为一个规范性的整体，共犯行为单数内部多次事实行为的不法程度便可以实现叠加，不法含量（罪量）可以进行汇总性判断。通过共犯不法叠加，如果共犯达到了刑法相关罪名所要求的罪量标准，那么他便具有了充足的可罚性。从质的方面来看，正犯构成要件该当性的判断，以及共犯主、客观构成条件的认定，满足了共犯刑事应罚性的基本类型和性质条件。从量的方面来看，共犯行为单数内部不法的叠加，在犯罪定性的基础上进一步充足了共犯行为定量的应罚性。在这种模式下，共犯帮助（或教唆）了足量的正犯不法，其行为的性质和程度与一般情况下从属于正犯（罪质和罪量）的共犯是完全一致的。

在本文的案例一中，如果电工 L 是在一段较短的时间内基于同样的主观犯意对多户居民实施帮助窃电行为，那么这种连续行为仍然可以（按照德日不同的刑法语境）评价为构成要件上的行为单数或是包括的一罪。在此基础上，李某的行为属于一个规范判断的整体，因此可以实现不法程度叠加，既满足了盗窃罪帮助犯的定性条件，也达到了盗窃罪所要求的不法定量标准（累计帮助盗窃 1.8 万元）。而在案例二中，K 公司出于牟利的目的，为网络空间中传播淫秽物品的行为持续提供技术支持，实际上属于集合犯的范畴。回到《刑法》第 383 条构成要件，"以牟利为目的，传播淫秽物品"的表述实际上为一段时间内的连续（或持续）行为预留了解释空间。一方面，传播行为着

---

① Vgl. Puppe, in Kindhäuser/Neumann/Paeffgen, Nomos Kommentar, 4. Aufl., § 52, Rn. 17.

眼于信息在一段时间内的持续散布状态，单次、短暂的行为往往无法达到这种效果。另一方面，牟利型传播犯具有较为典型的营业犯特征。从现实经验来看，如果行为人将帮助传播淫秽信息作为营利的手段，那么牟利目的的达成常常有赖于反复实施传播行为。因此，K公司及其主要负责人明知自己提供的P2P播放器被他人用于传播淫秽信息，仍然在一段时间内不间断地提供该项网络技术作为支持，也可以理解为构成要件上的行为单数或包括一罪。在此基础上，K公司及其主要负责人所帮助的正犯的不法含量可以实现叠加，并进一步判断是否达到刑法所规定的罪量标准。

对于笔者的这种构想，一种可能的质疑会认为本文实际上承认了"没有正犯的共犯"。因为，毕竟在这种情况下正犯由于没有达到罪量标准而不能作为犯罪处罚，而相反共犯却被作为犯罪处理。但是，"没有正犯的共犯"问题主要源自于采取纯粹惹起说的共犯处罚根据立场以及相应的违法相对性观点，其对共犯从属性原则过度弱化甚至推翻，因而受到理论上的诘难。而本文的观点并没有陷入这种理论逻辑之中。本文仍然坚持共犯限制从属性理论的通说立场，在局部的犯罪参与关系之中，共犯的处罚仍然要求以正犯具备构成要件该当性和违法性为前提。在"一对多"的特殊犯罪参与模式中，共犯最终的可罚性不仅仅取决于一般意义上共犯正犯从属关系的认定，而是更进一步依赖于共犯行为单数的规范判断。换言之，在这里虽然形式上存在"没有正犯的共犯"，但它是由共犯行为在行为单数、行为复数的规范判断中造成的，而一般意义上共犯与正犯之间的关系并没有被改变。更进一步说，这两种情形中的"行为"概念都是不一样的。"没有正犯的共犯"语境中的行为，是一般意义上的构成要件行为，它是依照构成要件对行为是否该当进行的最低限度的判断，而行为单数中的行为则融入了竞合论（或罪数论）中更进一步的规范性判断。[①] 也正因如此，竞合论上的行为比犯罪论上的行为要进行更宽泛的解释。[②] 所以，这种"一对多"情境中的共犯行为，已经不是那种一般意义上正犯共犯关系中的行为，而是在竞合论的语境中被进一步"加工"过的概念，因而也并未对原有共识性的共犯理论形成真正的冲击。

随着信息社会的到来，网络空间中的共犯行为发生了相当程度的变异。虽然从犯罪参与的局部视角出发，正犯行为与共犯行为之间的关系并未发生根本变化，但是，借助于信息通讯技术和网络空间的多重特性，共犯行为的并发

---

① 柯耀程：《刑法竞合论》，中国人民大学出版社2008年版，第69页。

② Vgl. von Heintschel-Heinegg, in Münchener Kommentar zum StGB, 3. Auflage 2016, § 52, Rn. 12.

性、多向性、延展性显著增强，因此，共犯的实际整体行为常常溢出"一对一"的正犯、共犯关系框架，形成"一对多"的特殊犯罪参与格局。尽管这种模式在现实世界同样存在，但无疑在网络空间会出现得更加普遍与频繁。此时，对共犯行为的行为单数、复数或罪数评价，就不能仅仅着眼于单个正犯、以一种碎片化的眼光来审视。在认定局部性正犯、共犯关系的基础上，应从更宏观的视野来整体评价共犯行为，充分考虑其外在客观行为的并发性、同时性和连续性，以及内在主观犯意的同一性。网络时代共犯行为的刑法评价，同样应当在注重其事实特质的基础上，进一步采取更为规范性的视角在竞合论（或罪数论）的语境中加以判断，如此才能应对信息技术和虚拟空间对物理特性和犯罪形态的冲击乃至颠覆，避免单纯物理性、事实性行为评价造成刑法结论的碎片化乃至脱离司法实践的诉求和网络语境中人们的一般观念，也为共同犯罪与罪量要素的交叉性难题寻找一条新的理论出路。

四、结论

网络时代的到来，给人们的生活带来了天翻地覆的变化，具体到犯罪与刑罚的语境中，共同犯罪的参与模式也深受影响。网络空间中的共犯借助于信息通讯技术，具有了更强的犯罪能动性，因此"一对多"的特殊共犯行为模式更加频繁地出现。而由于我国刑法分则罪名中广泛地存在罪量要素，当大量分散的正犯无法达到罪量标准时，共犯的处罚也就成为了难题。

然而，目前学界的四种解决方案都存在一定程度的不足。首先，共犯正犯化的思路并没有真正合理地解决上述问题。将共犯正犯化的思路拓展到司法解释中，这已经突破了司法机关解释法律的权限。而立法上的共犯正犯化，不仅误读了共犯从属性原则的真正含义，而且也仍未回应实际正犯是否需要达到罪量标准的问题。其次，最小从属性说背离了通说的观点，主张即使正犯没有达到刑法所要求的不法程度要求也可以处罚共犯，这很可能会导致共犯的处罚范围不当扩张。更何况，目前学界多数观点都认为罪量属于构成要件该当性阶层的要素，即使采取最小从属性说也不能解决共犯与罪量产生的交叉性难题。再次，主张将罪量要素从共犯认定中剥离出来的观点，也无法达到逻辑自洽，因为，将不法相关的罪量要素从共犯体系中分离，事实上与最小从属性说殊途同归，因而也具有类似的缺陷。最后，虚拟共同犯罪说虽然颇具想象力，但是也没有为"虚拟共同犯罪"这一构想提出充分且合乎逻辑的理论依据。

网络语境中共同犯罪与罪量要素共同造成的"一对多"共犯处罚难题，其症结实际上并不在于共犯从属性原则和罪量要素体系定位等传统理论议题。在这里，应当首先回归共犯的事实性行为特征予以整体观察，充分注意其主观犯意的同一性，以及客观行为的连续性、反复性和并发性，而不是仅仅着眼于局部的正犯、共犯关系，使看待问题的视角变得碎片化。立法和司法实践中长期存在的"数额累计计算"，在限定的条件下具有一定的合理性和可行性。借助于连续犯和集合犯的法理，结合案件具体情况以及特定犯罪构成要件的语义结构，在一定的时间范围内，在同一主观犯意支配下做出的多个连续、反复或并发行为可以作为一个整体被规范性地评价为行为单数。以此为基础，可以合理地实现一定范围内的数额累计计算。而这种做法可以为"一对多"共犯处罚难题提供有益启发。共犯行为在罪数论或竞合论上的认定，应当以共犯自身行为为基准，而不是依照共犯从属性原则直接从正犯行为导出。因此，上述竞合论的行为单数认定规则（或罪数论的罪数认定规则）同样适用于共犯。在一定的时间跨度内，当共犯基于同一主观犯意，连续、反复、并发性地实施同类行为时，同样可以借助连续犯或集合犯的法理，从规范性的视角出发将其整体性地评价为行为单数。在此整体性评价的基础上，便可以进行共犯不法程度（罪量）的叠加。如果达到相应犯罪罪量标准，那么共犯的可罚性便在定性与定量两个层面都得以奠定。这样一种共犯行为单数的规范性判断立场，是应对网络空间中共犯行为因技术介入而产生变异所做出的刑法理论反应。信息通讯技术打破了共犯行为在时间和空间层面的诸多物理限制，共犯行为因而具有强烈的弥散性、连续性和并发性特征，此时对共犯行为单数的判断采取更为规范性、扩展性的视角势在必行，否则，共犯行为将会因为过度碎片化的刑法评价而陷入处罚困境之中。

（责任编辑：石磊）

网络共犯中的罪量要素适用困境与教义学应对[*]

阎二鹏[**]

摘　要： 基于新型网络犯罪"积量构罪"的特性，司法实践中形成了对网络共犯与正犯分别设置罪量要素的操作路径，此种实践理性需要进行共犯教义学原理的释明；学理上就罪量要素的体系性定位存在单一属性思维，然而在事实面向下我国司法实践中的罪量要素却呈现出不法、责任、客观处罚条件、特殊刑事政策事由等多维规范属性；以最小从属性说作为立论前提，将共犯还原为"构成要件符合形态"，确立"违法性判断的相对性"，方可证立网络共犯与正犯分别设置罪量要素的实践理性。

关键词： 网络共犯　罪量要素　共犯从属性

与大陆法系成文法国家"立法定性、司法定量"的立法模式相较，以"立法定性+定量"为典型特色的我国刑事立法模式是教义学中公认的命题，学理中对我国立法条文中的诸如"数额较大""情节严重"等成文法表述亦因应形成了"罪量要素"的共识。过往文献多对罪量要素的体系性定位及其引发的犯罪主观罪过认识内容予以着墨，而对罪量要素在共犯领域的适用特性则鲜有论及，盖因"共同犯罪是一种违法形态，只解决二人以上共同行为的客观归属问题"①的共犯教义学命题下，罪量要素似乎就犯罪参与者的入罪层面

---

[*]　本文是国家社科基金项目"新型网络犯罪对传统刑事法理论的突破与应对研究"（19BFX062）的阶段性成果。

[**]　阎二鹏，海南大学法学院教授，法学博士。

①　张明楷：《信息时代的刑事立法》，载《法律科学》2014年第3期，第8页。

而言并未有特殊性可言。① 较之传统犯罪，网络犯罪更多的呈现出"积量构罪"之特性，"表现为利用信息网络大量实施低危害行为，累计的危害后果或者危险已达到应处刑罚的严重程度"。② 与之相关联，犯罪成立之定量因素在网络共犯领域的特性亦逐渐引起司法实务的重视，罪量要素与犯罪参与理论之关联随而进入学理讨论的视野。

一、问题的提出：网络共犯中正犯与共犯罪量要素的分置思考

罪量要素作为犯罪成立的基本要件，在传统共同犯罪中，一般不存在对正犯与共犯分别设置不同之罪量要素的必要性，正犯在因欠缺罪量要素不构罪的前提下，共犯亦不成立的法理结论应不会发生问题。但在网络共犯中，狭义共犯与正犯在事实上的表现样态以及危险性的比较中均呈现出特殊性，故而引发了刑事司法实践对正犯与共犯分别赋予不同的罪量要素的操作模式。

（一）网络共犯中罪量要素适用的司法路径

较之传统共同犯罪，网络共犯特别是网络空间中的犯罪帮助行为往往同时为多种实行行为提供帮助，即"一对多"的帮助是其常态，而成立犯罪的罪量要素决定了网络帮助的对象往往因为无法达到罪量要求而不构成犯罪，此时，就帮助行为而言，即使其帮助的"一般违法行为"数量巨大，危害性显著，但仍存在共犯成立上的疑虑。为合理应对此种网络共犯现实样态，司法解释通过"补充"具体罪量要素特别是针对网络共犯设置单独之罪量要素的方式来达成对其进行刑事归责的目的。

上述司法适用路径集中出现在2010年之后对危害计算机信息系统安全、网络赌博、传播淫秽电子信息等司法解释中。以"两高"2011年《关于办理危害计算机信息系统安全刑事案件应用法律若干问题的解释》（以下简称《系统安全解释》）为例，该解释围绕非法获取计算机信息系统数据、非法控制计算机信息系统罪、提供侵入、非法控制计算机信息系统程序、工具罪及破坏计算机信息系统罪的司法适用进行了说明。由于此类犯罪在立法条文设置中确立了"情节严重"或"后果严重"等罪量要素，故需要以司法解释统一划定界限作为判定"罪量"大小的依据。以"非法获取计算机信息系统数据、非法

---

① 学理上偶有涉及罪量要素的共犯论适用层面的研讨亦仅限于对共同犯罪人主观层面的影响，即"共同犯罪的认识错误"范畴。参见王彦强：《共同犯罪中的罪量要素认识错误》，载《法律科学》2015年第6期。

② 皮勇：《论新型网络犯罪立法及其适用》，载《中国社会科学》2018年第10期，第133页。

控制计算机信息系统罪"为例,该解释第1条即对归属该罪"情节严重"的判断要素进行了列举,这些要素包括获取的不同信息种类数量如"获取网络金融服务的认证信息10组以上或契入身份认证信息500组以上",所控制的计算机系统数量如"非法控制计算系统20台以上",以及违法所得(5000元以上)或者造成的经济损失数额(10000元以上)。对于"明知他人实施上述犯罪进而提供帮助的"行为,该解释第9条亦规定了成立共同犯罪所应具备的独立罪量条件,如"为其提供互联网接入、服务器托管、网络存储空间、通讯传输通道、费用结算、交易服务、广告服务、技术培训、技术支持等帮助,违法所得5000元以上的""通过委托推广软件、投放广告等方式向其提供资金5000元以上的"。与《系统安全解释》类似,"两高一部"2010年《关于办理网络赌博犯罪案件适用法律若干问题的意见》(以下简称《赌博意见》)中亦对"明知是赌博网站,而为其提供服务或者帮助"的共犯行为,在入罪门槛上依据不同之行为模式如"提供网络技术支持等服务""提供资金支付结算服务""投放与网址、赔率等信息有关的广告"等分别设置"收取服务费数额、提供服务的网站数量、投放广告量"等独立之罪量要素。这些罪量要素与开设赌场罪之正犯构罪所要求之"抽头渔利数额、赌资数额、参赌人数"等量化标准亦形成了分置的操作模式。① 在此种司法操作路径下,网络共犯行为其罪量要求不同于正犯之罪量要求,当正犯因罪量要求达不到相应标准不构罪时,共犯行为却可能已符合自身之罪量要求因而构成相应犯罪之帮助犯,反之亦然。

关于淫秽电子信息犯罪的司法解释则将罪量要素分置的司法操作路径发挥到了极致:"两高"关于淫秽电子信息犯罪的两个司法解释(2005年和2010年)中均明确,以牟利为目的,利用信息网络制作、复制、出版、贩卖、传播淫秽物品的,对于相应淫秽物品犯罪正犯构罪的罪量要素表述为制作、复制、出版、贩卖、传播淫秽文件数量、实际被点击数、注册会员数、违法所得数额等。而对于典型的网络帮助行为诸如"提供互联网接入、服务器托管、网络存储空间、通讯传输通道、代收费等服务""通过投放广告等方式向其直接或者间接提供资金,或者提供费用结算服务"等行为,则以"提供服务的网站数量、收取服务费数额、投放广告数量、提供资金数额"等罪量要素作为其构罪标准。不仅如此,在2010年的《关于办理利用互联网、移动通讯终端、声讯台制作、复制、出版、贩卖、传播淫秽电子信息刑事案件具体应用法

---

① 详见2010年"两高"《关于办理网络赌博犯罪案件适用法律若干问题的意见》第2部分第1款之规定。

律若干问题的解释（二）》中，① 对于网络帮助行为，更依据不同的帮助行为方式在定罪上突破了"共犯"的限制，直接论为正犯处理。如对于"通过投放广告等方式向其直接或者间接提供资金，或者提供费用结算服务"等行为，在成立共同犯罪的前提下，以"提供服务的网站数量、收取服务费数额、投放广告数量、提供资金数额"等罪量要素作为其构罪标准。而对于同质行为如"电信业务经营者、互联网信息服务提供者明知是淫秽网站，提供网络技术支持，并收取服务费"的行为，在设置"收取服务费数额、提供服务的网站数量"等独立之罪量要素的同时，直接以传播淫秽物品牟利罪的正犯论处。另有学者认为，"此时的定性不再明确共犯行为必须要与正犯行为构成'共同犯罪'，而是直接规定共犯行为的定罪量刑标准，达标即直接适用刑法相应条款"，亦即网络帮助行为已被视为实行行为看待。②

平实而论，将罪量要素在正犯与共犯间分置操作的司法路径具有相当的实践合理性。从实然形态来看，与传统犯罪相较，网络犯罪呈现出"从点对点到一对多乃至多对多"的模式转换。因此，以"一次性"犯罪为样本的传统犯罪对罪量要素的多表现为数额、物数、人数、次数、时数等不同，在网络犯罪的现实下，则需被替换为"实际点击数""注册会员数"等反映网络犯罪特性之定量标准。与此同时，有学者认为"信息时代的违法犯罪呈现产业链化的特征，不但要关注行为人本身违法所得数额、给被害人造成的经济损失数额，而且要关注该犯罪链条上下环之间的资金流大小"。网络犯罪的"产业链条化"特性决定了刑事立法与司法实践必须对网络犯罪链条中的前置节点予以必要的关注。网络共犯特别是其中的网络技术支持、提供资金或变相提供资金等服务行为显然在网络犯罪的实现中扮演了关键角色。但在网络共同犯罪的实然形态下，对于正犯成立的罪量要素如"实际被点击数""注册会员数"等一一查证几无可能的现实困境下，大量的网络共犯行为将面临追责困难，故此，通过对正犯与共犯罪量要素分置的做法建构独立的共犯定量评价规则，便

---

① 详见2010年"两高"《关于办理利用互联网、移动通讯终端、声讯台制作、复制、出版、贩卖、传播淫秽电子信息刑事案件具体应用法律若干问题的解释（二）》第1、6、7条之规定。

② 将本质上属于帮助行为的网络共犯行为通过司法解释的途径直接视为"正犯"，固然有其"便利证据采纳"等功利主义考量，但司法上的"共犯正犯化"解释路径已经超越了司法权范畴，必然面临与"罪刑法定"背离、与共同犯罪理论体系冲突等的责难。

成为严密刑事法网的必然选择。①

(二) 共犯教义学原理下的检验疑问

通过对网络共犯与正犯分别设置不同的罪量要素或不同的判断标准，进而实现网络共犯与正犯在构罪条件上的分置操作模式或许达成了实践层面的意欲效果，但此种司法路径在共犯教义学原理下能否证立值得推敲。

在传统共同犯罪理论下，"共同的犯罪主体""共同的犯罪故意""共同的犯罪行为"被解读为共同犯罪成立的三个条件，其中"共同的犯罪行为"意味着"各行为人所实施的行为，必须是犯罪行为，否则不可能成立共同犯罪"。②显而易见的是，传统的共同犯罪理论由来于"四要件"的犯罪构成理论体系，在此理论体系下，作为犯罪概念所必须具备的"社会危害性、刑事违法性与应受刑罚处罚性"三个基本特征是通过犯罪构成整体来体现的，至于作为犯罪构成要件中的主观要件或者客观要件本身并不与上述特征一一对应。其中作为犯罪的本质特征的社会危害性，亦是由客观与主观要件进行整体评价，单独具备客观要件或者主观要件都不足以说明其具备严重的社会危害性。申言之，在传统的犯罪构成理论体系下，犯罪客观要件与主观要件没有独立存在的价值意味着"客观与主观的意义与作用并不明确"，③只有在整体上进行价值判断方能凸显其作为判定社会危害性严重程度的标准。故此，传统的犯罪构成理论体系中的所谓客观要件与主观要件在犯罪成立的意义上是"一荣俱荣、一损俱损"的关系，由此导致犯罪概念的单一性结论就不可避免。犯罪成立与否的整体性判定特质亦集中映射在共同犯罪领域，传统理论将共同犯罪的成立条件形式上区隔为主体、主观方面、客体三部分，但每一个成立条件亦伴随"犯罪"的评价特色，如共同犯罪的主体必须是二个以上达到刑事责任年龄、具有刑事责任能力的自然人或者单位，客观方面具备共同的犯罪行为，主观方面具备共同的犯罪故意。逻辑延伸的结果便是，共同犯罪的成立意味着共同犯罪中的所有参与者均成立犯罪，故"共同实施的情节显著轻微危

---

① 有必要说明的是，即使在《刑法修正案（九）》新增的"帮助信息网络犯罪活动罪"之下，上述问题仍有研讨之必要。由于本罪的法定最高刑仅为 3 年有期徒刑，且在《刑法》第 287 条之二第 3 款同时规定了"同时构成其他犯罪的，依照处罚较重的规定定罪处罚"，故基于"罪刑均衡"之需要，网络帮助行为被认定为具体犯罪之共同犯罪的情形仍会大量存在。

② 参见高铭暄、马克昌主编：《刑法学》（第六版），北京大学出版社、高等教育出版社 2013 年版，第 163 页。

③ 张明楷：《犯罪构成体系与构成要件要素》，北京大学出版社 2010 年版，第 41 页。

害不大的行为不成立共同犯罪"就是其必然的逻辑结论。具体在帮助犯的场合,当正犯由于实行行为无法满足罪量要求无法构罪的前提下,帮助犯自然也不成立。这种被当代学者称之为"整体认定共同犯罪"[①]的理论显然是将共犯的罪量要素与正犯的罪量要素进行一体化评价,两者不存在分别设置的逻辑可能。以传统的共同犯罪理论对上述司法解释进行检验会发现,网络共犯领域中将共犯与正犯的罪量要素分置的司法路径无法获得理论上的支持,对加攻于"一般违法行为"的帮助行为自始即无法获得共同犯罪的处遇资格,此种司法操作路径自会遭遇法理正当性的责难。

当然,传统的共同犯罪理论在共同犯罪的认定路径上明显的弊病日益显示出教义学上的逻辑体系缺陷,在当代刑法学理及司法实务中已成为共识,其支持者已寥寥无几。与之对应的是,在阶层犯罪论体系的指引下,"犯罪"概念的多义性命题成为共识,以不法与责任两大支柱建构犯罪论体系的路径已获得支配性地位。反映在共犯论领域,即将共同犯罪还原为不法层面的犯罪,共同犯罪仅解决对法益侵害结果的客观归属问题,对行为人责任要素的判断则必须进行个别判断,而非一体判定。在共同犯罪的认定方法上,"客观不法"的共犯论主张以"正犯为中心"围绕正犯应当具备之条件决定共犯的成立问题,"共犯的处罚在某种意义上也是以正犯行为为前提的"。[②] 围绕共犯处罚根据的探讨直接催生了上述教义学命题。按照通行之理解,共犯的处罚根据与正犯一样在于对法益侵害结果的因果性,"因为通过自己或他人的行为而与被引起的法益侵害或法益侵害的危险之间存在因果关系"[③] 而形成的因果共犯论被视为通说。故正犯是直接侵害法益,而共犯是通过正犯的介入间接侵害法益的观念认知成为共识,这种共识同时也意味着"相对于实施所谓的主行为而言,参与是依附(从属)的"。[④] 在此种认知下,犯罪参与者中"正犯作为一次责任类型、共犯则作为二次责任"的观念得到确立,"为了成立共犯,必要的是要充足对于正犯的从属性要件"[⑤] 的共犯从属性原则成为当代共犯教义学中的基

[①] 张明楷:《共同犯罪的认定方法》,载《法学研究》2014年第3期,第4页。

[②] [日]前田雅英:《刑法总论讲义》(第6版),曾文科译,北京大学出版社2017年版,第290页。

[③] [日]西田典之:《共犯理论的展开》,江溯、李世阳译,中国法制出版社2017年版,第3页。

[④] [德]乌尔斯·金德霍伊泽尔:《刑法总论教科书》(第六版),蔡桂生译,北京大学出版社2015年版,第395页。

[⑤] [日]山口厚:《刑法总论》(第3版),付立庆译,中国人民大学出版社2018年版,第323页。

本命题。既然正犯的存在是共犯得以成立的前提,那么正犯应当具备什么要件才能满足从属性的前提要求即"要素从属性"问题就成为从属性理论下无法回避之内容。纵观当今大陆法系共犯教义学的研讨来看,对于要素从属性问题对应阶层的犯罪论体系形成了最小从属性说、限制从属性说与极端从属性说和夸张从属性说四种学说。在这些学说之下,正犯所满足的条件伴随"构成要件符合性""违法性""有责性""客观处罚条件"的部分具备或是全部具备存在成立范围上的差别,而共犯亦伴随正犯成立范围的不同而影响其成立与否。尽管当下学理对采纳何种共犯从属性理论仍存在激烈争论,但在"违法连带性、责任个别性"的一般犯罪论共识下,对要素从属性问题的论争主要表现为限制从属性说与最小从属性说的分歧。换言之,作为共犯成立前提的正犯行为范围仅表现为"不法"层面的分歧,与责任判断无涉,"共同犯罪是不法形态"即形成其逻辑结论。

将上述共犯教义学原理贯彻到罪量要素的司法适用中可以发现,是否可以将共犯与正犯的罪量要素分别设置取决于相关罪量要素究竟应如何进行体系性定位,如果罪量要素归属于"责任"或客观处罚条件等与不法判断无涉之范畴,则就共犯成立而言,其属于需个别判断之要素,故上述司法操作路径可以得到证立。反之,若罪量要素归属于与不法相关联之要素,则会"连带"判断,进而影响共犯之成立,则对正犯与共犯分置罪量要素的做法就会遭遇论理上的困境。

二、问题核心:罪量要素的犯罪论体系性定位释疑

围绕刑法总则第 13 条"但书"所形成的中国特色的"定性+定量"的刑事立法模式决定了定量因素作为某一行为构罪条件之一的定位,从而使"犯罪"之成立不仅包含质的要求,亦必须具备程度要求。国内学理上将这些影响犯罪成立的程度方面的要素归纳为"定量因素"或"罪量要素",并对其在犯罪论体系中的定位展开论争。

(一) 学理面向下罪量要素的单一属性定位

对罪量要素进行犯罪论体系中的单一定位是多数学者的惯常分析路径,如何解决罪量要素与主观罪过之关联是其最终叙事目的,而具体逻辑论证又明显地呈从传统犯罪构成理论向阶层犯罪论体系渗透的思维转型。如陈兴良教授早期针对传统的犯罪构成理论提出的"罪体、罪责与罪量"的犯罪构成理论体系构想中,"犯罪构成要件是行为侵害法益的质的构成要件与量的构成要件的统一体。质的要件包含犯罪构成客观要件(罪体)与主观要件(罪责),而表明法益侵害的量的要件是所谓罪量,是在具备犯罪构成的本体要件的前提

下，表明行为对法益侵害程度的数量要件"。① 论者提出上述主张意在表明犯罪成立的"罪量"要件独立于罪体要件，进而无须罪责所涵射，最终将罪量要素排除在行为人主观认识之外，不影响主观罪过之成立。上述主张就犯罪论体系而言，仍然是在传统的"四要件"犯罪构成框架内，论者虽然提出了"犯罪构成的本体要件和罪量要件"②的命题，但其作用只不过是将其中影响法益侵害的量的要件独立在主客观要件之外，因此不可避免的仍会夹杂传统犯罪构成理论的弊病；③而从论者的上述论证来看，罪量是作为影响法益侵害程度的要素存在的，但此种认知与我国司法实践中对"犯罪情节"所列举的情形不乏影响责任程度，甚或基于特殊刑事政策事由的现实规定不符，如此的司法实践无法得到证立；除此之外，所有"罪量"要素均排斥在行为人主观认识之外，不符合构成要件与故意内容原理，亦可能因为"要求行为人对超出故意范围的不法负责"而招致责任主义的非难。

在传统犯罪构成理论体系式微、阶层犯罪论体系逐渐渗透的学术背景下，对罪量要素的研讨亦开始实现相应的转型。如部分学者主张直接借鉴日本刑法学中的"可罚的违法性理论"阐释我国《刑法总则》第13条"但书"之规定，从而为罪量要素的体系性定位提供理论基础。当然，在可罚的违法性理论下，不同学者对缺乏可罚违法性行为的出罪路径层面存在构成要件阻却与违法阻却立场的争议，前者认为其是不具有构成要件类型性的预想的最低违法性标准的行为，否定构成要件该当性；④后者则认为"所谓缺乏可罚的违法性，是指符合构成要件的行为缺乏实质的违法性，不值得在刑法上予以处罚。因而，

---

① 陈兴良：《作为犯罪构成要件的罪量要素》，载《环球法律评论》2003年秋季号，第276页。

② 在此体系下，犯罪本体要件与罪量要件统一形成了"犯罪构成要件"，这和传统的犯罪构成理论体系并无质的差异，因为即使在后者看来，犯罪构成要件也不可能是不包括"罪量"要素的纯粹的"四要件"。

③ 有必要说明的是，陈兴良教授在嗣后的论文中对之前的学术观点做出了修正，进而主张"在阶层的犯罪论体系下，将数额、情节等罪量要素作为客观处罚条件来看待是妥当的"。参见陈兴良：《刑法的明确性问题：以〈刑法〉第225条第4项为例的分析》，载《中国法学》2011年第4期。不过，与其早期观点类似的主张亦为其他学者所认可，如刘艳红教授提出的"犯罪构成要件可以分为质的构成要件和量的构成要件"的观点即是如此。参见刘艳红：《情节犯新论》，载《现代法学》2002年第5期，第119页。

④ 参见［日］大塚仁：《犯罪论的基本问题》，冯军译，中国政法大学出版社1993年版，第121页。

必须把可罚的违法性在理论体系上的位置放在违法性论之中"。① 与上述论争对应，罪量要素之判断即被归类为构成要件该当性或者违法性阶层的问题，不符合罪量要素的行为因为构成要件不该当或者欠缺违法性而予以出罪。无论是采用何种路径出罪，罪量要素均被视为影响犯罪成立"不法"程度的要素而存在。与之类似，国内部分学者虽不认可可罚的违法性理论，但在结论上亦承认罪量要素影响行为不法性判断的体系性定位。② 如张明楷教授将刑法分则中所规定的"情节严重""情节恶劣"等罪量要素解读为"整体的评价性要素"，在"构成要件是违法类型，构成要件所描述的事实的违法性，必须达到值得科处刑罚的程度"的前提下，主张"情节严重"与"情节恶劣"作为整体的评价性要素，是表明法益侵害严重程度的客观的违法性要素。但论者做出上述逻辑结论的出发点则在于违法与责任的阶层犯罪论体系下的辩证关系，即"行为人只应对能够归责于他的违法行为及其结果承担责任"，故论者所提出的作为罪量要素的"情节严重"中的情节并不是指任何情节，只能是指客观方面的表明法益侵害程度的情节。③ 从罪过主观认识内容去反推"罪量"要素的内容在路径上是存疑的，故意的认识内容只能是表现法益侵害程度的客观情节，不代表作为犯罪成立条件之一的"罪量"要素也必然是客观方面的情节。"即使是在两阶层或三阶层体系中，构成要件也并不完全是客观的，也存在主观的构成要件要素或主观的不法要素，撇开这些因素，也无法对构成要件进行整体性评价。"④ 因此，对罪量要素内容的解读与阶层的犯罪论体系之间并无必然关联，司法实践中大量存在的关于犯罪主观方面"情节严重"的罗列情形自然无法得到合理之说明。

与上述学者不同，另有学者主张移植德国刑法中的"客观处罚条件"理论，将我国刑法中情节犯与数额犯关于情节与数额的要求视为客观处罚条件。⑤ 德国刑法学界虽对客观处罚条件之内涵、存在范围等存有争议，但在犯罪论体系的定位中则一致地将其作为构成要件符合性、违法性、有责性之外的影响其刑罚适用的条件进行阐释，故其与不法和责任判断无涉，自然不是进行

---

① [日]大谷实：《刑法讲义总论》，黎宏译，中国人民大学出版社2008年版，第314页。

② 参见张明楷：《刑法学》，法律出版社2016年版，第114页。

③ 张明楷：《犯罪构成体系与构成要件要素》，北京大学出版社2010年版，第241页。

④ 王莹：《情节犯之情节的犯罪论体系性定位》，载《法学研究》2012年第3期，第138页。

⑤ 参见熊琦：《德国刑法问题研究》，台湾元照出版公司2009年版，第99页以下。

主观归责的对象。从其立法初衷来看,"通常而言,人们是出于刑事政策的考虑,将客观处罚条件从不法和罪责的关联之中单化出来的"。① 客观处罚条件概念的提出一方面基于此种要素"并非主观归责的对象"而来,另一方面亦有着限制刑罚处罚范围的功能,从而与"罪量要素"的中国化语境相合,学理上将之进行移植便顺其自然。但形式上的相似性无法掩盖两者之间在内容构造上质的差异:由于德日学理中将客观处罚条件定位为与不法、责任无涉的独立的影响刑罚介入的要素而非犯罪成立的要素,故从消弭犯罪论体系之内在弊病及立法"当罚性"与司法"需罚性"之间的冲突着眼,这种影响刑罚介入的因素只能是一种"例外"的存在。② 与之相反,我国刑法中的"定量"因素是直接影响犯罪成立与否的要素,且对于犯罪成立与否而言是一种"原则性"存在,并非"例外"。③ 无论是立法中明确规定的如"数额"或者司法解释所补充的如对各种"情节严重"中相应的列举情形,与行为不法或者结果不法相关是其主要表现样态,不可能与不法判断无涉,与之对应,将这些影响客观不法的要素排斥在行为人主观认识之外亦会引发责任主义的非难。

(二)事实面向下罪量要素的多维属性归结

上述学者对我国刑事立法中"罪量要素"的学理探讨最终将其对应犯罪论体系中的单一定位予以归属,在结论上多少有些"应然判断"的意味,但从事实面向来看,我国刑事司法实践中所存在的罪量要素的多样性事实特征则凸显了其多元定位的空间。

首先,针对构成要件行为不法或者结果不法提出的"罪量要素"是最为典型和常见的,因而是影响犯罪成立的"不法"层面的判断要素。④ 反映违法性程度的事实要素可能指向行为,亦可能指向法益侵害结果,如对于盗窃罪中"使用破坏性手段盗窃公私财物,造成其他财物损毁的,以盗窃罪从重处罚"

---

① [德]乌尔斯·金德霍伊泽尔:《刑法总论教科书》,蔡桂生译,北京大学出版社2015年版,第52页。

② 学理中最常论及的归属于"客观处罚条件"的适例也仅限于德国刑法中参与斗殴罪中的"严重后果"、针对外国的犯罪中的"外交关系或对等关系的存在"、破产犯罪中"破产程序的开始",以及日本刑法中事前受贿罪中的"事后就任"等屈指可数的条文。参见柏浪涛:《构成要件符合性与客观处罚条件的判断》,载《法学研究》2012年第6期,第131页。

③ 在《刑法总则》第13条"但书"的指引下,即使未规定情节的个罪亦完全可能按照但书之规定出罪,如对于罪质最为严重的故意杀人罪亦存在因"情节显著轻微危害不大"不作为犯罪处理的司法判例,这从反向说明了"罪量要素"的普适性。

④ 下文涉及具体罪量要素的例证,均出自相关司法解释的规定,恕不一一注明出处。

的司法解释，即将特殊的行为方式作为提升其不法内涵的情形予以规定，而"盗窃残疾人、孤寡老人或者丧失劳动能力人的财物"则是通过特定行为对象凸显其不法性程度，这些事实要素均是附着于行为本身的，体现行为不法程度的要素。与之对应，通过对结果不法要素的量定亦是司法实践中的惯常做法，如盗窃、诈骗等罪中的"数额较大"的具体标准，制造毒品罪中的"毒品数量"、贪污贿赂犯罪中的"数额"、组织、利用邪教组织破坏法律实施罪之"造成严重社会影响的"等规定。在对结果不法量定的罪量要素规定中，除基本构成要件结果之外，亦存在以加重结果作为犯罪成立与否之"情节"判断标准，如刑讯逼供罪中的"导致犯罪嫌疑人、被告人自杀、自残造成重伤、死亡，或者精神失常"之规定。上述罪量要素从根本上而言是附着于行为或者结果的，影响的也是法益侵害程度的判断，故应归属于"不法"层面的判断要素。

其次，将某些征表行为人"主观罪过"程度的要素作为"情节严重"情形之一进行列举，如走私普通货物、物品罪中的"一年内曾因走私被给予二次行政处罚后又走私的"、逃税罪中的"经税务机关依法下达追缴通知后，补缴应纳税款，缴纳滞纳金，已受行政处罚的，不予追究刑事责任；但是，五年内因逃避缴纳税款受过刑事处罚或者被税务机关给予二次以上行政处罚的除外"、刑讯逼供罪中的"刑讯逼供 3 人次以上"、盗窃罪中的"多次盗窃"等表述。① 上述罪量要素从根本上而言是征表行为人主观恶性、人身危险性程度高低之要素，因为就评价为构罪的盗窃行为而言，"多次"本身并不代表其法益侵害程度的高低。如果说"责任"涉及的是对于行为人做出不法行为的原因的评价问题的话，那么，在本质上，"责任就是对于行为人为合法行为的期待可能性"。② 果如此，则"多次"实施类似行为、受过行政处罚后又实施不法行为的情形在规范意义上代表对其可谴责性程度更高、对行为人为合法行为的规范期待程度更高，换言之，上述罪量要素体现的是对行为人的主观"非

---

① 对上述征表行为人主观恶性的罪量要素的体系性归属，在学理上还存在争议，部分学者基于"主观违法性要素"的主张，力主其归属于不法构成要件要素。参见王强：《罪量因素：构成要素抑或处罚条件》，载《法学家》2012 年第 5 期，第 33 页。笔者不赞同此一立场，一者，主观违法性要素打破了"违法客观、责任主观"的犯罪论体系共识，会引发犯罪构成理论体系的结构性变动；二者，将上述要素归属为不法构成要件要素，意味着行为人主观上对作为其评价前提的客观事实有认识，这会导致"记忆力差、未认识到行为对象和行为的复数性的行为人反而会受到法律的优待的荒诞结果"。参见王莹：《情节犯之情节的犯罪论体系性定位》，载《法学研究》2012 年第 3 期，第 63 页。

② 黄荣坚：《基础刑法学》，台湾元照出版公司 2006 年版，第 636 页。

难"程度,即有责性程度高低的要素。

最后,我国司法实践中还存在一些基于特殊刑事政策事由对影响犯罪成立与否进行规定的情形。如司法实践中将未成年人"案发后如实供述盗窃事实并积极退赃"与其他因素一起作为"情节显著轻微,危害不大"的情形,将未成年人"盗窃其他亲属财物但其他亲属要求不予追究的"情形不作为犯罪处理;又如将诈骗罪中"行为人认罪悔罪且取得被害人谅解的""诈骗近亲属的财物,近亲属谅解的"免于刑事处罚或不作为犯罪处理等规定。显而易见的是,"犯罪后的态度""取得被害人谅解"都是作为案外因素存在的,而作为影响犯罪成立条件的因素在理论上只能是对已然犯罪行为有影响的不法或者责任要素,因此,上述影响犯罪成立的因素只能被归类为基于特殊的刑事政策原因所提出的"阻却犯罪事由",这一类事由也只能用客观处罚条件进行解释。有疑问的是对"违法所得数额"的归属问题,司法实践中大量存在以"违法所得数额"作为影响犯罪成立的罪量要素进行规定之情形,但违法所得数额是否影响行为的不法程度值得商榷。违法所得数额从其本义来看,是指向行为人的不法获利,因而与法益侵害结果欠缺逻辑关联,"我们可以说违法所得数额多社会危害性更大,但绝不能说违法所得数额少社会危害性便小"[①] 的观念成为学理上的共识。当然,这一共识也并非绝对,如就盗窃、诈骗等"数额型"财产犯罪而言,违法所得数额与被害人遭受的财产损失数额大体上是一致的,故在此类犯罪中其与行为不法程度是直接关联的,故应将其视为影响犯罪成立的"不法"层面的判断要素。相反,在多数犯罪中,违法所得数额与行为不法程度的判断并无必然关联,故将其归属于客观处罚条件是合适的。

综上,在我国立法及司法实践的现实面向下,影响犯罪成立的"罪量要素"并非如理论所设想的那样仅具有单一属性,如果与阶层犯罪论体系对应,其亦可能呈现出影响不法、责任或仅作为客观处罚条件的规范属性。

三、难题化解:最小从属性说之下罪量要素分置的教义学证成

既然罪量要素在我国司法现实面向下可能呈现出影响不法、责任或者是作为客观处罚条件的规范属性,那么,在共犯从属性原理的教义学共识下罪量要素于犯罪参与领域的适用亦会伴随其规范属性的不同,而影响共犯成立范围。

---

① 张明楷、黎宏、周光权:《刑法新问题探究》,清华大学出版社2003年版,第182页。

(一) 应对路径选择

我国与大陆法系国家对"罪量要素"的不同立法和司法处置模式进而影响到共同犯罪原理之适用问题,在国内被极个别学者认识到并提出了教义学应对路径。按照该论者之主张,在共犯从属性原理下,当正犯之实行行为因欠缺相应立法的罪量要素要求进而不构成犯罪时,得出共犯人难以承担共犯之责的结论明显有违相同行为相同处理的原则,有失公允。而作为舶来品的大陆法系共犯理论是没有考虑罪量问题的犯罪论原理,因此在采行大陆法系共犯理论的前提下,就不能将罪体和罪量不加区分地运用到我国共犯问题的解决中。在此认知下,论者提出了罪体与罪量分离的参考路径,即"先将罪量要素暂时抽出,先用共犯理论解决行为类型层面的共犯认定、客观归责问题,然后在此基础上,根据罪量要素标准,解决责任承担的具体方式和轻重问题"。[1] 笔者无意否认罪体与罪量要素在功能构造上的差异,即罪体要素从横向角度征表个罪行为的类型化,而罪量要素则从纵向角度的行为程度差别意义上决定犯罪成立与否,但如何圆说"罪量要素与罪体、罪责并非是处于同一层次的可并列的要素"[2] 进而得出"共同犯罪的判断与罪量要素所决定的公权力处置措施(分工)的判断是前后两个位阶的判断"[3] 的逻辑论证过程则有待商榷。

显而易见的是,无论对罪量要素如何进行体系性定位,在我国的立法现实下,其都是影响犯罪成立的要件之一,亦即属于犯罪成立条件之内容,换言之,是否符合罪量要求是决定犯罪成立与否包括与一般违法行为相区别的重要标准。既然行为类型与行为程度的区别均是影响犯罪成立的因素,那么,在规范意义上就都是公权力(刑罚权)的发动前提,从公权力处置措施的角度来确定其存在位阶关系的理由并不充分。与之相较,德日等大陆法系国家刑事立法中虽未有"定量"要素之规定,但与我国一样面临"微罪出罪"的问题,在法律适用路径上无论是定位在实体法阶段抑或是程序法阶段,都只是其表象,实质上都是对罪量轻微行为的非犯罪化处遇。过往学者过于夸大我国刑事立法与德日等大陆法系国家对于影响犯罪成立之定量因素的上述处理模式,而未意识到在相同的有待规制调控的社会事实下,对罪量轻微行为事实上的出罪

---

[1] 王强:《罪量要素的价值属性在共犯中的应用》,载《中国刑事法杂志》2012年第12期,第15页。

[2] 付立庆:《犯罪构成理论:比较研究与路径选择》,法律出版社2010年版,第113页。

[3] 王强:《罪量要素的价值属性在共犯中的应用》,载《中国刑事法杂志》2012年第12期,第15页。

是不同立法模式所共同面临的问题。既然在事实上对犯罪成立而言无论采行何种立法模式，在结论上都不可能将罪量轻微的行为予以犯罪化，那就意味着在诠释犯罪成立条件的在犯罪论体系的构造上都必须将罪量要素囊括在内。前文所述的德日刑法中的实质违法性理论、可罚的违法性理论与客观处罚条件等理论正是在此基本认知下意图在解释论中为"罪量"要素找寻其体系性位置。以实质违法性理论为例，在此理论下，违法性判别不再是单纯的"违反法律的禁令或命令"是与否的形式化判断，相反，在"一种法益的侵害或者危害，只有在它与规范共同生活的法律制度的目的相冲突时，才是实质违法的"观念下，实质违法性为行为不法的等级性分类提供了空间。① 由此，违法性成为包含质与量的统一体，通过对不法程度的层级划分，违法性完成了从单一定性到定性与定量的多元转变，也解释了量化思维在分析行为构成与法的价值判断是否相符时的积极意义。"比如超越某些法律赋予的权力范围造成损失的违法行为，比起那些完全没有任何法律根据的违法行为来说，如防卫过当行为与一般的故意伤害行为相比，其违法性程度要低一些"② 这样的认知较之形式违法性的理解就更为准确。

上述逻辑分析说明，即使在德日等大陆法系国家刑事法理中亦面临如何对影响犯罪成立的量因素在犯罪论体系中定位的问题，因此，如果说罪体要素与罪量要素在规范意义上的功能构造上有所差别，那么，此一差别也必须从影响行为之不法、责任以及客观处罚条件的意义中去寻求，前述学者关于我国罪量要素的研讨也正是此一思维路径的体现。与之对应，对罪量要素在共犯领域的适用在教义学层面亦必须回归至作为共犯成立前提的共犯从属性原则下探讨。

（二）最小从属性说下的解读

如所周知，在当下大陆法系共犯教义学原理中，共犯从属性俨然成为构建其理论体系的基本原则，并获得我国多数学者的认可，③ 而对其争议点则集中在从属性程度即要素从属性问题中，在此领域内主要体现为限制从属性说与最小从属性说之间的论争。如前文所述，限制从属性说下"违法连带判断、责

---

① 参见［德］罗克辛：《德国刑法学总论》，法律出版社2005年版，第390页。

② Vgl. Krupelmann, Bagatelldelikte, Untersuchungzum Verbrechen als Steigerungsbegriff, Berlin 1966, S. 30. 转引自王莹：《情节犯之情节的犯罪论体系性定位》，载《法学研究》2012年第3期，第132页。

③ 少数学者基于"单一正犯"立场否定共犯从属性说的本土化运用。参见刘明祥：《论我国刑法不采取共犯从属性说及利弊》，载《中国法学》2015年第2期，第282页。

任个别判断"成为其核心要义,故正犯具备构成要件该当性、违法性,共犯即成立,最终是否可罚需再进行有责性的个别判断。违法的连带性判断意味着"正犯违法则共犯违法、正犯不违法则共犯不违法"的结论,将此结论套用至罪量要素的共犯论适用中,罪量要素若归属于构成要件该当性或者违法性层面的判断要素,则必然影响共犯之成立范围。相应地,在前述关于网络共犯的司法解释中,将影响正犯成立的罪量要素和影响共犯成立的罪量要素分别设置的做法也将与限制从属性说产生抵牾。

限制从属性赖以建构的前提即"违法的连带性"在当今德日大陆法系共犯论领域显然已受到强有力的挑战,"对限制从属性原则的正确性的怀疑,至今都未停止"。[1] 需要进行"违法相对性"判断的适例被不断提及,如甲教唆乙对甲自己进行重伤害,乙无疑成立故意伤害罪的正犯,就甲而言,无论何种学说最终均认可其无罪的结论,即甲的行为不具有违法性,对比甲乙的情形可以看出,此种场合成立"正犯违法,但共犯不违法"的情形;相反,甲教唆乙对乙自己进行重伤害时,乙的行为属于对自己身体的处置,不具有违法性,无论何种学说均认为,此时甲的行为应构成犯罪,即甲的行为具有违法性,此时出现了"正犯不违法而共犯违法"的情形。[2] 上述适例说明,共犯的违法性以正犯的违法性为基础的"限制从属性说"无法一以贯之,面对逻辑自洽性的责难,支持限制从属性理论的学者不得不对自身的理论进行部分修正,承认特定情形下违法相对性,进而对"违法是连带的"做例外性补充,即违法的连带性仅具有"正犯不违法,则不成立共犯"这一消极的意义。[3] 显然,这样的理论修补并不能令人满意,故学理上将要素从属性理论的意义建构在"如果正犯没有实施该当构成要件的行为,就不能处罚共犯"这一意义上的最小从属性说的主张就成为自然之理。[4] 在最小从属性说之下,仍维持了共同犯罪是解决犯罪参与者客观面对结果的归责问题这样的共识,只不过其强调了"违法相对性"的观念,违法性需要个别判断,与限制从属性说对应的"共同犯罪是违法形态"相较,最小从属性说对应的则是"共同犯罪是构成要

---

[1] [德] 冈特·史特拉腾韦特、洛塔尔·库伦:《刑法总论 I:犯罪论》,杨萌译,法律出版社 2006 年版,第 326 页。

[2] 参见 [日] 曾根威彦:《刑法学基础》,黎宏译,法律出版社 2005 年版,第 139 页。

[3] 参见王昭武:《论共犯的最小从属性说——日本共犯从属性理论的发展与借鉴》,载《法学》2007 年第 11 期,第 103 页。

[4] 参见 [日] 前田雅英:《刑法总论讲义》(第 6 版),曾文科译,北京大学出版社 2017 年版,第 294 页。

件符合形态"。

如果将共犯视为"构成要件符合形态",且将其理解为纯粹之"行为模式"或者"行为类型",则影响行为不法程度的诸如数额、情节等定量因素则可统统归入构成要件该当性判断之后的层面,进而无碍共犯之成立。换言之,最小从属性说之下,共犯仅仅在"构成要件该当层面"的判断从属于正犯,正犯只需具备构成要件该当性共犯即可成立,也就是正犯之行为只要符合刑法分则构成要件的"行为模式""行为类型"规定,对其进行加攻之共犯即告成立。而此一基本立场对罪量要素的共犯领域适用来说至关重要:由于将构成要件符合性仅理解为行为模式、行为类型意义上的该当性判断,故其必然是形式化、中立性的判断,影响不法程度、责任程度及其他不属于行为类型意义的犯罪成立条件都在构成要件符合性判断之外。故对于数额、情节等罪量要素而言,由于其与构成要件符合性所确定的行为性质、行为类型无关,因而都无须从属于正犯进行判断。[1] 在此基本认知下,罪量判断是在共犯成立基础上对犯罪参与者进行的个别化判断,正犯与共犯本身是否满足罪量要求影响其最终是否构罪,却不影响在"构成要件符合形态"意义下共同犯罪之成立。对于司法实践中大量存在的共犯加攻多个因正犯不符合罪量要求而无法构罪能够追究共犯刑责的情形,在上述基本立场下,"构成要件符合形态"意义上的共犯已然成立,将客观结果归责于他自然没有问题。[2] 与之对应,由于罪量要素本身与"行为类型"定位的"构成要件该当性"判断无涉,因而在共犯领域应当分别、独立判断,故在逻辑上,前述网络共犯司法解释将正犯与共犯分别设置不同的罪量要素进而实现分置的操作路径亦可得到证立。此一结论与前述学者及司法实践中的做法基本相同,但在逻辑论证上回归到了犯罪构成理论体系和共犯教义学中的基本命题中。

可以想见,笔者提出的上述逻辑结论必然会引发犯罪论体系下"构成要件具有违法推定机能""构成要件是违法性的征表"等指摘,此一问题涉及阶层犯罪论体系中各阶层的判断要素、判断标准、逻辑关系等宏大叙事,本文无意对其展开置评。意欲表明的基本立场是,在目前占据通说地位的限制正犯概

---

[1] 除此之外,最小从属性说还具有诸多体系论上的优势。详见阎二鹏:《从属性观念下共犯形态论之阶层考察》,载《法学论坛》2013年第4期,第65页。

[2] 司法实践中不乏类似的真实案例:如李某系电工,2000年1月至12月间,李某利用自己电工技术,先后帮助20户居民非法改动电表,使电表计量指针变慢,以达到偷电目的。李某每次帮助居民改动电表都会得到一定好处。案发时,此20户居民每户偷电数额均未达到盗窃罪的最低定罪数额,但20户偷电数额累计达到1.8万元。参见董玉庭:《论数额犯中的虚拟共同犯罪问题》,载《人民检察》2007年第20期,第37页。

念前提下，正犯与共犯之区隔原本就是按照"行为模式""行为类型"的标准进行划分，若严格贯彻此一立场，就应当坚持构成要件符合性的形式判断，将作为犯罪成立条件的构成要件还原为"客观轮廓"，"在犯罪种类的意义上把行为构成作为一种相对于违法性而独立存在的范畴加以维护"。① 如此既可以保证形式判断优于实质判断，亦可消弭来自不同的阶层犯罪论体系对构成要件该当性与违法性逻辑关系的质疑。至于部分学者提及的"罪量要素置于违法性阶层判断无法解释轻微法益侵害行为与正当防卫、紧急避险等不具有法益侵害性行为在违法性层面的同质性问题"② 的担忧，笔者认为，在以行为的社会危害性程度为等级区分形成的"刑事罚"与"行政罚"的二元制裁体系的现实国情下，恰恰需要采行"多元的违法论"，即肯定对整体法秩序侵害的前提下基于刑法的立场进行相对独立的判断。换言之，不具有刑事违法性的行为并不绝对意味着在整个法秩序层面均被归属于合法行为，相应地，在犯罪论体系中，违法性阶层仅是对"刑事违法性"存否的判断，在此规范意义上，罪量轻微行为与正当防卫、紧急避险等正当化事由在本质上都是不具有刑事违法性的行为，在规范层面上具有同质性。

四、结语

"传统犯罪的网络异化"或许是时下刑事法理中最为惹眼的词语，如何看待层出不穷的新型网络犯罪与传统刑事法理之间的关系亦成为当下学理讨论中的热点问题。不可否认，犯罪的网络化趋向是网络时代的必然产物，而以"双层空间、虚实同构、算法生态、数字主导"等为典型特征的智能互联网时代特征，③ 使得网络犯罪"在相当程度上改变了传统犯罪的不法属性与不法程度"。④ 但此种"异化"是否必然意味着刑事法理亦将遭遇"破窗性"颠覆，进而需要进行教义学上的重构则有待商榷。晚近以来，不断有学者在比较新型网络犯罪与传统犯罪之事实表现样态的基础上，断言传统之教义学命题难以应对层出不穷之网络犯罪态势，亦难以实现逻辑自洽。而网络共犯领域可谓学者

---

① ［德］克劳斯·罗克辛：《德国刑法学总论》，王世洲译，法律出版社2005年版，第187页。

② 王莹：《情节犯之情节的犯罪论体系性定位》，载《法学研究》2012年第3期，第129页。

③ 参见马长山：《智能互联网时代的法律变革》，载《法学研究》2018年第4期，第20页。

④ 梁根林：《传统犯罪网络化：归责障碍、刑法应对与教义限缩》，载《法学》2017年第2期，第3页。

交锋的主阵地,例如针对网络共犯的特性不断有学者提出在此类犯罪中,存在"双向意思联络弱化导致共犯归责障碍""网络帮助犯危害性超越实行行为导致'从犯'评价模式失衡"等现象,故需要对现行之共犯教义学原理进行"改造"。① 针对上述论断,已有学者指出,此类指摘大多是在传统共同犯罪理论基础上得出的逻辑结论,在采行合理之共犯教义学理论下,这些所谓困境都可以得到化解。② 通过罪量要素在网络共犯领域的适用亦可发现传统共同犯罪理论并非不可动摇之学术真理,更无法对相关司法实践做出合理之解读。相反,维持"以正犯为中心认定共犯"的基本前提下,采用最小从属性说不仅在法理上进一步澄清了违法性判断的相对性,而且对罪量要素在网络共犯中针对正犯与共犯分别设置不同之标准提供了教义学依据。与此同时,对于相关司法解释中存在的"共犯正犯化"倾向因而导致"司法僭越立法"的疑问,在本文的基本立场下,原本对网络共犯即可设置不同于正犯的罪量标准的解读,司法解释亦无必要在"处罚合理性"的目的导向下径行跨越"行为类型"的设定进而直接以实行行为对待,从而与罪刑法定原则相悖。

(责任编辑:石磊)

---

① 米铁男:《共犯理论在计算机网络犯罪中的困境及其解决方案》,载《暨南学报(哲学社会科学版)》2013年第10期,第53页;孙道翠:《网络共同犯罪的多元挑战与有组织应对》,载《华南师范大学学报(社会科学版)》2016年第3期,第147页。

② 参见张明楷:《网络时代的刑事立法》,载《法律科学》2017年第3期,第71页。

帮助信息网络犯罪活动罪的解释方向

江　溯[*]

摘　要：《刑法修正案（九）》新增了帮助信息网络犯罪活动罪，但学界的说理不一导致其在实践中并未发挥最大效用。目前理论的共同缺陷在于未将行为类型化，从而易得出以偏概全之结论。本罪应定位为共犯与非共犯帮助行为共存的兜底法条，但立法更为关注的是难以解释为传统帮助犯的、应当独立化解释的行为。此类行为的意思联络性和行为共同性都较低，可按结构分为"漠不关心"的分离射线型和"心照不宣"的链条型。这两种样态行为的刑事可罚性侧重点不同，后者属于我国重点打击的网络黑灰产业链的一环，侧重于考察客观行为所产生的社会危害性；而前者类似"个体户"行为，游走于罪与非罪的边缘，侧重于考察帮助者对自身行为非法性的认识程度以及是否达到"积量构罪"之标准。无论是哪种行为，其主观心态的考察都应落脚于帮助者本身而非受助者，且可借鉴英美法的"犯罪促进罪"以重构本罪之明知。只有坚持这一解释思路，帮助信息网络犯罪活动罪的适用才能在司法实践中被激活，从而更好地打击网络帮助行为，维护网络安全。

关键词：帮助信息网络犯罪活动罪　共犯行为　非共犯行为　类型化

自《刑法修正案（九）》新增帮助信息网络犯罪活动罪（《刑法》第287条之二）以来，关于本罪的解释适用一直聚讼纷纭。学理上的意见分歧造成了司法实践的说理不一、判决不同。因此，梳理目前学界之观点，探究立法之原意，立足那些为本罪所关注的行为本身，剖析其结构样态与特点，结合司法实践面临的实际困难，为其找寻一条合适的解释方向，是眼下理论界的当务之急。

---

[*] 江溯，北京大学法学院副教授，博士生导师。

一、现有理论的缺陷

(一) 帮助行为正犯化说

目前为多数人所支持的学说是"帮助行为正犯化说"(也称作帮助犯的正犯化说、共犯行为正犯化说)。所谓帮助行为正犯化,是指刑法分则条文直接将某种帮助行为规定为正犯行为,并且设置独立的法定刑。① 此种学说是基于共同犯罪的理论提出来的。该学说内部实际上存在一定分歧。有一部分观点认为,本罪所欲规制的行为是传统共同犯罪中的帮助行为,而网络犯罪具有特殊性,因此有必要将这种帮助行为在立法时单独作为正犯处理。还有一部分观点指出,存在一些发生在网络空间内但传统共同犯罪理论无法解释的行为,并进一步认为,此类行为依旧是可以在共同犯罪框架之内讨论的帮助行为。与此同时,为了打破传统共犯理论对此类行为的解释困境,学者们又对最小从属性说、双层区分制理论等进行了探讨,企图通过修正共同犯罪的相关理论,将此类行为纳入共犯之中。

(二) 量刑规则说

张明楷教授提出了本罪属于"量刑规则"的观点。他认为,本罪不是帮助行为正犯化,本罪行为仍然属于帮助犯;因为刑法分则条文针对该帮助犯设置了独立的法定刑,所以排除刑法总则有关从犯(帮助犯)处罚规定的适用。② 以上观点为黎宏教授所肯定,③ 但遭到了学界大部分学者的反对。反对派认为,如果立法资料明确表明,立法者就是希望通过新的条文在一定程度上前置处罚时点,填补处罚漏洞,④ 且该条文确实也具备了独立而明确的罪刑规范和罪名称谓,那么该罪就是一个独立的罪名。立法不仅有刑罚设置功能,还有罪名设置功能。解释者不得忽视罪名设置功能,不能认为其属于量刑规则而

---

① 张明楷:《论帮助信息网络犯罪活动罪》,载《政治与法律》2016 年第 2 期,第 13 页;刘艳红:《网络犯罪帮助行为正犯化之批判》,载《法商研究》2016 年第 3 期,第 22 页;车浩:《刑事立法的法教义学反思——基于〈刑法修正案(九)〉的分析》,载《法学》2015 年第 10 期,第 13 页;陈洪兵:《帮助信息网络犯罪活动罪的限缩解释适用》,载《辽宁大学学报(哲学社会科学版)》2018 年第 1 期,第 109—110 页。

② 张明楷:《论帮助信息网络犯罪活动罪》,载《政治与法律》2016 年第 2 期,第 5 页。

③ 黎宏:《论"帮助信息网络犯罪活动罪"的性质及其适用》,载《法律适用》2017 年第 21 期,第 35 页。

④ 臧铁伟主编:《中华人民共和国刑法修正案(九)解读》,中国法制出版社 2015 年版,第 206—208 页。

使立法降格。应当指出的是，量刑规则说在认识本罪行为这一点上，与帮助行为正犯化说并无二致，它们均将本罪的行为理解为共同犯罪中的帮助行为。

（三）从犯主犯化说

持从犯主犯化说的学者首先从我国刑法的规定出发阐明了其单一制的立场："我国刑法对共同犯罪人评价比较的唯一基准是各犯罪人在共同犯罪之中的作用，缺乏'区分共犯制'下'共犯正犯化'的法定基础，以犯罪作用作为唯一衡量基准的我国共犯体系更接近于'单一正犯制'。"① 在此基础上，持这一学说的学者对本罪的立法目的进行探究，认为本罪是"正视涉网络犯罪活动中，网络帮助行为的社会危害性趋重增生，帮助行为由次要或辅助的从犯地位向主犯靠近现状的结果"，从而推出本罪是"从犯主犯化"的结论："原属从犯的帮助行为在共同犯罪中的作用受到刑罚更为严重的否定评价和处罚，由共同犯罪中的'从犯'上升为'主犯'。"② 而且，持这一学说的学者还认为，虽然基于一般预防的需要，刑法对个罪行为规定了独立的罪名，但是仍然应当根据共同犯罪的归责模式来处理。因此，从犯主犯化说也将本罪的构成要件行为理解为共同犯罪中的帮助行为。

（四）累积犯说

持该观点的学者认为，应当将帮助信息网络犯罪活动行为视为正犯行为，但帮助信息网络犯罪活动罪与传统犯罪的"单量构罪"不同，其具有"积量构罪"的特征：如果在符合本罪立法的多个帮助行为中，有单个危害行为可以被评价为"情节严重"，则为本罪和帮助犯的竞合，在这种情形下，本罪与下游犯罪的帮助犯没有区别；但如果都不足以单独成立犯罪，但危害行为整体可以被评价为"情节严重"的，只能成立帮助信息网络犯罪活动罪。后一种情形即符合"积量构罪"的构造，帮助次数是"积数"，综合评价所有帮助行为达到应受刑罚处罚的"情节严重"程度。③ 也就是说，本罪更为关注的是那些不能独立引起下游违法犯罪的危害后果的帮助行为，其单次危害行为的危害

---

① 张勇、王杰：《帮助信息网络犯罪活动罪的"从犯主犯化"及共犯责任》，载《上海政法学院学报：法治论丛》2017 年第 1 期，第 14 页。

② 张勇、王杰：《帮助信息网络犯罪活动罪的"从犯主犯化"及共犯责任》，载《上海政法学院学报：法治论丛》2017 年第 1 期，第 14—15 页。

③ 皮勇：《论新型网络犯罪立法及其适用》，载《中国社会科学》2018 年第 10 期，第 138 页。

量底限低,具有"海量积数×低量损害"的"积量构罪"罪行构造。① 由此可见,累积犯说与帮助行为正犯化说、量刑规则说和从犯主犯化说不同,其将本罪的帮助行为进行了划分:若单个危害行为能被评价为"情节严重",则成立共同犯罪的帮助犯和本罪的竞合,此类行为在《刑法修正案(九)》之前能成立共同犯罪,因此不是本罪的重点关注对象;而不能被独立评价为"情节严重"、不能独立引起下游违法犯罪的危害后果的危害行为,才是本罪所重点关注的帮助行为,应当以"积量构罪"来理解其罪行构造。

(五)不作为处罚说

持该观点的学者指出,学理上争议的焦点同时也是立法重点的行为是"无明确犯罪指向"的行为,亦即行为人提供互联网接入、服务器托管等网络技术支持或者服务之初是基于中立的业务行为,但在通过某种技术手段得知或者经其他途径如行政机关告知的情形下获知他人利用信息网络实施具体犯罪的事实,仍继续提供网络技术支持的行为。此类无明确犯罪指向的网络服务提供者的行为应归属为不作为,对此类行为,刑法责难的重点在于行为人在获知犯罪情形后并未停止网络技术支持的行为。该学者提出,"多数学者对本罪之行为性质误认为积极的作为,或许是没有认识到行为人先前提供网络技术支持服务的行为并不是本罪不法构成要件所设定的行为类型,而后续之'没有停止系统服务或是没有过滤、删除信息'等行为才是本罪之构成要件行为。"② 总之,不作为处罚说所理解的本罪打击的重点行为是"无明确犯罪指向"的行为。

(六)小结

帮助行为正犯化说、量刑规则说和从犯主犯化说均从共同犯罪角度出发探讨本罪,其所理解的本罪行为是可纳入共同犯罪中解释的帮助行为。累积犯说对本罪的行为进行了简要划分,认为可用共同犯罪中的帮助犯解决的犯罪行为并非本罪立法的关注点,而真正值得关注的是那些社会危害性积微成著的帮助行为。不作为处罚说并未纠结于共同犯罪的问题,而是认为立法重点是无明确犯罪指向的行为,应将这一类行为理解为不作为。

笔者认为,累积犯说对本罪行为进行划分的思路值得借鉴,但还可以作进

---

① 皮勇:《论网络服务提供者的管理义务及刑事责任》,载《法商研究》2017年第5期,第22页。

② 阎二鹏:《帮助信息网络犯罪活动罪:不作为视角下的教义学证成》,载《社会科学战线》2018年第6期,第209—210页。

一步思考：在作为共犯的帮助行为之外，除了存在累积犯说所称的具有"积量构罪"构造的帮助行为，是否存在其他情形呢？从目前的学界争议和司法实践来看，网络帮助行为至少可大致划分为"能以传统共同犯罪之帮助犯解决的行为"和"以传统共同犯罪之帮助犯解释将存在困难的行为"两大类型。很显然，本罪立法所关注的行为是"以传统共同犯罪之帮助犯解释将存在困难的行为"，因为对于能以传统共同犯罪之帮助犯解决的行为，并不需要大费周章地重新立法。因此，我们在探讨本罪性质与刑事可罚性之前所必须先行研究的问题是，到底哪些行为是"以传统共同犯罪之帮助犯解释将存在困难的行为"？此类行为究竟能否纳入共同犯罪框架内予以讨论？遗憾的是，上述问题却被刑法理论界所忽视，目前研究较少且无统一定论，此乃现阶段相关研究存在的共同缺陷。

二、网络帮助行为的类型划分与独立化解释新思路

（一）网络帮助行为的类型划分

帮助信息网络犯罪活动罪的构成要件行为可用"网络帮助行为"一词加以概括。该词往往在打击网络犯罪的语境下使用，是指为网络空间中的犯罪活动提供帮助的行为。在打击犯罪的语境下，"帮助行为"天然地易与刑法上的"帮助犯"相关联，因此目前学界部分学者在论述网络帮助行为时，虽然并未明说，但实则将网络帮助行为限缩地理解成了"在网络空间中为他人犯罪提供帮助因而可能成立共同犯罪的帮助犯的行为"。笔者认为，刑法上的"帮助"，并不专指共同犯罪的"帮助犯"，其不仅包含共犯意义上的帮助，也包含非共犯意义上的帮助。而前述"帮助即帮助犯"的理解，不当缩小了网络帮助行为的范围，必然导致狭隘的、不当的结论。因此，为了更有效地打击网络犯罪，必须全面理解网络帮助行为，方能更科学、更合逻辑地建立相关学说，为司法实践提供有效的路径。

1. 以传统刑法理论（含共同犯罪理论）即可解释的行为

有学者认为，由于互联网的逐步普及和信息技术的深度渗透，与现实世界对应的虚拟空间全面形成，由此形成了所谓的双层社会。在双层社会下，许多犯罪由传统的物理空间转移到了网络空间，而其中又有许多犯罪行为在《刑法修正案（九）》出台之前即可按照相关刑法法条和刑法理论予以解决，笔者将其称为"以传统刑法理论即可解释的行为"，主要包括成立传统共同犯罪的帮助犯和成立其他个罪两种情形。

自不待言，网络帮助行为当然包含那些发生在网络空间里的、能以传统共同犯罪的帮助犯理论来解释的行为。例如，成立网络诈骗的帮助犯，其必然也

符合本罪"为他人利用信息网络犯罪提供互联网接入、服务器托管、网络存储、通讯传输等技术支持，或者提供广告推广、支付结算等帮助"的构成要件。除此以外，在《刑法修正案（九）》出台之前，我国刑法上存在将网络帮助行为单独规定为犯罪的情形，如《刑法》第285条提供侵入、非法控制计算机信息系统、工具罪，《刑法》第191条洗钱罪等。

虽然上述行为并非帮助信息网络犯罪活动罪立法的关注点，但它们的确未被排除在《刑法》第287条之二的构成要件行为之外。《刑法》第287条之二第3款规定："有前两款行为，同时构成其他犯罪的，依照处罚较重的规定定罪处罚。"因此，本罪所规制的行为包括了"可以同时构成其他犯罪的行为"，即既包含以往可单独成罪的行为，也包含那些能以传统帮助犯理论解释的网络帮助行为。例如，根据刑法的相关规定，行为人为他人实施网络犯罪提供帮助的行为，可能构成相关犯罪的共犯；同时，技术支持、广告推广或者支付结算等帮助行为，还可能构成提供侵入、非法控制计算机信息系统、工具罪或者洗钱罪等其他犯罪。① 由于学界、实务界的争议焦点更多在共同犯罪理论上，本文暂时不讨论网络帮助行为单独成立犯罪的情形。

司法实践中值得研究的一个问题是，当一行为既属于本罪行为，即为信息网络犯罪活动提供帮助的行为，又属于其他信息网络犯罪的共犯（帮助犯）行为时，究竟应当按本罪处理，还是按其他犯罪的共犯处理？按照本文前述思路，二者之间并非互斥关系，一行为既符合他罪帮助犯的构成要件，又符合本罪之构成要件时，则成立二罪的竞合。但此处需要进一步探讨的是，《刑法》第287条之二第3款所谓的"竞合关系"，究竟是想象竞合，还是法条竞合？

笔者倾向于认为，此处的竞合关系当属法条竞合。法条竞合的法条之间存在重合或者交叉的逻辑关系，而想象竞合并不存在这种逻辑关系。判断某一刑法条文属于想象竞合还是法条竞合的标准在于该法条是否可以对犯罪事实作出完整评价，如果可以，则属于法条竞合。帮助信息网络犯罪活动罪的客观行为是"帮助信息网络犯罪活动"，此处的"信息网络犯罪活动"并非刑法分则一个单独的罪名，而是一个泛指，包含所有在信息网络空间中的犯罪行为，因此"帮助信息网络犯罪活动"实则涵盖了所有的网络帮助行为，帮助信息网络犯罪活动罪可以对所有的网络帮助行为作出完整的评价。因此，该罪与其他犯罪的帮助犯之间是法条竞合的关系。总之，帮助信息网络犯罪活动罪属于一般罪名，而其他犯罪属于特殊罪名，正如诈骗罪与合同诈骗罪的关系一样，原则上

---

① 朗胜主编：《中华人民共和国刑法释义》（第六版·根据刑法修正案九最新修订），法律出版社2015年版，第508页。

应当适用特别法优先于普通法,但由于本罪第 3 款规定了"择一重处罚",属于刑法分则的特别规定,在本罪与其他犯罪竞合时,应当优先适用重法。

2. 立法关注:难以解释为帮助犯的网络帮助行为

传统犯罪在进入网络空间后,虽有一部分"形变质不变",仍然能以传统的理论和思路解决其入罪问题,但实践中遇到的更多的情况则是:传统犯罪在网络空间中发生异化,同时新型犯罪现象层出不穷,"越来越多的事实表明,由于网络空间的特殊架构,其中的人类交往互动模式发生了深刻变化,因而网络犯罪并非仅仅是传统犯罪'旧瓶装新酒'"。① 网络犯罪活动分工越来越精细化,某些犯罪以利益为脉络,已逐步形成了比较完整的产业链,甚至形成了"流水式"作业,上游产业往往能为下游犯罪活动提供强有力的帮助。某些拥有独特技术的人员,在网络中面向公众出售自己编写的程序以获利或炫技,而这样的程序可被用以犯罪,甚至成为犯罪实现的关键一步。

归纳起来,有别于传统的帮助行为,网络空间中的帮助行为呈现以下特点:(1)往往无固定帮助对象,多呈"一对多"甚至"多对多"模式。这是因为信息网络使得沟通交流的成本降低,跨地域、跨国界、即时化的沟通能让拥有技术和服务能力的人在同一时间内帮助更多的人。(2)意思联络趋弱。虽然沟通成本降低,交流沟通变得更加便捷,但在网络犯罪中帮助与受助者的意思联络反而降低甚至趋近于零。这是因为,在拥有海量信息的网络空间中,犯罪人能更容易找寻自己需要的服务和技术,而这些服务和技术的提供者对该犯罪人的主观心理要么"心照不宣",要么"漠不关心"。(3)帮助行为的独立性和危害性可能更强。"从犯罪的组织结构看,网络犯罪的帮助行为相较于传统的帮助行为,其对于完成犯罪起着越来越大的决定性作用,社会危害性凸显,有的如果全案衡量,甚至超过实行行为。"②

面对上述情况,传统的理论、以往的法条已变得捉襟见肘,无法有效打击犯罪并扼制网络犯罪不断恶化的趋势。司法实践所面临的打击困境,具体包括但不限于以下几点:(1)在无固定帮助对象的情形下,由于网络本身的隐匿性,侦查机关难以追查到所有的受助者,甚至有时候因受助者的服务器架设在境外等客观因素,只能查清帮助者的帮助违法犯罪的事实。此时若采区分制立场下的共犯从属性说,则会出现"无正犯的共犯"或"无主犯的从犯"。(2)在意思联络趋弱甚至为零的情形下,司法机关难以证明帮助者和受助者

---

① See Majid Yar, Cybercrime and Society, 2. Edition, Sage Publications, 2013, p. 11.
② 朗胜主编:《中华人民共和国刑法释义》(第六版·根据刑法修正案九最新修订),法律出版社 2015 年版,第 505 页。

之间具有共同犯罪的故意,仅能证明"帮助者知晓自己的行为是在帮助违法犯罪活动",有时连"所帮助的具体犯罪为何"也难以证明,此时无法按照传统共同犯罪理论将帮助者以共犯论处。(3)在帮助行为独立化程度较高的情形下(既无固定帮助对象,意思联络也较低,比如在网上采用自动发货的方式售卖程序,或者不问来由只收高价帮助转账汇款),单次帮助行为可能并不具有较高的社会危害性,但在其帮助了多次、多人之后,社会危害性程度激增,此时却难以找到合适的罪名予以打击。

为了应对网络共同犯罪中侦办与取证的种种困难,化解法律适用上的争议,《刑法修正案(九)》引入了帮助信息网络犯罪活动罪。① 因此,本罪所重点关注的是"难以解释为帮助犯的网络帮助行为"。

(二) 打破解释困境:非共犯的独立化解释之思路

对于"难以解释为帮助犯的网络帮助行为",立法者仅说明了增设本罪以规制此类行为的必要性,但并未对其性质加以阐明:其究竟是可以通过调整以往的理论学说解释为帮助犯,还是根本就属于"非帮助犯之网络帮助行为"呢?

1. 共犯理论扩张化思路下的解释困境

面对刑法在规制此类行为时出现的失灵问题,"我国刑法理论与实践积极盘活传统刑法规范,尽量把传统刑法规范适用于新型网络犯罪,因而出现了刑法解释的扩张化趋势"。② 这种扩张化趋势在网络帮助行为方面表现为,多数学者试图修订传统共同犯罪的各种要件,以使这类"难以解释为帮助犯的网络帮助行为"能被解释成"帮助犯的行为"。

但是,按照扩张化思路所作的解释依旧存在分歧与困境。那些在区分制立场下持"共犯从属性说"观点的学者们,若采用目前被认为是德日刑法理论及我国通说的限制从属性说,认为若要成立共犯,正犯行为必须具备构成要件该当性和违法性,③ 则该学说在处理新型网络犯罪时就会变得捉襟见肘:按照限制从属性说,网络帮助行为成立犯罪的前提是正犯必须实施了符合构成要件

---

① 臧铁伟主编:《中华人民共和国刑法修正案(九)解读》,中国法制出版社2015年版,第207页。

② 欧阳本祺:《论网络时代刑法解释的限度》,载《中国法学》2017年第3期,第164页。

③ 张明楷:《刑法学(上)》,法律出版社2016年版,第414页;黎宏:《刑法学总论》(第2版),法律出版社2016年版,第261页;周光权:《刑法总论》(第3版),中国人民大学出版社2016年版,第343页。

的违法行为,然而,在面对大量无法查明正犯真实身份或者正犯行为不具备刑事违法性的情形时,若按照该学说处理,帮助者的行为并未触犯任何法益,就不能以犯罪论处。① 这显然有违帮助信息网络犯罪活动罪的立法初衷。面对这样的现实问题,有学者提出,应当提倡最小从属性说,即成立共犯可以仅从属于正犯的实行行为,并指出"采取最小从属性说既能坚持共犯的从属性,防止因'帮助行为正犯化'而过度扩大共犯成立范围的弊病,还能有效地解决这种由网络共犯异化变形所带来的限制从属性说所面临的刑事归责困境"。② 但实际上,最小从属性说依旧不能解决根本问题。有学者早就指出,"即使是选择最小从属性说,也不能完全解决网络帮助行为客观上的独立性问题……在纯粹违法而不犯罪的行为如卖淫时,因为完全不可能该当刑法分则规定的构成要件,此时就仍然无法入罪处理。"因此,区分制以及共犯从属性理论在网络帮助行为的解释上较为乏力,存在局限性。更重要的是,网络帮助行为的独立性和共犯从属性理论天然冲突,纵使这些学者看到了网络帮助行为单独评价的必要性,但只要是采用区分制理论,就势必与其所倡导的"帮助犯独立处罚"相抵牾。

2. 剖析困境根源:与传统共犯行为结构存在根本差异

笔者认为,产生上述理论分歧与困境的根源在于,此类网络帮助行为虽然在形式上对其他犯罪活动具有支持作用,似乎与传统共犯一样具有"从属性",但实际并非如此,其所具有的独立特征,是传统共犯理论无论如何修正、扩张也无法将其加以囊括的。

如果回归传统共犯理论分析其结构样态,成立共同犯罪需要具备以下条件:"第一,共同犯罪的主体必须是两个以上达到刑事责任年龄、具有刑事责任能力的人或单位;第二,从犯罪的客观方面来看,构成共同犯罪必须二人以上具有共同的犯罪行为;第三,从犯罪的主观方面来看,构成共同犯罪必须二人以上具有共同的犯罪故意。"③ 换言之,传统共犯理论要求共同犯罪的参与人必须围绕某一核心主体形成犯罪的意思联络和共同行为。④ 而上述"难以解释为帮助犯的网络帮助行为",之所以"难以解释",就是因为其行为结构与

---

① 张明楷:《论帮助信息网络犯罪活动罪》,载《政治与法律》2016年第2期,第5页。

② 王昭武:《共犯处罚根据论的反思与修正:新混合惹起说的提出》,载《中国法学》2020年第2期,第248页。

③ 高铭暄、马克昌主编:《刑法学》(第7版),北京大学出版社、高等教育出版社2016年版,第164—166页。

④ 王肃之:《论为信息网络犯罪活动提供支持行为的正犯性——兼论帮助行为正犯化的边界》,载江溯主编:《刑事法评论》(第42卷),北京大学出版社2020年版,第443页。

传统共同犯罪迥异。一方面，在此类网络帮助行为中，虽然帮助者对实现犯罪起到了支持与帮助作用，但其帮助并非"围绕某一核心主体而形成"。例如，在"一对多"的网络帮助行为的结构中，帮助者可无差别地为所有被帮助者（受助者）提供服务。这就使得传统共犯行为结构中最基础的部分受到了根本动摇。另一方面，在前述不具有核心犯罪主体的基础上，此类网络帮助行为中的意思联络和行为共同性也趋弱。显而易见的是，在传统共犯理论的行为结构中，帮助犯和被帮助者之间的意思联络和行为共同性是较强的，否则无法成立共同犯罪。但在网络空间中却存在大量意思联络和行为共同性趋弱甚至为零的帮助行为，而且这样的行为愈来愈成为网络犯罪实现中的关键一环，比如在电信诈骗的网络黑灰产业链中，从上游的养号买号、恶意注册，到中游的诈骗网站搭建、公民个人信息出售，再到下游的实际实施诈骗、开卡取钱，每一环都有网络帮助行为的"用武之处"，但帮助者与最终电信诈骗的实施者并不需要具有共同故意，也不需要有意思联络，甚至也没有共同的诈骗行为。进一步而言，网络黑灰产的利益链条越长，每一个帮助者与最终实施犯罪的行为人之间的意思联络和行为共同性就越低，但是帮助者对最终犯罪实现的促进作用却不因为该链条的拉长而降低。

3. 打破解释困境：非共犯的独立化解释之思路

以上两点就是此类网络帮助行为与传统帮助犯之间最根本的区别，而这样的根本区别使得无论如何扩张、修正传统共犯理论以囊括上述行为都无异于"削足适履"。笔者认为，共同犯罪本就是刑法学中"最黑暗的一章"，如果像现在理论界的通行思路那样，扩张式地修订共犯理论，既可能冲击罪刑法定原则，也会使共同犯罪理论愈发复杂难懂，并难以运用到司法实践中。回到本罪所关注的"难以解释为帮助犯的网络帮助行为"，其实化繁为简、返璞归真不失为一个好办法：既然传统共同犯罪理论难以解释此类行为，何不干脆承认这类行为本就不是传统共犯的范畴，转而研究其行为本身独立的刑事可罚性问题呢？采用这样的独立化思路，就能摆脱共同犯罪理论的桎梏，不容易混淆共犯意义上的帮助与非共犯意义上的帮助，不会因共犯理论"一叶障目"而看不到其他类型的网络帮助行为独有的结构与特性。

4. 《刑法》第287条之二的定位：共犯与非共犯的帮助行为共存的兜底罪名

如果采用上述非共犯的独立化解释思路，则可以认为《刑法》第287条之二的帮助信息网络犯罪活动罪是将共犯与非共犯这两种类型的帮助行为容纳在一个法条之中。或许有人会觉得，共犯与非共犯的成立条件不一，如何能共用一个法条？事实上，我们必须正视的一点是，网络犯罪推陈出新、层出不穷、态势高发、难以打击,以"打补丁"方式的立法无法及时跟进犯罪形式的变异速度,不能有效扼制犯罪。正如论者所言,"在我国当前这样一个社会转型期和信息网络犯罪蔓延期相互叠加的时代,设置一些包容性相对强的刑法分则条文,以尽可能囊括业已存在和可能异化的重大社会危害行为,已是必然选择。"① 而帮助信息网络犯罪活动罪正是"包容性相对强的刑法分则条文"。"在风险社会的逻辑支配下,一种新的刑事法律体系和一种新的刑法理论应当而且必须建立。"② 我们不得不承认其确实属于"兜底罪",但这样的兜底,是面向当下与未来、应对风险社会的必要存在。因此,《刑法》第287条之二应当定位为"共犯与非共犯的帮助行为共存的兜底罪名"。其第3款除了承认法条竞合之外,实际上还起到了"行为分流"之作用:对于那些能按传统共犯处理的行为,多数情况下和《刑法修正案(九)》出台前一样,按共犯处理;对于那些不能以传统共犯处理的帮助行为(非帮助犯之网络帮助行为),在达到罪量标准时,以本罪处理。

三、非帮助犯之网络帮助行为的种类细分

目前有些学者注意到了网络犯罪参与结构的根本性变化,并将网络犯罪的组织结构分为辐辏形、网状形、聚合射线形和链条形等结构类型。然而,其对于这些行为结构的分析并不深入。大部分学者也认识到了网络帮助行为除"一对一"模式外,更多的是以"一对多"模式存在,但在具体论述时,又难免回到"一对一"的模式展开分析。结合前述网络帮助行为的特征与结构,笔者将"难以解释为帮助犯的网络帮助行为"的基础形态分为以下两种。③

(一)"漠不关心"的分离射线型

这种网络帮助行为的帮助者所帮助的对象并非是固定的,即"无固定帮助对象的行为"。细查其行为样态就会发现,在此类帮助行为的结构中,帮助者才是居于中间地位的人,其并不从属于任何一个受助者,而是无差别地为这些受助者提供同类型的技术支持或是服务,比如在网络上以"自动发货"的

---

① 喻海松:《新型信息网络犯罪司法适用探微》,载《中国应用法学》2019年第6期,第151页。

② 陈晓明:《风险社会之刑法应对》,载《法学研究》2009年第6期,第54页。

③ 在将"非帮助犯之网络帮助行为"细分为几种形态之前,所必须声明的一点是,网络帮助行为种类繁多,笔者的细分必然不能面面俱到,只能分析最为基础、典型的几种行为样态。对于在基础形态上复合、叠加甚至变异而产生出的新行为形态,可以予以还原处理,依据初始的典型样态进行综合分析。

方式出售自己编写的密码破解程序。笔者将这种形态命名为"漠不关心"的分离射线型。此种行为的结构，是以帮助者为中心，向四周可辐射出无数条射线指向无数个受助者，帮助者客观上为所有受助者提供无差别的同类型服务，主观上对受助者的具体意图甚至犯罪意图持漠不关心的态度。其与传统共犯不同的是，帮助者和受助者之间的行为共同性与意思联络性均较低，难以被评价为我国传统共同犯罪理论上的帮助犯。

（二）"心照不宣"的链条型

网络黑灰产业是打击网络犯罪的重点与难点。网络黑灰产业链利益关系复杂，上游产业本身往往能为下游犯罪活动提供强有力的帮助，社会危害性日益增强，不容小觑。但在《刑法修正案（九）》出台之前，许多黑灰产业链上的网络帮助行为得不到有效规制。许多常见的网络犯罪如诈骗、赌博等，虽然只是处于网络黑灰产的下游链条端，但其上游存在着"盗号、养号、产号"的黑产（也称为"黑卡、养卡"产业），能为下游的"黄、赌、骗"犯罪提供隐匿、伪造身份等帮助。① 侦查机关只能追查到上游黑卡产业而无法将下游的诈骗团伙抓捕归案，从而难以对黑卡提供者以诈骗罪的共犯论处。甚至在有些情况下，这些"黑卡"是通过付费等方式让一些社会上为生活所迫的人自愿提供其个人身份信息等而注册的。与篡改计算机信息系统数据的恶意注册不同，"这些大批量地收购公民身份证等个人信息的行为，确实具有较大的社会危害性，但我国刑法对此没有明文规定，目前尚不构成犯罪"。② 面对这种为下游犯罪屡屡提供帮助、社会危害性较高的黑卡产业，过去的刑法只能束手无策。在《刑法修正案（九）》新增了帮助信息网络犯罪活动罪后，此类行为可被评价为本罪而受到刑事处罚。

分析该行为样态可发现，这种帮助行为因处于网络黑灰产业的利益链上，与下游犯罪一道，总体呈"环环相扣"的链条状。从客观而言，帮助行为具有较高的独立性，是利益链上单独的一环，而利益链上的任何一环都可以拆解下来与其他环扣重新组合，即上游产业虽然为下游产业提供技术支持或帮助，但其并不从属或专属于下游的任何一环。比如，黑卡产业既可以成为网络赌博产业链上的一环，为网络赌博提供帮助，同时也可以成为网络诈骗产业链上的

---

① 例如一些专用于诈骗的"炒股群"：在一个五十人的微信群中，除了被害人以外，其他49人虽然有着"学员""助手""群主""管理员"等身份，实则都是同一个人的微信小号，而这样的"微信小号"就是从上游的"盗号、养号、产号"的黑产处购买来的。

② 陈兴良：《互联网帐号恶意注册黑色产业的刑法思考》，载《清华法学》2019年第6期，第19页。

一环,为网络诈骗提供帮助。从主观而言,由于网络黑灰产利益分工明确,已经达到了专业化、产业化的"流水线"程度,各环扣内的人员无需过问"客户"的意图就已基本心知肚明。与前一种类型的行为类似,这样的行为也很难被认定为共同犯罪的帮助犯。

(三)两种行为样态的区别

虽然"漠不关心"的分离射线型帮助和"心照不宣"的链条型帮助在"行为共同性与意思联络性较低甚至趋近于零"这一点上有一定的相似之处,但实际上二者存在本质不同。

第一,扁平结构与立体结构。"漠不关心"的分离射线型帮助行为,并不是网络黑灰产的一环,只是简单的扁平结构,以帮助者为中心辐射出无数受助者,并不存在更多的上下游关系,多见于个体与个体、个体与不具规模的小团体之间或者不具规模的小团体相互之间。但是,对于"心照不宣"的链条型帮助而言,帮助者和受助者是高度分工的网络黑灰产利益链条上的两环,其上下之间还可能存在更多的环扣,如"养号"这一环上可能存在着"盗号"的环扣,甚至可能在"盗号"之上还存在着专门提供破解代码的团队,或者专门贩卖卡池、万能注册机等工具的商家等——它们与其他众多环扣一道,共同组成了一条立体的产业链。

第二,帮助对象固定与否。与"无固定帮助对象"的分离射线型不同,链条型上的帮助对象往往较为固定(虽然其也具有自由组合的可能性)。这就好比个体户和有流水线的工厂之间的区别,前者是向不特定的人群供货,而后者往往会有几个较为固定的合作商。

第三,主观心态相似却不相同。或许有人认为,这两种行为样态的主观心态可以互换,分离射线型的可以是"心照不宣",而链条型的可以是"漠不关心"。其实,从意思联络较低甚至趋近于零这一点来看,"心照不宣"和"漠不关心"并没有本质区别。笔者依旧援引之前的比喻来阐释二者之间的区别:个体户往往不关心顾客购买商品后究竟要做什么,而工厂在有长期的商业经验后,往往对顾客的主观目的心知肚明。本文之所以使用"心照不宣"一词,是为了凸显网络黑灰产的一大特点,即其在高度产业化、分工化后,从业人员主观心态必然转变为"心照不宣"。

总之,笔者在作种类细分时,采用的是上述"主观心态+行为结构"的描述,以体现这两种行为的两大不同点。这两点不同导致了对两种行为进行刑罚非难之侧重点不同。

四、非帮助犯之网络帮助行为的刑事可罚性

(一)"漠不关心"的分离射线型之刑事可罚性

1. 客观行为

客观上,帮助者所实施的是无差别地为所有受助者提供技术支持或帮助的行为。笔者在前文提及,帮助者与受助者之关系类似于"个体户经营模式"。对于受助者(即个体或者不具规模的小团体)而言,其难以在短时间内习得技术手段,又或者改变计划成本较高,故其若想实现犯罪,就必须借助帮助人提供的技术支持或帮助。因此,在此类行为样态下:第一,受助者对帮助者的依赖程度较高,帮助行为实则占据了"犯罪实现"的中心位置;第二,一旦受助者将所获得的帮助用以实施信息网络犯罪活动,则帮助者的行为必将起到极大的推动作用,从这一点而言,帮助者的参与性也较高;第三,帮助行为本身独立性较高,并不从属也不可能从属于任何一个受其帮助的实行行为。

值得注意的是,受助者在得到技术支持或帮助后,既可能用以正道,也可能用以实施"信息网络犯罪活动"。换言之,此种帮助行为并非全部必然指向"信息网络犯罪活动"。从这一角度而言,帮助者与实行者的行为分离,已不像传统共同犯罪那样紧密相连。我们可以说帮助者的行为是"促进了犯罪实现的行为",但很难说其与实行行为间具有"共同的犯罪行为"。

由此可知,单从客观层面出发,无法得出该种行为必然具有刑事可罚性的结论,因而考量这种行为的刑事可罚性的关键,落在了行为人的主观认知上。以上只是侧重点的变更,并不意味着对此种行为的处罚将落入主观归罪的深渊。

2. 主观心态

主观上,帮助者与受助者可能不具有意思联络,帮助者对受助者的主观态度偏向于"漠不关心"。有学者指出:"网络犯罪的帮助行为人和实行行为人几乎不会存在实时的双向交流,帮助行为人仅是借助网络平台发布特定信息,而实行行为人仅是借助网络平台获取特定信息,二者之间不存在、也没必要有意思上的沟通。"因此,证明帮助者的主观故意是一道现实难题。不仅如此,受助者往往既可将获取的技术与帮助用以正道,也可用以实施犯罪。于是,在司法实践中,许多网络帮助者就企图以"不知情"为由逃避刑事处罚。因此,如何界定本样态行为的主观故意标准,以达到不枉不纵,是需要切实研究的一个问题。

本罪的主观构成要件是"明知他人利用信息网络犯罪"。笔者认为,第一,此处明知应当包括"明确知道"和"应当知道"。除了"明确知道"外,

还应当保留司法推定的手段以证明帮助者知晓受助者实施犯罪的情况。否则，大量网络犯罪问题将无法得到处理。第二，"漠不关心"并不代表"不明知"。所谓"漠不关心"，指对他人所欲实施的具体行为采不闻不问的态度。这不仅说明这种行为在主观上意思联络低、独立性高，而且不能否认的一点是，帮助者对自己行为的性质以及行为是否将导致他人犯罪完全是可以"明知"的。第三，"关于明知他人利用信息网络实施犯罪"这一法条表述，既可以按照传统共同犯罪思路理解为"在有意思联络的情况下，明知他人将利用信息网络实施具体犯罪"，也可以理解为"在无意思联络的情况下，明知自己的帮助行为（高度可能）导致他人将利用信息网络实施犯罪"。从独立化的思路来看，由于此种行为并不属于帮助犯的范畴，毋需过多纠结"帮助者是否明知他人的具体行为与主观心态"，而应当着眼于帮助者对自身行为的主观认知。那么，如何界定无意思联络的帮助者"明知自己的帮助行为（高度可能）导致他人将利用信息网络实施犯罪"？

首先，帮助者须认识自身帮助或技术支持行为的"非法性"。此处的"非法性"并不单指"违法性"，而是与"合法性"相对的概念。比如，未获得国家支付结算许可而搭建、提供第四方支付平台。非法性程度可从所提供技术支持的性质、用途、收费价格异常度等客观因素而知。例如，同样是提供破解密码的软件，帮助者若提供的是专门用以破解网银密码的软件，则其非法性就远大于提供单纯破解计算机开机密码、Wi-Fi 密码软件的行为。

其次，帮助行为本身"非法性"程度越高，他人将之用以犯罪的可能性往往越大。从这一点而言，帮助者对自身行为认识越清楚，也就越能认识到他人是否高度可能将之用以犯罪。因此，帮助者对"非法性"的认识程度，是确定行为人主观恶性、罪与非罪的关键标准。2019 年 10 月 21 日最高人民法院、最高人民检察院《关于办理非法利用信息网络、帮助信息网络犯罪活动等刑事案件适用法律若干问题的解释》（以下简称《新型网络犯罪司法解释》）规定了下列情形"可以认定行为人明知他人利用信息网络实施犯罪"，即可推定帮助者对"非法性"的认识程度高。

（1）"经监管部门告知后仍然实施有关行为的"和"接到举报后不履行法定管理职责的"。这两种情形可以总结为"他人明确告知而不改"。由于帮助者对受助者行为的漠不关心状态，加之某些帮助行为本身性质较为模糊，并不是"非黑即白"，证明帮助者的明知确实较为困难，某些不法帮助者可以"打擦边球"蒙混过关。但在监管部门告知或者他人举报后，帮助者对自己的行为及受助者的违法犯罪行为的"明知"就从原有的模糊状态转为明朗状态了，此时若其再不停止帮助、再不审查受助者身份及行为，则具备刑事可罚性。

(2)交易价格或者方式明显异常的。在为网络犯罪提供帮助的行为中,以支付平台为例,有人指出,"第三方支付平台从一般的支付活动中收取1.5%的费用,而在有的赌博案件中第三方支付平台收取7%的费用。从这一收费明显异常情况,可以看出第三方支付平台对服务对象从事犯罪活动实际上是'心知肚明'的,故推定其具有主观明知。"① 而第四方支付由于未获得国家支付结算许可,违反国家支付结算制度,依托支付宝、财付通等正规第三方支付平台,通过大量注册商户或个人账户非法搭建的支付通道,比起第三方支付平台而言非法性色彩更强,即便帮助者对他人犯罪内容不闻不问,其搭建第四方支付平台以帮助他人收款的行为本身,也是无法经得起合法性推敲的。

(3)"提供专门用于违法犯罪的程序、工具或者其他技术支持、帮助的""频繁采用隐蔽上网、加密通信、销毁数据等措施或者使用虚假身份,逃避监管或者规避调查的"以及"为他人逃避监管或者规避调查提供技术支持、帮助的"。上述三种情形非法性程度十分高,而且,帮助者对自身行为性质的认识可直接关联到他人犯罪之可能性的认识——其认识到所提供的帮助行为非法性有多高,同时也必然认识到自己行为可助力他人实施信息网络犯罪活动的可能性有多大。可以说,帮助者只要具备上述任一种情形,则其对自身行为高度可能导致他人利用信息网络实施犯罪这一点就是"明知"的。

(4)其他足以认定行为人明知的情形。这里的兜底情形,要求达到"足以认定明知"的程度,即帮助行为的非法性要足够高,达到与前几项相当的程度。

上述司法推定可以有效避免行为人以"不知情"为由规避刑事处罚,有力打击网络犯罪。与此同时,司法解释也为推定留出了推翻的空间——"但是有相反证据的除外"。如此一正一反,即可达到"不纵不枉"的效果。

3. 罪量要素

虽然考量本样态行为之刑事可罚性的重点在主观故意的证明上,但不代表帮助者只要有客观帮助行为和主观"明知"就必然构成犯罪。帮助者单次的帮助行为不仅与实行行为分离,而且主观恶性比"有意思联络、明确知道受助者将实施具体犯罪而提供帮助"低得多,最为重要的一点是,因为此种行为样态的主体多为个体或者不成规模的小团体,本身力量较为薄弱,比起犯罪产业、集团而言往往不成气候,所以在多数情况下,不论其是出于炫耀技巧还是获得经济报酬的目的,帮助者单次帮助所造成的社会危害性较低,并不足以构罪。但若放任其继续发展下去,帮助者便可帮助愈来愈多的信息网络犯罪活

---

① 喻海松:《网络犯罪二十讲》,法律出版社2019年版,第103页。

动,从长远角度来看,其对网络空间秩序、公民财产安全等其他法益的危害是不容小觑的。因此,必须警惕此类行为"积微成著"的可能性,把罪量要素"情节严重"作为划清罪与非罪的分水岭。

持累积犯说的学者所关注的是分离射线型的行为之罪量要素的考察。网络犯罪司法解释也对"积量构罪"的标准作出了具体规定。①除此以外,考虑到网络犯罪的隐蔽性导致的侦查取证困难,《新型网络犯罪司法解释》还规定:"确因客观条件限制无法查证被帮助对象是否达到犯罪的程度,但相关数额总计达到前款第二项至第四项规定标准五倍以上,或者造成特别严重后果的,应当以帮助信息网络犯罪活动罪追究行为人的刑事责任。"

(二)"心照不宣"的链条型网络帮助行为之刑事可罚性

1. 客观层面

对链条型网络帮助行为的客观层面考量,须时刻牢牢把握其属于网络黑灰产这一大前提。链条型网络帮助行为与分离射线型网络帮助行为在客观层面具有下列不容忽视的区别。

(1)是否必然高概率导致他人犯罪。分离射线型并不属于黑灰产的一环,帮助者行为的性质并不是"非黑即白",不能一概而论,其更类似于学界争议不休的"中立的帮助行为"。考察其刑事可罚性不能单从客观行为入手,而要更偏重考察其主观心态,并结合客观行为作出合理的判断。但链条型网络帮助行为就是黑灰产的一环,正因如此,帮助者所帮助的对象有极大概率将实施犯罪,因而潜在的社会危害性高。从这一角度而言,对链条型帮助行为的主观心态的考量并不是那么重要,对其刑事可罚性讨论将更集中于其客观行为所造成的社会危害性。

(2)帮助者在犯罪实现中所处地位不同。在分离射线型中,帮助者在犯罪实现中居于中心地位。而在链条型中,产业链下游的受助者对上游帮助者的依赖程度不太高,因为下游产业的犯罪者同样是具有实力与规模的团伙,其更改犯罪方案的成本低于一般的个人与小团体。因此,链条型网络帮助行为并不处于犯罪实现的中心地位,只是为犯罪实现提供辅助和推动力。值得注意的

---

① 《新型网络犯罪司法解释》第12条:"明知他人利用信息网络实施犯罪,为其犯罪提供帮助,具有下列情形之一的,应当认定为刑法第二百八十七条之二第一款规定的'情节严重':(一)为三个以上对象提供帮助的;(二)支付结算金额二十万元以上的;(三)以投放广告等方式提供资金五万元以上的;(四)违法所得一万元以上的;(五)二年内曾因非法利用信息网络、帮助信息网络犯罪活动、危害计算机信息系统安全受过行政处罚,又帮助信息网络犯罪活动的……"

是，这并不意味着链条型网络帮助行为像传统共犯一样从属于实行行为，其帮助行为依旧具有独立性，因为无论是上游的帮助者还是下游的受助者都属于产业链的一环，都是在自己的"产业环节"内独立实施相应的行为。它们像锁链一样环环相扣，又能自由组合。

（3）单次帮助行为的社会危害性不同。受产业规模化的影响，链条型帮助行为的主体是已具实力、规模的已产业化、高度分工化的团体，其帮助者提供的单次帮助所造成的社会危害性在大多数情况下都会高于分离射线型。但这并不是绝对的，对社会危害性的考量要从客观实际出发，因此链条型的网络帮助行为成立犯罪依旧受到罪量因素的制约。

2. 主观层面

（1）"心照不宣"的理解

链条型网络帮助行为的主观心态是"心照不宣"。所谓"心照不宣"，指的是彼此不需联系即可互相知晓意图。"网络犯罪产业链中行为人只是各自实施相应的行为，并且上下衔接构成犯罪链，其既不需要对犯罪整体有充分的了解，也不需要对自身行为后续的、可能的危害后果有充分的认知，传统的正犯与共犯的角色与分工难以在为信息网络犯罪活动提供支持行为中得以充分的体现，为信息网络犯罪活动提供支持行为的独立性日趋明显。"[①] 因此，链条型帮助行为主观意思联络趋零是产业高度分工的必然结果。

"心照不宣"与"漠不关心"的共同点在于"心知肚明"。二者的区别除了前文所述的本质区别外，还存在一点微妙的区别。"心照不宣"是两个主体间彼此的"心知肚明"，互相知晓意图。比如，黑灰产业链上下游之间互相知道双方的地位、作用。但是，"漠不关心"往往仅指帮助者的"心知肚明"。处于技术或其他优势地位的帮助者十分清楚自己所提供的服务或帮助的性质，其知晓受助者大概率将用之实施犯罪，只不过对每一个受助者的行为、具体是何种犯罪、如何实施犯罪并不关心；但受助者并不一定知道帮助者的心态，且受助者甚至有可能不知道所接受的帮助可以用以犯罪。但是，这种情况在"心照不宣"的链条型网络帮助里是不可能存在的。

因此，分离射线型的网络帮助行为之主观心态考量相较而言并不是那么重要，就"心知肚明"这一点共性而言（至少是对自己行为本身心知肚明），这两种行为样态的主观心态的考察方式基本一致，后者可以参照前者的相关标准。

[①] 王肃之：《论为信息网络犯罪活动提供支持行为的正犯性——兼论帮助行为正犯化的边界》，载江溯主编：《刑事法评论》（第42卷），北京大学出版社2020年版，第440—441页。

（2）"螺丝钉"是否也具有"明知"

分离射线型的帮助者由于其自身掌控着技术等优势，对自己的行为以及受助者可能实施犯罪的概率、大致可能实施什么类型的犯罪是有较为确切的认知的，但链条型却未必。宏观上看，在网络黑灰产的产业链上，上下游之间是"心照不宣"的；但缩小到微观上的每一个参与者来看，这条产业链上的所有人员"各司其职"，有的小员工就像流水线上的一颗螺丝钉，只对自己的产业范围内的行为有具体的认知，而对下游犯罪仅有模糊认知。那么，如何认定这些小员工是否具有本罪的"明知"？

笔者认为，在传统刑法理论上，"明知"要求行为人对犯罪的认知程度较高较清晰，但在网络犯罪尤其是形成产业链的网络犯罪中，这一点较难实现。由于网络犯罪具有的技术性特征，许多普通人根本无法深刻理解网络犯罪原理。在高度分工情况下，各环节人员各司其职，仅需理解自己产业范围内的事项。加之网络的虚拟性，大部分人员也毋需与下游产业的实行行为人面对面实际接触。这一切都造成了他们无法对受助者的行为有清晰认知。因此，有必要降低"明知"的标准。有论者强调："……旨在为信息网络犯罪提供帮助的行为独立入罪……如果不顾及司法实践中的具体情况，特别是不少帮助信息网络犯罪活动的对象是否达到犯罪的程度难以查实的实际情况，一律将被帮助对象限制为犯罪，将会导致设立帮助信息网络犯罪活动罪的立法本意无法体现……只要被帮助对象实施了刑法分则规定的行为，无论是否达到犯罪程度，对帮助犯即使无法按照共犯追究刑事责任，至少可以适用帮助信息网络犯罪活动罪这一兜底罪名，以严密刑事惩治法网。"[①]

因此，笔者认为，身处产业链中的帮助者只需要知道自己的工作内容将促使下游产业"有较大可能实施犯罪活动"即可，不要求其对犯罪有充分了解，不要求其对具体的罪名有确切认知，也不要求受助者实际实施或成立犯罪。当然，行为人若对"下游产业可能实施犯罪"这一点全然不知，必然不能构成本罪。但是，在降低"对他人犯罪的认识"的同时，为达平衡，帮助者必须对自己产业范围内的行为有较高的认知，包括并不限于自己提供的技术或帮助的大致原理、性质、用途、交易价格是否有异常。这一点与分离射线型并无二致，司法者可借用推定的手段予以证明。总而言之，无论是哪种非共犯的网络帮助行为，其主观心态上的刑事可罚性都应落脚于"帮助者对自身行为的认识"上，包括自身行为性质合法与否、是否高概率促进受助者用以实施犯罪，

---

① 喻海松：《新型信息网络犯罪司法适用探微》，载《中国应用法学》2019年第6期，第161页。

而非"帮助者是否必然知道受助者将必然实施具体犯罪"。

(三) 刑事可罚性小结与侧重点比较

综上所述,"漠不关心"的分离射线型网络帮助行为的刑事可罚性侧重点在于考量帮助者主观认知,其帮助者更有能力清楚认识到自身行为的非法性程度和受助者将之用以犯罪的概率。甚至,帮助者往往也更清楚受助者将实施哪些犯罪、其实施犯罪的大致原理。由于在这种行为样态中,帮助者与受助者的资金、技术都不具规模化,类似于"个体户"对"散户"的"一对多"结构,一方面,帮助者的单次帮助行为所能造成社会危害性趋小,但有可能积微成著,因此划定其最终是否构罪的标准在于"积量构罪"的罪量因素;另一方面,受助者对帮助者依赖程度高,一旦其实施犯罪,帮助者之帮助必然起到极大推动作用,从而帮助者在整个犯罪实现中居于中心地位。

"心照不宣"的链条型网络帮助行为属于网络黑灰产的一环。一方面,帮助者与受助者的资金、技术等都可能规模化,类似于"厂商"对"厂商"的"一对多"结构,因而其各自独立,帮助者只是在犯罪实现中起到辅助或推动作用。宏观上,帮助者往往能认识到自己行为的高非法性,但微观上如"螺丝钉"般存在的小员工可能并不能认识到下游犯罪的人将如何实施犯罪以及下游实施犯罪的原理——他们可能只是促进整个犯罪实现的一个小环节。因此,对帮助者主观心态的考量变得不那么重要,只要其能认识到自身行为具有非法性、受助者高概率将实施犯罪即可——而即便是小员工,其作为从事黑灰产的职业者,也几乎都能认识到上述两点。于是,考量链条型网络帮助行为的刑事可罚性的侧重点在于其客观行为及危害性。虽然这种形态中单次帮助行为的社会危害性可能足够大,但是否构罪依旧受到罪量因素的制约。

换言之,对两种行为样态予以刑事非难的侧重点是不同的。这是因为我国打击网络犯罪的当务之急是以强力惩治已职业化、产业化的黑灰产业链,即"心照不宣"的链条型网络帮助行为。很明显,这种帮助行为的客观行为非法性明显高、社会危害性大。只要厘清主观认知的证明标准,以新设立的帮助信息网络犯罪活动罪惩治利益链条上的相关人员并非难事。帮助信息网络犯罪活动罪的设立,可以有效打击网络黑灰产。与此同时,在网络空间中还存在着不少尚不成气候却能"积微成著"的"个体帮助者",这些人或为了谋求经济利益,或为了炫耀技能而在网络上贩售、传播可以用于实施犯罪的程序、工具等。他们或许深知自己所提供的帮助的性质与用途,却放任他人随意使用,这就是"漠不关心"的分离射线型网络帮助行为。笔者认为,对于这一类在"罪与非罪"边缘游走的人群,本罪的设立对其而言更多的是发挥威慑与预防的作用,因此,必须在主观上考量帮助者真实的心态、客观上严格依循罪量标准，以做到不枉不纵。

(四) 比较法借鉴与本罪"明知"的新解

不得不承认，相比客观行为，解释帮助信息网络犯罪活动罪的主观认识问题难度确实更大。就这一问题，英美法上的"犯罪促进罪"（Criminal facilitation）的理念值得借鉴。英美刑法中"犯罪促进罪"的设立，有效解决了帮助行为主体与受助者之间因缺乏犯意联络而带来的定性方面的理论障碍。《纽约州刑法典》第115条规定了"犯罪促进罪"（Criminal facilitation），并将其分为四种不同的情形加以规制。根据该条规定，只要行为人相信（Believing）自己极有可能（Probable）在为意图犯罪的他人提供帮助（Rendering aid），并且其提供的实施犯罪的手段或机会（Means or opportunity）实际上有助于该人犯罪，则成立犯罪促进罪。① 而且，该条还规定了犯罪促进罪的禁止排除犯罪："以下不是犯罪促进罪的犯罪排除事由：1. 被帮助的人因有精神缺陷或者疾病状态或是其他法律上的能力欠缺与豁免，或者由于不了解其行为的犯罪性质，抑或是其他能排除构成犯罪所需的主观意图的要素；2. 被帮助的人未因潜在重罪被起诉或是被定罪，或是先前已被无罪释放；3. 被告本人因未有其所帮助的重罪的故意或其他违法的主观意图而产生的行为，因此不能构成该重罪。"

笔者认为，"犯罪促进罪"与我国帮助信息网络犯罪活动罪的立法一样，传达了无犯意联络情况下的帮助者的主观不法如何解决的问题。在犯罪促进罪中，行为人主观上只需要"相信自己极有可能在为意图犯罪的他人提供帮助"即可，不需要达到英美法上的"蓄意（Intend）"和"明知（Knowing）"的程度；也不需要确信受助者实际实施犯罪，只需要帮助者主观上认为自己提供的帮助是"极有可能"促进他人犯罪即可；更不需要认识到他人一定会犯罪、犯具体何种罪，只要认识到被帮助者有犯罪的意图（Intent to）即可。尤其是上述禁止排除犯罪事由和《新型网络犯罪司法解释》第12条第2款、第13条有异曲同工之处。总之，在认定帮助信息网络犯罪活动罪时，适当降低对"明知"的要求，在比较法上是有例可循的。法条中的"明知"应当依据网络犯罪的现实问题作出新解，本文所重点讨论的难以解释为传统帮助犯的网络帮助行为的"明知"的含义应当是：帮助者明确知道或应当知道自己的行为具有非法性，且相信自己的帮助行为能极大程度、高概率引起无意思联络的受助者借以利用信息网络实施犯罪活动。

---

① See New York Penal Code, § 115.

结　语

　　自《刑法修正案（九）》增设帮助信息网络犯罪活动罪以来，关于本罪的含义，学界提出了诸多观点，但从实践的角度来看，本罪的适用并不理想。本文认为，帮助信息网络犯罪活动罪应定位为共犯与非共犯帮助行为共存的兜底罪，但立法更为关注的是难以解释为传统帮助犯的、应当独立化解释的行为。此类行为的意思联络性和行为共同性都较低，可分为"漠不关心"的分离射线型和"心照不宣"的链条型两种类型。只有坚持这一解释思路，帮助信息网络犯罪活动罪的适用才能在司法实践中被激活，从而更好地打击网络帮助行为，维护网络安全。面对网络时代带给传统刑法理论的冲击，刑法解释者要擅于运用"活的主观解释论"，在不违背罪刑法定原则的前提下，不固守传统理论，勇于破除陈规，将立法考量、司法需要和刑法解释三者相结合，提出更能激活罪名并发挥其最大效用的解释。突破传统共同犯罪理论的桎梏，将以往难以解决的网络帮助行为作独立化解释，这才是帮助信息网络犯罪活动罪的正确解释方向。

（责任编辑：石磊）

利用网络犯罪研究

未成年人网络犯罪的结构分析与预防策略

陈国猛[*]

摘 要： 互联网把未成年人带入了更加新奇和复杂的成长环境，也增加了预防未成年人犯罪的困难性。当前网络已经成为未成年人犯罪的重要诱发因素，网络犯罪是未成年人犯罪的新的增长点。信息化时代针对未成年人网络犯罪的刑事政策调整思路，应当在特定网络犯罪、网络犯罪产业链、网络犯罪地域群落、网络犯罪跨代遗传四个方面，构筑"点、链、面、代"四个层次的立体化预防策略。同时在宏观层面，要坚持对未成年人的教育和预防、坚持刑事责任年龄不变化、坚持未成年人网络犯罪的从宽处罚、坚持教唆未成年人网络犯罪从严处罚等四项传统的刑事政策不动摇。

关键词： 未成年人 网络犯罪 刑事政策

随着信息化时代的到来，互联网给未成年人的成长提供了新的平台。网络空间的无限精彩与未成年人的好奇心、求知欲一拍即合，使网络成为未成年人学习和娱乐的重要媒介。然而，网络空间泥沙俱下，各类信息良莠不齐，对于心理、生理尚未成熟的未成年人群体也造成了许多不利影响，乃至引发了未成年人通过网络实施犯罪的问题。近年来，未成年人网络犯罪已经成为重要的网络犯罪子类，受到社会各界的广泛关注，司法界也将对未成年人网络犯罪的预防和控制，以及对涉网络犯罪的未成年人的教育挽救提上了日程，力求科学地制定针对未成年人网络犯罪的刑事政策，进一步加强对未成年人网络犯罪的司法治理。基于此，我们必须对未成年人网络犯罪的现状进行全面分析，从宏观上准确把握未成年人网络犯罪的主要特点和变化趋势，进而在"点、链、面、代"四个层次上强化预防，坚持有效的传统刑事政策不动摇。

---

[*] 陈国猛，中国政法大学法学博士。

一、关于未成年人网络犯罪的整体判断：互联网时代易发的新型犯罪行为

刑事政策应当建立在对犯罪形势和发展趋势的准确判断基础上。综合分析未成年人犯罪案件的数量、种类等信息，近年来我国未成年罪犯数量及占同期罪犯总数的比重都在下降，但是未成年人通过网络实施犯罪的现象越来越多，亟需引起重视。

（一）未成年人犯罪的总体状况：长期的下行趋势

根据最高人民法院公布的相关数据，2000 年至 2008 年我国法院判处未成年罪犯人数曾经历了持续多年的增长，并在 2008 年达到了 88891 人的峰值；自 2009 年开始，未成年罪犯人数掉头向下，又呈逐年下降的趋势（见图 1）。到 2015 年，已降到了 4 万多人，相当于 2000 年的水平。同样，国内多个省份的未成年人犯罪数量都有所下降，例如，浙江 2012 年至 2015 年分别判决未成年罪犯 6452 人、5500 人、5049 人、3906 人，分别占当年全省罪犯总数的 5.44%、4.84%、4.22%、3.46%（见图 2）。河南 2009 年判处未成年罪犯 5200 多人，2014 年降至 2700 多人，占罪犯总数比例也从 7.80% 降到 3.95%；甘肃 2010 年到 2014 年判处的未成年罪犯从 1062 人降至 672 人。① 总的来看，当前我国未成年罪犯人数呈现下降趋势，占罪犯总数的比例亦逐步降低。

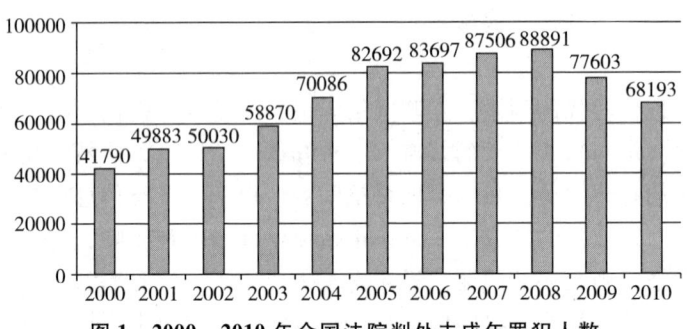

图 1　2000—2010 年全国法院判处未成年罪犯人数

未成年罪犯人数逐年降低是多方面原因造成的：（1）近年来各级政府和司法机关，以及学校和社会福利机构高度重视预防未成年人犯罪和未成年人权益保护工作。以浙江省为例，2010 年该省结合当地未成年人保护的实际情况，制定了《浙江省未成年人保护条例》，并于 2016 年进行了修改。2015 年 5 月

---

① 华政：《我国未成年人犯罪数量连续 6 年下降》，载《中国青年报》2016 年 3 月 28 日。

28 日,浙江省高级人民法院发布了近五年《浙江法院未成年人刑事审判工作报告》(白皮书),为突出特色司法保护,浙江全省 105 个法院中,有 34 个设立了独立建制的未成年人案件审判庭,27 个设有固定合议庭,26 个指定专人审理。全省共有 157 名从事未成年人案件审判工作的法官,约三分之二具有国家心理咨询师职业资格。浙江省法院积极构建特色审判,强调对未成年人罪犯的"刑罚个别化",吸收社会力量参与未成年人的帮教工作,取得了积极效果。(2) 基于对未成年犯罪人"教育为主,惩罚为辅"的政策导向,全国检察机关对于未成年犯罪嫌疑人的不捕不诉率提高,降低了进入审判环节的案件数量;(3) 自 2009 年以来,我国未成年人包括新生儿占总人口的比例下降,未成年人口基数的降低也会影响到实际案发数量。

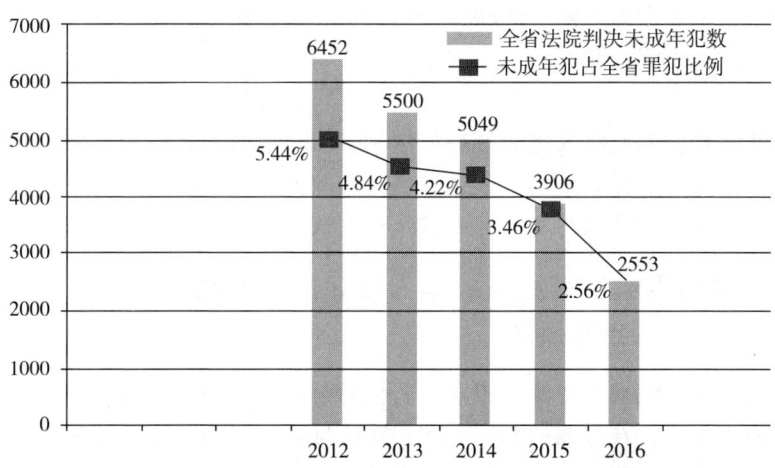

图 2 2012—2015 年浙江法院判处未成年罪犯人数及未成年犯占比

(二) 未成年人网络犯罪的基本判断:新的犯罪增长点

尽管未成年人犯罪的治理工作取得了显著成绩,但是未成年人犯罪的防控形势依然严峻:其一,未成年人犯罪的恶性程度在提升,一些过去未成年人没有涉及的犯罪类型开始出现,未成年人的共同犯罪、团伙犯罪较多;其二,网络犯罪开始成为未成年人犯罪的新热点。近年来,我国网络普及程度大幅提升,吸引大量未成年人上网,网络参与群体呈明显的低龄化特征。根据中国互联网络信息中心在 2016 年 7 月发布的《第 38 次中国互联网络发展状况统计报告》,截至 2016 年 6 月,我国网民仍以十到三十九岁群体为主,占 74.7%,

其中十九岁以下的网民数量为23%，① 根据调查，未成年人近半数首次上网年龄为五到十岁之间。五岁以下触网比例近10%，十岁以下触网比例将近60%，低龄网民规模有扩张趋势，其中有70%以上未成年人每周至少上网一次。② 与此相应，在目前查明的网络犯罪案件中，犯罪人的低龄化特征非常明显。

此外，网络不良因素对未成年人的消极影响不容忽视。许多未成年人犯罪前生活单调，容易沉迷于网络，并受到各类有害信息的诱导，而未成年人遭遇的贫困、暴力、厌学等各类问题又容易与网络因素叠加，诱发未成年人实施网络犯罪。③ 有关机构的调查表明，80%的未成年人犯罪与网络有关。④ 有学者对国内某市的未成年人犯罪案例分析后发现，接近50%的案件存在未成年人受到网络不良内容影响和教唆而犯罪的现象。⑤ 上述数字虽有差异，但都揭示了未成年人犯罪行为与网络的联系正在变得越来越紧密。在这些未成年人犯罪案件中，网络扮演的角色非常重要，但并不光彩；它成为了一种新型的犯罪工具。

总的来看，未成年人犯罪形势依然不容乐观，特别是在近年来未成年罪犯人数逐年下降的大背景下，未成年网络犯罪问题愈加突出，甚至成为了新的犯罪增长点，还需理论界与实务部门继续予以认真应对。

二、立足网络背景的未成年人犯罪的精准减控："点、链、面、代"四个层次的犯罪预防

对待未成年人网络犯罪，犯罪预防依然是首要的刑事政策。当前涉及未成年人的网络犯罪，在犯罪的罪名、体系和区域上，呈现出相对较为明确的规律和特点。浙江省是我国信息化应用和发展水平较高的地区之一，对互联网发展带来的一些新的问题和挑战感知较早、认识较深。结合浙江省预防未成年人网络犯罪的经验，并参酌我国未成年人网络犯罪的整体状况，笔者认为，强化未

---

① 佚名：《第38次中国互联网络发展状况统计报告》，载中国互联网络信息中心 http://www.cnnic.net.cn/hlwfzyj/hlwxzbg/hlwtjbg/201608/t20160803_54392.htm，最后访问日期：2017年3月8日。

② 赵秀红：《未成年人触网呈低龄化趋势》，载《中国教育报》2011年3月2日。

③ 操学诚等：《2010年我国未成年犯抽样调查分析报告》，载《青少年犯罪问题》2011年第6期。

④ 姜玉、尹辰：《我国青少年网络犯罪成因及预防对策》，载《吉林省教育学院学报》2012年第2期。

⑤ 刘艳红、李川：《江苏省预防未成年人犯罪地方立法的实证分析——以A市未成年人犯罪成因和预防现状为调研对象》，载《法学论坛》2015年第2期。

成年人网络犯罪"点、链、面、代"四个层次的"犯罪预防",精准减控网络未成年人犯罪的质与量,是近期应当重点强调的刑事政策。

(一)强化在"点"上的预防:注重对于未成年人的"精准知识扶贫",预防特定类型的网络犯罪

加强对未成年人的法制教育,一直被认为是预防未成年人犯罪的行之有效的方法,即使在网络时代也依然如此。有学者认为,尽管我国刑法有约470个罪名,而且近年来传统犯罪的网络化趋势明显,但是,目前大多数未成年人网络犯罪仅集中在特定的几个"犯罪点"上。预防未成年人网络犯罪,关键要预防好几个特定的未成年人网络犯罪,也就是要围绕这些未成年人多犯的网络犯罪,有针对性地对未成年人进行"精准知识扶贫",使未成年人清楚地认识到网络并非法外之地,认识到法律的高压线在哪里,避免因不懂法而稀里糊涂地坠入犯罪的旋涡。

以网络涉枪犯罪为例,这是近年来比较常见的网络犯罪类型,公安部门曾多次开展专项的治理活动,取得了巨大成效。此类犯罪的增多,一方面是网上涉枪信息泛滥,买卖枪支较为便捷,且隐蔽性较高。例如,浙江省江山市法院2016年审理的一起未成年人涉枪犯罪案件,被告人陈某某先后4次从网上购买气枪零件组装了4支气枪出售给他人,非法获利人民币1320元。另一方面则是认定犯罪的标准有新的变化,而很多未成年人对此并不十分清楚。2010年公安部发布修正后的《公安机关涉案枪支弹药性能鉴定工作规定》,改变了2001年发布的有关规定,将枪支认定的标准大大放宽。① 按照新的规定,社会上一些"玩具枪"或者"仿真枪"都可以被认定为枪支,许多涉案人员因不了解枪支认定标准而被追究刑事责任,其中不乏未成年人涉案。例如,2014年7月,时年18岁的四川达州小伙刘某某,花30540元网购了24支仿真枪,后被泉州市中级人民法院以走私武器罪判处无期徒刑。一审判决称,经鉴定,送检的24支"枪支"有21支以压缩气体为动力发射弹丸,其中有20支具有

---

① 2001年公安部发布的《公安机关涉案枪支弹药性能鉴定工作规定》第3条明确规定:"对不能发射制式枪支子弹的非制式枪支,按下列标准鉴定:将枪口置于距厚度为25.4mm的干燥松木板1米处射击,弹头穿透该松木板时,即可认为足以致人死亡;弹头或弹片卡在松木板上的,即可认为足以致人伤害。具有以上两种情形之一的,即可认定为枪支。"2010年公安部发布修正后的《公安机关涉案枪支弹药性能鉴定工作规定》则引入了"比动能"的概念,并作为枪支认定的标准:"当所发射弹丸的枪口比动能大于等于1.8焦耳/平方厘米时,一律认定为枪支。"相较于旧的标准,新规定明显放宽了对枪支的认定条件。

致伤力，认定为枪支。刘某某在庭审中大呼冤枉，要求法庭用他网购的枪支朝自己开枪，如果能打死他，就承认是枪支。① 关于公安机关对枪支认定标准的合理性，这里不予评论；但是，许多未成年人对于枪支的认识与公安机关对于枪支的认定标准差别很大，却是我们无法回避的事实。目前以玩具枪、仿真枪为犯罪对象的网络涉枪犯罪中，许多犯罪人都是未成年人或者刚成年，他们对枪械具有较高的兴趣，但又根本不具备关于枪支鉴定的专业知识，由此引发相关犯罪，应引起我们足够重视。除网络涉枪犯罪外，网络黑客型犯罪也是未成年人高发的网络犯罪类型。一些未成年人掌握技术后滥用技术，妄图谋取不法利益。如宁波市江北区法院 2015 年审理的一起未成年人犯罪案件，被告人李某某于 2014 年 10 月下旬至 11 月上旬，伙同他人在其租住的房屋内，利用黑客技术侵入宁波宝都商贸有限公司等多家公司的计算机信息系统，在未予备份的情况下删除系统中存储的数据。待被害单位通过 QQ 与其联系时，被告人李某某等人又以帮助恢复数据为名，对被害单位进行敲诈，在通过银行卡或支付宝收到钱款后，即将对方拉至黑名单。近年来，浙江多地都发现了未成年人利用网络实施诈骗、盗窃等犯罪行为的案件，反映出部分未成年人法律意识淡薄、过分追求享乐的问题，而网络已成为他们实现不法目的的重要工具。

由此可见，针对未成年人网络犯罪进行更细致的实证研究，对各类具有较高案发率的未成年人网络犯罪，进行专门的法制教育和宣传，以提升未成年人的法律认知，防控相关网络犯罪，是非常有必要的。

(二) 强化在"链"上的预防：从重打击发展未成年人的"网络黑产"，预防未成年人贪图蝇头小利参与犯罪产业链

在校学生参与网络黑色产业链，已经是非常严重的社会现象，应当引起家庭、学校、政府及司法机关的高度重视。有学者认为"产业链"原本是产业经济学中的一个概念，是各个产业部门之间基于一定的技术经济关联，并依据特定的逻辑关系和时空布局关系客观形成的链条式关联关系形态。网络犯罪产业链一词至少包含两层意思：一是网络犯罪已经实现了商业化模式和合作链条，二是网络犯罪的商业化实施已经形成完整的因果链条。网络犯罪黑色产业链的出现，意味着网络犯罪已经完成了从共同犯罪到团伙化、再到集团化的转变，网络犯罪成为一个有着完整流程和精细分工的成熟链条，并且网络犯罪的动机已经从上世纪末的以炫耀技术能力为主转化为逐利性质。目前许多网络犯罪都有自己从属的黑色产业链，表现在外的犯罪形式只是黑色产业链的末端，

---

① 陶莹：《少年网购仿真枪被判无期引争议》，载《新京报》2016 年 8 月 14 日。

黑色产业链的中上游链条由于没有表现出明显的社会危害性而不为社会所知。地上的犯罪是大家能看到的，地下的犯罪链条则盘根错节。

当前，未成年人包括在校的大中学生已经成为网络黑色产业链的重要一环。犯罪分子雇佣在校学生对于已经盗取的QQ号中内含的公民个人信息等进行是否有"价值"的筛检、对僵尸网络控制下的个人计算机进行"检视"，筛选有价值的个人信息、对于网络购物平台进行"刷钻"，大规模人工登录一些网站以使网站的验证码和安全识别机制完全失效，等等。纵然一些网站设置了复杂和严密的技术保护措施，也顶不住"网络黑产"犯罪分子"人海式"的"破拆式"破解。而犯罪分子的永不枯竭的人力资源，就是未成年人和在校学生。虽然参与产业链的在校学生辛勤劳动一天，仅仅能得到一百元甚至只有几十元的收入，但是对于没有工资收入的学生群体而言吸引力仍然很强，依然有大量学生乐此不疲，这种现象在三四线城市尤为普遍。

对于此类问题，学校除了要加强在校学生的教育，也要充分了解在校学生的日常动态，制止在校学生的相关行为。侦查机关应当尽快斩断网络黑色产业链的"始作俑者"与未成年人的联系，对于每一个未成年人网络犯罪案件，要注意旁敲侧击，延长调查视线，深挖犯罪线索，追查窝案和串案，注意调查案件背后是否有教唆者和组织者。司法机关应当通过制定相关司法解释，从严制裁招募、诱惑、教唆未成年人犯罪的犯罪行为，尤其对大规模招募在校学生进入网络犯罪产业链、帮助实施网络违法犯罪的活动要加大打击制裁力度，坚决防止未成年人大量被招募为网络犯罪"童工"。

（三）强化在"面"上的预防：加大对于网络犯罪地域群落的综合治理，抓住未成年人网络犯罪的"关键少数"

"犯罪区域化"是犯罪学视角下的一个特殊现象，即特定类型的犯罪在一定区域内高度集中。犯罪区域化现象是独特的民风民俗、地理优势和犯罪效仿效应的具体产物。例如西南地区的制售毒品犯罪比较突出，青海某地曾一度以制贩枪支犯罪闻名全国。在网络时代，网络诈骗犯罪是危害性非常突出的犯罪类型，当前的网络诈骗犯罪呈现出明显的高技术、家族化、地域集聚性等特征。一些地方已经形成了网络犯罪群落。例如，广西壮族自治区某县以QQ诈骗产业闻名，福建省某县以电信诈骗为主，江西省某县专攻重金求子诈骗犯罪，湖南省某县则出现以"PS"艳照诈骗犯罪。在早年当地犯罪分子的引领和示范效应下，这些地区的诈骗犯罪基本成为全民参与的产业，而且都形成了完整的产业链条。在广西壮族自治区某县，当地大量年轻人从事QQ聊天诈骗，成为积习难改的社会风气，给社会造成巨大的经济损失。2014年，据

《南宁晚报》报道,从 2009 年算起至 2014 年 10 月,6 年来当地警方已经协助外地警方抓获嫌犯 1050 名,破案 2200 多起,协助追缴赃款 1000 多万元。① 2016 年以来,当地警方已抓获电信网络诈骗违法犯罪嫌疑人 1143 名,捣毁犯罪窝点 188 个,打掉作案团伙 156 个,抓获电信网络诈骗违法犯罪嫌疑人数同比上升 53%,电信网络诈骗案件破案数上升 95.3%。② 网络诈骗毒害了当地的社会风气,使当地年轻人厌恶体力劳动,在纸醉金迷中透支人生,挥霍骗来的巨额财富。当地未成年人的辍学率显著高于其他地区,未成年人参与网络犯罪要明显高于其他地区。据报告,当地查获的最小的 QQ 诈骗犯罪嫌疑人只有 13 岁,这个本该上初中的孩子,却拒绝上学,和兄弟一起做 QQ 诈骗。③ 网络犯罪群落中,年轻人和未成年人是主力军,治理网络犯罪群落,重点就是治理未成年人犯罪。治理网络犯罪,应当盯住网络犯罪呈现出地域化特点的关键地区,并以这些地区的未成年人网络犯罪为切入点,着力强化对于未成年人的教育和矫治。

(四)强化在"代"上的预防:警惕特定地区网络犯罪的跨代遗传现象,坚决与敌对势力争夺下一代

恐怖主义犯罪是当前危害性最大的犯罪类型,它严重危害国家安全、挑战社会秩序、侵害公民生命和财产安全,是各国刑事政策打击的重点犯罪。恐怖主义与其他类型犯罪的一个不同之处,就是它有明显的"跨代传承"特点。未成年人既是恐怖主义的受害者,同时在某些案件中也是加害者。

1. 传统恐怖主义犯罪中的未成年人:既是加害者又是受害者

在宗教极端思想的蛊惑下,恐怖分子挑战人类的共同价值观念和人伦底线。在世界范围内,恐怖主义都明显呈现出低龄化的倾向。未成年人的身心尚不成熟,可塑性强,具有明显的情绪化倾向,更容易被恐怖分子蛊惑,也容易受到宗教极端思想的影响。2016 年 12 月 16 日,一名叙利亚恐怖分子利用一名 8 岁女童充当"人体炸弹",对大马士革一处警察局实施袭击,而该女童竟是他自己的女儿!④ 2015 年,"IS"恐怖组织在网络上公布了一段十岁小杀手

---

① 黄金萍:《广西宾阳年轻人扎堆 QQ 诈骗 31 省份警察都曾到当地办案》,载《南方周末》2015 年 3 月 19 日。

② 《广西宾阳严打严防网络诈骗犯罪》,载《人民公安报》2016 年 12 月 19 日。

③ 黄金萍:《广西宾阳年轻人扎堆 QQ 诈骗 31 省份警察都曾到当地办案》,载《南方周末》2015 年 3 月 19 日。

④ 《叙恐怖分子用 8 岁女童当"人体炸弹"袭击警察局》,载腾讯新闻 http://news.qq.com/a/20161217/007430.htm? t = 1481949044669,最后访问日期:2017 年 3 月 8 日。

枪杀人质的视频，引起强烈反响。① 2015 年，法国一名 8 岁男孩因发表赞扬恐怖分子的言论而遭到警方问讯。②

我国也是恐怖主义犯罪的受害国，并且恐怖犯罪分子的低龄化趋势明显。公安部认定的第一批恐怖分子名单以"60 后"为主，而公安部认定的第三批恐怖分子名单中，"80 后"已占到了 50%。2008 年，一名年仅 19 岁的女性恐怖分子携带破坏装置，准备登上乌鲁木齐飞往北京的航班，意图实施破坏行为未遂。③

2. 网络恐怖主义犯罪中的未成年人：重点蛊惑和煽动对象

在网络时代，恐怖分子非常注重利用互联网的媒介优势和传播功能，一方面进行思想整合，另一方面蛊惑、诱骗青少年参与恐怖活动。因此，应当格外重视和预防特定地区利用网络跨代对于未成年人进行犯罪方法的传授和极端思想的传播。

从近年来新疆发生的暴力恐怖主义案件来看，犯罪分子利用网站、QQ、微信、网盘，以及手机存储卡等各类移动存储介质传播极端主义、恐怖主义的音视频文件，已经成为新趋势。④ 恐怖主义组织利用未成年人的宗教狂热和无知，通过网络传播极端主义、恐怖主义的音视频，达到煽动、蛊惑未成年人实施恐怖主义犯罪，在边疆、特定民族地区与国家争夺下一代。我国目前出现的恐怖犯罪案件中，几乎所有犯罪分子都存在犯罪前收听、收看境外恐怖组织煽动实施恐怖活动的音视频行为。例如，2014 年 3 月至 6 月期间，刚满 16 周岁的被告人穆森（化名）利用其个人手机上的聊天软件，通过互联网散布、传播载有宗教极端、暴力恐怖思想内容的文章、视频、图片、言论，触犯刑律，被浙江省湖州中院以煽动民族仇恨、民族歧视罪判处刑罚。

3. 预防恐怖主义犯罪视野中的未成年人：坚决与敌对势力争夺下一代

我国政府已经充分注意到网络恐怖主义的危害，并采取了相应的对策。2014 年 6 月 24 日，国信办召开新闻发布会，发布《恐怖主义的网上推手》电视专题片。国信办有关负责人在会上指出，"目前，越来越多的恐怖组织利用互联网招募人员，传播暴恐思想，传授暴恐技术，筹集恐怖活动资金，策划恐

---

① 《IS 恐怖分子发布 10 岁男童处决人质画面曝光》，载华讯财经 http://stock.591hx.com/article/2015 - 03 - 13/0000868629s.shtml，最后访问日期：2017 年 3 月 8 日。

② 《法国 8 岁儿童涉发表赞扬恐怖分子言论遭问讯》，载《参考消息》2015 年 1 月 30 日。

③ 《警方通报针对南航班机未遂恐怖袭击案》，载新华每日电讯 http://news.xinhuanet.com/mrdx/2008 - 03/28/content_7874040.htm，最后访问日期：2017 年 3 月 8 日。

④ 张雷：《合力遏制暴力恐怖音视频传播》，载《乌鲁木齐晚报》2014 年 4 月 2 日。

怖袭击活动。互联网已成为恐怖势力开展活动的主要工具,恐怖音视频也已成为影响互联网健康发展的'毒瘤',必须坚决予以打击。"① 2014 年 3 月,新疆地区发布了《关于严禁传播暴力恐怖音视频的通告》,以遏制爆恐音视频传播。2015 年《刑法修正案(九)》增设了宣扬恐怖主义、极端主义、煽动实施恐怖活动罪,以遏制此类音频视频的传播行为。

遏制网络恐怖主义音视频的传播,防范未成年人成为恐怖主义的牺牲品,是我国预防和打击恐怖主义的重要工作内容,也是关于恐怖主义犯罪刑事政策的组成部分。对于这个问题的治理,既不能局限于网络之一隅,也不能局限于未成年人之一点,而是应当网上、网下联动,采取综合施策,挖掘恐怖主义产生的深层次的土壤。这当然不是单纯防范音视频传播的举动所能容纳的。不过,针对网络恐怖主义具有明显的跨境因素和跨代传播特点,在打击和防范恐怖主义活动中注意对未成年人的特别保护,实现未成年人与恐怖主义的隔离,防止下一代人堕入恐怖主义的魔掌,应是国家格外关注的问题。

三、治理未成年人网络犯罪的宏观刑事政策定力:坚持四个传统的刑事政策

社会环境的变迁以及网络因素的介入给传统的未成年人犯罪政策带来了挑战与冲击。传统的治理未成年人犯罪的刑事政策在面对未成年人网络犯罪这一新生事物时,要不要改革,以及在多大程度上改革,都是需要我们审慎思考的。针对未成年人网络犯罪的具体罪名特点、行为特点、区域特点,采取有针对性的犯罪防控措施,是微观层面的刑事政策的变革。"点、链、面、代"四个层次的犯罪预防策略,必须在宏观层面的刑事政策配合下才能充分发挥其效能。在宏观层面的刑事政策上,结合以上未成年人网络犯罪的特点和趋势,对于未成年人实施的网络犯罪,在制裁上应当坚持四个传统刑事政策不动摇。

(一)网络舆论放大效应下的两个坚持:坚持对未成年人犯罪以预防和教育为主,坚持目前的刑事责任年龄标准

对待未成年人犯罪,刑法依然应当坚持预防和教育为主,不能轻言从严制裁。当前由于校园欺凌案件受到社会普遍关注,网络的舆论放大效应也让未成年人实施的传统犯罪和个别网络犯罪产生了较大的社会影响,特别是重大暴力犯罪的出现,导致社会舆论出现了降低未成年人刑事责任年龄的呼声。

---

① 国信办发布《恐怖主义的网上推手》电视专题片,载新华网 http://news.xinhuanet.com/book/2014 - 06/26/c_126673848.htm,最后访问日期:2017 年 3 月 8 日。

1. 个别未成年人犯罪案件引发的降低刑事责任年龄的呼声

2004年3月,宁夏石嘴山市发生了一起9名少年将一名年仅十五岁的中学生残暴殴打并令其自己挖坑后活埋致死的恶性案件,9名少年中其中一人未满十四周岁。① 2013年11月,重庆一名十岁女孩李某对其在小区电梯偶遇的一岁的小男孩进行殴打,并将其从电梯抱回25楼家中的阳台,从阳台上将其扔下。② 2015年6月,湖南衡阳一名十二岁的留守女童将掺了鼠药的可乐递给自己的两位同学,致二人中毒身亡,而案件的起因仅是朋友间的小矛盾,杀人预谋则是早在一个月前就具有了。在案发后,该留守女童多次编造谎言试图嫁祸他人。③ 2015年10月18日发生在湖南的三名未成年人杀师案,行为人分别是十一岁、十二岁和十三岁。他们持木棍击打老师的头部,用毛巾捂住她的口鼻,在老师倒地后继续对她进行殴打,之后抢走手机和现金,藏尸于床底,三人的手段残忍、老练,反侦查能力之强让民警震惊。④

上述案件的发生令人震惊,网络的舆论传播广度和放大效应更让全社会震惊,同时也引发了理论上关于是否需要降低刑事责任年龄的讨论。赞同降低未成年人刑事责任年龄的观点主要集中在三点:(1)社会经济状况和文明程度的发达,使未成年人的认知能力普遍提前,适当降低未成年人主体的刑事责任年龄,既和当下未成年人的智力发育相关,也符合治理未成年人犯罪高发的需要。⑤(2)降低刑事责任年龄有助于提高刑法威慑。作为最为严厉的法律规范,刑法本应该对全体社会成员的行为产生威慑作用。刑事责任年龄的划分使得刑法的威慑力受到削弱,这就助长了其犯罪的欲望。这是立法设计上的缺陷。⑥(3)就世界范围来看,很多国家的刑事责任年龄都比我国低。世界各国对刑事责任年龄起点的规定有所不同,有的国家和地区刑事责任年龄的起点较

---

① 周志忠:《宁夏石嘴山9少年活埋中学生案一审宣判》,载中国法院网 http://old.chinacourt.org/html/article/200412/06/141640.shtml,最后访问日期:2017年3月8日。

② 《重庆:小女孩电梯里摔打1岁半男童疑将对方摔下25楼》,载凤凰资讯 http://news.ifeng.com/society/2/detail_2013_12/04/31803332_0.shtml,最后访问日期:2017年3月8日。

③ 李欣:《衡阳12岁女童毒杀两同学买鼠药掺可乐编谣言嫁祸于人》,载《楚天都市报》2015年6月17日。

④ 陆士桢、陈丽英:《论当前我国儿童的生存与发展——盘点2015年一系列重大恶性儿童事件》,载《中国青年社会科学》2016年第2期。

⑤ 赵运锋、周静淞:《未成年人网络犯罪原因探析与治理对策》,载《青少年犯罪问题》2014年第4期。

⑥ 周荣华:《犯罪低龄化视角的刑罚》,载《北京青年政治学院学报》2007年第3期。

低，如法国为十三周岁，印度、加拿大、希腊、荷兰、匈牙利为十四周岁，中国香港为七周岁；英国将未成年人划分为不满十周岁、已满十周岁不满十四周岁和已满十四周岁三个群体，分别给予不同的减免处罚。① 全球各国的刑事责任最低年龄呈现出很大的差异性，而且很多国家的刑事责任最低年龄标准与国际标准差异较大，目前国际标准关于刑事责任最低年龄为不低于十二周岁。至少有89个国家的刑事责任最低年龄在十一周岁以下，其中包括23个刑事责任最低年龄为零岁的国家。②

2. 应当具有的刑事政策定力：对未成年人犯罪的两个"坚持"

笔者认为，对降低未成年人刑事责任年龄的观点应当保持警惕，既不能因个别犯罪案件的炒作，也不能因外国刑事责任年龄的规定而轻易改变我国的刑事责任年龄，我国现在的责任年龄是适当的，对未成年人犯罪仍应当注重预防和教育。主要理由在于：

第一，就世界范围来看，我国的刑事责任年龄处于世界中游位置，不存在畸高畸低的问题。以十四周岁作为未成年人刑事责任年龄的起点，固然是前苏联刑法的做法且影响到许多原社会主义国家，时至今日依然有大量国家继续沿用十四周岁的分界标准。我国的刑事责任年龄标准并非孤例。虽然世界上有些国家对未成年人承担刑事责任的年龄起点规定低于我国，但是，高于我国的国家也非少数，例如，北欧等国普遍规定为十五周岁，西班牙为十六周岁，波兰为十七周岁，巴西为十八周岁。③ 可见，单纯比较外国刑法的规定作为我国调整刑事责任年龄的依据是不具有说服力的。

第二，历史地看，我国未成年人刑事责任年龄一直处于上行趋势。我国古代刑法中的"幼年犯罪，分七岁、十岁、十五岁三等"，《大清新刑律》原订草案将未成年人刑事责任年龄起点规定为十六和二十周岁，但是因阻力较大，最后将十二周岁定为刑事责任年龄的起点，十六周岁为完全刑事责任年龄的起点。《大清新刑律》虽然没有来得及实施，但是这种观念影响到了后来中华民国刑法的制定。《中华民国刑法》制定的过程中出现了将最低刑事责任年龄定位十三周岁还是十四周岁的激烈争论，先是定为十三岁，后在1935年的修订

---

① 张善定：《相对负刑事责任年龄的未成年人刑事责任探究》，载《太原师范学院学报》2007年第4期。

② 张晓霞：《全球视角下刑事责任最低年龄实践中的困境》，载《青少年犯罪问题》2011年第1期。

③ 张寒玉、王英：《应对未成年人犯罪低龄化问题之制度建构与完善》，载《青少年犯罪问题》2016年第1期。

中最终将其规定为"未满十四岁人行为,不罚"。① 新中国成立后,1979年刑法和1997年刑法均规定十四周岁为刑事责任年龄起点。一个很明显的事实是,过去儿童的心理、生理发育水平绝不可能超过现代儿童,那为什么未成年人的刑事责任年龄反而在近代不断提高呢?这是因为,刑事责任年龄虽然反映了人的认知水平,但是它又不完全取决于行为人的认知水平,犯罪是社会化的产物,封建时代生产力低下,人的寿命短促,个人很早就开始参与社会生活,因而开始承担刑事责任的年龄也较小。而自近代以来,个人进入社会之前需要经历的教育和培训时间越来越长,参与社会生活的时间也更晚,实施犯罪的几率反而较低,因而刑法规定的刑事责任年龄也更高。也就是说,刑事责任年龄实际上要考虑未成年人参与社会生活的时间。我国劳动法、劳动合同法等法律均规定法定劳动年龄为满十六周岁到退休,因而刑法设定的十四周岁相对刑事责任年龄、十六周岁完全刑事责任年龄与其是匹配的。当前儿童发育年龄的提前并不能作为降低刑事责任年龄的充足理由。因此,对于未成年人网络犯罪,仍然要坚持以教育、预防为主,坚持现有的刑事责任年龄标准不动摇。

(二) 突破网络犯罪产业链化、区域化和代际争夺未成年人的两个坚持:坚持更加严厉地制裁教唆未成年人犯罪,坚持对于未成年人犯罪的从宽处罚

针对网络犯罪产业链化、区域化的现状和特定网络犯罪跨代争夺未成年人的现实,刑事政策上应当做到两个坚持:坚持对未成年人网络犯罪的从宽处罚,同时坚持更加严厉地制裁教唆未成年人犯罪,构建科学、严密的刑事政策体系。

1. 基本原则:坚持对未成年人网络犯罪的从宽处罚,避免网络舆论的不当影响

降低刑事责任年龄、加重未成年人刑事责任的做法背离教育和预防为主的刑事政策,也不符我国刑罚的目的。"少年宜教不宜罚"不仅为现代少年刑事司法制度所推崇,且为各国奉为少年立法之圭臬。② 未成年人的认知能力、心理状况尚处于成长期,没有完全的是非观念,而且个性好奇易冲动,未成年人无法充分理解犯罪的后果,同样也无法充分理解刑罚的意义,过早地对未成年人适用刑罚,无法充分发挥刑罚的功能,也达不到刑罚预防的目的,反而可能

---

① 张寒玉、王英:《应对未成年人犯罪低龄化问题之制度建构与完善》,载《青少年犯罪问题》2016年第1期。

② 姚建龙:《长大成人:少年司法制度的建构》,中国人民公安大学出版社2003年版,第33页。

造成关押期间的交叉感染。况且，未成年人犯罪的成因复杂，家庭贫困、暴力、结构残缺以及缺乏教育和关爱是未成年人犯罪的重要原因，未成年人自身也是犯罪的受害者，过早适用刑罚，难免有刑及无辜之嫌。事实证明，教育和预防依然是应对未成年人犯罪的行之有效的刑事政策，个别地方出现恶劣的未成年人犯罪案件，是教育和预防工作没有做好，而不是刑罚的"软弱"造成的。因此，今后未成年人犯罪的刑事政策，依然要在"教育"和"预防"方面做足文章，不能因为网络媒体对于少数案件的跟进和炒作就丧失应有的定力。即使是已经发生的未成年人犯罪案件，在定罪方面也要坚持能不起诉就不起诉，能不定罪就不定罪，在量刑方面要坚持能从宽处罚就从宽处罚。从宽的目的，不是为了放纵未成年犯罪人，而是为后续的教育、帮扶工作留下余地和空间。

2. 刑事司法层面：从重制裁组织、教唆、帮助未成年人实施网络犯罪的行为

在刑事司法层面，除了坚持个案中从严制裁教唆未成年人实施网络犯罪的行为，还应当着手制定或者修改现有的司法解释，设定从重处罚组织和教唆未成年人实施网络犯罪的犯罪行为。例如，引诱未成年人从事网络色情直播的、对未成年人实施网络犯罪提供技术帮助行为的、组织未成年人从事网络黑客行为的，从重处罚。尤其是针对当前犯罪分子大量招募未成年人从事产业链化的网络犯罪的事实，应当严厉打击建立网络犯罪产业链的上游犯罪和下游犯罪。

3. 刑事立法层面："从重处罚"教唆未成年人犯罪的分则化

从刑事立法上讲，科学化地将刑法总则中的"从重处罚"教唆未成年人犯罪的条款予以分则化实现，对于分则中的教唆未成年人犯罪的罪名体系、从重处罚的条款体系予以统一化、规范化表述，例如，建立制裁教唆未成年人实施重大犯罪的独立罪名体系。《刑法》第353条规定了引诱、教唆、欺骗他人吸毒罪和强迫他人吸毒罪，并且规定"引诱、教唆、欺骗或者强迫未成年人吸食、注射毒品的，从重处罚"。基于特定犯罪中教唆、引诱未成年人犯罪事实的客观存在，可以考虑将此条款模式扩展到把包括恐怖活动犯罪在内的其他类型的重大犯罪中，建立从重处罚教唆未成年人实施特定重大犯罪的独立刑罚表述条款。

（责任编辑：石磊）

网络交易平台诈骗犯罪量刑机制的实证研究[*]

汪恭政[**]

摘 要：虽然量刑规定与量刑结果存在关联，但量刑规定如何影响量刑结果，仍未见相关探讨。实证研究表明，规制网络交易平台诈骗犯罪的量刑规定与量刑结果密切关联，量刑规定的更新反映法官刑罚裁量权伸缩的变化，特别是"刑罚裁量是受报应性因素和预防性因素共同促成的理论观点"在司法实践中面临考验。最高人民法院《关于常见犯罪的量刑指导意见》全面实施前后，网络交易平台诈骗犯罪主刑刑期和罚金数额受预防性因素影响的适用程度有明显变化，使得现有量刑机制在量刑规定的应然预期和刑罚裁量的实然结果之间出现偏差。为完善现有网络交易平台诈骗犯罪量刑机制，应以动态视角下的量刑公正理念为指导，在调整包括网络交易平台诈骗犯罪在内的司法解释中增加预防性因素，并对《关于常见犯罪的量刑指导意见》作出修改，确立以定量为主的量刑基本方法，以规范法官刑罚裁量权、防止量刑偏差引发不公。

关键词：网络交易平台 诈骗罪 量刑机制 实证研究

量刑问题是刑法理论的缩图，[①] 自最高人民法院《关于常见犯罪的量刑指导意见》全面实施以来，量刑问题又开始引起学界关注。其中，尤为关键的是量刑机制问题。量刑机制，乃量刑主体根据量刑依据考量、评价相关量刑因

---

[*] 本文系国家社会科学基金青年项目"被追诉人的程序平等权研究"（15CFX030）的阶段性研究成果。

[**] 汪恭政，浙江工商大学法学院讲师，2019年6月于武汉大学获刑法学博士学位，研究领域为刑法学、网络法学。

[①] ［日］曾根威彦：《量刑基准》，载西原春夫：《日本刑事法的形成与特色》，李海东等译，中国法律出版社、日本成文堂1997年联合出版，第145页。

素以确定被告人宣告刑的过程。① 该机制重在强调量刑规定与量刑结果之间的关系，即量刑规定对具体量刑因素适用程度的影响，关于这一点学界鲜有深入讨论。为此，结合近年来电信网络诈骗泛滥的趋势，本文尝试以平台经济产物下打着"金融创新"旗号所实施的网络交易平台诈骗犯罪为切入点，从实证视角研究两者之间的变化关系，多维视角剖析现有网络交易平台诈骗犯罪量刑机制之样态，以期为完善该类犯罪的量刑机制提供可行路径。

一、网络交易平台诈骗犯罪量刑机制实证研究的基础

（一）量刑规定与研究假设

1. 量刑规定

网络交易平台诈骗犯罪，是行为人以网络交易平台为支撑，② 利用网络交易的虚拟性、封闭性所实施的诈骗罪，本质上属于电信网络诈骗犯罪的范畴。为加强对网络诈骗犯罪的治理，司法机关出台了一系列涉及量刑内容的解释性规定（以下简称量刑规定）。2011 年 4 月 7 日，最高人民法院、最高人民检察院颁布《关于办理诈骗刑事案件具体应用法律问题的解释》（以下简称 2011 年《解释》），在通篇仅有 11 个条文里就有多个涉及量刑的具体规定。其中，第 2 条从诈骗行为、对象和结果上规定酌情从严情节；第 4 条对诈骗近亲属财物有追究刑事责任必要的确立酌情从宽情节；第 5 条从诈骗信息条数和诈骗电话次数上明确其他严重情节；第 6 条从故意犯罪停止形态以及第 8 条从诈骗主体身份上规定较重处罚情节。梳理以上条文发现，2011 年《解释》关注反映行为社会危害性的因素，也即注重从报应性因素层面确立量刑情节。随后，2013 年 12 月 23 日，最高人民法院出台《关于常见犯罪的量刑指导意见》（以下简称 2014 年《意见》）；2014 年《意见》有 4 部分内容，前 3 部分从宏观层面规定了量刑的指导原则、基本方法和常见量刑情节的适用，第 4 部分是对司法实践中常见犯罪的量刑作出具体规定，其中第 7 条便指出"构成诈骗罪的，

---

① 关于类似的表述有，"量刑过程就是根据量刑标准对量刑中的事实因素进行评价以确定宣告刑的过程，这一过程称之为量刑机制。"参见孙春雨：《中美量刑机制比较研究》，载《时代法学》2005 年第 2 期。"量刑机制就是量刑主体根据量刑标准和量刑规则，采用一定的量刑方法，在对量刑事实和情节等因素进行评价后，对被告人确定宣告刑的程序和过程。"参见孙天虹：《量刑：任务及其实现机制》，载《西南政法大学学报》2007 年第 5 期。

② 网络交易平台，一般指为交易服务提供网络空间以及技术和交易帮助的计算机网络系统。近年来随着互联网对经济的影响，网络交易平台飞速发展，据中国电子商会电子交易平台专委会统计，2010 年全国有 100 余家涉及大宗商品交易的网络交易平台，2011 年上升至 300 家，2012 年增加到 500 余家，2013 年末已发展到近 600 家。

可以根据下列不同情形在相应的幅度内确定量刑起点……"总体而言，2014年《意见》将我国量刑纳入规范化轨道，量刑因素的规定相对全面，既关注反映行为社会危害性因素，又涉及反映行为人人身危险性因素。换言之，报应性因素和预防性因素综合考虑是 2014 年《意见》的典型特征。① 随着电信网络诈骗犯罪活动的"猖獗"，为保护民众合法权益和维护社会秩序，2016 年 12 月 19 日，最高人民法院、最高人民检察院、公安部出台《关于办理电信网络诈骗等刑事案件适用法律若干问题的意见》（2016 年 12 月 19 日实施，② 以下简称 2017 年《意见》），全文共有 7 个部分。其中有关量刑内容的规定主要集中在第 2、4 部分。其中，第 2 部分主要从违法要素层面严惩电信网络诈骗犯罪，具体包括危害结果、行为方式、犯罪对象和主体身份等要素；第 4 部分主要从共同犯罪和主观故意角度规定从重、从轻处罚情节。相比 2011 年《解释》，2017 年《解释》更注意从报应性因素角度确立刑罚裁量情节。

2. 研究假设

关于量刑所考量的影响因素，在刑法理论上，有学者认为，"量刑时既要考察犯罪的社会危害性，又要考察犯罪人的人身危险性；既要考虑犯罪人在犯罪时的情况，又要考虑犯罪人在犯罪前的人格形成过程及境遇、犯罪后对犯罪本身以及对被害人的态度，还要考虑被害人在犯罪发生过程及其后的影响力；既要考虑行为人对犯罪的责任，将责任作为量刑的上限，又要考虑预防的必要性，以便发挥刑罚的功能。"③ 有的强调，"行为人罪责的轻重是刑罚轻重的决定性因素，然后才是犯罪人的人身危险性。"④ 有的指出，犯罪本身的轻重当然成为量刑的重要标准；在此基础上，还要考虑犯罪后的情况。⑤ 可见，法官对被告人裁量刑罚时考虑因素较多，尽管因素之间作用大小有别，却往往是报应性因素和预防性因素共同促成的结果。

综合以上，量刑规定是法官裁量刑罚的重要依据，而且随着具体犯罪行为类型的变化，量刑规定面临着更新。而在同时，现有刑罚理论也表明，具体犯罪的刑罚裁量是报应性因素和预防性因素共同促成的结果。由此可得出，尽管

---

① 报应性因素与行为的社会危害性相关；预防性因素与行为人的人身危险性相关。详细内容可参见 Michale Huber, Das Strafurteil, München, 2004, S. 71f; Jürgen Garbe, Strafzumessung und Hauptverhandlung, Göttingen, 1997, S. 178 – 186 ff。

② 因在 2016 年 12 月 19 日至 2016 年 12 月 31 日期间缺乏可研究的样本，为方便时间界限的划定，本文简称"2017 年《解释》"。

③ 张天虹：《量刑公正及判断标准》，载《法学杂志》2011 年第 2 期。

④ 王瑞君：《如何规范地识别量刑情节——以实务中量刑情节的泛化和功利化为背景》，载《政治与法律》2014 年第 9 期。

⑤ ［日］团藤重光：《刑罚纲要总论》（第 3 版），创文社 1990 年版，第 541—545 页。

具体犯罪行为类型发生变化导致量刑规定面临更新,但其并未对受报应性因素和预防性因素共同促成的量刑结果产生决定性影响。因此,本文以网络交易平台诈骗犯罪为切入点,拟提出研究假设:

H1:包括调整网络交易平台诈骗犯罪在内的量刑规定的更新,不改变由报应性因素和预防性因素共同促成的量刑结果。

(二)变量设置与分析方法

1. 变量设置

为验证上述假设,本文从实证视角出发,在中国裁判文书网的"刑事案件"界面上,将"交易平台"和"诈骗"作为关键词共检索到499份诈骗罪刑事判决书。尽管所有判决书中出现"交易平台""诈骗"字样,但并非都以诈骗罪对被告人行为作定性评价。由于量刑是针对被告人的活动,所以样本的选取须落实到具体被告人。为此经过仔细甄别,共整理出673个样本。虽然这些判决书仅从2012年开始公开,① 直至2017年10月1日,但公开的样本面对全国所有与之相关判决书而言,具有抽样的随机性,而且涉及人数多,一定程度上并不存在偏见和样本不足的问题。

通过对被告人编号,初步设计出22个变量:被告人年龄、被告人学历、被告人身份、判决地区、判决年份、网络交易平台类型、诈骗手法、作案方式、诈骗范围、犯罪形式、犯罪所起作用、被骗人数、被骗数额、获利所占份额、诈骗网络通信工具种类、退赔态度、悔罪表现、常见量刑情节、其他量刑情节、主刑刑期、罚金数额、剥夺政治权利情况。其中,"被告人性别""被告人年龄""被告人学历"②"被告人身份"③ 存在缺失值,分别是229、311、309、315,占比为34.03%、46.21%、45.91%、46.81%,在"判决地区"中,东部地区的河北、广西,西部地区的宁夏、青海、西藏、云南、贵州缺失样本,故排除以上变量。

在余下的变量中,"判决年份"共历时6年,其中2011年《解释》实施期间,共有52人;2014年《意见》在全国推行期间,有548人;2017年《解释》生效期间,截至2017年10月1日,已有73人。对于"网络交易平台类型",既有样本中共有17种具体类型,根据交易性质的不同可划分为三大

---

① 由于中国裁判文书网(http://www.court.gov.cn/zgcpwsw/)成立于2013年,所公布案件的审判时间多数是以2012年为起点,对于2012年以前的判决书因未在全国法院统一的裁判文书公开平台公开,故不在考虑之列。

② 被告人学历分为小学、初中、高中、专科、大学和研究生。

③ 被告人身份包括无业人员、农民、企业管理人员、渔民、个体经营者、学生、公司职员、公司股东、居民和无固定职业者。

类：一为网络游戏类平台，有 99 人涉案，占比 14.7%；二为综合电商类平台，包括普通商品类和二手商品类网络交易平台两种，有 45 人涉案，比例为 6.7%；三为投资理财类平台，具体有贵金属、农产品、大宗商品、虚拟货币、指数、彩票、古董、期货、股票、外汇、矿产资源、域名、充值卡和 APP 关键词类 14 种具体网络交易平台，共有 529 人涉案，百分比高达 78.6%。"诈骗手法"依照各被告人在平台上所起作用的不同，分为向平台发布虚假信息诈骗、利用平台买卖产品诈骗、① 假冒平台工作人员诈骗、② 发展平台交易客户诈骗、以平台代理商身份诈骗、③ 操控交易涨跌行情诈骗、非法管理平台诈骗、非法设立平台诈骗。在"诈骗网络通信工具种类"变量中，被告人使用单一网络通信工具的有 62 人，占 9.2%，使用多种网络通信工具的达 611 人，比例为 90.8%。"诈骗范围"依照行为地与被害地是否一致，分为未跨区域、跨区域和跨国境三种。按照刑法通说理论，主犯、从犯是依据行为人在犯罪中所起作用区分的，但现有多数样本对主犯（从犯）在共同犯罪中的具体分工和所起作用也作了具体说明，并未与通说理论完全一致，为保持研究的客观性，本文分三个变量：一是"作案方式"变量，包括独自作案、不分工作案和分工作案；二是"犯罪形式"变量，分为单独犯、从犯和主犯；三是"犯罪所起作用"变量，具体涉及独自完成、作用较小、作用相当、④ 作用较大四种。考虑到现实中被告人被骗数额与获利数额并非完全一致，加上在财产类犯罪中，数额对定罪量刑的重要影响，忽视获利数额的作用往往影响实证分析的信度，但梳理样本发现，判决书中明确获利数额的不到 40 人，缺失值过多。由此，本文主张设立"获利所占份额"变量，具体包含独自获利、获利较少、获利相当和获利较多四类。对于"被骗数额"，属于定罪情节与量刑情节双重身份的事实。一般认为，双重身份情节的适用不存在双重评价问题，⑤ 故本文主要从量刑角度考虑被骗数额对判决结果的影响。关于"退赔态度"，根据有无退赔和是否得到被害人谅解，分为退赔并取得被害人谅解、退赔未说明被害人谅解以及未退赔或判决退赔。"悔罪表现"分为自首、坦白、配合和不配合，其中自首指自动投案，并如实供述自己的罪行；坦白即如实供述自己的罪行；配合是在审判过程中尚能供认本案主要犯罪事实，但未达到坦白的程度；不配合强调对主要犯罪事实未作彻底供述或者拒不供述。"常见量刑情节"参

---

① 指利用平台高买或低卖产品诈骗，其中产品涉及商品和服务。
② 平台工作人员包括客服人员、从事具体交易的宣传人员和平台管理人员。
③ 指冒充或借助平台代理商身份诈骗。
④ 作用相当包括未区分犯罪作用的大小。
⑤ 白建军：《基于法官集体经验的量刑预测研究》，载《法学研究》2016 年第 6 期。

照 2014 年《意见》第 3 部分"常见量刑情节的适用"中的规定,分为重大立功、一般立功、当庭自愿认罪、无常见量刑情节、前科、累犯 6 种。除了以上量刑因素外,司法实践中还存在其他从重、加重或从轻、减轻等情节,为统计方便,将其统一设定为"其他趋重或者趋轻情节"变量,具体分其他趋轻情节、无其他趋轻趋重情节、兼有其他趋轻趋重情节和其他趋重情节。详言之,其他趋轻情节涵盖(酌情)从轻、减轻情节,具体有初犯、偶犯、悔罪(认罪)态度好、有悔改表现、协助抓捕同案犯、积极配合公安机关侦查、主动缴纳罚金、制止其他违法事件和自动投案等;其他趋重情节包括加重、(酌情)从重情节,涉及缓刑考验期内犯新罪和有其他不良违法犯罪记录等。

2. 分析方法

本文以 spss 统计分析软件为基本工具,研究包括调整网络交易平台诈骗犯罪在内的量刑规定的更新,是否改变由报应性因素和预防性因素共同促成的量刑结果。[①] 与此同时,考虑到判决年份、被骗人数、被骗数额、主刑刑期、[②] 罚金数额存在确定性数值,是定量变量,而其他变量都是定性变量(名义变量或有序变量)。有学者面对这些多类别变量时,主张对定性变量设置虚拟变量选择多元线性回归分析,[③] 但本文认为,设置虚拟变量须选择参照组,[④] 然而参照组并非能有效决定基准刑的设定,且未能有效分析量刑规定是否对量刑结果产生影响。加之本文定性变量较多,[⑤] 易引发共线问题,进而影响分析效

---

① 现有样本中判处剥夺政治权利的仅有 22 例,占样本总数的 3.3%,对此推断统计时易降低回归模型解释的信度,故不作研究。

② 为便于统计,主刑刑期以"月"为计数单位,判处拘役和有期徒刑月份的意义等同,同时为防止部分数值缺漏,对判决无期徒刑的,视为判处 240 个月(20 年)。

③ 文姬:《醉酒型危险驾驶罪量刑影响因素实证研究》,载《法学研究》2016 年第 1 期。

④ 关于参照组的设定,一般要遵循三大原则:一是参照组的定义须明确;二是类别变量若有高低之分须选择居中类别;三是参照组的样本数须适中。参见荣泰生著:《SPSS 与研究方法》,东北财经大学出版社 2012 年版,第 391 页。

⑤ 若以综合电商类平台、发展交易平台客户诈骗、多种网络通信工具、跨区域、不分工作案、从犯、作用相当、获利相当、无退赔情形、配合、无常见量刑情节、无其他趋重趋轻情节为参照组。在包括虚拟变量的基础上会形成网络游戏类平台、投资理财类平台、向平台发布虚假信息诈骗、利用平台买卖产品诈骗、假冒平台工作人员诈骗、以平台代理商身份诈骗、操控交易涨跌行情诈骗、非法管理平台诈骗、非法设立平台诈骗、单一网络通信工具、未跨区域、跨国境、独自作案、分工作案、单独犯、主犯、独自完成、作用较小、作用较大、被骗人数、被骗数额、独自获利、获利较小、获利较大、退赔并取得被害人谅解、未退赔或判决退赔、自首、坦白、不配合、重大立功、一般立功、当庭自愿认罪、前款、累犯、其他趋轻情节、兼有其他趋轻趋重情节、其他趋重情节、主刑刑期、罚金数额共 39 个变量。

果,故主张采用最优尺度回归(又称分类回归,Category Regression,简称 CATREG)分析。该回归分析能按比例换算名义变量、有序变量和定量变量,使用定量化的方法反映各种变量之间的属性,并利用非线性转换求解最佳的回归方程。① 基于以上,最终形成判决年份、网络交易平台类型、诈骗手法、作案方式、诈骗范围、犯罪形式、犯罪所起作用、被骗人数、ln 被骗数额、获利所占份额、诈骗网络通信工具种类、退赔态度、悔罪表现、常见量刑情节、其他量刑情节、主刑刑期、ln 罚金数额共计 17 个变量,② 其中,除了上述五个定量变量外,网络交易平台类型、诈骗手法、作案方式、诈骗范围、犯罪形式、退赔态度、悔罪表现、常见量刑情节和其他量刑情节为名义变量,犯罪所起作用、获利所占份额、诈骗网络通信工具种类为有序变量。

二、量刑规定影响量刑结果的实证分析与检验

(一) 实证结果分析

1. 量刑规定对主刑刑期的影响

从现有所有网络交易平台诈骗犯罪所判处的主刑刑期来看,判处刑期最低的为 0,即未判处主刑,涉及被告人 10 人,占比 1.5%,判处最高的为无期徒刑,有 3 个被告人,比例仅为 0.4%。

为了弄清不同时期 2011《解释》、2014《意见》和 2017 年《解释》对主刑刑期的影响,将主刑刑期设为因变量,以前述除判处年份以外的 14 个量刑因素为自变量,分别对 2011 年《解释》、2014 年《意见》和 2017 年《解释》影响下的具体样本(以下简称 2011 年《解释》样本、2014 年《意见》样本和 2017 年《解释》样本)作分析,得出各自最优尺度回归模型(见表 1)。通过方差分析(ANOVA)发现,各回归模型方差值都小于 0.001,说明各模型都具有统计学意义。具体而言:在 2011 年《解释》样本中,回归模型显示统计值 F 为 26.314,调整 R 方值为 0.935,说明了现有量刑因素对主刑刑期显著影响的解释力,但显著影响的量刑因素很少,即满足 Sig. 值小于 0.1 以下的仅有诈骗手法和 ln 被骗数额两个量刑因素。而且两个量刑因素的标准系数都为正数,分别是 0.495 和 0.765,一是说明了向平台发布虚假信息诈骗、利用平

---

① 最优尺度回归使用整数对名义变量或有序变量进行重新编码,默认使用 1 作为每个分类变量取值的起始点。若是对数值型分类变量重新编码,就把改变量的每个原始值减去其原始的最小值,再加 1 后取整。

② 由于被骗数额和罚金数额较大,将其对数化,以"ln 被骗数额""ln 罚金数额"变量取代。

表 1 主刑刑期的最优尺度回归模型

量刑规定 变量名称	2011 年《解释》①		2014 年《意见》②		2017 年《解释》③	
	B	Sig.	B	Sig.	B	Sig.
网络交易平台类型	0.223	0.144	0.064 ***	0.001	0.119	0.450
诈骗手法	0.495 ***	0.001	0.225 ***	0.000	0.260 **	0.027
诈骗网络通信工具种类	0.080	0.724	-0.061 ***	0.008	0.156	0.175
诈骗范围	0.165	0.258	0.039 **	0.015	0.087	0.631
作案方式	0.277	0.130	0.034	0.699	0.591 ***	0.000
犯罪形式	0.094	0.383	0.264 ***	0.000	0.454 ***	0.006
犯罪所起作用	0.133	0.285	0.178 ***	0.000	-0.139	0.647
被骗人数	-0.023	0.922	-0.033	0.113	-0.014	0.931
ln 被骗数额	0.765 ***	0.000	0.551 ***	0.000	0.686 ***	0.002
退赔态度	0.112	0.200	0.050 ***	0.005	0.114	0.361
获利所占份额	0.140	0.248	0.129 ***	0.000	0.265	0.168
悔罪表现	0.155	0.193	0.087 ***	0.000	0.061	0.666
常见量刑情节	0.197	0.120	0.031 ***	0.007	0.088	0.720
其他量刑情节	0.009	0.991	0.036 ***	0.008	0.124	0.208
调整 R 方值	0.935		0.772		0.755	

注：B（Beta）为标准系数，"*" "**" "***" 分别表示在 10%、5% 及 1% 的水平下显著。因 ln 被骗数额没有实变量，回归分析时系统默认将其指定离散化。

---

① 所得回归方程表达式为，因变量等于自变量乘以各自系数之和。即 2011 年《解释》的主刑刑期 = 0.023 ×（网络交易平台类型）+ 0.495 ×（诈骗手法）+ 0.080 ×（诈骗网络通信工具种类）+ 0.165 ×（诈骗范围）+ 0.277 ×（作案方式）+ 0.094 ×（犯罪形式）+ 0.133 ×（犯罪所起作用）- 0.023 ×（被骗人数）+ 0.765 ×（ln 被骗数额）+ 0.112 ×（退赔态度）+ 0.140 ×（获利所占份额）+ 0.155 ×（悔罪表现）+ 0.197 ×（常见量刑情节）+ 0.009 ×（其他量刑情节）。以下回归方程表达式原理相同。

② 2014 年《意见》的主刑刑期 = 0.064 ×（网络交易平台类型）+ 0.225 ×（诈骗手法）- 0.061 ×（诈骗网络通信工具种类）+ 0.039 ×（诈骗范围）+ 0.034 ×（作案方式）+ 0.264 ×（犯罪形式）+ 0.178 ×（犯罪所起作用）- 0.033 ×（被骗人数）+ 0.551 ×（ln 被骗数额）+ 0.050 ×（退赔态度）+ 0.129 ×（获利所占份额）+ 0.087 ×（悔罪表现）+ 0.031 ×（常见量刑情节）+ 0.036 ×（其他量刑情节）。

③ 2017 年《解释》的主刑刑期 = 0.119 ×（网络交易平台类型）+ 0.260 ×（诈骗手法）+ 0.156 ×（诈骗网络通信工具种类）+ 0.087 ×（诈骗范围）+ 0.591 ×（作案方式）+ 0.454 ×（犯罪形式）- 0.139 ×（犯罪所起作用）- 0.014 ×（被骗人数）+ 0.686 ×（ln 被骗数额）+ 0.114 ×（退赔态度）+ 0.265 ×（获利所占份额）+ 0.061 ×（悔罪表现）+ 0.088 ×（常见量刑情节）+ 0.124 ×（其他量刑情节）。

台买卖产品诈骗、假冒平台工作人员诈骗、发展平台交易客户诈骗、以平台代理商身份诈骗、操控交易涨跌行情诈骗、非法管理平台诈骗和非法设立平台诈骗8种诈骗手法造成的社会危害性程度和诈骗数额的多少与主刑刑期判决的长短呈正相关关系；二是 ln 被骗数额标准系数大于诈骗手法，说明被骗数额对主刑刑期判决长短的影响程度更大。在2014年《意见》样本中，统计值F为52.926，调整R方值为0.772，大于0.5，说明该模型对变量总变异的解释能力较好。观察自变量发现，网络交易平台类型、诈骗手法、诈骗网络通信工具种类、诈骗范围、犯罪形式、犯罪所起作用、ln 被骗数额、退赔态度、获利所占份额、悔罪表现、常见量刑情节和其他量刑情节对主刑刑期产生显著影响，除诈骗网络通信工具种类与主刑刑期呈负相关以外，其他11个量刑因素对网络交易平台诈骗犯罪主刑刑期判决的长短起正向影响。在2017年《解释》样本中，调整R方值为0.755，大于0.5，表明存在于模型以外的其他量刑情节影响主刑刑期判决的比例只达到24.5%。相比2014年《意见》，对因变量有显著影响的自变量只有诈骗手法、作案方式、犯罪形式和 ln 被骗数额4个，且标准系数都为正数，与主刑刑期呈正相关关系。

2. 量刑规定对罚金数额的影响

对现有样本的罚金数额作描述统计分析发现，判处罚金数额的均值达到90069.09元，其中最小值为1000元，最大值为3000000元，判处10000元以下的有248人，占比36.8%，判处罚金数额较多的是5000元、10000元、20000元、30000元和100000元，分别达到49、91、90、65和41人。基于2011《解释》、2014《意见》和2017《解释》出台对罚金数额的影响，分别作出最优尺度回归模型发现（见表2），在回归模型的方差值都小于0.001的前提下，各样本统计值F分别为18.764、30.990和8.113，调整R方值分别为0.910、0.644和0.760，都大于0.5，说明各模型对变量总变异有较好的解释能力。在2011年《解释》样本中，从F检验的显著性Sig.值看，网络交易平台类型、诈骗范围、作案方式和 ln 被骗数额变量的 Sig.值都在10%水平下显著，且标准系数都为正数，表明对因变量产生正向作用。2014年《意见》在全国全面实施的情况下，对罚金数额判决多少有显著影响的量刑因素达到8个，且标准系数都大于零，按对因变量的影响程度排列，依次是 ln 被骗数额、犯罪形式、诈骗手法、网络交易平台类型、获利所占份额、其他量刑情节、作案方式和悔罪表现。在2017年《解释》样本中，对罚金数额有显著影响的量刑因素发生变化，其中 ln 被骗数额、犯罪形式、作案方式、诈骗手法、诈骗网络通信工具种类、悔罪表现、其他量刑情节和退赔态度对因变量产生正向影响。

表 2　ln 罚金数额的最优尺度回归模型

量刑规定 变量名称	2011 年《解释》①		2014 年《意见》②		2017 年《解释》③	
	B	Sig.	B	Sig.	B	Sig.
网络交易平台类型	0.402*	0.057	0.180***	0.000	0.122	0.539
诈骗手法	0.206	0.197	0.202***	0.000	0.307**	0.019
诈骗网络通信工具种类	0.366	0.283	0.003	0.934	0.253*	0.061
诈骗范围	0.406**	0.045	0.012	0.502	0.301	0.262
作案方式	0.410***	0.005	0.101**	0.014	0.393***	0.002
犯罪形式	0.226	0.101	0.255***	0.000	0.466**	0.019
犯罪所起作用	0.126	0.685	0.028	0.752	-0.310	0.123
被骗人数	-0.195	0.460	0.028	0.310	0.014	0.943
ln 被骗数额	0.540***	0.002	0.555***	0.000	0.912***	0.000
退赔态度	0.168	0.123	0.037	0.114	0.195*	0.078
获利所占份额	0.122	0.702	0.144***	0.000	0.361	0.103
悔罪表现	0.250	0.134	0.061***	0.002	0.252**	0.017
常见量刑情节	0.051	0.819	0.022	0.353	0.147	0.264
其他量刑情节	0.123	0.350	0.125***	0.000	0.197*	0.058
调整 R 方值	0.910		0.644		0.760	

注：B（Beta）为标准系数，Sig. 为显著性指标，"*""**""***"分别表示在 10%、5% 及 1% 的水平下显著。因 ln 被骗数额、ln 罚金数额没有实变量，回归分析时系统默认都将其指定离散化。

---

① 2011 年《解释》的 ln 罚金刑期 = 0.402×（网络交易平台类型）+ 0.206×（诈骗手法）+ 0.366×（诈骗网络通信工具种类）+ 0.406×（诈骗范围）+ 0.410×（作案方式）+ 0.226×（犯罪形式）+ 0.126×（犯罪所起作用）- 0.195×（被骗人数）+ 0.540×（ln 被骗数额）+ 0.168×（退赔态度）+ 0.122×（获利所占份额）+ 0.250×（悔罪表现）+ 0.051×（常见量刑情节）+ 0.123×（其他量刑情节）。

② 2014 年《意见》的 ln 罚金刑期 = 0.180×（网络交易平台类型）+ 0.202×（诈骗手法）+ 0.003×（诈骗网络通信工具种类）+ 0.012×（诈骗范围）+ 0.101×（作案方式）+ 0.255×（犯罪形式）+ 0.028×（犯罪所起作用）+ 0.028×（被骗人数）+ 0.555×（ln 被骗数额）+ 0.037×（退赔态度）+ 0.144×（获利所占份额）+ 0.061×（悔罪表现）+ 0.022×（常见量刑情节）+ 0.125×（其他量刑情节）。

③ 2017 年《解释》的 ln 罚金刑期 = 0.122×（网络交易平台类型）+ 0.307×（诈骗手法）+ 0.253×（诈骗网络通信工具种类）+ 0.301×（诈骗范围）+ 0.393×（作案方式）+ 0.466×（犯罪形式）- 0.310×（犯罪所起作用）+ 0.014×（被骗人数）+ 0.912×（ln 被骗数额）+ 0.195×（退赔态度）+ 0.361×（获利所占份额）+ 0.252×（悔罪表现）+ 0.147×（常见量刑情节）+ 0.197×（其他量刑情节）。

总之，通过对网络交易平台诈骗犯罪量刑结果作实证分析发现（见表3）：在 2011 年《解释》实施期间，对实施网络交易平台诈骗犯罪的被告人判处主刑和罚金时，都是从报应性因素对被告人诈骗行为作出评价，而忽略了退赔态度、悔罪表现、常见量刑情节和其他量刑情节等预防性因素的作用；到 2014 年《意见》全面实施时，网络交易平台诈骗犯罪主刑刑期和罚金数额的判决均受到报应性因素和预防性因素的影响；而在 2017 年《解释》生效期间，行为人被判处主刑刑期时，已受报应性因素和预防性因素的双重影响开始转向仅受报应性因素的单方面影响，尽管罚金数额判处方面考虑到退赔态度、悔罪表现和其他量刑情节等预防性因素的作用，但具体量刑因素相比 2014 年《意见》刚开始实施期间的影响程度明显降低。基于以上分析得出，前文假设不成立，在网络交易平台诈骗犯罪中，有关诈骗犯罪量刑规定的更新，容易改变由报应性因素和预防性因素共同促成的量刑结果。

表3　量刑规定对量刑结果的具体影响

具体规定	2011《解释》		2014 年《意见》		2017《解释》	
量刑结果	主刑刑期	罚金数额	主刑刑期	罚金数额	主刑刑期	罚金数额
报应性因素	√	√	√	√	√	√
预防性因素			√	√		√

注："√"表示影响主刑刑期或罚金数额判决的量刑因素。

（二）实证结果检验

一般而言，回归预测模型是利用样本资料构建而来，当样本资料有波动但变化不显著时，模型结果是否与原来的模型基本相同有待于检验。由于网络交易平台诈骗犯罪属于近来新型诈骗犯罪形式，发案数也呈逐年递增的趋势，各年份之间样本数额相差幅度较大，特别是 2014 年《意见》全面实施期间，样本数大于其他规定实施期间之和。为确保上述回归模型的可信度，本文以 2011 年《解释》样本为参照，尝试从如下两个角度对网络交易平台诈骗犯罪主刑刑期和罚金数额最优尺度回归模型作检验，以增强主刑刑期和罚金数额回归模型的解释力。

1. 方案一：以 2011 年《解释》样本中被骗数额为基准作检验

在 2011 年《解释》出台后与 2014 年《意见》正式实施期间，有效样本仅有 52 个，在三大量刑规定影响期间中样本数最少。因此，以该样本为参照，选取样本中的被骗数额为基准，在 2014《意见》和 2017《解释》样本中，比照、选出近似被骗数额的可行样本分别达 373 份和 51 份,① 并展开对比研究。第一,关于主刑刑期的检验(见表 4)。在剔除 2014《意见》和 2017《解释》中关联度不高的样本后发现,检验前后回归模型的解释大体一致,而且调整 R 方值分别达到 0.811、0.776,说明检验后的回归模型分别能解释 81.1% 和 77.6% 以上的总变异,拟合效果不错。申言之,网络交易平台诈骗犯罪的裁量

表 4 以 2011 年《解释》样本中被骗数额为基准的主刑刑期回归模型检验

量刑规定 变量名称	2011 年《解释》	2014《意见》		2017《解释》	
	参照组	检验前	检验后	检验前	检验后
网络交易平台类型	0.023	0.064 ***	0.111 ***	0.119	0.179
诈骗手法	0.495 ***	0.225 ***	0.262 ***	0.260 **	0.341 *
诈骗网络通信工具种类	0.080	-0.061 ***	-0.050	0.156	0.316
诈骗范围	0.165	0.039 **	0.059 ***	0.087	0.079
作案方式	0.277	0.034	0.032	0.591 ***	0.376 *
犯罪形式	0.094	0.264 ***	0.352 ***	0.454 ***	0.401
犯罪所起作用	0.133	0.178 ***	0.183 ***	-0.139	-0.313
被骗人数	-0.023	-0.033	-0.116 ***	-0.014	0.041
ln 被骗数额	0.765 ***	0.551 ***	0.538 ***	0.686 ***	0.506 *
退赔态度	0.112	0.050	0.036 *	0.114	0.258
获利所占份额	0.140	0.129 ***	0.033	0.265	0.569 *
悔罪表现	0.155	0.087 ***	0.131 ***	0.061	0.141
常见量刑情节	0.197	0.031 ***	0.048 ***	0.088	0.186
其他量刑情节	0.009	0.036 ***	0.082 ***	0.124	0.126
调整 R 方值	0.935	0.772	0.811	0.755	0.776

注:表格中阿拉伯数字为标准系数(Beta),"*""**""***"分别表示在 10%、5% 及 1% 的水平下显著。因 ln 被骗数额没有实变量,回归分析时系统默认将其指定离散化。

---

① 司法实践中,相同被骗数额的案件极少,且各省级地区对于诈骗罪数额较大、数额巨大的量刑起点有不同,但对于数额特别巨大均以 50 万元为起点,因该起点对应 120 个月(10 年)有期徒刑。本文以此为分界点,对于低于 50 万元以下的,表明各月相差幅度大于 4166.67 元(50 万除以 120 所得)时方能影响裁量结果的变动,为选取方便,以 4000 元为幅度;对高于 50 万元(包括本数)以上的,因为 2011 年《解释》中的相关样本只有 7 个,为研究的科学性、有效性,所以分 50 万(包括本数)至 100 万(不包括本数)、100 万(包括本数)至 300 万(不包括本数)和 300 万及以上 3 个区间,由于 2011 年《解释》样本在各区间都有分布,故 2014《意见》和 2017《解释》样本中被骗数额达 50 万以上的,都予以选取。

结果共受到 11 个自变量影响,相比检验前仅少 1 个,而且多数变量的标准系数基本相当,说明检验后模型解释力相当稳健。在 2017 年《解释》样本中,通过对比最优尺度回归模型发现,主刑刑期的判处受诈骗手法、作案方式、ln 被骗数额、获利所占份额等自变量的影响,这一点与检验前关于 2017 年《解释》中主刑刑期的回归模型解释也基本一致。

第二,关于罚金数额的检验(见表 5)。在 2014 年《意见》的 ln 罚金数额回归模型检验中,被告人罚金数额的判定类似于主刑刑期,法官刑罚裁量时考虑的变量因素在三个样本中最多,共受到 9 个量刑因素的影响,同检验前相比,网络交易平台类型、诈骗手法、犯罪形式、ln 被骗数额、悔罪表现和其他量刑情节对因变量的显著影响趋向一致。在 2017《解释》的检验中,尽管调整 R 方值为 0.710,相比检验前有所降低,对因变量有显著影响的量刑因素减少 3 个,只剩下网络交易平台类型、诈骗手法、犯罪形式、ln 被骗数额和其他量刑情节,但网络交易平台诈骗犯罪罚金数额的判处受报应性因素和预防性因素共同影响的结果并未发生根本变化。

表 5 以 2011 年《解释》样本中被骗数额为基准的 ln 罚金数额回归模型检验

量刑规定 变量名称	2011 年《解释》 参照组	2014《意见》		2017《解释》	
		检验前	检验后	检验前	检验后
网络交易平台类型	0.402*	0.180***	0.156***	0.122	0.553*
诈骗手法	0.206	0.202***	0.233***	0.307**	1.025***
诈骗网络通信工具种类	0.366	0.003	-0.009	0.253*	0.149
诈骗范围	0.406**	0.012	0.001	0.301	0.294
作案方式	0.410***	0.101**	0.074	0.393***	0.236
犯罪形式	0.226	0.255***	0.259***	0.466**	0.927**
犯罪所起作用	0.126	0.028	0.055	-0.310	-0.231
被骗人数	-0.195	0.028	-0.086**	0.014	-0.027
ln 被骗数额	0.540***	0.555***	0.657***	0.912***	0.740**
退赔态度	0.168	0.037	0.069**	0.195*	0.347
获利所占份额	0.122	0.144***	0.079	0.361	0.379
悔罪表现	0.250	0.061**	0.070**	0.252*	0.316
常见量刑情节	0.051	0.022	0.028*	0.147	0.182
其他量刑情节	0.123	0.125***	0.150***	0.197*	0.675**
调整 R 方值	0.910	0.644	0.688	0.760	0.710

注:表格中阿拉伯数字为标准系数(Beta),"*""**""***"分别表示在 10%、5% 及 1% 的水平下显著。因 ln 被骗数额、ln 罚金数额没有实变量,回归分析时系统默认将其指定离散化。

2. 方案二：以 2011 年《解释》样本中判决结果为基准作检验

为进一步验证主刑刑期、罚金数额最优尺度回归模型的信度，以 2011 年《解释》样本中的判决结果为基准，在 2014《意见》与 2017《解释》样本中，选出近似判决结果的可行样本分别有 359 份和 66 份，① 据此展开研究。首先，主刑刑期的检验方面（见表 6）。判决结果是司法人员综合多种情节作出的理性判断。在以 2011 年《解释》样本中判决结果为基准作检验发现，相比方案一的检验，在 2014 年《意见》样本中，仅出现诈骗范围和作案方式对主刑刑期判处结果影响程度有不同之外，该模型的稳健性更好，调整 R 方值达到近似水平，分别为 0.772 和 0.740。对 2017 年《解释》样本进行检验后发现，

表 6 以 2011 年《解释》样本中判决结果为基准的主刑刑期回归模型检验

量刑规定 变量名称	2011 年《解释》 参照组	2014《意见》		2017《解释》	
		检验前	检验后	检验前	检验后
网络交易平台类型	0.023	0.064***	0.086**	0.119	0.084
诈骗手法	0.495***	0.225***	0.238***	0.260**	0.525***
诈骗网络通信工具种类	0.080	-0.061***	-0.082**	0.156	0.143
诈骗范围	0.165	0.039**	0.045	0.087	0.023
作案方式	0.277	0.034	0.215**	0.591***	0.623***
犯罪形式	0.094	0.264***	0.401***	0.454***	0.517***
犯罪所起作用	0.133	0.178***	0.184***	-0.139	-0.326
被骗人数	-0.023	-0.033	-0.041	-0.014	0.027
ln 被骗数额	0.765***	0.551***	0.542***	0.686***	0.594**
退赔态度	0.112	0.050**	0.055**	0.114	0.125
获利所占份额	0.140	0.129***	0.097**	0.265	0.269
悔罪表现	0.155	0.087***	0.074***	0.061	0.099
常见量刑情节	0.197	0.031***	0.042**	0.088	0.205
其他量刑情节	0.009	0.036***	0.061**	0.124	0.058
调整 R 方值	0.935	0.772	0.740	0.755	0.741

注：表格中阿拉伯数字为标准系数（Beta），"*""**""***"分别表示在 10%、5% 及 1% 的水平下显著。因 ln 被骗数额没有实变量，回归分析时系统默认将其指定离散化。

---

① 司法实践中，判处相同主刑和罚金的案件很少，为验证的有效性、方便性，兼顾 2011《解释》样本少的客观事实，本文以主刑刑期为主要标准，对与主刑刑期不匹配的，再以罚金数额为次要标准选取对应样本。

对主刑刑期存在显著影响的量刑因素分别有诈骗手法、作案方式、犯罪形式、ln 被骗数额，同检验前一致，且调整 R 方值相比 2014 年《意见》更为接近，分别达到 0.755 和 0.741。

而后，罚金数额的检验方面（见表 7）。在 2014 年《意见》ln 罚金数额的回归模型检验中，尽管调整 R 方值相比检验前，下降到 0.572，退赔态度和获利所占份额对因变量的影响程度有"分歧"，检验前罚金数额受后者影响显著，检验后显著影响因素变为前者。但是，网络交易平台类型、诈骗手法、作案方式、犯罪形式、ln 被骗数额、悔罪表现和其他量刑情节 7 个量刑因素对因变量的影响程度基本相同。在 2017 年《解释》中，检验前后的调整 R 方值基本相等，分别为 0.760 和 0.763。尽管检验后对罚金判处有显著影响的自变量减少 3 个，变为作案方式、犯罪形式、被骗数额、退赔态度和常见量刑等多种情节，但因变量依然受报应性因素和预防性因素的共同影响。

表 7 以 2011 年《解释》样本中判决结果为基准的 ln 罚金数额回归模型检验

量刑规定 变量名称	2011 年《解释》 参照组	2014《意见》检验前	2014《意见》检验后	2017《解释》检验前	2017《解释》检验后
网络交易平台类型	0.402 *	0.180 ***	0.157 **	0.122	0.139
诈骗手法	0.206	0.202 ***	0.284 ***	0.307 **	0.238
诈骗网络通信工具种类	0.366	0.003	-0.028	0.253 *	0.188
诈骗范围	0.406 **	0.012	0.013	0.301	0.364
作案方式	0.410 ***	0.101 **	0.242 ***	0.393 ***	0.387 ***
犯罪形式	0.226	0.255 ***	0.396 ***	0.466 **	0.505 **
犯罪所起作用	0.126	0.028	0.050	-0.310	-0.353
被骗人数	-0.195	0.028	0.032	0.014	0.087
ln 被骗数额	0.540 ***	0.555 ***	0.526 ***	0.912 ***	0.816 ***
退赔态度	0.168	0.037	0.089 ***	0.195 *	0.236 **
获利所占份额	0.122	0.144 ***	0.060	0.361	0.201
悔罪表现	0.250	0.061 *	0.098 ***	0.252 **	0.199
常见量刑情节	0.051	0.022	0.040	0.147	0.216 *
其他量刑情节	0.123	0.125 ***	0.142 ***	0.197 *	0.136
调整 R 方值	0.910	0.644	0.572	0.760	0.763

注：表格中阿拉伯数字为标准系数（Beta），"*""**""***"分别表示在 10%、5% 及 1% 的水平下显著。因 ln 被骗数额、ln 罚金数额没有实变量，回归分析时系统默认将其指定离散化。

以 2011 年《解释》样本为参照，分别以该样本中的被骗数额和判决结果为基准作检验，进一步验证了包括调整网络交易平台诈骗犯罪在内的量刑规定的更新，容易改变由报应性因素和预防性因素共同促成的量刑结果。由此表明，"刑罚裁量是受报应性因素和预防性因素共同促成的理论观点"在实际的司法活动中正遭受挑战。

三、多维视角下的现有网络交易平台诈骗犯罪量刑机制

（一）量刑规定维度下的网络交易平台诈骗犯罪量刑机制

借助前文的实证分析结果，从量刑规定维度下，我国现有网络交易平台诈骗犯罪量刑机制呈现如下变化。

1. 刑罚目的一体化面临考验

理论上，报应、预防乃现代刑罚目的所在，历经康德主张的道德报应论、黑格尔的法律报应论以及贝卡里亚"阻止罪犯再重新侵害公民"[①] 的预防论，综合报应和预防的刑罚目的一体化在我国学界已日渐成为主流。[②] 尽管两者走向融合遭遇"冲突"的质疑，但"报应刑罚与一般预防两者是较易调和在一起的。只要基于正义与衡平的理念，以及公正报应的原则，依据行为的危害程度与行为人的行为罪责，定出报应刑罚，促成社会大众在法感上的共鸣，增强一般民众的法意识。"[③] 而且从世界范围来看，无论是大陆法系抑或英美法系国家的刑罚理论多采取综合的刑罚目的观。"不仅我国提倡刑罚目的一体化，世界其他国家刑罚目的观体系也没有脱此窠臼，且为多数国家之刑事立法与司法判例及刑罚执行的依据。"[④] "刑罚同时取决于两个因素，其一是，用刑罚进行预防的必要性；其二是，犯罪人罪责及其大小。"[⑤] 刑罚目的一体化主张，

[①] ［意］贝卡里亚：《论犯罪与刑罚》，黄风译，中国大百科全书出版社 1996 年版，第 42 页。

[②] 我国学界涉及刑罚目的一体化的代表性论著有：陈兴良：《刑罚目的新论》，载《华东政法学院学报》2001 年第 3 期；周少华：《刑罚目的观之理论清理》，载《东方法学》2012 年第 1 期；赵秉志、陈志军：《刑罚价值理论比较研究》，载《法学评论》2004 年第 1 期；邱兴隆：《穿行于报应与功利之间——刑罚"一体论"的解构》，载《法商研究》2000 年第 6 期；等等。

[③] 林山田：《刑法通论（下）》，北京大学出版社 2012 年版，第 305 页。

[④] 姜敏：《制度理想与行为选择：刑罚目的一体化剥离及其宣谕》，载《北方法学》2015 年第 2 期。

[⑤] ［德］克劳斯·罗克辛：《刑事政策与刑法体系》，蔡桂生译，中国人民大学出版社 2011 年版，第 78 页。

量刑是一个既要考虑报应与预防，又需权衡各种因素的复杂活动。

然而，通过前文的最优尺度回归模型发现，刑罚目的一体化在司法实践中面临适用的困境。从2012到2017年，对网络交易平台诈骗犯罪的量刑并未完全体现刑罚目的一体化。尽管2010年最高人民法院便已出台《人民法院量刑指导意见（试行）》，以推行量刑规范化改革，但"为依法惩治诈骗犯罪活动，保护公私财产所有权"，司法机关更多的是从诈骗行为的社会危害性角度配置刑罚，却忽略规制人身危险性的应有作用。2014年《意见》全面实施的初期，刑罚目的一体化得到了较好实现，基本达到了预期目的。然而，随着网络社会步伐的加快，诈骗犯罪行为类型发生变化，"即时性和辐射性、跨地域性、群体化和组织化"①特征显现，司法机关为"坚持全链条全方位打击，坚持依法从严从快惩处……"出台2017《解释》，刑罚目的的天平无疑又偏向报应论，而忽略了预防论对行为人的特殊作用，致使刑罚目的一体化受到冲击即是明证。

2. 司法模式主导下量刑规定对量刑结果的动态影响

众所周知，我国量刑模式主要采取司法模式，也称法官量刑模式，即先从法律上对犯罪行为规定相对确定的幅度刑，后由法官行使刑罚裁量权对被告人确立宣告刑，而裁量权的行使往往离不开量刑规定的作用。在现有的研究成果中，人们深知量刑规定对具体犯罪的量刑结果产生影响，但鲜有学者从这一角度深入关注量刑结果的变化，即便围绕具体犯罪的量刑结果作实证研究，也往往是从静态视角研究不同量刑因素对量刑结果的影响，进一步研究的话也仅是对不同量刑因素作相对重要性排序，缺乏从动态视角中观察量刑规定对量刑结果的具体影响。根据前文，不同量刑因素对量刑结果的影响程度有别，而且随着量刑规定内容的变化，量刑结果受不同量刑因素的影响程度也相应发生改变。

在2011年《解释》实施期间，对实施网络交易平台诈骗犯罪的被告人判处主刑和罚金时，都是从报应性因素角度对诈骗行为作出评价。毋庸讳言，这种变化同2011年《解释》分别从诈骗行为、对象和结果（第2条）、诈骗近亲属财物（第4条）、诈骗信息条数和电话次数（第5条）、故意犯罪停止形态（第6条）和诈骗主体身份（第8条）角度处罚该类犯罪紧密关联。尽管2010年最高人民法院已颁布《人民法院量刑指导意见（试行）》，删除2009年

---

① 陈家林、汪雪城：《网络诈骗犯罪刑事责任的评价困境与刑法调适——以100个随机案例为切入》，载《政治与法律》2017年第3期。

《人民法院量刑指导意见（试行）》关于"增加刑罚量的具体情形"的规定，[①]但在2011年《解释》的出台下明显"冲淡"预防性因素对判决结果的作用。2014年《意见》实施初期，对网络交易平台诈骗犯罪的量刑产生显著效果，该类犯罪的主刑刑期和罚金数额均受到报应性因素和预防性因素的影响。正如有学者从交通肇事罪视角研究时发现，"'量刑指导意见'的确有效提高了交通肇事罪量刑的合法性和确定性程度，法定量刑情节的确可以在很大程度上解释、预测两年来交通肇事罪有期徒刑刑期的变化。"[②] 然而，2014年《意见》释放的"红利"并未持久，随着电信网络诈骗犯罪的"井喷"，司法机关已着重从反映行为社会危害性角度加大对其的治理力度，网络交易平台诈骗犯罪的刑罚裁量结果相比以往已发生显著变化。从动态视角可以预见，量刑规定若在报应性因素和预防性因素适用程度的规定上发生变化，定然会对具体犯罪的量刑结果产生相应影响。

3. 量刑规定的更新反映法官刑罚裁量权伸缩的变化

根据前述，2011年《解释》主要是从报应性因素角度对诈骗犯罪予以规制，明确"酌情从严惩处""酌情从宽"的具体情形。不难发现，这些规定都是从定性上把握从严、从宽情形，并未确立定量式刑法幅度的增减。2014年《意见》，是2010《人民法院量刑指导意见（试行）》的升级版，在量刑基本原则和方法的指导下，以相对数据化、百分比形式确立常见量刑情节和常见犯罪的调节比例，对调节幅度与实际增减刑罚量起到积极作用。2014年《意见》虽然坚持以定性分析为基础，但一定程度上以定量方式确定量刑起点、基准刑和宣告刑的量刑步骤，[③] 规范了法官刑罚裁量权。"2014年《意见》确定的量刑模式属于量刑双轨制，对量刑情节通过量化、数据化的方式做出规范，且有将酌定情节法定化的倾向。"[④] 就包括网络交易平台诈骗犯罪在内的诈骗罪而言，量刑起点幅度是由被骗（诈骗）数额或其他（特别）严重情节决定的，基准刑相对明确，常见量刑情节乃量刑因素的关键内容，一定程度上量化了调

---

① 周长军：《量刑治理的模式之争——兼评量刑的两个指导"意见"》，载《中国法学》2011年第1期。

② 白建军：《基于法官集体经验的量刑预测研究》，载《法学研究》2016年第6期。

③ 量刑步骤：（1）根据基本犯罪构成事实在相应的法定幅度内确定量刑起点；（2）根据其他影响犯罪构成的犯罪数额、犯罪次数、犯罪后果等犯罪事实，在量刑起点的基础上增加刑罚量确定基准刑；（3）根据量刑情节调节基准刑，并综合考虑全案情况，依法确定宣告刑。

④ 彭文华：《布克案后美国量刑改革的新变化及其启示》，载《法律科学》2015年第4期。

节基准刑，进而为确立相对明确的宣告刑奠定基础。然而，随着网络交易平台诈骗犯罪的持续高发，2017 年《解释》为"坚决有效遏制电信网络诈骗等犯罪活动"，以定性方式从犯罪行为、犯罪结果、犯罪对象、犯罪形态等角度增加报应性因素适用程度，大为降低诈骗罪调节基准刑的量化程度。于此，从 2011 年《解释》偏重对量刑因素的定性，到 2014 年《意见》的逐步定量，再到 2017 年《解释》的从严定性，此举无疑反映法官刑罚裁量权伸缩的变化。同时，也表明过分地偏重行为定性评价易忽略预防性因素规制犯罪的积极作用。

(二) 量刑结果维度下的网络交易平台诈骗犯罪量刑机制

量刑结果乃量刑活动的"结晶"，以量刑结果为维度，便于揭示我国现有网络交易平台诈骗犯罪量刑机制的实然"构造"。

1. 被骗数额是决定主刑刑期和罚金数额的关键因素

根据《刑法》第 266 条，诈骗罪属于数额犯。被骗数额不仅决定诈骗罪的定性，也能影响诈骗罪的量刑。在主刑刑期的回归模型中，被骗数额对主刑刑期的标准系数在各规定实施期间分别是 0.765、0.551 和 0.686，在各量刑因素重要性程度的排序上稳居首位，而且对罚金数额的判处也类似于前者，影响的重要性程度也是最高的，标准系数分别达到 0.540、0.555 和 0.912。可见，被骗数额业已成为网络交易平台诈骗犯罪刑罚裁量的关键因素。尽管 2011 年《解释》第 5 条指出"发送诈骗信息 5000 条、拨打诈骗电话 500 人次"以上的以诈骗罪（未遂）定罪处罚，确立了"数额 +（升格刑）情节"的刑责评价标准，[1] 但对量刑结果并未发生显著性作用，梳理现有样本，只出现 3 例案件，涉及被告人 8 人，仅占总样本的 1.19%，[2] 对主刑刑期和罚金数额的影响不大。另外，在计算 ln 被骗数额同主刑刑期、ln 罚金数额的相关系数时发现（见表 8），在相关系数检验的双侧概率 P - 值近似为 0 的情况下，ln 被骗数额与主刑刑期的 Pearson 简单相关系数达到 0.631，[3] ln 被骗数额与 ln 罚金数额的相关系数为 0.656，表明被骗数额同主刑刑期和罚金数额呈现正的强相关性。

---

[1] 陈家林、汪雪城：《网络诈骗犯罪刑事责任的评价困境与刑法调适——以 100 个随机案例为切入》，载《政治与法律》2017 年第 3 期。

[2] 具体参见江苏省无锡市惠山区人民法院（2015）惠刑二初字第 00096 号刑事判决书、广东省深圳市宝安区人民法院（2015）深宝法龙刑初字第 281 号刑事判决书和江西省宜春市中级人民法院（2015）宜中刑二终字第 128 号刑事判决书。

[3] Pearson 简单相关系数用来度量定距型变量间的线性相关关系。

表 8　ln 被骗数额与量刑结果的相关系数计算结果

量刑结果 \ 量刑因素	ln 被骗数额		
	Pearson 相关性	显著性（双侧）	样本数
主刑刑期	0.631**	0.000	673
ln 罚金数额	0.656**	0.000	673

注："**"表示在 0.01 水平（双侧）上显著相关。

2. 罚金数额的判处较主刑刑期易受不确定性量刑因素的影响

根据刑法规定，判处主刑更多的依据"犯罪的事实、犯罪的性质、情节和对于社会的危害程度"（《刑法》第 61 条）。"判处罚金，应当根据犯罪情节决定罚金数额。"（《刑法》第 52 条）看似前者的影响因素多于后者，但实际情况却是罚金的判处更受多种量刑因素的影响，其中便包括不确定性量刑因素。

通过对比两者的回归模型发现，在 2011 年《解释》施行期间，主刑刑期仅受诈骗手法和 ln 被骗数额的影响，而罚金的判处则受网络交易平台类型、诈骗范围、作案方式和 ln 被骗数额 4 种量刑因素影响，在受较多因素影响的同时，而且调整 R 方值低于前者，说明模型以外其他不确定因素影响罚金数额判处的作用更大。本文推测，或许与被告人的经济实力相关。因为最高人民法院《关于适用财产刑若干问题的规定》第 2 条规定应综合考虑被告人缴纳罚金的能力，而且有学者研究也发现，"在决定罚金的数量时，应当考虑犯罪人的现有经济条件以及潜在的经济能力；对于具有经济能力的人，应判处与犯罪相适应的罚金；对于明显没有缴纳能力的罪犯，在法律规定为选科或并科的情况下，可尽量不判罚金或少判罚金。"① 在 2014《意见》全国推行期间，尽管影响罚金数额判处的量刑因素已达到 8 个，但是其决定罚金数额判处多少的解释率也仅为 64.4%，远低于 2011 年《解释》实施期间影响主刑刑期判决的解释率。在 2017 年《解释》生效期间，虽然罚金数额和主刑刑期的调整 R 方值达到近似水平，但其量刑影响因素的个数是后者的两倍，而且涵盖报应性因素和预防性因素。

3. 主刑刑期和罚金数额受预防性因素影响的程度不够

理论上认为，量刑是对与报应和预防相关的诸多因素进行权衡和评价的复

---

① 钱叶六：《论中国罚金刑的改革与完善——以探寻罚金刑执行难之解决方案为视角》，载《法学论坛》2006 年第 4 期。

杂过程。① 然而，有学者却主张，"裁量者考虑的主要是与行为严重性相关的报应性变量，对行为人的预防则几乎不被考虑，刑罚的预防性需求始终处于刑罚裁量的边缘位置。"② 2011 年《解释》生效期间的罚金判处以及 2011 年《解释》和 2017 年《解释》施行期间的主刑判决均未受到预防性因素影响。而且，2014 年《意见》全面实施期间，尽管主刑刑期和罚金数额的判处考虑到预防性因素的作用，但其标准系数远低于报应性因素。展开而论，在主刑刑期的回归模型上，退赔态度、悔罪表现、常见量刑情节和其他量刑情节等预防性因素的标准系数分别为 0.050、0.087、0.031、0.086，远低于诈骗手法的 0.225、犯罪形式的 0.264、犯罪所起作用的 0.178、ln 被骗数额的 0.551、获利所占份额的 0.129；在 ln 罚金数额的回归模型上，仅有悔罪表现和其他量刑情节两个预防性因素，其系数分别是 0.061 和 0.125，也低于网络交易平台类型、诈骗手法、犯罪形式、ln 被骗数额和获利所占份额等报应性因素的标准系数。在 2017 年《意见》样本中，虽然罚金数额判处的多少受到退赔态度、悔罪表现和其他量刑情节等预防性因素的影响，但标准系数都处于 0.195 至 0.252 之间，低于诈骗手法的 0.307、诈骗网络通信工具种类的 0.253、作案手法的 0.393、犯罪形式的 0.466 和 ln 被骗数额的 0.912。与此同时，三者显著性水平也明显高于报应性因素中的作案方式和 ln 被骗数额，表明出现不影响网络交易平台诈骗犯罪罚金判处可能性的概率高于后者。

四、网络交易平台诈骗犯罪量刑机制的完善路径

由以上分析可知，不论是量刑规定维度下，抑或量刑结果维度下的网络交易平台诈骗犯罪量刑机制都面临不足。为了缩小量刑规定实然预期与刑罚裁量实然结果之间的偏差，有必要对该类犯罪量刑机制的选择路径作出调整。

（一）理念贯彻：动态视角下量刑公正的实现

"在人类刑法文明史上，量刑公正始终是人们不懈追求的崇高目标。"③ 经历单方面坚持刑罚报应论抑或刑罚预防论所带来的弊端，量刑公正旨在罪刑均衡，并力图促进刑法目的一体化的实现，这已成为树立、维护量刑公正理念的

---

① Wolfgang Frisch (Hrsg.): Grundfragen des Strafzumessungsrechts aus deutscher und japanischer Sicht. Mohr Siebeck, 2011, S. 3 - 11 ff.

② 赵书鸿：《论刑罚裁量的简洁化——量刑活动的经验性研究结论》，载《中外法学》2014 年第 6 期。

③ 沈德咏：《论量刑公正》，载中国政法大学刑事法律研究中心、英国大使馆文化教育处主编：《中英量刑问题比较研究》，第 11 页。

主流。"当代西方学者在刑罚根据问题上基本上持这种态度,试图从诸种刑罚根据论的扬弃、中和与整合中找到一种对刑罚的根据的趋于完整的解释。"① 根据《刑法》第5条规定:"刑罚的轻重,应当与犯罪分子所犯罪行和承担的刑事责任相适应。"可见,量刑公正的实现,必须要求刑罚的轻重能反映出行为的社会危害性和行为人的人身危险性。正如有学者所说,"所谓量刑公正,是指对犯罪分子所判刑罚的轻重与其所犯罪行的社会危害程度及其人身危险程度相对均衡的情形。"② 有学者对此作进一步探究,指出"宣告刑的轻重应当与行为的社会危害程度以及行为人的人身危险程度相适应"。③ 换言之,确保量刑公正理念的实现,在刑罚裁量时不仅要考量报应性因素的作用,也不能忽略对预防性因素的适用。

然而,量刑是针对行为人实施的具体犯罪而言的,是在定罪基础上所做的刑罚裁量。社会在发展,特别是在当前网络通信、计算机技术进步的基础上,包括网络交易平台诈骗犯罪在内的网络犯罪行为类型已发生改变,加之我国量刑是以司法模式为主体,司法机关在应对各种网络犯罪时常出台司法解释完善相关罪刑规范的适用。因而,我们不能仅用静态眼光去看待继续生效的司法性解释文件,而应从社会向前发展、量刑规定不断更新的动态视角中审视量刑公正理念的贯彻程度。于此,量刑公正理念的贯彻必须在动态视角中围绕量刑规定的制定和适用为关键,具体应表现在:一是司法机关在制定有关网络交易平台诈骗犯罪量刑内容的司法解释中应有量刑公正理念的指导,不能为了规制具体犯罪而只关注行为的社会危害性,也应从行为人人身危险性角度考虑预防犯罪的作用。比如,对于罚金判处易受不确定量刑因素影响的问题,应注意从被告人缴纳罚金能力的角度明确其具体内容。二是法官审理具体网络交易平台诈骗犯罪时必须发挥量刑公正理念的指导作用,法官在认定行为人构成诈骗罪的前提下,不仅要考虑报应性因素,而且要积极关注预防性因素对量刑结果的影响程度,依法对被告人所承担的刑罚予以公平、正当地裁量。

(二)《解释》充实:加大预防性因素的考量程度

"由于判决所针对的社会环境变化了,判决制造者们对适用于实现目的之

---

① 邱兴隆:《关于惩罚的哲学——刑罚根据论》,法律出版社2000年版,第257页。
② 赵廷光:《论量刑原则与量刑公正——关于修改完善我国量刑原则的立法建议》,载《法学家》2007年第4期。
③ 张天虹:《量刑公正及判断标准》,载《法学杂志》2011年第2期。

手段的看法也变化了，因而，解释规则的方法也必须变化。"① 近年来，网络交易平台诈骗犯罪作为新类型的网络诈骗犯罪，呈"愈演愈烈"之势，已引发广泛关注。然而实际上，司法机关并未针对网络交易平台这一新类型诈骗犯罪出台专门性调整规范。由此，建议司法机关出台相关解释性文件时，不应再受 2011 年《解释》和 2017 年《解释》仅从报应性因素角度治理诈骗犯罪的"路径依赖"，而应加大预防性因素的考量程度。

正如德国《刑法》规定："犯罪人的责任是量刑的基础，且应考虑刑罚对犯罪人未来社会生活产生的影响。"② 奥地利《刑法》也规定："法院在量刑时，应权衡对行为人有利和不利的情况，还应考虑到刑罚和行为的其他后果对行为人在未来社会生活中的影响。"③ 毫无疑问，司法解释的规定亦不能例外。比如，在退赔态度中，是否有退赔或被害人谅解的情形；悔罪表现上，供述罪行的程度和不配合司法机关办案的情形应如何判定；在常见量刑情节中，借助利用网络交易平台的便利，行为人是否有前科、累犯情节，重大立功、一般立功在平台诈骗犯罪中应如何体现；其他量刑情节上，被告人共同犯罪结束后阻却被害人财产或其他关联财产损失进一步蔓延的态度如何，犯罪结束后是否积极配合办案机关侦查取证，基于在不同类型网络交易平台中所扮演的角色与供述罪状的程度是否相称，被告人家庭状况或实际生活情况与其缴纳罚金能力的关联程度如何，行为人既有偏重考量的预防性因素和又有偏轻考量的预防性因素应如何评价，等等。

（三）《意见》修改：构建以定量为主的量刑方法

2014 年《意见》在"量刑的基本方法"开头部分谈到"量刑时，应在定性分析的基础上，结合定量分析，依次确定量刑起点、基准刑和宣告刑"，这说明我国采取以定性为主的量刑方法。针对其不足，2017 年 3 月 9 日，最高人民法院再次出台《关于常见犯罪的量刑指导意见》，在第 2 部分量刑的基本方法中指出，"量刑时，应以定性分析为主，定量分析为辅，依次确定量刑起点、基准刑和宣告刑。"可见，量刑方法以定性为主的局面并未改变。我们知道，量刑是对犯罪主体实施的具体犯罪而言的，倘若专门针对量刑活动所出台的量刑指导意见都以定性为主，那就更不用说从定性角度规制具体犯罪所出台的司法解释了，由此也就大为"弱化"原本仅有少量以定量方式规范法官刑

---

① [美] R. M. 昂格尔：《现代社会中的法律》，吴玉章、周汉华译，译林出版社 2008 年版，第 167 页。

② Vgl. Artikel 46 des Strafgesetzbuches.

③ Vgl. Artikel 32 des österreichischen Strafgesetzbuchs.

罚裁量权时所应产生的积极作用。

面对前文实证分析的结果，本文主张，在当前阶段应修改《关于常见犯罪的量刑指导意见》，确立为以定量为主的量刑基本方法。理由如下：其一，《关于常见犯罪的量刑指导意见》是司法机关面对常见犯罪制定的，且对所有犯罪的量刑起到宏观指导作用，实践中司法机关为应对社会的发展和犯罪行为类型的变化，不时更新司法解释已不可避免，在一定程度上也维系了量刑一致性和量刑个别化的平衡。其二，随着计算机技术、人工智能的进一步发展，量刑规范化改革的信息化建设必然加快推进，而这离不开定量式量刑因素适用程度的设定，恰如报道所言，"量刑规范化改革经过多年的试行、实施，积累了非常丰富的量刑数据和数以万计的典型案例，为利用大数据、人工智能辅助法官量刑创造了必要条件。"[①] 想必，若以定量为基本方法的《关于常见犯罪的量刑指导意见》为指导，并辅之以加大预防性因素考量程度的司法解释，则利于推动量刑智能系统的规范化、科学化。其三，从域外来看，推行数字化量刑改革取得良好效果的美国便是很好地证明，《美国联邦量刑指南》相对科学，一定程度上规范了法官的自由裁量权，"指南的持久性，尤其是它们继续驱动实际判决的程度，令几乎所有人感到惊讶。"[②] 其四，面对精确性、数字化量刑会降低司法效率、阻却刑罚目的实现的质疑，本文认为司法模式主导下量刑机制的完善并非走数据化、定量化的极端，而是以幅度差别比例式的定量为基本方法，[③] 最终形成《关于常见犯罪的量刑指导意见》为主干、规制该类犯罪的司法解释为补充的量刑规范体系。另外，面对以定量为基本方法的量刑会增加法官负荷的疑问，本文认为随着司法活动网络化、智能化改革进程的加快，必然会得到很大程度地消解。

五、结论

本文以2011《解释》、2014年《意见》和2017年《解释》实施为自然实验，考察三项量刑规定生效后对网络交易平台诈骗犯罪刑罚裁量结果的影响。全文以手工收集整理的2012年至2017年10月1日关于网络交易平台诈骗犯

[①] 陈学勇：《最高人民法院立项开发建设量刑智能辅助系统》，载《人民法院报》2017年9月27日。

[②] Frank O. Bowman, "Dead Law Walking: the Surprising Tenacity of the Federal Sentencing Guidelines", Houston Law Review, Vol. 51, No. 5, 2014, p. 1268.

[③] 幅度差别比例式的定量，是指在基准刑的基础上，根据不同量刑因素确立最低、最高增减刑罚幅度比例的量化方式，以确保调节基准刑的"调节"受幅度比例控制。

罪的刑事判决书为样本，以主刑刑期和罚金数额为分析对象，采用最优尺度回归分析方法，实证分析发现：在网络交易平台诈骗犯罪中，有关诈骗犯罪量刑规定的更新，易改变由报应性因素和预防性因素共同促成的量刑结果。为验证结论的可信度，本文以2011年《解释》为参照，分别以2011年《解释》中的被骗数额和判决结果为基准作回归模型检验，进一步论证了回归模型的稳健性。

以实证分析结论为基础，检视现有量刑机制呈如下现状：在量刑规定维度下，刑罚目的偏向报应论，而忽略预防论对行为人的特殊作用，致使刑罚目的一体化面临考验。传统上人们往往从静态视角研究不同量刑因素对量刑结果的影响。而在动态视角下，不同量刑因素对量刑结果的影响程度有别，且随着量刑规定内容的变化，量刑结果也相应发生改变。总之，量刑规定的更新已反映法官刑罚裁量权伸缩的变化。在量刑结果维度下，被骗数额已是主刑刑期和罚金数额的关键因素，罚金数额相比主刑刑期更易受不确定性因素的影响。理论上，量刑是综合权衡、评价报应性因素和预防性因素的过程，但在网络交易平台诈骗犯罪中，预防性因素对量刑结果的影响程度明显不够。

完善现有网络交易平台诈骗犯罪量刑机制，应在动态视角下树立量刑公正理念，既要求司法机关在制定有关网络交易平台诈骗犯罪量刑内容的司法解释时应树立量刑公正理念，也要求法官审理该类诈骗犯罪时须发挥量刑公正理念的指导作用。而在同时，在未来所出台应对该类犯罪的司法解释中须加大预防性因素的考量程度。修改《关于常见犯罪的量刑指导意见》时，应确立以定量为主的量刑基本方法，最终形成以定量为基本方法的《关于常见犯罪的量刑指导意见》为主干，规制该类犯罪的司法解释为补充的量刑规范体系，以规范法官刑罚裁量权、防止量刑偏差引发不公。

（责任编辑：石磊）

网络有组织犯罪结构的嬗变与刑法转向

——基于网络黑恶势力犯罪的视角[*]

莫洪宪[**]

摘　要：在网络社会去中心化、跨时空互动性、开放性、自由性等特质的推动下，以网络黑恶势力犯罪为代表的网络有组织犯罪结构出现嬗变，表现为网络黑恶势力犯罪有组织性的部分消解和实质承继。我国立法和司法规范分别从网络犯罪层面、有组织犯罪层面以及二者融合层面进行了回应，但是仍需在理念与规范层面进行理论归纳和顶层设计。在刑法理念层面，应当推动"打早打小"等刑事政策理念在网络黑恶势力犯罪的融合适用，同时部分改变整体以共同犯罪进行评价的犯罪参与理念。在规范发展层面，应当推动网络黑恶势力犯罪处罚的行刑衔接，以及从业禁止、禁止令的有效适用。

关键词：网络有组织犯罪　网络黑恶势力犯罪　参与结构　理念调整　规范发展

随着网络社会的发展，网络犯罪行为已经超越单独犯、数人共犯的形态，不断向有组织犯罪的形式演变，网络黑恶势力犯罪日益成为典型化的犯罪类型。网络黑恶势力犯罪兼具网络犯罪与黑恶势力犯罪的双重性质，使其具有独特的组织形式、行为方式，如何确立有针对性的刑事规制体系日益为司法实践所关注。2019 年 10 月，最高人民法院、最高人民检察院、公安部、司法部颁布了《关于办理利用信息网络实施黑恶势力犯罪刑事案件若干问题的意见》（以下简称《网络黑恶势力犯罪意见》），旨在依法严厉惩处利用信息网络实施的黑恶势力犯罪。究竟网络黑恶势力犯罪结构上有何特殊之处，使得需要就其专门出台司法规范？目前立法和司法规范的规范发展处于何种状况，未来又该

---

[*] 本文系中国法学会部级法学研究一般课题"网络空间黑恶势力犯罪治理研究"[项目编号：CLS（2019）C07]的阶段性成果。

[**] 武汉大学刑事法研究中心主任、教授、博士生导师，法学博士。

如何确定黑恶势力犯罪规范发展的方向？以该类犯罪为视角进行系统研究无疑是分析和应对网络有组织犯罪的有力支点。

一、有组织犯罪的网络化

有组织犯罪是以追求经济利益为基本目标，采取暴力和贿赂为主要手段，具有组织机构的层次性、组织功能的分解协调性、组织指令的规范性和组织成员的稳定性、组织形态由低到高的有序性，实施犯罪行为的犯罪组织整体系统。① 我国《刑法》中的有组织犯罪主要包括集团犯罪、黑恶势力犯罪和其他法定的犯罪组织实施的犯罪（如恐怖组织犯罪、邪教组织犯罪）等。有组织犯罪涉及的违法犯罪活动十分广泛，结合相关立法和司法规范，仅恶势力犯罪即可包括强迫交易、故意伤害、非法拘禁、敲诈勒索、故意毁坏财物、聚众斗殴、寻衅滋事等违法犯罪活动，同时还可能伴随实施开设赌场、组织卖淫、强迫卖淫、贩卖毒品、运输毒品、制造毒品、抢劫、抢夺，聚众扰乱社会秩序、公共场所秩序、交通秩序以及聚众"打砸抢"等其他违法犯罪活动等。

随着社会网络化的日趋深入，网络社会的崛起已经成为难以回避的现实命题。美国社会学家曼纽尔·卡斯特尔（Manuel Castells）的《网络社会的崛起》（《The Rise of the Network Society》）一书使"网络社会"成为一个世界性的概念。卡斯特尔认为，在这一特定社会形态中，权力的流动优越于流动的权力。网络中的在场或缺场以及每个网络与其他网络相互对应的动态关系，成为社会中具有控制和改变作用的关键资源。因此，这个社会我们可以恰当地称之为"网络社会"（Network Society），其特征是社会形态相比于社会行动（Social Action）具有优越性。② "网络社会"概念往往在两个层面上使用。一个层面是描述现实社会结构，即描述相互联系的社会状态，其经典表述是"Network Society"（网络化社会）；另一个层面是描述互联网领域的社会状态，其经典表述是"Cyber Society"（互联网社会）。③ 卡斯特尔所使用的"网络社会"概念并未限于互联网社会，而是描述整体的社会网络形态。但其实网络化社会与互联网社会并非完全对立的概念，互联网社会的核心社会结构即是网

---

① 莫洪宪、郭玉川：《有组织犯罪的界定》，载《国家检察官学院学报》2010年第2期，第90页。

② See Manuel Castells, *The Rise of the Network Society*, Blackwell Publishing, 2010, p. 500.

③ 参见郑中玉、何明升：《"网络社会"的概念辨析》，载《社会学研究》2004年第1期，第13页。

络化，在社会意义上具有结构性的同源。

网络社会对于有组织犯罪的影响早在网络化社会即已经发生。本身有组织犯罪的犯罪组织即是一种组织网络，在全球网络的发展下，有组织犯罪组织的网络性更加明显。在大多数社会里，虽然身份与政治权力之间的界限是具有弹性的，网络化对于（有组织犯罪的）经济地位来说非常关键。毒品犯罪、恐怖主义犯罪的组织网络也越发庞大，市场的网络化更是对于毒品犯罪具有至关重要的意义。[①] 再如，跨国犯罪集团为了确保获得最佳效率和最大限度地减少风险，建立了流动性网络和相互配合的功能机制，这种机制无疑有利于跨国犯罪活动的有效性、规模性，使其俨然如同大型公司。[②] 此外，还有学者描述了有组织犯罪网络交叉的现象，其依照有组织犯罪结构形式的结合程度，划分为松散型有组织犯罪、紧密型有组织犯罪和网络型有组织犯罪。其中，网络型有组织犯罪是指由多个犯罪集团或者犯罪团伙相互交织在一起所从事的各种有组织的犯罪活动。[③] 国际组织层面也不吝基于网络的视角理解有组织犯罪，比如1994年跨国有组织犯罪问题世界部长级会议背景文件（E/CONF.88/2）——《跨国有组织犯罪造成的问题和危险》在涉及犯罪组织的规模、结构和内聚力的问题时指出：在看待犯罪集团的特性时，与其将其简单地划分为小组织和大组织或正规结构和非正规结构网络，不如将其理解为从小到大、从不定型的网络组织到为官僚结构的连续统一体。[④]

随着网络犯罪与有组织犯罪日益交融，网络有组织犯罪正在成为有组织犯罪的重要形式，严重危害了公共和个人法益。在目前已经纳入有组织犯罪重点打击类型的犯罪中，有两类较为典型：

一类为网络"水军"的犯罪行为。网络"水军"犯罪行为具有不同于传统有组织犯罪的组织形式，出现了难以被评价为犯罪行为甚至违法行为的参与人，由此引发了网络有组织犯罪的评价难题。比如网络"水军"组织中，既有沿用传统的血缘、地缘联系建立的"家族式的网络删帖团伙"，也有以雇佣形式建立的网络组织结构。在互联网上，网络"水军"更为人所熟知的称呼为"五毛党"（"水手"），即发帖一条获取0.5元的报酬，曾有记者亲身体验

---

① 参见 [英] 麦克·马圭尔、罗德·摩根等：《牛津犯罪学指南》，刘仁文等译，中国人民公安大学出版社2012年版，第605—609页。

② 参见莫洪宪主编：《犯罪学概论》，中国检察出版社1999年版，第98页。

③ 参见康树华主编：《当代有组织犯罪与防治对策》，中国方正出版社1998年版，第175页。

④ 参见莫洪宪：《全球化视角下控制跨国有组织犯罪的对策》，载《法学论坛》2004年第5期，第85—86页。

网络"水军"的生活：发帖纯文字0.5元，回帖价格一般0.2至0.5元，而很多招聘者都号称每个月能赚到几千元，但记者接触"水军"后发现，网络"水军"很少有月收入超过千元的。① 对于这些网络"水军"而言，其虽然参与到非法经营、诽谤等有组织的犯罪行为中，但是其行为显然难以被评价为犯罪，甚至由于行为轻微难以被评价为违法（如果仅是按前述微薄报酬实施数次发帖行为）。由此，一方面网络有组织犯罪的组织性显而易见，另一方面其参与成员又可能难以被评价为犯罪，该类犯罪的整体评价与行为人的个体评价出现矛盾，导致了理论和实践中的难题——如果不按照有组织犯罪评价显然会有宽纵之嫌，如果按照有组织犯罪对于不少参与人又可能导致过重的处罚。

另一类为网络"套路贷"犯罪行为。比如，2019年5月，甘肃省酒泉公安破获特大网络"套路贷"诈骗案，一举捣毁了庞大的网络"套路贷"诈骗犯罪团伙，摧毁非法网贷犯罪团伙14个，抓获犯罪嫌疑人400名，刑事拘留181人，取保候审4人。② 在网络"套路贷"犯罪行为中，有组织犯罪的行为更是向诈骗罪等传统犯罪领域延伸。这些网络"套路贷"犯罪行为都是通过信息网络的方式实施有组织的行为，而非限于线下的联络和协作。

近期在韩国引起轩然大波的"N号房"案件③更是揭露了一种"无组织的有组织犯罪"形态。该案中，"N号房"运营者们组建了"全国Telegram Named房"。但是"N号房"的组织形式并不是由金字塔式层层传递的命令模式，而是一种分散式的"共享"模式，并无居中指挥领导的人员。运营人员仅是有组织性地谋划、共享逃避调查的方法和被检举时的注意事项等，如应对检举的具体行动要领，撰写应对警方调查需要了解"心理侧写"，以及为会员们制作"安全守则指南"等。即便是始作俑者与运营者之间的模式也更像是一种"连锁店"的形式，而非团伙的形式。④ 基于此，随着网络有组织犯罪的发展，其结构嬗变已经不仅仅具有限定意义，而是对于各种有组织犯罪产生了

---

① 于姝楠：《体验"网络水军"生活：发帖每条5毛月入难超千元》，载http://www.chinadaily.com.cn/dfpd/jingji/2011-06/08/content_12658874.htm，最后访问日期：2020年2月27日。

② 朱婕：《跨多省追黑财 酒泉公安破获特大网络"套路贷"诈骗案受表彰》，载《甘肃日报》2019年5月31日，第1版。

③ "N号房"案件是指通过社交平台Telegram建立多个秘密聊天房间，将被威胁的女性（包括未成年人）作为性奴役的对象，并在房间内共享非法拍摄的性视频和照片的案件。

④ 参见搜狐娱乐：《N号房运营者组建专门房间 组织谋划逃避调查方法》，载https://www.sohu.com/a/383513513_114941，最后访问日期：2020年4月6日。

深远的影响,对其研究的意义和紧迫性日趋凸显。

二、网络黑恶势力犯罪有组织性的二重维度

网络化结构的嬗变突出表现在黑社会与黑社会性质的有组织犯罪中。"黑社会组织是有组织犯罪的超级形态,形成了完备的网络体系,不但具备稳定而庞大的经济实力,而且有的成员渗入政权内部成为政府官员、议员,或在政界寻找代理人,实现权力与犯罪的结合。此外,黑社会组织的犯罪规模、犯罪手段、犯罪工具的全面现代化,使它有能力进行大规模的跨国跨地区的有组织犯罪。"① 黑社会组织犯罪甚至还推动了跨国洗钱活动的猖獗。② 意大利《刑法典》第416条之2(黑手党型集团)规定:"黑手党型集团是指参与人利用集团关系的恐吓力量以及因实施犯罪而产生的从属和互相保密的条件,以便直接或间接对经济活动、许可、批准、承包和公共服务的经营或控制,使自己或其他人取得不正当利益或好处,阻止或妨碍自由行使表决权,或者在选举中为自己或其他人争取选票,或者是为了在选举期间阻止或阻碍行使投票的自由,或在选举磋商期间为自己或他人谋取投票的犯罪集团。"其中特别使用了"集团关系"的表述,侧面描述了黑手党型集团的网络联系。

有组织犯罪的犯罪组织中,黑社会组织是犯罪组织的超级形态,对其如何进行刑事规制最能够完整呈现有组织犯罪的治理轨迹。在我国不存在黑社会组织的背景下,围绕黑恶势力犯罪的特征演变与规范治理进行分析,无疑具有典型的意义。在网络社会的推动下,黑恶势力犯罪的结构也发生了不同于以往组织形态的变迁,有组织犯罪的网络化对于黑恶势力犯罪组织产生了全新的影响,前文所述两种典型的网络有组织犯罪也均系网络黑恶势力犯罪。

根据中国互联网络信息中心(CNNIC)2019年8月发布的第44次《中国互联网络发展状况统计报告》,截至2019年6月,我国网民规模达8.54亿,较2018年底增长2598万,互联网普及率达61.2%,较2018年底提升1.6个百分点。③ 在互联网普及率、网民数量飞速增长的背后,是互联网再构整个社会的历史进程。网络通过符号互动形成社会态势,通过社会化过程中人们的自

---

① 莫洪宪主编:《犯罪学概论》,中国检察出版社1999年版,第86页。
② 参见任彦君:《犯罪的网络异化与治理研究》,中国政法大学出版社2017年版,第188页。
③ 中国互联网络信息中心:第44次《中国互联网络发展状况统计报告》,载 http://www.cnnic.net.cn/hlwfzyj/hlwxzbg/hlwtjbg/201908/P020190830356787490958.pdf,最后访问日期:2020年2月28日。

我存在和社会性存在构成社会。网络社会具有以下特性：跨时空互动性、去中心化、信息共享、沟通中的过滤性、兼容性与张扬个性、记录（可再现）性、开放性和自由性。①其中，跨时空互动性、去中心化、开放性和自由性均对网络黑恶势力犯罪产生了深远的影响。

（一）网络黑恶势力犯罪有组织性的部分消解

在网络社会的冲击下，网络黑恶势力犯罪日益具有网络犯罪的结构与样态，使得传统黑恶势力犯罪的部分特征在网络黑恶势力犯罪中面临部分消解的状况。《刑法》第294条对于黑社会性质组织的特征规定："（1）形成较稳定的犯罪组织，人数较多，有明确的组织者、领导者，骨干成员基本固定；（2）有组织地通过违法犯罪活动或者其他手段获取经济利益，具有一定的经济实力，以支持该组织的活动；（3）以暴力、威胁或者其他手段，有组织地多次进行违法犯罪活动，为非作恶，欺压、残害群众；（4）通过实施违法犯罪活动，或者利用国家工作人员的包庇或者纵容，称霸一方，在一定区域或者行业内，形成非法控制或者重大影响，严重破坏经济、社会生活秩序。"以上四个特征也被分别概括为组织特征、经济特征、行为特征和危害性特征。然而在网络社会的再构下，黑恶势力犯罪的组织特征和行为特征均走向部分消解。

第一，组织特征的本体消解，黑恶势力犯罪组织的扁平化。"网络犯罪作为伴随网络的出现而产生的新型犯罪在不断进化和发展，网络犯罪也开始从单一的个体犯罪向有组织犯罪转变，特别是在互联网交互式发展的背景下，网络有组织犯罪迅速发展及其影响的扩大。"②欧洲刑警组织（Europol）更是广泛描述了有组织犯罪向计算机犯罪和其他网络犯罪全面渗透的态势，在其发布的《2019年互联网有组织犯罪威胁评估》［Internet Organised Crime threat Assessment（2019）］中，DDoS攻击、关键基础设施攻击、泄露数据、破坏网站等计算机犯罪，以及在线儿童性剥削、网络与恐怖主义（犯罪）的融合、支付欺诈、暗网的刑事滥用等其他网络犯罪均作为网络有组织犯罪的重要类型。③在此背景下，网络犯罪的去中心化特点日益作用于有组织犯罪。

目前已有学者注意到网络犯罪中传统的犯罪组织形式正在消解。在犯罪参与体系中，由于网络社会的去中心性（扁平化），犯罪行为产生相应的变化，

---

① 参见郭玉锦、王欢：《网络社会学》，中国人民大学出版社2017年版，第4—11页。

② 马微：《理念转向与规范调整：网络有组织犯罪之数据犯罪的刑法规制路径》，载《学术探索》2016年第11期，第81页。

③ 欧洲刑警组织：《2019年互联网有组织犯罪威胁评估》，载 https://www.europol.europa.eu/sites/default/files/documents/iocta_2019.pdf，最后访问日期：2020年2月28日。

参与主体的行为并非为了同一犯罪目的而分别加功，支配隶属关系消解，其是为了各自的目的而分工合作，不存在对于产业链存在整体支配地位的"正犯行为"，或者说各主体的行为均系正犯行为。① 也有学者用"犯罪协作"来概括网络犯罪中产业化的有组织化犯罪方式，即多个行为人基于产业化合作方式，而非共同犯罪的方式。② 基于此，网络犯罪的组织形式正由传统的金字塔式的阶层结构转向链式的扁平结构。在网络犯罪的有组织化过程中，有组织犯罪的组织结构也不可避免地走向扁平化。对此有学者指出："有组织犯罪从诞生之初到当下的网络有组织犯罪，经历了一个从有组织犯罪到跨国有组织犯罪，再到网络有组织犯罪和跨国网络有组织犯罪并行发展的演变历程。其组织结构也从具备严格等级制度的传统金字塔形和辐辏形，演变到网络空间里的网状形、聚合射线形和链条形的结构类型。"③

这种扁平化也深刻影响了网络黑恶势力犯罪。比如文首提及的网络"水军"犯罪，其组织方式不再是传统有组织犯罪的隶属、支配关系，而是转为雇佣、交易关系，其组织形式正在从不平等转向"平等"。比如网络"水军"犯罪行为中，其组织者并非能够直接"发号施令"掌控被组织者的全部行动，犯罪组织成员对于组织者的人身依附性减弱，只是基于非法获利的目的形成犯罪组织关系。除了"家族式的网络删帖团伙"，网络"水军"组织往往都是采取横向的组织结构，而非纵向的组织结构，其组织者更多地承担召集人而非"话事人"的角色。

第二，组织特征的参与主体消解，网络犯罪组织成员的非确定化。互联网是一个开放的网络，互联网的标志不仅在于使用了路由器，并且在于能够通过TCP/IP接入互联网，而且只有开放的网络才是互联的。④ 对于互联网而言，任何一个主体只要通过网线接入即可参与网络事务，既不需要特定的身份，也不需要另外的资质要求，网民在互联网上的行为相比于现实空间具有更广泛的自由度。

对网络黑恶势力犯罪而言也是如此，在开放性、自由性的影响下，网络黑恶势力犯罪组织的成员日益呈现出非确定化的特点，甚至处于人员不断流动的

---

① 王肃之：《网络犯罪原理》，人民法院出版社2019年版，第376页。
② 参见时延安：《网络规制与犯罪治理》，载《中国刑事法杂志》2017年第6期，第20—21页。
③ 栗向霞：《论有组织犯罪的信息化和网络犯罪的有组织化》，载《河南社会科学》2016年第11期，第39页。
④ 参见郭玉锦、王欢编著：《网络社会学》，中国人民大学出版社2017年版，第10页。

状态中。对此有学者指出："网络空间的无限巨大决定了通过该平台组织到的成员不再是传统的亲属、老乡、同学等在血缘、地域、行业或人际关系方面存在紧密联系的人，而很可能是彼此之间基本不熟悉甚至在一起实施具体违法犯罪行为之前都没有见过的陌生人。"① 参与人完全可以按照自己的意愿参加或者退出，可以选择参与部分或者全部的行为，甚至于其脱离犯罪组织只需要不再登录账号即可完成，无论是政法机关还是犯罪组织都难以寻找其踪迹。由此，网络犯罪组织虽然相对确定，但是其人员却难免处于变动的状态。

如文首所述的网络"水军"犯罪行为，除了组织者和部分积极参加者可能有迹可循外，其他的参加者分散在广大的网民之中，既难以捕捉，也难以进行刑事评价。比如记者所报道的网络"水军"的日常行为：其在不同的论坛发帖（回复）每次 0.5 元，然后把所发帖子的链接放到文档里，再给发回去就完成任务了，最后根据完成任务的数量，通过支付宝给予其相应报酬。② 对于一般的网络"水军"而言，其只要注册账号完成发帖或回帖的任务，即可获取相应的报酬，至于组织者本人或者其犯罪目的是否达成在所不问。就其身份，据报道"大多数是做兼职的大学生和企事业单位白领"，不必和组织者有其他的瓜葛，完全可以将参与网络"水军"作为"兼职"或"副业"，更非传统意义上的犯罪组织成员。

由此带来了对于网络黑恶势力犯罪参与人员评价的难题，其一方面参与了网络有组织犯罪，属于事实上的参加者，显然应该在进行法律处罚时和网络犯罪组织相关联；但是另一方面，其本身又非传统意义上有组织犯罪的成员，在其与网络犯罪组织的联系判断上存在障碍。而这种流动性又反过来影响了网络犯罪组织的判断问题——如果其核心人员只有几人甚至一人，但是进行了有组织的网络犯罪行为，是否应当作为有组织犯罪认定和处理的问题。

第三，行为特征的客观层面消解，网络黑恶势力犯罪行为的碎片化。网络犯罪与有组织犯罪的交融同样影响了网络有组织犯罪行为的形式与方式。跨时空互动性对于网络犯罪的影响与网络社会的空间结构有关。网络社会在空间形

---

① 龚培华、秦新承：《网络时代黑社会性质组织犯罪的惩治与防范》，载《犯罪研究》2010 年第 1 期，第 12 页。

② 于姝楠：《体验"网络水军"生活：发帖每条 5 毛月入难超千元》，载 http://www.chinadaily.com.cn/dfpd/jingji/2011-06/08/content_12658874.htm，最后访问日期：2020 年 2 月 27 日。

态上具有流动空间的特点,即通过分时共享(Time-Sharing)① 完成社会实践。② 因此,网络空间是由基于时间共享构建起来的多个分离但联系的子空间所建立,其本身并不是集中、实体的空间。网络空间和物理空间在时间要素上相同,在空间要素上相异。物理空间具有时空统一性,时间要素与空间要素是特定存在的,流动空间虽然时间是特定的,但是空间是不特定的。③

跨时空互动性也推动了网络犯罪行为的碎片化,其打破了传统的空间要素,使得犯罪行为的分解与聚合成为可能,改变了网络犯罪行为的建构方式。传统意义上,犯罪行为表现为一个行为、一个(或数个)动作,比如故意杀人行为,持刀捅刺被评价为一个行为,至多包括购买、销毁刀具等。而网络犯罪的行为往往表现为一个行为、无数动作,比如网络诈骗行为,行为人同时向一万个主体发送诈骗信息,显然应当被评价为一个行为,但是却是涉及一万个动作(操作)。由此,网络犯罪的行为模态判断由单一节点的独立判断转向多个节点的综合判断。

这种犯罪行为的碎片化也不可避免地影响了网络黑恶势力犯罪。像黑社会性质组织犯罪,其行为通常"以暴力、威胁或者其他手段"实施,即便是行为方式可以从"暴力"延伸至"威胁",但是对于特定主体法益侵害与威胁的要求始终未改。其实早先的黑恶势力犯罪行为也具有一定的信息性,如"通过静坐示威、电话滋扰等形式"。④ 网络黑恶势力犯罪的实施方式发生了根本性的变革,转向多次实施较轻微的行为。比如甘肃破获的"5·30"特大网络"套路贷"案件⑤中,行为人除了采取"敲诈勒索、恐吓威胁"等传统犯罪手段外,更是广泛实施了"频繁骚扰、电话'轰炸'亲朋好友"等难以评价为"暴力、威胁"的行为方式,而"频繁""轰炸"等描述更是说明了类似行为的海量性,其已经成为网络有组织犯罪行为的重要方式,给受害人造成了巨大的物质和精神损害。

再如网络"水军"犯罪行为中,除了组织者的行为显而易见外,各个参

---

① 分时共享是利用多重程序(Multiprogramming)与多任务处理(Multitasking)等技术,使多个用户在同时间内分享相同的信息网络资源。

② See Manuel Castells, *The Rise of the Network Society*, Blackwell Publishing, 2010, p.442.

③ 参见王肃之:《网络犯罪原理》,人民法院出版社2019年版,第99页。

④ 参见莫洪宪:《黑社会性质组织认定相关问题探讨》,载《湖北社会科学》2011年第1期,第155页。

⑤ 参见朱婕:《跨多省追黑财 酒泉公安破获特大网络"套路贷"诈骗案受表彰》,载《甘肃日报》2019年5月31日,第1版。

与者的行为虽然有害但是极其轻微，甚至施以行政处罚都显得过重（比如只是发帖、回帖若干次），但是数以千计、万计的主体实施类似行为却导致了极其严重的危害后果。网络有组织犯罪整体行为评价和个体行为评价的矛盾日益凸显。

（二）网络黑恶势力犯罪有组织性的实质承继

在网络社会的冲击下，网络黑恶势力犯罪的有组织性有了前述部分消解，但是其核心实质依然承继下来，其依然是有组织犯罪，而非一般的网络共同犯罪。

第一，网络黑恶势力犯罪的组织本体依然明显。随着黑恶势力犯罪的网络化，其犯罪结构也日益从金字塔式的阶层结构转向链式的扁平结构，但是网络黑恶势力犯罪依然是整体、组织的形态存在，而非类似于一般的网络共同犯罪。比如网络"水军"犯罪行为中，组织者和"水军"之间是没有传统意义上的垂直的人身依附关系，但是经济依附关系依然存在。"水军"所实施的非法删帖、发帖行为并不是单独一个人或者几个人共同实施的，而是在组织者的组织下集中针对特定对象实施的，组织性依然是网络"水军"行为的核心实质。如果缺乏这一实质，即便集中的发帖行为也无法构成网络"水军"犯罪行为（比如某明星的一个或数个粉丝因为丑闻等事件集中在互联网上对该明星发表负面评价）。

其实黑恶势力犯罪组织的判断本就是综合分析完成的，传统的黑恶势力犯罪组织的组织特征也不乏边缘地带，网络黑恶势力犯罪只不过在形式上更为突出，但是实质未改。比如关于纪律规约的要求，《全国部分法院审理黑社会性质组织犯罪案件工作座谈会纪要》即明确："凡是为了增强实施违法犯罪活动的组织性、隐蔽性而制定或者自发形成，并用以明确组织内部人员管理、职责分工、行为规范、利益分配、行动准则等事项的成文或不成文的规定、约定，均可认定为黑社会性质组织的组织纪律、活动规约。"也即对于传统黑恶势力犯罪组织的纪律规约强调实质判断，而不是严格要求形式。而以网络水军为例，仅在公开的《网络水军内部培训资料》中就有从速原则、保密原则、认真原则三项：如从速原则中要求，任务如无特别强调时限，则默认为8小时内完成；保密原则要求不能在公共场合讨论客户相关的话题，进行任务时所使用的账号昵称不得与"水军"有关等；认真原则要求回帖不得从其他楼层抄袭内容，不得从主帖文中摘取内容进行回复等。① 而网民自行发帖即便人数再多、影响再大也显然难以具有类似情形。

第二，网络黑恶势力犯罪组织的人员参与依然具有相当程度的整体稳定性。网络黑恶势力犯罪即便存在一定的人员流动，依然未从根本上改变整体人员参与的稳定性。一方面，网络黑恶势力犯罪除了组织者同样不乏骨干成员的存在；另一方面，虽然网络黑恶势力犯罪的组织成员流动性更大，但是和传统黑恶势力犯罪相比至多有量上的不同，并无质上的区别。

即便是传统的黑恶势力犯罪也存在人员部分流动的情况。最高人民法院、最高人民检察院、公安部《办理黑社会性质组织犯罪案件座谈会纪要》（法〔2009〕382 号）（以下简称《黑社会性质组织犯罪座谈纪要》）特别明确："一些黑社会性质组织为了增强隐蔽性，往往采取各种手段制造'人员频繁更替、组织结构松散'的假象。因此，在办案时，要特别注意审查组织者、领导者，以及对组织运行、活动起着突出作用的积极参加者等骨干成员是否基本固定、联系是否紧密，不要被其组织形式的表象所左右。"回归网络黑恶势力犯罪，即便其人员具有流动性，但是势必要求保持一定的人员数量规模，否则便无法实施犯罪。比如网络"水军"犯罪行为中，如果"水军"的数量过少显然无法完成大量的发帖等行为，也难以产生广泛的社会影响；网络"套路贷"犯罪行为中，如果组织成员数量连实施"敲诈勒索、恐吓威胁"都紧张，更无法实施"频繁骚扰、电话'轰炸'"等行为。

第三，网络黑恶势力犯罪有组织实施的行为依然是关联紧密的行为体系。即便是传统的黑恶势力犯罪也已将其行为体系扩展到违法活动，比如《刑法》第 294 条使用的表述即为"有组织地多次进行违法犯罪活动"。《黑社会性质组织犯罪座谈纪要》则进一步明确："根据司法实践经验，《立法解释》中规定的'其他手段'主要包括：以暴力、威胁为基础，在利用组织势力和影响已对他人形成心理强制或威慑的情况下，进行所谓的'谈判''协商''调解'；滋扰、哄闹、聚众等其他干扰、破坏正常经济、社会生活秩序的非暴力手段。"也即，即便对于传统的黑恶势力犯罪也已经将其有组织实施的犯罪行为和违法行为作为完整体系进行评价。

网络黑恶势力犯罪有组织实施的行为虽然更多地体现了"碎片化"的特征，但是各个"碎片"行为却是在勾勒完整的行为体系。比如网络"水军"犯罪行为中，每一个具体的删帖、发帖行为可能危害性极其轻微，但是却是共

---

① 参见百度文库：《网络水军培训》，载 https://wenku.baidu.com/view/80c952a76429647d27284b73f242336c1eb930a1.html，最后访问日期：2020 年 5 月 29 日。

同构成了危害巨大的"网络洪流";网络"套路贷"犯罪行为中,单纯的"频繁骚扰、电话'轰炸'"本与犯罪无缘,但是如果是为了实现组织"敲诈勒索、恐吓威胁"的目的,则理应在网络黑恶势力犯罪的行为体系中评价。只不过相比于传统的黑恶势力犯罪而言,"违法行为"的边界更为前置,可能需要对众多"轻微违法行为"进行体系化的评价。因此,对于网络黑势力犯罪行为体系中的某一行为,如果只是按照单独或共同的网络犯罪进行评价也会存在疏漏。

综上,网络黑恶势力犯罪的评价面临两重的难题:一方面,其在有组织性上有着不同于传统黑恶势力犯罪的诸多特征,难以完全按照既有规范进行妥当评价;另一方面其又作为黑恶势力犯罪,有组织性的核心特质未改,简单作为网络共同犯罪进行处罚也存在不妥。由此,如何确立网络黑恶势力犯罪科学的评价规则成为立法与司法规范的重要命题。

三、网络黑恶势力犯罪立法与司法规范的发展

由于网络黑恶势力犯罪兼具网络犯罪与黑恶势力犯罪的特点,相关立法与司法规范发展的分析也可以从网络犯罪与黑恶势力犯罪的视角展开,并关注其规范的融合趋势。

(一)网络黑恶势力犯罪立法与司法规范的脉络

现有网络黑恶势力犯罪的立法与司法规范经历了从间接规定到直接规定的发展过程,可以基于网络犯罪、黑恶势力犯罪、网络犯罪和黑恶势力犯罪融合的层面分别展开。

第一,网络犯罪层面的立法与司法规范。随着我国互联网的飞速发展,网络犯罪也呈现愈演愈烈的态势,刑事立法必须进行有效的回应。2015年《刑法修正案(九)》出台始,在第286条之一增设拒不履行信息网络安全管理义务罪,第287条之一增设非法利用信息网络罪,第287条之二增设帮助信息网络犯罪活动罪。其后,《最高人民法院、最高人民检察院关于办理非法利用信息网络、帮助信息网络犯罪活动等刑事案件适用法律若干问题的解释》(法释〔2019〕15号)(以下简称《新型网络犯罪解释》)围绕《刑法修正案(九)》新设的三个罪名作出具体规定也体现了网络犯罪与有组织犯罪的密切关系。

比如《刑法》第287条之一非法利用信息网络罪的设立即和网络黑恶势力犯罪有关。从该罪的行为类型看,其并非传统意义的具体实行行为,而是为了实施违法犯罪活动设立网站、通讯群组,以及发布信息的行为。有学者按照传统犯罪行为阶段的划分,将非法利用信息网络行为理解为预备行为,从而将非法利用信息网络罪的设立理解为"预备行为实行化"。但是不仅《刑法》第

287条之一本身规定非法利用信息网络系为实施"违法犯罪活动"而非犯罪行为,《新型网络犯罪解释》第7条的规定进一步否定了"预备行为实行化"的观点,该条规定:"《刑法》第287条之一规定的'违法犯罪',包括犯罪行为和属于刑法分则规定的行为类型但尚未构成犯罪的违法行为。"由于预备行为相比对应的实行行为法益侵害性更轻,如果某一预备行为被犯罪化,必然以对应的实行行为犯罪化为前提。比如有的国家规定了杀人预备罪,但是杀人预备行为可以成为独立犯罪势必以杀人行为构成犯罪为前提,否则便丧失了处罚杀人预备行为的正当性。然而按照《刑法》和《新型网络犯罪解释》的规定,非法利用信息网络罪所对应的下游行为可以是违法行为,而非必然是犯罪行为,显然与该观点的前提基础不符。

反之,如果从有组织犯罪的视角则可以解释这一难题。作为非法利用信息网络罪的前奏,《最高人民法院、最高人民检察院、公安部关于办理电信网络诈骗等刑事案件适用法律若干问题的意见》(法发〔2016〕32号)曾作出较为少见的"未遂"处罚规定,其第2条第(4)项规定:"诈骗数额难以查证,但具有下列情形之一的,应当认定为《刑法》第二百六十六条规定的'其他严重情节',以诈骗罪(未遂)定罪处罚:1.发送诈骗信息五千条以上的,或者拨打诈骗电话五百人次以上的;2.在互联网上发布诈骗信息,页面浏览量累计五千次以上的。"本文认为,这一规定的作出正是和网络犯罪的有组织化相关。从"发送诈骗信息五千条以上""拨打诈骗电话五百人次以上"的规定看,这些行为的完成往往是需要犯罪组织介入的,无论是分工的配合上还是人力资源的调度上,以个人之力通常难以完成全部行为。而这类大量散播诈骗信息的行为在行为数量和结果程度上的矛盾,也可以在网络有组织犯罪的框架下得以阐释:一方面,该类行为可能未造成实际的后果,因此虽然行为数量众多,但是每个行为未产生具体的法益关联,按照个体犯罪的方式评价必然存在障碍;另一方面,该类行为往往由于具有组织性,其行为数量众多,威胁了公众的财产安全,可以基于有组织犯罪的视角证成其刑事可罚性。因此,网络犯罪层面的立法与司法规范也并非和网络有组织犯罪无关,特别是并非和黑恶势力犯罪无关,在行为认定时应注重考虑行为的组织性因素。

第二,有组织犯罪层面的立法与司法规范。《刑法》第294条规定了组织、领导、参加黑社会性质组织罪,入境发展黑社会组织罪,包庇、纵容黑社会性质组织罪等罪名,这些罪名在网络领域同样适用。自2018年"扫黑除恶"专项斗争开展以来,除了之前发布的相关司法解释,最高人民法院、最高人民检察院、公安部、司法部等部门先后发布了《关于办理黑恶势力犯罪案件若干问题的指导意见》《关于办理恶势力刑事案件若干问题的意见》《关于办理实施"软暴力"的刑事案件若干问题的意见》《关于办理"套路贷"刑事案件若干问题的意见》《关于办理黑恶势力刑事案件中财产处置若干问题的意见》等司法规范,在网络黑恶势力犯罪的依法打击过程中同样适用。

直接体现网络黑恶势力犯罪特点的主要为以下三个司法规范的规定:第一,《关于办理黑恶势力犯罪案件若干问题的指导意见》第 2 条规定各级人民法院、人民检察院、公安机关和司法行政机关应聚焦黑恶势力犯罪突出的重点地区、重点行业和重点领域,并将"组织或雇佣网络'水军'在网上威胁、恐吓、侮辱、诽谤、滋扰的黑恶势力"列入重点打击范围。根据该条规定,网络"水军"是黑恶势力的重点类型,从而肯定了将打击黑恶势力延伸至网络领域的司法态度。

第二,《关于办理实施"软暴力"的刑事案件若干问题的意见》第 2 条规定:"通过信息网络或者通讯工具实施,符合本意见第一条规定的违法犯罪手段,应当认定为'软暴力'。"而其第 1 条的规定为:"'软暴力'是指行为人为谋取不法利益或形成非法影响,对他人或者在有关场所进行滋扰、纠缠、哄闹、聚众造势等,足以使他人产生恐惧、恐慌进而形成心理强制,或者足以影响、限制人身自由、危及人身财产安全,影响正常生活、工作、生产、经营的违法犯罪手段。"由此,该意见明确了网络方式实施"软暴力"行为的情形,从而将碎片化的网络黑恶势力犯罪行为纳入刑事打击范围。

第三,《关于办理"套路贷"刑事案件若干问题的意见》第 3 条第(1)项规定了"制造民间借贷假象"情形:"犯罪嫌疑人、被告人往往以'小额贷款公司''投资公司''咨询公司''担保公司''网络借贷平台'等名义对外宣传,以低息、无抵押、无担保、快速放款等为诱饵吸引被害人借款,继而以'保证金''行规'等虚假理由诱使被害人基于错误认识签订金额虚高的'借贷'协议或相关协议。"该条充分明确了网络"套路贷"犯罪的组织性,从而将其纳入黑恶势力犯罪的打击范畴。

第四,网络犯罪和黑恶势力犯罪融合层面的司法规范。虽然此前分别在网络犯罪、黑恶势力犯罪层面出台了相关规范文件,但是由于网络黑恶势力犯罪兼具这两种犯罪的特点,使得其难以完全按照传统的方式进行治理,特别是随着网络社会对于黑恶势力犯罪的再构,其新的参与结构也呼唤相适应的刑事规则。在此背景下,《网络黑恶势力犯罪意见》应运而生,该意见共 18 条,包括"总体要求""依法严惩利用信息网络实施的黑恶势力犯罪""准确认定利用信息网络实施犯罪的黑恶势力""利用信息网络实施黑恶势力犯罪案件管辖"四个部分。

特别是《网络黑恶势力犯罪意见》中,"准确认定利用信息网络实施犯罪的黑恶势力"部分的第9条至第13条，基于网络黑恶势力的组织结构变迁，就其组织特征、经济特征、行为特征和危害性特征的认定作出规定。在《刑法》第294条的基础上，《网络黑恶势力犯罪意见》结合互联网的特点作出具体规定。

《网络黑恶势力犯罪意见》对于"四个特征"的规定也是基于恶势力认定要件的法定化。"恶势力"的认定需主要把握三个要件：第一是组织特征，即经常纠集在一起，一般为3人以上，纠集者相对固定。第二是行为特征，即以暴力、威胁或者其他手段，在一定区域或者行业内多次实施违法犯罪活动，为非作恶，欺压百姓。第三是危害特征，即扰乱经济、社会生活秩序，造成较为恶劣的社会影响，但尚未形成黑社会性质组织。①"恶势力"并不特别强调经济特征，对此《关于办理恶势力刑事案件若干问题的意见》第5条规定："单纯为牟取不法经济利益而实施的'黄、赌、毒、盗、抢、骗'等违法犯罪活动，不具有为非作恶、欺压百姓特征的，或者因本人及近亲属的婚恋纠纷、家庭纠纷、邻里纠纷、劳动纠纷、合法债务纠纷而引发以及其他确属事出有因的违法犯罪活动，不应作为恶势力案件处理。"虽然在经济特征上有所区别，但是黑社会性质组织和恶势力在结构特征上大体相近，在组织结构上也均受到网络社会的冲击。

之前即有学者对网络黑恶势力危害性特征的认定难题予以关注。如认为，根据《关于办理黑恶势力犯罪案件若干问题的指导意见》第2条，扫黑除恶专项斗争中重点打击的黑恶势力之一即是组织或雇用网络"水军"在网上威胁、恐吓、侮辱、诽谤、滋扰的黑恶势力，黑社会性质组织非法控制特征中"区域"就显然包括了网络空间。② 也有学者基于组织"公开性"的视角，从公开的、广泛的"震慑力"出发，认为公开性的表征在于称霸一方，公开性的本质在于通过非法控制构建"地下"社会秩序，网络行业领域属于黑社会性质组织控制的对象。③

《网络黑恶势力犯罪意见》则系统基于网络黑恶势力特征的嬗变作出规定。该意见于第9条作出"综合审查判断"的规定后，分别于第10条至第13条对于"四个特征"的认定作出系统规定：第10条强调对于"组织特征"的

---

① 李占州、钟晋：《"恶势力""恶势力犯罪集团"认定若干问题解析》，载《检察调研与指导》2019年第3辑，第2页。

② 参见王志祥：《论黑社会性质组织非法控制特征中"区域"和"行业"的范围》，载《法治研究》2019年第5期，第41页。

③ 参见于冲：《网络刑法的体系构建》，中国法制出版社2016年版，第169—172页。

判断不应过于机械化,特别是通讯工具、通讯方式层面,"对部分组织成员通过信息网络方式联络实施黑恶势力违法犯罪活动,即使相互未见面、彼此不熟识,不影响对组织特征的认定"。第 11 条强调"利用信息网络有组织地通过实施违法犯罪活动或者其他手段获取一定数量的经济利益",同样可以作为黑社会性质组织经济特征予以认定。第 12 条强调"线上线下相结合的方式"可以作为黑社会性质组织行为特征认定,但同时设置了排除门槛,即"单纯通过线上方式实施"并且"不具有为非作恶、欺压残害群众特征"时,一般不作为黑社会性质组织行为特征认定的依据。第 13 条则是肯定了网络空间可以成为"危害性特征"中的"一定区域或者行业",但是强调"在网络空间和现实社会造成重大影响"。

此外,《网络黑恶势力犯罪意见》关于"四个特征"的规定区别把握了黑社会性质组织和恶势力的适用情形。第 10 条使用了"黑恶势力组织"的表述,第 13 条使用了"黑恶势力犯罪"的表述,说明这两条均适用于黑社会性质组织和恶势力。第 11 条、第 12 条使用了"黑社会性质组织"的表述,说明这两条仅适用于黑社会性质组织。

(二)网络黑恶势力犯罪立法与司法规范的特点

现有立法和司法规范均就网络社会对黑恶势力犯罪的再构进行了具体的回应。对此有观点认为《网络黑恶势力犯罪意见》突出强调了治理角度着眼于黑恶势力犯罪网络化所带来的犯罪组织结构松散化、利益攫取方式零散化、犯罪手段软暴力化、犯罪空间多样化。① 但是本文认为,从有组织犯罪的视角应从以下三个方面进行理解:

第一,对网络犯罪组织扁平化的回应。有组织犯罪层面的立法与司法规范中,《关于办理黑恶势力犯罪案件若干问题的指导意见》肯定了网络"水军"是黑恶势力的重点类型,《关于办理"套路贷"刑事案件若干问题的意见》也将"制造民间借贷假象"情形扩大至"网络借贷平台",明确了网络"套路贷"犯罪的组织性。作为网络犯罪和黑恶势力犯罪融合的司法规范,《网络黑恶势力犯罪意见》也是基于"利用信息网络实施的黑恶势力犯罪"展开,强调了网络黑恶势力犯罪层级结构的部分消解并未影响其组织性质认定。

第二,对网络有组织犯罪行为碎片化的回应。网络犯罪层面的立法与司法规范将通过网络方式实施的有组织的类型行为作为独立的犯罪处理,从而实现

---

① 参见程雷:《信息社会条件下如何治理网络黑恶势力犯罪》,载《人民法院报》2019 年 10 月 26 日第 2 版。

了碎片化行为的整体评价,将规制视角从行为的个人性回归到组织性。有组织犯罪层面的立法与司法规范中,《关于办理实施"软暴力"的刑事案件若干问题的意见》第 2 条将"软暴力"的实施方式明确扩大至"通过信息网络或者通讯工具实施",反过来也将网络黑恶势力犯罪的行为方式明确扩大至"软暴力"。作为网络犯罪和黑恶势力犯罪融合的司法规范,《网络黑恶势力犯罪意见》明确其行为的"线上线下相结合的方式",肯定了网络方式的行为也可以作为"违法犯罪活动"的当然内容。此前即有学者指出,"应该针对网络黑社会(性质组织)行为对现实社会造成的危害,结合危害行为的行为模式,从每次行为或每个组织的利益链条切入,倒查危害行为的组织者、策划者。"[①]《网络黑恶势力犯罪意见》无疑践行了"线上线下"双重打击的立场。但是该意见也采取了相对稳健的态度,认为单纯通过线上方式实施的违法犯罪活动,且不具有为非作恶、欺压残害群众特征的,一般不应作为黑社会性质组织行为特征的认定依据,因此在网络黑恶势力犯罪行为判定上可以认为《网络黑恶势力犯罪意见》采取了结合性(网络和现实结合)的立场而非独立性的立场。

第三,对网络犯罪组织成员非确定化的回应。作为网络犯罪和黑恶势力犯罪融合的司法规范,《网络黑恶势力犯罪意见》就黑恶势力与人员的关系作出规定,明确部分组织成员通过信息网络方式联络实施黑恶势力违法犯罪活动,即使相互未见面、彼此不熟识,不影响对组织特征的认定。但是对于组织成员的流动性依然持稳健态度,认为仍需从"组织、策划、指挥、参与人员是否相对固定"进行判断。因此,可以认为《网络黑恶势力犯罪意见》对于网络犯罪组织成员非确定化的问题上虽然有所发展,但是并未突破原有的实质要件。

四、网络黑恶势力犯罪刑法理念的调整

虽然现有关于网络黑恶势力犯罪的刑事立法和司法规范在相当程度上推进了刑事规制的有效化,但是由于一直以来缺乏对该类犯罪的专门关注,刑法理念层面的转换并非一朝一夕之功。如果不在刑法理念层面进行顶层设计,很可能影响该类犯罪的长效治理,其中刑事政策理念和犯罪参与理念是两个关键方面,前者关系到如何全面对网络黑恶势力犯罪组织和人员进行全面打击,后者关系如何对网络黑恶势力犯罪组织及其人员实施的行为进行妥当评价。

---

① 卢建平:《软暴力犯罪的现象、特征与惩治对策》,载《中国刑事法杂志》2018 年第 3 期,第 98 页。

(一) 刑事政策理念的调整:"打早打小"的融合适用

传统意义上,学界对于黑恶势力犯罪的刑事政策关注较多,随着互联网的发展网络犯罪对刑事政策的挑战也开始为学者所关注。如有学者提出层次性的刑事政策:"就网络犯罪治理刑事政策模式而言,可以根据不同类型的网络犯罪及其重要特性采取不同的模式,而且网络犯罪治理刑事政策本身也应当具有层次性。"① 或者提出"轻轻重重"的两极化刑罚策略更为适宜:"就'重其所重'而言,放弃对可能出现极端后果的行为以严厉刑罚威慑的话,势必制约了犯罪化的效果;就'轻其所轻'而言,在刑罚配置和适用上予以轻缓,提高以罚金刑、缓刑等为代表的非监禁处置措施的适用率,如此也符合罪刑相当原则。"② 但是即便如此,目前对于黑恶势力犯罪刑事政策和网络犯罪刑事政策的研究也多是分别展开,未基于网络黑恶势力犯罪的特殊性关注二者的结合。

然而实现网络黑恶势力犯罪的长效治理势必需要寻找网络犯罪刑事政策与黑恶势力犯罪刑事政策的契合点。其实相关司法规范的出台已经可见端倪,即需要在有针对性的刑事政策理念指导下推动刑事规则的不断完善,只是目前尚未形成体系化、典型化的刑事政策与刑法规范互动机制。

就此,"打早打小"的刑事政策可成为结合的切入点。"打早打小"作为刑事政策理念被熟知主要在黑恶势力犯罪领域。即必须依照法律规定对可能发展成为黑社会性质组织的犯罪集团、"恶势力"团伙及早打击,绝不能允许其坐大成势。有学者指出:"一般有组织犯罪团伙是黑社会性质组织的'后备军'和组织基础,一些有组织犯罪团伙在土壤、条件和机遇等均具备的情况下,可能发展成为黑社会性质组织。及时侦查、惩处一般有组织犯罪团伙是黑社会性质组织犯罪侦防工作的关键一环。"③ 此外,对于黑恶势力犯罪既注重对于黑恶势力的打击,也注重对于犯罪行为的打击:"第一层,对已形成的黑恶势力一旦发现,及时打掉,即早发现,早打击;第二层,对尚未形成黑恶势力但可能向黑恶势力演变过渡的早期犯罪,坚决打击,即打苗头,打萌芽。"④

---

① 刘军:《网络犯罪治理刑事政策研究》,知识产权出版社2017年版,第171页。
② 徐然、赵国玲等:《网络犯罪刑事政策的取舍与重构》,中国检察出版社2017年版,第28页。
③ 王彦学:《黑社会性质组织犯罪侦防层次论》,中国人民公安大学出版社2015年版,第190页。
④ 余新民:《对黑恶势力犯罪坚持"打早打小"原则的探讨》,载《中国人民公安大学学报》2005年第6期,第67页。

在其政策结构中，双层结构是核心内涵，即在"早"（事前）与"晚"（事后）、"小"（轻微）与"大"（严重）的体系中，强调对于轻微（违法）犯罪行为的事前治理，全面打击一般有组织犯罪的组织、成员、行为，防止其成长或演变为黑恶势力犯罪的组织、成员、行为。

而"打早打小"的刑事政策实际上也适用于网络犯罪。有观点指出，非法利用信息网络罪的增设即是应对网络犯罪迅速蔓延的势头，从刑事政策的角度适应网络时代的形势变化，对网络犯罪采取"打早打小"的基本策略。① 在《新型网络犯罪司法解释》发布时，实务部门代表也指出该司法解释坚持了"打早打小"，从惩治设立违法犯罪网站开始，将打击犯罪的环节向前推进了一步。不是等到行为人进行了严重的犯罪才开始惩罚，而是从设立网站开始就要进行严厉惩治。以网络毒品犯罪为例，由于网络空间的跨时空互动性，使得毒品滥用、毒品交易行为的危害后果无限延展，一个毒品滥用方式在网络上传播、一个毒品交易平台在网络上运行，都会导致其可以被数以亿计的互联网接入主体访问，必须改变事后的、消极的刑事政策取向，而须采取事前的、积极的刑事政策取向。"打早打小"正是契合这种转向的刑事政策。②

此外，除了"打早打小"等具体刑事政策在网络黑恶势力犯罪的贯彻适用外，也应在宽严相济的刑事政策这一基本刑事政策层面进行探索，从而构建体系化、科学化的网络黑恶势力犯罪刑事政策体系。

（二）行为参与理念的调整：共犯结构的有限突破

应推动网络黑恶势力犯罪部分摆脱传统共犯结构的限制。传统意义上，根据《刑法》第 26 条第 2 款的规定，"三人以上为共同实施犯罪而组成的较为固定的犯罪组织，是犯罪集团"。以黑社会性质组织为代表，犯罪集团一直以特殊的共同犯罪类型存在。③ 就黑社会性质组织而言，根据《刑法》第 294 条其也需要首先具备组织特征："形成较稳定的犯罪组织，人数较多，有明确的组织者、领导者，骨干成员基本固定。"

然而随着黑恶势力犯罪的发展，不仅黑社会性质组织实施的犯罪需要基于犯罪组织的视角进行评价，恶势力犯罪的独立评价也不可避免，从而部分突破

---

① 参见喻海松编著：《最高人民法院、最高人民检察院侵犯公民个人信息罪司法解释理解与适用》，中国法制出版社 2018 年版，第 50 页。

② 参见莫洪宪、王肃之：《毒品滥用行为网络防控体系的多维建构》，载《政法论丛》2020 年第 1 期，第 71 页。

③ 参见高铭暄、马克昌主编：《刑法学》，北京大学出版社、高等教育出版社 2016 年版，第 173 页。

了"犯罪组织"的传统限定。为刑事立法所评价的恶势力并不必然为犯罪集团。《关于办理恶势力刑事案件若干问题的意见》第 4 条规定："恶势力,是指经常纠集在一起,以暴力、威胁或者其他手段,在一定区域或者行业内多次实施违法犯罪活动,为非作恶,欺压百姓,扰乱经济、社会生活秩序,造成较为恶劣的社会影响,但尚未形成黑社会性质组织的违法犯罪组织。"该界定中,最终使用的概念为"违法犯罪组织",而非黑社会性质组织使用的"犯罪组织"概念。只有符合以上特征,并且具备《刑法》第 26 条第 2 款所规定的犯罪集团成立条件的犯罪组织才是恶势力犯罪集团。实践中,黑恶势力犯罪是黑社会性质组织犯罪、恶势力犯罪、恶势力犯罪集团犯罪的统称。因此,恶势力完全可以是违法组织,但同样需要对其违法组织性质在犯罪认定时进行判断,而非简单地对恶势力实施的每一起违法犯罪行为进行孤立判断。基于此,恶势力犯罪的刑事判断已经部分突破了对于犯罪组织的严格共犯性要求,将其扩大至违法组织的范畴。

网络犯罪立法的变迁也体现了犯罪参与行为中共犯结构的松动。《刑法修正案(九)》所增设的第 287 条之 2 帮助信息网络犯罪活动罪即体现了这一意蕴,该条所规定的行为类型为:"明知他人利用信息网络实施犯罪,为其犯罪提供互联网接入、服务器托管、网络存储、通信传输等技术支持,或者提供广告推广、支付结算等帮助。"该行为类型既未要求具有共同犯罪的意思联络,也未要求行为的目的在于使他人的犯罪目的实现,从而明确了帮助信息网络犯罪活动行为的非共犯评价模式。

在黑恶势力犯罪与网络犯罪共同犯罪模式的双重松动下,网络黑恶势力犯罪完全可以部分突破传统共犯结构的桎梏,以独立或分别的正犯视角实现罪刑相当的刑事评价,即将组织者和参与者的行为分开进行评价。对于参与者的行为,如果不构成犯罪,完全可以按照行政法处罚或者不处罚。但是参与者的行为是否构成犯罪并不影响组织者的行为评价。组织者行为的组织性不以参与者的行为构成犯罪为前提,即完全可以在参与者的行为不构成犯罪的情况下评价组织者行为的组织性。

比如前述网络"水军"的评价难题。有观点认为网络公关公司通过雇人发帖、炒作热点事件等形式实施有组织化的诽谤行为,特别是集团化的网络诽谤行为应纳入诽谤罪的打击半径之内从重处罚。[①] 与之相对,有观点认为:"'网络水军'的组织结构与普通集团犯罪有本质区别,其成员间关系极端松

---

① 参见于冲:《网络诽谤行为的实证分析与刑法应对——以 10 年来 100 个网络诽谤案例为样本》,载《法学》2013 年第 7 期,第 153 页。

散，几乎都只存在与上级的单线联系，且这一联络也并不紧密，仅任务派送、结算而已。各人仅以各人行为取酬，与他人无涉，不构成所谓共犯，也不应全部作为犯罪主体。"① 其实完全可以对"水军"的组织者按照其全部行为承担刑事责任，而参与的人员承担行政责任或者不承担刑事责任。此前也有学者关注到"水军"惩罚程度的问题。如认为，对于被雇用的"网络水军"，由于其人数过于庞大且仅仅实施了简单的发帖行为，不宜给予刑事处罚。② 或认为，虽然"水手"对于可能造成他人名誉或商誉受损存在间接故意，但面对成千上万的"水手"刑法不可能全面打击，在司法资源有限的情况下只会导致司法机关进行选择性的执法。③ 由此，在网络"水军"肯定组织者犯罪性的同时，对于参与者科以行政责任或者不处罚，从而进行殊途的法律评价，反而是寻求法律正当性与合理性的选择。

其实这样一种评价方式并不突兀，而是对于传统共犯理论做了进一步的延伸。在传统共犯理论中即有犯罪共同说与行为共同说之争，行为共同说突破了传统犯罪共同说"数人一罪"的严格限定，倡导"数人数罪"，④ 并且随着共犯理论的演变行为共同说的合理性得到越来越多的认可。行为共同说即只要求行为人实施了共同的行为，不在具体罪名上作过多要求，其对于犯罪共同说的修正即具有对于严格共犯结构予以反思的意蕴。由此，将"行为共同"作出进一步延伸，扩大至犯罪行为与违法行为的共同有相应的理论依据。

此外，这种对于传统共犯结构的突破毕竟是有限的。对网络黑恶势力犯罪而言，其归根结底为有组织犯罪，行为的组织性是不可缺失的要件。对犯罪集团等严格的共同犯罪类型进行突破也应当以有组织行为的行为系违法行为为底线，如果该行为不具有组织性或者对于他人法益并非具有侵害的导向，也不宜纳入网络黑恶势力犯罪的评价范畴。

五、网络黑恶势力犯罪规范发展的方向

在完成前述刑法理念调整的基础上，还应推动网络黑恶势力犯罪规范的发

---

① 张巍：《"网络水军"侮辱、诽谤行为的刑法规制》，载《人民检察》2014 第 10 期，第 72 页。
② 于冲：《网络诽谤刑法处置模式的体系化思考——以网络水军为切入点》，载《中国刑事法杂志》2012 年第 3 期，第 47 页。
③ 参见罗翔：《网络水军与名誉权的刑法保护》，载《社会科学辑刊》2019 年第 4 期，第 131 页。
④ 参见陈家林：《外国刑法理论的思潮与流变》，中国人民公安大学出版社、群众出版社 2017 年版，第 517—519 页。

展,以切实构建全面和科学的法律体系。网络黑恶势力犯罪在组织性上呈现二重维度,其人员的整体稳定性和个体流动性并存,其有组织的犯罪行为和违法行为更加交融。而传统的黑恶势力犯罪打击方式强调一元维度的严厉制裁,在打击该类犯罪时可能面临规制范围不足和维度单一的问题。由此,结合网络黑恶势力犯罪变化的特点,推动相关规范与其二重维度相适应势在必行,其中最关键的是构建处罚条文层面行刑衔接的二元体系以及推动刑罚实施层面从业禁止、禁止令的有效适用。

(一) 推动处罚的行刑衔接

与民法等调整"横向"法律关系的法律部门不同,行政法与刑法具有天然的关系,二者同为调整"纵向"法律关系的法律,辐射各个社会领域,应推动二者在打击网络黑恶势力犯罪过程中的协调适用。

如《治安管理处罚法》也全面规制扰乱公共秩序、妨害公共安全、侵犯人身权利或财产权利、妨害社会管理的违法行为,和《刑法》在行为类型上具有衔接性,只不过处罚的层次性、程度有所区别。在网络犯罪和有组织犯罪领域《治安管理处罚法》也分别设有与《刑法》衔接的条款,如其第29条即规定了计算机领域的违法行为,与《刑法》第285条、第286条衔接;《治安管理处罚法》虽未规定黑恶势力,但是第26条、第43条也使用了"结伙斗殴"或"结伙殴打"的表述,体现了对于有组织的该类行为进行打击。

为了解决网络黑恶势力犯罪超越刑法性与刑事评价刑法限定性之间的矛盾,应当进一步探索该类犯罪刑事处罚与行政处罚的规范衔接。实际上,在网络犯罪领域和黑恶势力犯罪领域也已有探索的先例。在网络犯罪领域,《刑法》第287条之一非法利用信息网络罪为学者所诟病的核心要点之一即为指向"违法犯罪活动",而非犯罪行为。但是反过来思考,该条也正是互联网领域行刑衔接的典型条款,对于指向具有涉众性的(多数或者不特定)违法行为的犯罪行为予以独立处罚。在黑恶势力犯罪领域,不仅《刑法》第294条明确黑社会性质组织犯罪的行为涉及违法行为,《关于办理恶势力刑事案件若干问题的意见》第4条更是将恶势力评价为"违法犯罪组织"。

关于网络黑恶势力犯罪,已有学者注意到行政处罚适用的必要性,具体提出了贯彻责任主体的层次化:"行政处罚适用程序较为简便,且证明标准较低,对于'网络黑社会(性质组织)'中端与底端的犯罪主体,以行政处罚作为前置性预防更易收到成效。同时,在行为人受到行政处罚之后,以刑罚作后续威慑才是可靠保证。"① 但是论者仅是基于纵向视角的适用层次、顺序进行探讨,并未基于黑恶势力的组织性和人员的区别性进行横向视角的探索。

本文认为,应通过行政处罚规则的引入,实现组织者、积极参加者刑事责任评价和其他参加者行政责任评价的整体性、统一性。以网络"水军"为例,组织"水军"的主体对于整体的违法犯罪行为承担组织者的刑事责任,积极参加的主体承担积极参加者的刑事责任,个别、部分参与的"水手"承担行政责任,从而通过二种责任的衔接实现组织者责任的完整评价、参加者责任的妥当评价,将有组织犯罪的视域延展至有组织违法行为。

(二) 推动从业禁止、禁止令的探索适用

一直以来,对于黑恶势力犯罪从严、从重打击是理论和实践的主流观点。《关于办理黑恶势力犯罪案件若干问题的指导意见》第 1 条即规定"正确运用法律规定加大对黑恶势力违法犯罪以及'保护伞'惩处力度",并且在该意见中多次使用"依法严惩"的表述,明确了对于黑恶势力犯罪依法严惩的态度。就网络黑恶势力犯罪的规范适用也有学者基于从严惩处的角度进行解读。如认为,《关于办理黑恶势力犯罪案件若干问题的指导意见》采用扩张解释的方法,将网络空间纳入黑社会性质组织所控制和影响的"一定区域"的范围,这种扩张解释于法有据,合乎对各类黑恶势力违法犯罪"依法严惩"的要求。②

其实对于单纯依靠重刑来打击黑恶势力犯罪的问题也有学者提出过反思。如有学者基于宽严相济的刑事政策认为,目前从严判处刑罚、严格刑罚执行,使刑罚整体偏重,因此应充分实现宽与严"相济",对不同的犯罪和犯罪分子区别对待,做到严中有宽、宽以济严,以及宽中有严、严以济宽。③

但是本文认为,依法严惩和宽严相济在理念上并不矛盾,"依法"和"相济"的限定完全可以实现平衡与调节的目的,真正需要解决的是"厉而不严"。这里的"严"并非指"严厉",而是指"严密"。④ 即对于已经纳入刑事法网予以打击的犯罪行为科以的处罚较为严厉,但是本身刑事法网不够细密,

---

① 姜瀛:《"网络黑社会"的样态重述与刑法治理的进路整合》,载《法治社会》2017 年第 4 期,第 79 页。

② 参见王志祥:《论黑社会性质组织非法控制特征中"区域"和"行业"的范围》,载《法治研究》2019 年第 5 期,第 46 页。

③ 参见赖早兴:《惩治黑恶势力犯罪中宽严相济刑事政策之贯彻》,载《法学杂志》2019 年第 6 期,第 121—123 页。

④ 储槐植:《刑事一体化论要》,北京大学出版社 2007 年版,第 153 页。

对某些事实上具有社会危害性的行为并没有作为犯罪处理。①

对于网络黑恶势力犯罪而言，突出的问题在于刑罚实现方式的有限性：一方面，刑罚执行完毕并不意味着行为人事实层面的人身危险性消失，一定时期内其很可能"重操旧业"；另一方面，有些不宜处以自由刑、财产刑的行为，特别是较为轻微的犯罪行为，如果不在刑事责任上加以考虑可能导致缺乏必要的处理和管控。特别是在网络社会的再构下，网络黑恶势力犯罪行为走向零碎化、分散化，对于已经进入刑罚规制领域的行为不应再通过行政处罚加以制裁，但是可能不宜通过自由刑等传统刑罚形式加以制裁。比如对于多次参加网络"水军"，有一定的再犯危险性，但是其行为未造成严重后果而不宜判处有期徒刑，即属这一情形。

而从业禁止、禁止令的适用则提供了一种有效的解决方案。《刑法修正案（九）》在《刑法》第37条之一规定了禁业规定，该条第1款为："因利用职业便利实施犯罪，或者实施违背职业要求的特定义务的犯罪被判处刑罚的，人民法院可以根据犯罪情况和预防再犯罪的需要，禁止其自刑罚执行完毕之日或者假释之日起从事相关职业，期限为三年至五年。"此前，《刑法修正案（八）》就增设了《刑法》第38条第2款、第72条第2款，判处管制或宣告缓刑的，可以根据犯罪情况，同时禁止犯罪分子在执行期间从事特定活动，进入特定区域、场所，接触特定的人。

网络犯罪和黑恶势力犯罪领域这两项制度也有适用的空间。网络犯罪领域，《新型网络犯罪司法解释》第17条规定："对于实施本解释规定的犯罪被判处刑罚的，可以根据犯罪情况和预防再犯罪的需要，依法宣告职业禁止；被判处管制、宣告缓刑的，可以根据犯罪情况，依法宣告禁止令。"黑恶势力犯罪领域，《关于办理黑恶势力犯罪案件若干问题的指导意见》第12条规定："对于符合《刑法》第37条之一规定的组织成员，应当依法禁止其从事相关职业。"二者相比，《关于办理黑恶势力犯罪案件若干问题的指导意见》并未规定禁止令，其原因或许在于对于黑恶势力犯罪而言一般强调"依法严惩"，对判处管制、宣告缓刑更为慎重。

然而本文认为，随着网络黑恶势力犯罪行为的碎片化和参与人员的非确定化，并非所有的参与人员都应该通过实际执行刑罚的方式予以惩处。对于行为较为轻微，但是又职业的、常业地参与不同黑恶势力组织犯罪的行为人（比如以"水手"为兼职的主体），也不应一律排除在禁止令的适用范围之外。由

---

① 参见王肃之：《信息社会犯罪治理的刑事政策反思——以侵犯个人信息犯罪为视角》，载《刑法论丛》2017年第4卷，第227页。

此，基于《新型网络犯罪司法解释》第 17 条的规定，将从业禁止、禁止令全面适用于网络黑恶势力犯罪，无疑是严密刑事法网，实现从"厉"到"严"转变的重要举措。

（责任编辑：石磊）

恶意透支型信用卡诈骗罪"非法占有目的"研究[*]

赵运锋[**]

摘 要：为合理认定信用卡诈骗罪中的"非法占有目的"，尽力避免刑法对民事法律行为的不当介入，对恶意透支信用卡的行为应有准确理解。为避免客观归罪，对"非法占有目的"应从形式标准与规范标准两个维度进行判断，并需合理解读"非法占有目的"的推定要素。从体系地位上看，"经发卡银行催收仍不归还"不是信用卡诈骗罪的构成要素，也不是客观处罚条件，而是"非法占有目的"的证明要素，在司法实践当中，需要积极发挥"经发卡银行催收仍不归还"在信用卡诈骗罪认定中的出罪作用。

关键词：恶意透支 非法占有目的 证明要素 客观归罪 限缩解释

一、提出问题

2018年，最高人民法院、最高人民检察院颁布了《关于办理妨害信用卡管理刑事案件具体应用法律若干问题的解释》（以下简称"两高"《解释》）。一定程度上，该《解释》对合理认定信用卡诈骗罪提供了规范性标准。但是，从司法实践看，信用卡诈骗的犯罪形势依然不容乐观，尤其是恶意透支型信用卡诈骗罪发生的比例还是居高不下。尽管两高《解释》为恶意透支构建了法定的判断标准，但应该如何理解恶意透支中的"非法占有目的"，依然是一个司法难题。在实践当中，行为人因经营不善、资金周转困难、重大灾害、意外事件等原因，导致不能及时归还信用卡透支金额的情形并不罕见，也都存在"非法占有目的"准确认定问题，否则，就会在信用卡透支的行为定性上出现

---

[*] 本文是"国家重点研发计划资助"项目"侦查与审判活动全过程监督支撑技术研究"（课题编号：2018YFC0832000）的阶段性成果。

[**] 赵运锋，上海政法学院教授，法学博士。

偏差，也即，司法主体可能会将合法的信用卡透支行为纳入刑法的规制范畴。由此，如何理解"非法占有目的"的推定要素，如何认识银行催收仍不归还的体系地位，及其与"非法占有目的"的关系，都亟需从刑法教义学层面进行认真研究和深度反思。

二、"非法占有目的"认定标准分析

根据《刑法》第196条信用卡诈骗罪规定，"非法占有目的"是信用卡诈骗罪的主观要素，为避免实践上将民事违约行为作为犯罪处理的情形发生，需对"非法占有目的"进行整体性的判断。对此，"两高"《解释》第6条第2款已经作出明确规定：对于是否以非法占有为目的，应当综合持卡人信用记录、还款能力和意愿、申领和透支信用卡的状况、透支资金的用途、透支后的表现、未按规定还款的原因等情节作出判断。但是，该规定只是认定"非法占有目的"的宏观指引，还需要对具体因素予以判断考察，并进行归类性分析和层次性研究。

（一）"非法占有目的"的责任主义基础

在大陆法系的犯罪论体系中，责任主义是刑法的基本原则，与构成要件的客观内容相对应。考察责任主义的发展历程，从心理责任论到规范责任论是责任主义发展的重要过程，根本上改变了大陆法系的犯罪论体系。由此，责任主义原则成为构建刑法理论的基础，也是指导刑事立法与司法实践的基本理念。

自古典刑法学以来，责任主义就是指行为人的主观层面，并与客观行为相对应。古典刑法学代表人物贝林曾指出："责任（广义上的责任Culpa），也是刑法上的犯罪要素，表明符合构成要件、违法的行为在内在（精神）方面具有可非难性，是法律上的主观欠缺瑕疵性（Fehlerhaftigkeit）。"[①] 贝林提到了内在精神方面的可非难性，也即行为人在主观层面的意志缺陷，这是心理责任论的理论基础。随着大陆刑法学的发展，及至新古典刑法学，责任主义的内涵也在发生深刻变化，心理责任论逐渐为规范责任论所替代。规范责任论不再执着于行为人的心理事实，而是从规范层面构建责任主义理论，即规范责任论的基础是犯罪行为的可谴责性命题。"可谴责性概念的价值并不在于它本身，而仅仅在于指明它想描述的东西。"[②] 据此，可谴责性是指对行为人主观层面的规范性评价。

[①] [德] 恩施特·贝林：《构成要件理论》，王安异译，中国人民公安大学出版社2006年版，第95页。

[②] [德] 弗兰克：《论责任概念的构造》，冯军译，载冯军主编：《比较刑法研究》，中国人民大学出版社2007年版，第129页。

在大陆法系的犯罪论体系中，以规范责任论为基础的责任主义已经获得广泛共识，并对我国刑法理论发展产生重要影响。具体到我国刑法分则中的金融诈骗类犯罪，尤其是明确规定"非法占有目的"的信用卡诈骗罪，根据责任主义原则探讨其"非法占有目的"，是认定该罪名能否构成的主观性评价。

"非法占有目的"是信用卡诈骗罪的主观超过要素，也是犯罪的主观心理事实，是区分罪与非罪、此罪与彼罪的构成要素。由此，信用卡透支人是否具有"非法占有目的"是有责性判断的关键问题，也是行为人具有可谴责性的心理事实基础。从这个角度出发，如何认定透支人的"非法占有目的"就成为责任主义原则的必然要求。

（二）"非法占有目的"认定的形式标准

恶意透支信用卡中"非法占有目的"的产生，具体可分为事前、事中和事后三个阶段。在司法实践中，"非法占有目的"多发生在信用卡透支之前，比如，明知自己没有归还透支贷款能力，仍然透支信用卡的；事中产生"非法占有目的"在信用卡诈骗案中也有体现，比如，初期是善意透支，后续是恶意透支，即持卡人的心态在透支过程中发生了转变；事后产生"非法占有目的"主要体现在民事违约关系上，也即，行为人透支前没有"非法占有目的"，但在透支后不愿意归还贷款。

根据责任与行为同时存在的责任主义原则，犯罪行为实施应该是在故意或过失罪过支配下实施的。因此，就恶意透支信用卡而言，如果行为人是在事前与事中产生"非法占有目的"的，就符合责任主义原理，具备犯罪成立的主观责任要件；如果"非法占有目的"是行为人透支行为发生后产生的，由于不符合责任主义原理，不能构成刑事犯罪。由此，一定程度上，以恶意透支产生的具体时间作为判断"非法占有目的"的形式标准，具有必要性与合理性。正如有学者指出的："'非法占有目的'的产生时间有四种类型（四分法），并指出，应该根据透支前和透支后进行判断，透支之前产生非法获取利益目的为恶意透支，透支之后产生非法占有目的是民事行为。"① 四分法对"非法占有

---

① (1) 在申领办卡之时，行为人即具有通过信用卡非法获取利益目的，显然应当认定为恶意透支行为。(2) 在行为人正当办理信用卡以后，透支之前，产生具有非法占有金钱目的的，也应当认定为恶意透支行为。(3) 行为人正当透支，之后起意不想再还款，由于非法占有目的必须存在于透支时，所以也仅仅是一种民法上"欠债不还"的行为，不构成犯罪。(4) 在行为人正当透支之后，由于客观原因确实无法还款的，例如遭受不可预期的天灾、重大变故等，不应当认定为恶意透支行为，此处，仅仅应当认定为一种民事纠纷。参见王华伟：《恶意透支的法理考察与司法适用》，载《法学》2015年第8期，第158页。

目的"的论述有简单化之嫌,实践上有些信用卡透支情形并没有涵盖进去。对此,有学者对信用卡透支类型做了进一步的细分,在四分法基础上增加一种类型(五分法)。也即,当行为人向银行申领信用卡时,就产生了恶意透支信用卡意图,或者在申领信用卡后产生了恶意透支的想法,也确实没有按照要求归还透支的信用卡金额,不过,在经发卡银行催收后,透支人及时归还了透支金额。对于增加的透支行为类型,论者认为,这种行为原本已经成立信用卡诈骗罪,但由于缺乏客观处罚条件,所以不能追究刑事责任。①不过,遗憾的是,五分法依然没能兼顾到信用卡透支的所有情形,比如,行为人在一段时间内连续透支信用卡,并在连续透支过程中产生了"非法占有目的";行为人在向发卡银行申领信用卡时有"非法占有目的",但在透支信用卡时却是善意的。实践上,对这些信用卡透支情形也需要给予关注,并需合理辨析是否存在"非法占有目的",以及"非法占有目的"的产生时间。

总的来看,四分法或五分法都是静态的形式标准,根据这两种标准可以对"非法占有目的"作出基本判断。但如上所述,形式标准(四分法与五分法)未能涵盖信用卡透支所有的情形。由此,为了对"非法占有目的"做出合理与合法的判断,需在形式判断的基础上,再从规范层面对"非法占有目的"作进一步的考察和认定。

(三)"非法占有目的"认定的规范标准

从犯罪构成看,"非法占有目的"是恶意透支型信用卡诈骗罪的主观要素,对其需要通过客观行为加以推定,才可以对恶意透支行为作出合理的认定,也才能有效避免将民事违法行为认定为刑事犯罪。

首先,从立法规定看,立法主体为"非法占有目的"的判断作出了明确规定。1997年《刑法》第196条信用卡诈骗罪对恶意透支的内涵做了明确界定,同时,为了便于司法主体对恶意透支与"非法占有目的"的认定,赋予了发卡银行等金融机构应尽合理催收的义务,从而在立法上为"非法占有目的"的判断提供了规范性标准。

实践上信用卡透支行为的发生原因是复杂和多元的,除了行为人的主观因素外,还与发卡银行等金融机构信用卡违规办理、未能充分履行监管义务等有很大关系,尤其是发卡银行等金融机构滥发信用卡,对信用卡使用缺乏规范性管理,以及对透支信用卡的法律责任未做充分说明等,都是导致信用卡透支多

---

① 参见张明楷:《恶意透支型信用卡诈骗罪的客观处罚条件——〈刑法〉第196条第2款的理解与适用》,载《现代法学》2019年第2期,第157页。

发的主要原因。"如果发卡银行采取更为严格的偿付能力检测手段和更为限制性的发卡政策能够保护其免受不诚信客户的影响,那么将这种恶意透支行为入罪的应罚性和须罚性都是成为问题的。"① 论者的观点是理性的,既准确指出了恶意透支信用卡行为与监管不足有关,也对恶意透支行为入罪的合理性问题提出质疑。在信用卡恶意透支的问题上,作为被害人的发卡银行等金融机构负有不可推卸的责任,因此,发卡银行等金融机构应该承担起应有的职责,不能过度依靠刑法规范来解决本属于行政规范领域内的恶意透支的问题。可以通过赋予发卡银行更严格的信用卡办理审查责任与信用卡使用监管义务,才能最大程度防止恶意透支信用卡行为的发生。实质上,正是基于恶意透支信用卡行为的民事违约与行政违法性,立法主体在恶意透支行为入罪规定上采取了相对谨慎的态度,在条文设计上也做了充分的政策考虑,比如,明确要求"银行等金融机构应尽到合理催收的义务",这既是对银行等金融机构义务的规范性要求,也是对信用卡透支行为人的善意提醒,也即,为恶意透支信用卡行为人避免构成犯罪提供了有效的规范支持。因此,从这个角度而言,在信用卡诈骗罪罪状中增加银行催收的立法规定,明确体现出限制恶意透支型信用卡诈骗罪成立范围的政策意图和立法精神,对其法律属性与司法适用应该给予足够的重视。

其次,从司法解释看,为"非法占有目的"的认定做了明确细化。恶意透支信用卡入刑在加强金融机构合法利益保障的同时,也将善意透支行为人置于相对危险的境地,其一旦不能及时归还透支金额,就可能会被认定为恶意透支信用卡,就会被司法主体认定构成信用卡诈骗罪。

在德国司法实践上,也曾对信用卡透支行为进行解读和界定:"有权人滥用支票卡的行为是诈骗,然而,只要信用卡不是通过诈骗行为取得,那么,滥用信用卡的行为就不受刑罚处罚,因为信用机构在发放信用卡时与信用卡使用人签订的合同中,都有允许透支的协议,违反协议要承担民事责任,刑法对此不应再进行干预。"② 由此,坚持将信用卡透支视为民事法律行为,是德国联邦最高法院的司法意见。其实,德国联邦最高法院关于信用卡诈骗罪的司法意见,曾引起当时德国刑法学界的强烈批评和反弹,但也表明了德国司法主体对信用卡恶意透支入刑问题秉持了理性态度和慎重精神。我国也有学者持类似观

---

① Vgl. Achenbach, Das Zweite Gesetz zur Bekimpfungder Wirtshaftskriminalitat, NJW, 1986.

② 参见王世洲:《德国经济犯罪与经济刑法研究》,北京大学出版社1999年版,第276页。

点:"在'恶意透支'上,不仅是具体的解释条文不够准确、严谨,而是'恶意透支'本身就不应该入刑。"① 基于此,既然信用卡恶意透支入刑本身的合理性就有存疑,那么,司法主体在认定信用卡恶意透支的法律属性时,就更应该保持谨慎和理性,应对恶意透支信用卡的"非法占有目的"给出合理且准确的判断,以避免刑法规范对民事违法行为的不当干预。

"两高"《解释》第 6 条第 3 款②对信用卡恶意透支的"非法占有目的"进行了明确阐释,具体包括五种具体的行为类型与一个兜底条款,为实践上判断非法占有目的提供了相对明确的司法规则。根据"两高"《解释》规定,对如何判断行为人的"非法占有目的",基本给出了较为明确的规范性标准,既包括行为人透支前的状况考察,也包括透支后的行为分析,比较全面的规定了"非法占有目的"司法认定标准。另外,对银行催收的相关内容,2018 年"两高"的《解释》也作出了更加规范和详细的规定,既表明司法主体在恶意透支认定上的慎重态度,也赋予了金融机构更加明确的法律责任,明确反映出司法机关对公民权利的充分尊重和关注。

科学的条文设计与合理的司法解释,为"非法占有目的"的合理认定提供了规范性的判断标准。但是,还应当看到,"非法占有目的"的判断要素在稳定性与确定性上还存有疑问,"经银行催收后仍不归还"在信用卡诈骗罪犯罪构造上的作用和体系地位也不无争议。对此,有学者曾明确指出:"立法机关有必要对中国《刑法》中恶意透支的条款进行再次审查,司法机关也可以通过颁布司法解释的方式限缩该条款的适用范围。"③ 我们赞同论者的观点,基于刑法规范适用的谦抑性与最后性,需要信用卡对恶意透支行为进行限缩性解释,也即,对恶意透支的司法认定与适用需保持慎重。

三、"非法占有目的"推定要素评析

"两高"《解释》为"非法占有目的"的司法判断提供了适用规则,有利于司法机关合理界分信用卡的善意透支行为与恶意透支行为。不过,在根据司

---

① 许斌:《"恶意透支"该入刑吗》,载《新京报》2009 年 12 月 16 日第 A2 版。
② 具有以下情形之一的,应当认定为《刑法》第 196 条第 2 款规定的"以非法占有为目的",但有证据证明持卡人确实不具有非法占有目的的除外:(1)明知没有还款能力而大量透支,无法归还的;(2)肆意挥霍透支的资金,无法归还的;(3)透支后逃匿、改变联系方式,逃避银行催收的;(4)抽逃、转移资金,隐匿财产,逃避还款的;(5)使用透支的资金进行违法犯罪活动的;(6)其他非法占有资金,拒不归还的行为。
③ 王华伟:《恶意透支的法理考察与司法适用》,载《法学》2015 年第 8 期,第 158 页。

法解释的标准判断"非法占有目的"时，司法主体还需要兼顾主观方面与客观方面，避免客观归罪或唯后果论，防止将善意透支信用卡认定为恶意透支行为，并导致刑法规范对民事法律关系的不当介入。

（一）对"明知没有还款能力"应做合理分析

"两高"《解释》的第6条第3款，对如何认定"非法占有目的"做了较为详细且合理的规定，其中，第一项规定中关于"明知没有还款能力而大量透支，无法归还的"内容，其合理性在理论上还存在一定争议。实质上，在信用卡使用期间，由于持卡人的还款能力可能是不确定的，因此，很难证明行为人在透支信用卡时就明知自己没有还款能力。

根据中国裁判文书网上的案例可知，当行为人透支信用卡到期后，如果经发卡银行催收后，持卡人不按时归还透支资金的，法院一般都会按照公诉机关起诉的罪名，以信用卡诈骗罪对行为人进行定罪量刑。在类似的司法判决书中，基本看不到法院对行为人"明知没有还款能力"的法律说理或论证，一般都是直接根据公诉机关的起诉意见，对行为人的恶意透支行为进行有罪认定。比如，在王某某信用卡诈骗一案中①，因被告人不按照合同约定归还透支的信用卡金额，且符合信用卡诈骗罪的其他要件，法院认为，该案中王某某具有"非法占有目的"，并按照信用卡诈骗罪对其进行定罪量刑。但是，在判决书中，法院并未对"明知没有还款能力"的司法推定做合理性分析，对"非法占有目的"也缺乏充分的法律说理和论证。于是，由此可能造成的问题是，在司法实践上那些对自己还款能力有明确认知，且根据透支时的经济状况可以如期归还透支金额的行为人，只是因为其他原因未能按时归还信用卡透支金额的，则可能会被司法主体推定为具有"非法占有目的"，并认定其构成信用卡诈骗罪。基于此，需要对"明知没有还款能力"作出合理的阐释，以利于从实践上为司法主体提供切实可行的适用标准，具体可从以下几个方面展开：

首先，应该根据透支信用卡时的客观情形，对行为人的还款能力进行合理判断。如果行为人在透支信用卡时，有正常且稳定的合法经营或收入，或者透支信用卡是基于经营需要，只是在后期由于投资失败、经营困难或其他问题，导致不能按时归还信用卡透支金额的，对此，行为人不能按时归还信用卡透支金额并非由于主观恶意，而是因为不能预见的客观原因，因此，一般意义上，

---

① 2016年5月，被告人王某某以本人名义从中国农业银行申领到一张信用卡，自2016年6月10日至2017年4月3日透支使用期间，透支本金累计人民币61699.66元。2017年7月起，农业银行以信函方式多次催收，而被告人王某某在2018年11月30日立案前仍未归还上述欠款。上海市松江区人民法院（2019）沪0117刑初1667号刑事判决书。

不能认为行为人是"明知没有还款能力"而大量透支信用卡。对此，有学者指出："犯罪嫌疑人在使用信用卡透支消费时经济状况并不稳定，透支钱款用于存在一定风险的投资经营，即使其事后投资失败，无法归还钱款，也不能因此认定其对于没有还款能力属于主观明知"① 论者的观点较为理性，准确指出了"明知没有还款能力"在判断上的不确定性。比如，在黄某某信用卡诈骗罪一案②中，被告人由于经营困难，不能按时归还透支的信用卡贷款，并不能说明其明知没有还款能力而恶意透支，更不应该将其作为犯罪处理。从市场经营的角度看，任何投资经营都是有一定风险的，如果将因投资失败不能归还透支金额，作为认定行为人明知没有还款能力的事实依据，则显然有悖于市场发展规律，也是从最不利于行为人的角度进行的司法裁量和判断，其合理性与合法性都值得怀疑。

其次，应该根据透支信用卡后的还款态度，对行为人的还款能力进行合理判断。在行为人在透支信用卡后，如果曾经按照规定积极归还透支金额，但后来因为家庭变故、意外事件等客观原因导致资金紧张，行为人确实无力继续还款的，司法机关不能据此认定行为人"明知没有还款能力"而大量透支。"行为人在透支信用卡期间，为维护个人信用通常会定期还款，此时，应重点审查还款金额，如果其还款数额达到最低还款额标准，则基本可以认定其正常使用信用卡，不具有非法占有目的。"③ 论者强调，应从还款额度考虑行为人的还款能力，虽然论证问题的角度不同，但也表明，论者对行为人透支信用卡后的积极还款在"非法占有目的"司法推定中作用的重视。比如，截止到2014年11月9日，被告人孔某某累计透支本金72421.4元，经中国农业银行磁县支行两次以上催收仍拒不还款。被告人孔某某交代，他是在2014年后半年没有钱还款了，就停止还款了，具体时间记不清楚了，后来因为没有钱还款，他就

---

① 张鹏成：《准确认定恶意透支型信用卡诈骗罪非法占有目的》，载《检察日报》2018年10月26日第3版。

② 被告人黄美华于2013年6月14日，在中国农业银行股份有限公司遂溪县支行申领农行金穗信用卡后，用该卡刷卡套现用于服装生意资金周转，形成透支，至2016年12月31日止，累积透支本金为人民币49926.65元，透支利息为人民币10850.49元，手续费为人民币50元，滞纳金为人民币2917.62元，本息合计人民币63744.76元。经中国农业银行股份有限公司遂溪县支行通过电话、信函及上门等形式多次催收，但被告人黄某某至农行工作人员报案都没有还款。广东省遂溪县人民法院（2019）粤0823刑初358号刑事判决书。

③ 张鹏成：《准确认定恶意透支型信用卡诈骗罪非法占有目的》，载《检察日报》2018年10月26日第3版。

手机关机躲到广州了,后来就一直没有回来过。① 就本案而言,被告人孔某某在2014年上半年一直归还信用卡的透支贷款,表明行为人在透支信用卡时,应该认为其是可以按期归还银行贷款的,并且其在透支后的一段时间内,一直在积极努力归还透支贷款。因此,在对透支行为是否属于恶意透支行为进行辨析时,应该充分考虑行为人在透支信用卡时是否"明知没有还款能力",并对其推定结论进行合理且符合司法逻辑的说明和论证。

最后,应该根据逾期还款后是否刻意逃避,对行为人的还款能力进行合理判断。如果行为人透支信用卡,在其逾期还款后能及时与发卡银行取得联系,并积极协商贷款展期事宜,或者行为人并没有刻意逃避银行催收,而是积极筹措资金进行还款,只是因为资金紧张而不能及时归还发卡银行的透支贷款。对这种情况,即使行为人不能按时归还透支金额,也不能认定为行为人明知没有还款能力而大量透支,并继而认定行为人具有"非法占有目的"。正如有的学者所言:"如果持卡人在透支时具备清偿能力,事后也为及时履行清偿义务作了积极的努力,但由于意志外的原因无法还清所欠款项的,可以认定其透支时不具有非法占有的目的,不宜以恶意透支论,而宜适用民法的有关规定处理。"② 根据论者的观点,对类似情形应该根据民法规定进行处理和责任认定。比如,被告人刘某某在上诉中提出:(1)其不具有非法占有的目的,不构成恶意透支;(2)其一直积极与银行协商,赔偿银行的损失,事后还偿付了部分透支款。本院认为,上诉人刘某某以非法占有为目的,超过规定期限透支信用卡,数额巨大,并经发卡银行多次催收拒不归还,其行为构成信用卡诈骗罪。③ 在该案的上诉理由中,被告人刘某某就曾提出,其在透支信用卡后虽未能如期归还透支额度,但是,一直积极与发卡银行进行沟通协商,并积极赔偿发卡银行的损失,并在事后偿付了部分透支贷款。对此,司法主体对行为人的还款能力应给予慎重评价,并进行准确的判断,不应该轻易认定为行为人明知没有还款能力而大量透支。

(二)对"肆意挥霍"应做限缩解释

与明知没有还款能力的事前认知不同,肆意挥霍是指行为人对透支贷款的事后处理。根据"两高"《解释》的相应条款,如果存在肆意挥霍信用卡透支资金的问题,则应该可以推定行为人具有"非法占有目的"。关注事后行为是

---

① 河北省磁县人民法院(2019)冀0427刑初249号刑事判决书。
② 周汉聪、刘剑飚:《信用卡恶意透支的法律定位思考》,载《人民司法》1994年第6期,第30页。
③ 湖南省娄底市中级人民法院(2019)湘13刑终693号刑事判决书。

金融政策在信用卡管理中的体现,不过,对这种事后的金融行为是否需要通过刑法进行规制应存有疑问。易言之,根据事后行为对金融犯罪中的"非法占有目的"进行认定,在理论上还是存在疑问的。

首先,从"非法占有目的"的行为构造看,事后推定存在合理性问题。"非法占有目的"是信用卡诈骗罪的主观要素,主是指向透支资金的态度和意思,一般表现为,排除资金所有人占有的意思与利用资金的意思。详言之,资金排除意思属于信用卡诈骗罪的主观要素,是对非法获取银行资金的处分;利用资金意思则是指向财产的占有权,是对发卡银行等金融机构资金的占有与使用。由此,"非法占有目的"的利用意思应该是主观超过要素,主要是指向占有财产的经济性利益。

"'非法占有目的'是指,排除权利人将他人的财物作为自己的财物进行支配,并遵从财物的用途进行利用、处分的意思。"① 根据论者的观点,"非法占有目的"包括排除意思和利用意思,其中,排除意思是"非法占有目的"的主观要素,利用意思是对占有财产进行使用和处分的主观诉求。由此,坚持利用意思说的学者,往往从经济侧面出发对诈骗罪的成立范围进行限制。也即,将利用意思解释成对物"在经济上有意义的用途"②。在"两高"《解释》关于恶意透支的推定要素中,"肆意挥霍"就属于"非法占有目的"的利用意思,属于主观的超过要素。从功能上看,事后利用行为对区分罪与罪之间的关系具有积极作用,但对信用卡诈骗罪的行为定性并没有明显的价值。不过,从2018年"两高"《解释》中"肆意挥霍"的内容看,在实践上往往将其做为"非法占有目的"的推定要素,对是否构成信用卡诈骗罪的司法认定起到了积极作用,但这显然背离了主观超过要素的立法功能。

从法益与构成要件的关系看,法益具有指导构成要件理解与解释的机能,构成要件有识别法益内容与类型的机能。但从刑法理论上看,学者们在阐释"非法占有目的"的时候,往往有意无意的忽略了其与财产犯罪保护法益之间的关系,导致法益理解与"非法占有目的"的认定产生相互脱离的迹象。正如有学者谈到的:"理论上的基本局面却是,对'非法占有目的'和对财产保护法益各自的讨论虽然十分热烈,但鲜有研究将二者结合起来进行体系性的思考。"③ 不过,割裂法益与"非法占有目的"之间的关系,就会导致对"非法占有目的"的推断出现合理性与科学性问题。其实,"两高"《解释》关于

---

① 张明楷:《刑法学》(第五版),法律出版社2016年版,第957页。
② Samson, in: SK-StGB, 4. Aufl., 1990, § 242 Rn. 77.
③ 徐凌波:《论财产犯的主观目的》,载《中外法学》2016年第3期,第727页。

"肆意挥霍"的规定，正是在割裂"非法占有目的"与信用卡诈骗罪法益保护之间的关系，导致在信用卡诈骗罪具体适用上合法性不足。质言之，从"非法占有目的"的排除意思看，明显是侵害了发卡银行的财产性法益，但从"非法占有目的"的利用意思看，与发卡银行的财产法益并没有直接关系。由此，在司法实践上，对于行为人所谓的"肆意挥霍"透支金额的行为，因为并未侵害到银行等金融机构的法律利益，因此，不应该擅自认为构成信用卡诈骗罪。基于此，有学者指出，"需要改变这种'结果型'判断标准，代之以行为，最大限度地使用行为人行为时的客观事实，回到以行为入罪的一般归罪模式，以避免出现因不可控因素引起的结果而出入罪不公的现象。"[1] 我们认为，论者的观点是理性的，充分体现出对通过事后行为进行司法推定的合理性的担忧。

其次，从信用卡的使用价值看，需对"肆意挥霍"做严格解释。信用卡是基于生活需要而由银行推出的金融制度与便民举措，由此，持卡人应该合理使用信用卡，不能肆意使用信用卡的透支金额。否则，一旦被认定为"肆意挥霍"透支资金，就可能会因为违背信用卡使用规定而被认为有"非法占有目的"。不过，根据法律规定与立法精神，对"肆意挥霍"的内涵应该做严格解释。

"对于在申领、使用信用卡时经济状况良好的行为人，如果因意外情况（如投资失败、企业破产）而无法还款的，即使其此前有过大额消费行为，也不能据此在事后评价其属于'肆意挥霍透支资金，无法还款'，进而认定其具有非法占有目的。"[2] 论者的观点无疑是合理的，准确指出了"肆意挥霍"在司法认定中可能存在的问题。在实践当中，有的发卡银行在办理信用卡时，在相关的合同条款中就做出了明确约定，即信用卡只适用于特定的消费领域，比如，信用卡只能用于购买汽车、房屋装修、经营投资等消费领域。据此，如果对信用卡的消费领域有明确要求或约定的，持卡人就应该按照约定条款进行合理消费，如果行为人违反要求或约定，用透支的信用卡金额购买奢侈品，从而导致不能及时归还贷款的，且在符合其他条件的情况下，就可以认定为"肆意挥霍"。不过，有些发卡银行在信用卡条款中并没有明确约定消费范围，即银行对信用卡并未明确限定使用范围，既然没有约定消费的范围，持卡人就可

---

[1] 申云、耿磊：《完善金融诈骗中"非法占有目的"推定规则》，载《检察日报》2016年1月20日第3版。

[2] 张鹏成：《准确认定恶意透支型信用卡诈骗罪非法占有目的》，载《检察日报》2018年10月26日第3版。

以根据需求购买自己所需要的物品。由此，即使持卡人使用透支金额购买一定类型的奢侈用品，也不能认定行为人是"肆意挥霍"。

（三）对"逃避银行催收"应做理性解读

"逃避银行催收"是认定行为人具有"非法占有目的"的重要条件，一旦被认定为"逃避银行催收"，行为人就会被认定具有"非法占有目的"。基于此，需对"逃避银行催收"有科学合理的认识，以避免将民事逃债行为定性为刑事犯罪。在司法实践上，对"逃避银行催收"需从形式层面与实质层面两个维度进行考察，形式上需要分析银行催收是否符合法律规定，实质上需要明确行为人是否实施了逃避催收的行为。

首先，从形式层面考察银行是否进行了合法催收。根据"两高"的《解释》，银行催收符合下列条件的，称为"有效催收"：（1）在透支超过规定限额或者规定期限后进行；（2）催收应当采用能够确认持卡人收悉的方式，但持卡人故意逃避催收的除外；（3）两次催收至少间隔30日；（4）符合催收的有关规定或者约定。根据"两高"的《解释》可知，有效催收主要包括以下几个要素：时间要素、行为要素和规范要素，这也是发卡银行在催收过程中须严格遵守的法律要求，否则，不能构成形式意义上的合法催收。具体如，催收应当采用的具体方式、两次催收之间至少间隔30天、银行应当提供对持卡人的电话催收录音或电信部门的短信记录，等等。由此，在司法实践当中，司法主体应该严格按照"两高"的《解释》规定，对银行等金融机构的催收行为进行合理分析，以准确判断其是否符合银行催收的法律规定。

其次，从实质层面考察行为人是否"逃避银行催收"。实质层面是指，是否因为特殊原因不能及时与发卡银行进行沟通或联系，导致发卡银行联系不上持卡人。在实践当中，行为人由于突发事件等原因导致不能及时收到发卡银行的催收信息，比如，生重病住院、犯罪被逮捕、出国联系不便等，都可能导致银行等金融机构不能与行为人取得及时、有效的联系，从而致使其不能及时归还信用卡的透支金额。但是，对上述情况若认定持卡人属于逃避催收，则显然不符合客观事实，也不符合法律精神。当然，如果由于特殊情况不能及时与银行等金融机构取得联系，并及时归还透支贷款的，行为人事后应该出具证据进行有效的证明。也即，对"逃避银行催收"的认定，应给予行为人予以提出反证的权利，如果持卡人有证据表明，是因为客观原因导致其未能及时收到发卡银行的催收通知，或者不能及时归还贷款，就不应该认定行为人构成"逃避银行催收"。

四、"非法占有目的"证明要素提倡

根据信用卡诈骗罪的立法规定,"经发卡银行催收仍不归还"属于法定要素。理论界对该法定要素的体系地位还存在一定分歧。并且,"经发卡银行催收仍不归还"的体系定位不但是一个犯罪构造问题,还会影响到"非法占有目的"的具体判断,因此,需对"经发卡银行催收仍不归还"的体系地位和立法价值进行法理分析。

(一)"经发卡银行催收仍不归还"相应观点评析

在刑法理论上,关于"经发卡银行催收仍不归还"的犯罪构造主要有构成要件论和客观处罚条件论两种观点,构成要件论是传统观点,客观处罚条件论是创新观点。总的来看,构成要件论和客观处罚条件论都有一定合理性,但是,不足之处也很明显,需要给予理性分析与准确解读。

1. 构成要件论评析

有学者认为,"经发卡银行催收仍不归还"是信用卡诈骗罪的构成要件,是透支行为构成信用卡诈骗罪的积极要素。"'经催收不还'理应是'恶意透支型'信用卡诈骗罪的构成要件。"① 构成要件论是刑法上的传统观点,合理性值得商榷。从信用卡诈骗罪的发生过程看,在行为人以"非法占有目的"且恶意取得透支金额后,其实诈骗行为就已经结束。因此,"经发卡银行催收仍不归还"不应该是犯罪构成的客观要素,将"经发卡银行催收仍不归还"作为信用卡诈骗罪的构成要素并不妥当。"只要行为人隐瞒不归还本息的意图而恶意透支的,就已经完全符合诈骗罪或者其他犯罪的构成要件,事后'经发卡银行催收后仍不归还'并不影响不法的有无与程度,既然如此,这一要素就不能作为构成要件要素。"② 据此,"经发卡银行催收仍不归还"只是信用卡诈骗罪的法定要素,但不是构成要素,不能成为判断信用卡诈骗罪是否构成的判断条件。

构成要件论认为,银行催收行为与恶意透支行为都属于信用卡诈骗罪的客观要素,由此,恶意透支型信用卡诈骗罪属于复合行为犯。根据复合行为犯的犯罪构造,先行为与后行为都要具备才能构成犯罪既遂。也即,持卡人须具有恶意透支与经银行催收不归还贷款两个行为要件,才能构成信用卡诈骗罪的犯罪既遂。换言之,恶意透支型信用卡诈骗罪是复合行为犯,其复合行为就是诈

---

① 鲜铁可:《金融犯罪的定罪与量刑》,人民法院出版社1999年版,第264页。
② 张明楷:《恶意透支型信用卡诈骗罪的客观处罚条件——〈刑法〉第196条第2款的理解与适用》,载《现代法学》2019年第2期,第153页。

骗行为与侵占行为。比如，甲恶意透支信用卡，且没有按时归还透支贷款，经发卡银行联系甲催收贷款，甲产生了还款意图，但还在犹豫是否归还透支贷款之际，这时乙劝甲不要归还透支贷款，于是甲因乙的劝说行为就没有按时归还透支贷款。就该案例而言，如果恶意透支型信用卡诈骗罪是复合行为犯，则甲在恶意透支信用卡后，诈骗行为就已经结束，乙进行加功的则是后面的侵占行为，因此，乙只应对侵占行为负刑事责任，也即，乙应构成侵占罪的共犯。但是，这显然与构成要件论的观点不同。根据构成要件论，其往往将前述案例中乙的劝说行为，认定为信用卡诈骗罪的共犯。由此，如果将"经发卡银行催收仍不归还"视为构成要件，则会在共同犯罪认识问题上会产生冲突。

2. 客观处罚条件论评析

有学者认为，"'经发卡银行催收仍不归还'是客观处罚条件。反过来说，经发卡银行催收后予以归还的，成为处罚阻却事由"①。与传统的构成要件论不同，客观处罚条件是一种新的观点。一定程度上，客观处罚条件论具有理论创新性，但不足之处也很明显。

根据德日的刑法理论，客观处罚条件虽然是犯罪论体系的要素，却是符合性、违法性、有责性之外的第四要素。也即，在利用客观处罚条件判断之前，危害行为已经满足了犯罪论体系的形式要件，客观处罚条件属于政策性判断，即对犯罪行为是否需要给予刑事处罚进行解释和限制。对此，张明楷教授曾明确指出："将'经发卡银行催收后仍不归还'解释为客观处罚条件，迫使司法机关在此之外判断恶意透支型信用卡诈骗罪的构成要件符合性、违法性与有责性，能够确保处罚范围的合理性。"②论者是在合理限缩恶意透支型信用卡诈骗罪的构成范围，但是，却是在阶层式犯罪论体系下讨论"经发卡银行催收仍不归还"的犯罪构造问题。其实，在我国的犯罪构成语境下，"经发卡银行催收仍不归还"应该是"非法占有目的"的说明和强调，也即，是对非法占有目的的证明，该证明要素对透支行为能否构成犯罪具有积极的诉讼价值。据此，如果将"经发卡银行催收仍不归还"作为"非法占有目的"的证明要素，可以直接认定透支行为人是否具有"非法占有目的"。但是，如果将"经发卡银行催收仍不归还"认定为客观处罚条件，对符合犯罪构成的恶意透支行为，还需再做处罚必要性的判断。由此，将"经发卡银行催收仍不归还"作为信

---

① 张明楷：《恶意透支型信用卡诈骗罪的客观处罚条件——〈刑法〉第196条第2款的理解与适用》，载《现代法学》2019年第2期，第155页。

② 张明楷：《恶意透支型信用卡诈骗罪的客观处罚条件——〈刑法〉第196条第2款的理解与适用》，载《现代法学》2019年第2期，第156页。

用卡诈骗罪的证明要素,可以更早判断出行为人的透支行为是否符合犯罪构成,比客观处罚条件更容易得出合法有效的结论,也更有利于信用卡诈骗罪的司法适用,且对降低主观要素的司法证明难度具有积极意义。

在德国的刑法理论上,经过罗克辛教授等学者的筛选,属于客观处罚条件的例子已经非常少了。雅克布斯、考夫曼等德国著名的刑法学家对客观处罚条件基本持否定态度,即所谓的客观处罚条件都是构成要件。据此,在德国刑法理论上,客观处罚条件的指涉范围其实已经非常狭窄了。有鉴于此,在我国刑法理论上,对客观处罚条件的指涉对象应该保持警惕,不应该任意扩张其适用范围。质言之,对刑法规定中的法定要素,如果能作为构成要件进行认定的,就尽量不认定为客观处罚条件,以避免与责任主义原则相冲突。但是,从刑法理论的发展看,客观处罚条件论对责任主义原则并未给予足够重视,近年来不断通过对刑法犯罪构成要素的实质性与政策性解读,持续扩大客观处罚条件的适用范围,导致责任主义原则的空间被不断被压缩。

(二)"经发卡银行催收仍不归还"是证明要素

"经发卡银行催收仍不归还"是对"非法占有目的"的证明,即经发卡银行催收后,如果行为人依然不归还贷款的,就可以认定其具有"非法占有目的"。易言之,"经发卡银行催收仍不归还"是非法占有目的的证明要素。"如果持卡人超过规定的限额或规定的期限透支,经过银行的催收后仍不归还,一般就可以推定持卡人具有非法占有的目的,从而成立恶意透支。"[①] 根据论者观点,其明确认可银行催收的司法推定效力,具有合理性。

总的来看,对"非法占有目的"的认定具体可从三个方面进行考察:透支时的归还能力、透支后的行为表现及银行催收后的归还情况。至于透支时的归还能力和透支后的行为表现,两高在司法解释中都做了细化和明确,可以作为判断行为是否有"非法占有目的"规范性标准。也即,如果信用卡透支行为符合司法解释的六种情形之一的,就可以推定透支人主观上具有"非法占有目的"。但是,根据法律规定和立法精神,信用卡透支本来是民事意义上的法律行为,恶意透支则是对善意透支的附条件判断,也即,如果是恶意透支则可能会触犯刑事法律。因此,立法主体对信用卡恶意透支的行为构成相对慎重,明确要求发卡行需尽到合理的催收义务,这是对恶意透支型信用卡诈骗罪的立法限制,也是刑法干预谦抑性和最后性的规范性表征,对于限缩信用卡诈

---

① 赵秉志、许成磊:《恶意透支型信用卡诈骗犯罪问题研究》,载《法制与社会发展》2001年第3期,第77页。

骗罪的成立范围具有积极意义。"立法的这一规定实际上起到了限定恶意透支犯罪圈的绩效，有利于限制信用卡诈骗罪的处罚范围，体现了刑法的谦抑，同时便于司法操作。"① 论者的观点无疑是合理的，准确指出了银行催收在信用卡诈骗罪中的立法价值，对合理限制恶意透支的成立范围具有积极意义。基于此，银行催收应该可以起到两个方面的作用：一方面是，对持卡人的善意提醒作用，可以避免持卡人因疏忽未能及时归还透支金额，而被推定具有"非法占有目的"；另一方面是，是对持卡人的"非法占有目的"的证明，也即，在经过发卡银行合理催收后，那些依然不按时归还透支金额的持卡人，就可得出其具有"非法占有目的"的结论。因此，从这个角度讲，银行催收具有证明行为人具有"非法占有目的"的司法功能。

还有种观点认为，"经发卡银行催收仍不归还"不是信用卡诈骗罪的构成要件，"经发卡银行催收后仍不归还，是表明行为人以非法占有为目的的可靠的、确定无疑的客观事实，而不是恶意透支成立的必要条件，更不是所有恶意透支行为构成信用卡诈骗罪的必要要件。但是，如果确有充分的证据证明信用卡持卡人主观上以非法占有为目的进行恶意透支，即使没有'经发卡银行催收后仍不归还'之客观事实的存在，也可以认定构成信用卡诈骗罪"②。我们同意论者否定"经发卡银行催收仍不归还"是构成要件的观点，但不赞同其否认"经发卡银行催收仍不归还"在罪名认定中的作用。具体原因如下：首先：根据信用卡诈骗罪的立法精神，"经发卡银行催收仍不归还"对"非法占有目的"限定作用明显，因此，若缺乏对银行催收环节的立法规定，就不能对是否构成恶意透支作出有效判断；其次，根据刑事立法政策，"经发卡银行催收仍不归还"是对"非法占有目的"的再次确认，是对恶意透支的严格解释和范围限制，能有效限缩信用卡诈骗罪的成立范围；最后，根据刑法实质解释，"经发卡银行催收仍不归还"也表明了恶意透支行为的社会危害程度，从预防性角度论证了刑罚必要性的合理性。综上可知，前述论者既否认"经发卡银行催收仍不归还"的构成要件地位，又否定其诉讼功能的看法，是值得商榷的。

（三）"经发卡银行催收后仍不归还"证明要素的论证

从刑法规定看，为了准确诠释客观构成方面的内涵，立法主体会对一些法

---

① 赵秉志、许成磊：《恶意透支型信用卡诈骗犯罪问题研究》，载《法制与社会发展》2001年第3期，第78页。

② 曲新久：《认定信用卡诈骗罪若干问题研究》，载姜伟主编：《刑事司法指南（总第19集）》，法律出版社2004年版，第19页。

定要素赋予说明或强调功能，从而便于对刑法条文的理解，以有利于司法主体对刑法条款的准确适用，比如，刑法分则中的侵占罪、拒不支付劳动报酬罪等具体罪名，都具有与信用卡诈骗罪犯罪构造相类似的情形。

在《刑法》第270条侵占罪条款中，拒不退还体现了对"非法占有目的"的说明功能，也是对行为人非法占为己有的强调。不过，理论上对非法占为己有与拒不退还的关系还有一定分歧。比如，传统刑法理论认为，规范罪状描述中的要素都是构成要件，因此，非法占为己有和拒不退还都属于构成要素。由此，根据通说的观点，如果行为人将代为保管的财物非法占为己有，且经财物所有人要求退还而拒绝退还的，应该构成侵占罪。但是，根据通说对拒不退还的理解，会不当缩小侵占罪的规制范围。其实，当财物占有人将占有他人的财物进行处分的时候，比如，行为人将占有的物品予以出卖、赠予或者消费的，就已经表明行为人主观上具有"非法占有目的"，拒不退还应该是对非法占为己有说明。也即，拒不退还是对行为人主观层面的诉讼证明，该法定要素的司法证明价值是明显的。其实，在美国刑法上也有类似规定，把行为人处分占有财产的行为称之为转变。"转变的实质是把现存的占有权变成所有权。"① 基于此，对于财产发生转变的情况，在美国刑法上可以构成侵占罪，并且没有关于拒不退还的规定要素。当然，在实践中，如果财物所有人向占有人要求归还被占有的财物，行为人予以归还的，由于其没有非法占为己有的主客观要素，就不能构成侵占罪。因此，拒不归还不是侵占罪独立的构成要件，而是表明非法占为己有是否真实存在，即行为人是否具有"非法占为己有"的目的。从这个角度看，拒不归还应该是一种证明性的立法要素，是非法占为己有在刑法条文当中的证明要素。有观点认为，"如果将'拒不退还'视为侵占行为在证据上的补充说明，那么在实体刑法上便是可有可无的描述，也即可以在条文中删掉'拒不退还'。"② 论者显然没有注意到，在侵占罪条款中，拒不退还并不是可有可无的描述，而是对侵占行为非法占有目的的证明，更不是可以随意删掉的法律要素。

基于传统刑法理论对拒不归还的不当理解，可能会不当缩小侵占罪的规制范围，有学者提出不同观点："拒不归还只是对非法占为己有的强调，或者说

---

① 储槐植：《美国刑法》（第三版），北京大学出版社2005年版，第183页。
② 柏浪涛：《构成要件符合性与客观处罚条件的判断》，载《法学研究》2012年第6期，第143页。

只是对认定行为人是否非法占为己有的一种补充说明。"[1] 对于论者的观点,我们深表赞同。正如论者谈到的,就侵占罪的保护法益来看,即使在所有人要求归还之后,行为人对处分财物进行赔偿的,也不能掩盖行为人非法占为己有的主观态度,财物所有人的法益依然受到了实质侵害。由此,根据论者的观点,拒不归还在侵占罪中的法律属性是清晰的,也即,拒不退还是对非法占为己有的说明,而非侵占罪的构成要素。对此,在德国关于侵占罪的刑法判例中也有明确体现:行为人明知没有所有权人的许可,却认真地向其他人提出出售所有权人物品的要约,或者对上门要求返还物品的所有权人谎称自己并没有(再)占有相应物品的,均已经表明了其所有意思,从而成立侵占罪。[2] 易言之,在德国的实践案例中,当行为人拒不归还侵占他人的物品的,就是对行为人不法所有意思的说明或强调,可以认定构成侵占罪。由此,通过对比分析可知,将拒不归还作为侵占罪条款中"非法占为己有"的证明要素,在理论与实践上都不存在障碍。

考察刑法分则的罪名规定,在其他个罪的犯罪构成当中也存在类似的情形。比如,在拒不支付劳动报酬罪当中,有些法定要素也存在说明功能,具有降低诉讼难度的积极作用。质言之,拒不支付劳动报酬罪中的"经政府有关部门责令支付仍不支付"具有两方面的价值:首先,体现了刑法干预的最后性和谦抑性,也即,在行政法规不能达到有效规制效果后,才需要刑法规范的介入;其次,证明了行为人的主观方面,是判断"非法占有目的"的积极要素。由此,"经政府有关部门责令支付仍不支付"是对行为人主观层面的补充说明,表明行为主体想非法占有他人的劳动报酬,也表明拒不支付劳动报酬的行为,其危害性达到刑法意义上严重程度,需要适用刑法规范进行规制。

质言之,根据刑法体系解释原理,在对刑法规范进行认识和解读时,需参照刑法分则中类似罪名进行理解和诠释,以达到准确解读刑法规范内涵的目的。因此,在对信用卡诈骗罪罪状中"经发卡银行催收仍不归还"的法律属性进行理解时,可以参照侵占罪中"拒不退还",以及其他相关法条规定要素的属性和构造,符合刑法体系解释原理。基于此,将"经发卡银行催收仍不归还"作为"非法占有目的"的诉讼证明要素,在刑法规定与解释论上并不存在障碍。

---

[1] 参见张明楷:《刑法学》(第五版),法律出版社 2016 年版,第 969 页;陈兴良主编:《刑法学》,复旦大学出版社 2003 年版,第 439 页;黎宏:《刑法学》,法律出版社 2012 年版,第 762 页。

[2] Vgl. BGHSt 14, 38 (41).

五、余论

司法解释虽然对恶意透支型信用卡诈骗罪"非法占有目的"的认定做了一定的细化和诠释,但从实践适用上看,关于"非法占有目的"的理解和认定依然存有争议。因此,除了需从解释学层面对"非法占有目的"的推定要素进行分析之外,从信用卡诈骗罪的刑法规定上,探索和倡导"非法占有目的"的证明要素,显然是一条有效的理论路径。换言之,应从理论上构建司法解释与立法规定相结合的双重判断机制,其中,司法解释是"非法占有目的"第一层次的判断依据,"经发卡银行催收仍不归还"是"非法占有目的"第二层次的判断依据,通过司法解释与刑法规定两个层面的综合判断,对"非法占有目的"的认定无疑具有积极的理论意义与实践价值。

(责任编辑:石磊)

大数据时代证券市场虚假申报操纵犯罪的司法认定[*]

商浩文[**]

摘 要：我国最高司法机关高度重视证券领域金融犯罪的有效治理，及时出台了相关规范性文件和指导性案例，这对于保障金融市场稳定、防范系统性的金融风险具有重要意义。随着信息化时代人工智能和大数据的发展，以高频交易为代表的证券交易技术蓬勃发展，利用高频交易等算法优势进行证券操纵的行为也日益增多。高频交易下的虚假申报操纵行为在刑事司法实践中面临刑法定性差异化、操纵行为入罪标准复杂化、主观认定客观化等现实挑战。应进一步优化刑事司法认定的思路，将"滥用优势"界定为操纵证券市场犯罪的本质特征；在入罪标准的判定上，要以市场优势的滥用作为违法所得认定的基本原则，并坚持整体性评价的判断方法；对"不以成交为目的"这一主观要件的认定，要科学适用刑事推定规则。

关键词：操纵证券市场罪　高频交易　虚假申报　滥用市场优势　不以成交为目的

证券操纵犯罪是当代中国金融市场行为结构最为复杂、刑事认定最为疑难的一种犯罪类型，也是当下我国理论界与实务界关注的热点和难点问题。传统的操纵行为主要体现为"坐庄"模式，即行为人利用资金或持股等优势来操纵证券交易价格和交易量。但是，随着国际上高频交易等金融科技的创新并逐渐被引入我国，目前我国证券市场虚假申报操纵行为出现了新情况、新特点。高频交易通过计算机程序作出交易选择，决定是否申报和撤单，而程序化的交

---

[*] 本文系北京市社会科学基金规划项目"北京市金融领域腐败犯罪防治长效机制研究"（项目编号：20FXC024）的阶段性研究成果。

[**] 商浩文，北京师范大学刑事法律科学研究院暨法学院副教授，G20反腐败追逃追赃研究中心研究员，法学博士。

易往往蕴含着追踪市场交易价量等内在的交易策略,进而导致某些特殊时段产生大量频繁的报撤单交易。但是,我们并不能简单地以频繁报撤单来认定行为人操纵证券市场。如何准确把握正常报撤单和虚假申报操纵犯罪的界限、正确适用相关的法律规范,是刑事司法实践面临的重大法律挑战。因而,因应高频交易技术带来的刑事司法认定难题,加强对虚假申报操纵的刑法规制,提高证券市场法治化治理水平,成为当下中国刑法理论界和实务界重点关注和亟待解决的重大现实问题之一。

一、虚假申报操纵犯罪的新态势及司法认定问题的引出

在证券市场全流通时代,传统的长线坐庄操纵模式逐步减少,虚假申报等短线操纵手段日趋活跃。滥用高频交易技术实施的虚假申报操纵行为,扭曲市场定价机制,破坏证券市场的效率和完整性,极大地损害正常的证券市场秩序。① 我国司法机关高度重视虚假申报等操纵行为的司法治理,及时出台了相关的规范性文件和指导性案例。相关的刑事裁判规则有待在刑事司法实践中进一步贯彻落实。

(一)虚假申报操纵犯罪的新样态及其危害

从中国证监会公布的近五年证券领域违法犯罪的数据来看,证券操纵与内幕交易、信息披露违法已经成为我国证券市场最主要的三类违法行为。② 虽然各国各地区关于虚假申报操纵的名称不同,但其核心行为模式基本一致,即操纵主体通过不以成交为目的的申报撤单,制造特定时段内的虚假证券供求关系,影响该时段内证券交易价格或者交易量,进而通过反向交易获利,扰乱正常的市场价格形成机制,破坏资本市场秩序。③ 尤其是在信息化、智能化时代,随着证券市场上高频交易等高科技手段的运用,虚假申报操纵的社会危害性将会更大。

高频交易主要是通过算法设定复杂的计算机程序进行大量的交易决策。④ 算法交易在程序化的运作下,以毫秒为单位来计算相关交易时间,大量快速地

---

① Gina-Gail S. Fletcher, *Legitimate Yet Manipulative*: The Conundrum of Open-Market Manipulation, 68 Duke Law Journal 479 (2018).

② 参见商浩文:《证券领域行政执法与刑事司法衔接之实证研究》,中国法学会2019年度部级研究课题结项报告,第3页。

③ 参见鲍晓晔:《幌骗的"罪"与"罚"——美国行政监管与司法实践的借鉴》,载《证券市场导报》2017年第10期,第71页。

④ United States v. Pu, 814 F. 3d 818, 821 (7th Cir. 2016).

进行证券买卖交易活动。① 高频交易主要是借助于复杂的算法程序和先进的技术系统，通过特定时间内大量、快速的证券买卖，以证券交易的价格差获取巨大利益。从本质上来说，高频交易属于中性的交易技术，是证券领域金融工具与科技手段的深层次结合，其借助于算法的技术优势，在市场的瞬时定价差之间进行套利。高频交易技术的运用有助于证券价格的发现，提高证券市场交易的流动性。但是，如果行为人以非法谋取利益之目的，借由高频交易技术进行虚假申报操纵，则会释放虚假的证券供求信息，引发市场交易秩序的混乱。② 滥用高频交易的行为人比普通投资者更能提前看到市场行情并作出判断，通过偏离市场最新价格的报单，诱导市场一般投资者的买卖策略，然后迅速撤单，进行反向交易获利。滥用高频交易技术实施的虚假申报操纵行为将会给证券市场造成极大的损害。例如，众所周知的美国证券市场2010年5月6日发生的闪电崩盘事件，主要就是因行为人滥用高频交易技术进行虚假申报而引发的系统性危机。③ 再如，作为我国高频交易操纵市场的刑事第一案，即上海市第一中级人民法院于2017年6月宣判的伊世顿国际贸易有限公司操纵期货市场案，该案行为人利用高频交易技术进行频繁的虚假申报操纵，严重破坏了股指期货市场的公平交易秩序。④ 各国立法、司法及监管机关高度警惕高频交易技术被滥用所产生的风险，对于利用高频交易技术手段实施的虚假申报的行为都进行了重点打击。例如，欧洲议会和欧洲理事会于2014年制定的《市场滥用监管

---

① United States v. Aleynikov, 676 F. 3d 71, 73（2d Cir. 2012）; United States v. Aleynikov, 737 F. Supp. 2d 173, 175（S. D. N. Y. 2010）.

② 参见张孟霞、尹小为：《美国"幌骗"案例的监管处罚与司法审判实践》，载《证券市场导报》2017年第5期，第68页。

③ 2010年5月6日，美股发生剧烈波动，道琼斯指数大跌千点，过万亿美元资产在几分钟内蒸发，原因就是交易员萨拉沃（Navinder Singh Sarao）在交易中采取了幌骗的高频交易行为。参见邢会强：《证券期货市场高频交易的法律监管框架研究》，载《中国法学》2016年第5期，第160—161页。

④ 2015年初，张家港保税区伊世顿国际贸易有限公司（以下简称"伊世顿公司"）将自行开发的报单交易系统非法接入中金所交易系统，直接进行交易。同年6月1日至7月6日，该公司利用以逃避期货公司资金和持仓验证等非法手段获取的交易速度优势，大量交易中证500股指期货主力合约、沪深300股指期货主力合约共377.44万余手，从中获取非法利益人民币3.893亿余元。2017年6月23日，上海市第一中级人民法院宣判，对伊世顿公司以操纵期货市场罪判处罚金人民币3亿元，没收违法所得人民币3.893亿元。伊士顿的两名直接负责的主管人员高燕和梁泽中也分别被判刑。参见《张家港保税区伊世顿国际贸易有限公司、金文献等操纵期货市场案》，载中国法院网，https://www.chinacourt.org/article/detail/2020/09/id/5471343.shtml，最后访问日期：2020年9月24日。

条例》（REGULATION（EU）No 596/2014）在第 12 条"操纵市场"下新增第（2）（c）款，禁止虚假申报等三类违法行为。① 美国于 2010 年出台《多德·弗兰克法案》（Dodd Frank Act），明确界定了虚假申报交易的行为方式，② 并且在执法实践中采取了行政处罚和司法诉讼并用的多重手段。尤其是 2016 年 10 月，美国联邦巡回法院在针对高频交易操纵的全球首例刑事指控案件中，最终裁定被告人柯西亚（Michael Coscia）利用高频交易实施的幌骗罪成立。③

总之，虚假申报操纵行为，尤其是滥用高频交易技术，将会导致证券价格与其内在价值的关联性被人为切断，使得证券价格不能反映市场的真实需求，市场偏离价格发现的基本功能，从而使其成为高频交易者纯粹的套利工具。这种行为既损害了市场参与者公平的交易机会，也扰乱了金融市场的定价机制，尤为严重的是，还将会导致金融业成为虚拟的交易场所，不利于金融脱虚向实进而更好地服务实体经济。

（二）虚假申报操纵犯罪司法认定问题的引出

我国高度重视对证券等金融违法犯罪的治理。2020 年 7 月 22 日最高人民检察院《关于充分发挥检察职能服务保障"六稳""六保"的意见》明确提出，要依法惩治金融犯罪，加大对证券期货领域金融犯罪的惩治力度，依法"全链条"从严追诉扰乱资本市场秩序、侵害投资者利益的犯罪行为，切实维护金融安全。④ 2020 年 10 月闭幕的党的十九届五中全会提出，要"激发各类

---

① 参见鲍晓晔：《幌骗的"罪"与"罚"——美国行政监管与司法实践的借鉴》，载《证券市场导报》2017 年第 10 期，第 72—73 页。

② 该法将其界定为"以在成交前撤销该报单为目的的买单或卖单行为（bidding or offering with the intent to cancel the bid or offer before execution）。"See Commodity Exchange Act §4c（a）（5）.

③ 迈克尔·柯西亚（Michael Coscia）是美国黑豹能源交易公司（Panther Energy Trading LLC）的一名期货交易员。2011 年 8 月至 10 月，柯西亚使用其开发的交易系统在芝加哥商品交易所和洲际交易所的多个品种上进行了高频交易。其核心交易策略为：进行小额申报并同时进行反方向大额申报以影响价格，使小额申报以有利于自己的价格成交，并最终根据正反订单之间的价格差异获利。2014 年 10 月 2 日，芝加哥联邦检察官办公室对柯西亚提起刑事指控，包括 6 项幌骗罪和 6 项商品交易欺诈罪。2015 年 2 月 17 日，柯西亚的申诉被法院宣布无效。2015 年 11 月 3 日，法院认定柯西亚罪名成立，判处三年有期徒刑、二年监外看管。2016 年 10 月，联邦第七巡回法庭驳回了柯西亚的上诉。See United States v. Michael Coscia, 177 F. Supp. 3d 1087（2016）.

④ 参见《最高人民检察院关于充分发挥检察职能服务保障"六稳""六保"的意见》，载《检察日报》2020 年 7 月 25 日，第 3 版。

市场主体活力，完善宏观经济治理，建立现代财税金融体制"。① 2020 年 11 月 2 日，习近平总书记主持召开的中央深改委第 16 次会议又强调指出，依法从严打击证券违法活动，是全面深化资本市场改革的重要制度安排。② 这对我们进一步推进资本市场法治化建设、切实规范金融市场秩序提出了更高的要求。

但是，长期以来，作为证券操纵中危害严重的虚假申报操纵行为，我国《证券法》《刑法》并未有直接的相关法律规制。2007 年证监会发布的《证券市场操纵行为认定指引（试行）》③（以下简称《认定指引（试行）》）将虚假申报操纵作为一种独立行为类型予以明确规定，但该文件属于证监会的内部规定，能否适用于刑事案件存在不同意见；④ 2010 年 5 月 7 日最高人民检察院、公安部《关于公安机关管辖的刑事案件立案追诉标准的规定（二）》（以下简称《追诉标准（二）》）⑤ 虽有撤回申报量占比的量化标准，但缺少操作细则。因此，在我国长期的刑事司法实践中，由于我国相关法律对此类操纵行为的法律规范不明以及证明标准、裁判规则模糊等问题，我国司法机关在运用刑事手段惩治新型操纵证券市场犯罪方面往往显得力不从心。直到 2019 年 7 月 1 日最高人民法院、最高人民检察院《关于办理操纵证券、期货市场刑事案件适用法律若干问题的解释》（以下简称"两高"《操纵证券、期货市场刑事适用

---

① 参见《中国共产党第十九届中央委员会第五次全体会议公报》，载人民网，http://cpc.people.com.cn/big5/n1/2020/1029/c64094-31911510.html，最后访问日期：2020 年 10 月 29 日。

② 参见《习近平主持召开中央全面深化改革委员会第十六次会议强调，全面贯彻党的十九届五中全会精神，推动改革和发展深度融合高效联动》，载《人民日报》2020 年 11 月 3 日第 1 版。

③ 《认定指引（试行）》第 38 条规定："本指引所称虚假申报操纵，是指行为人做出不以成交为目的的频繁申报和撤销申报，误导其他投资者，影响证券交易价格或交易量。"第 39 条规定："频繁申报和撤销申报，是指行为人在同一交易日内，在同一证券的有效竞价范围内，按照同一买卖方向，连续、交替进行 3 次以上的申报和撤销申报。"第 40 条规定："具有下列情形的，可以认定为虚假申报操纵：（一）行为人不以成交为目的；（二）行为人做出频繁申报和撤销申报的行为；（三）影响证券交易价格或者证券交易量。（四）特定时间的价格或价值操纵认定。"

④ 参见徐荷生、余萍：《"虚假申报"操纵证券市场犯罪认定标准解析》，载《检察调研与指导》2018 年第 3 期，第 47 页。

⑤ 《追诉标准（二）》第 39 条规定："操纵证券、期货市场，涉嫌下列情形之一的，应予立案追诉：……（五）单独或者合谋，当日连续申报买入或者卖出同一证券、期货合约并在成交前撤回申报，撤回申报量占当日该种证券总申报量或者该种期货合约总申报量百分之五十以上的……"。

解释》）对虚假申报操纵行为的定罪量刑进行了相关规定以及 2020 年 3 月 1 日施行的《中华人民共和国证券法》也明确将虚假申报操纵作为法定的操纵行为类型后，① 我国才出现了第一起虚假申报操纵证券市场的刑事案件——"唐某博等人操纵证券市场案"，该案也入选为最高人民检察院联合中国证监会于 2020 年 11 月 6 日发布的 12 起证券违法犯罪典型案例之一。② 但是，从有关虚假申报操纵犯罪的整体法律规范来看，有关规定并未进一步细化和明确，相关统一的裁判规则仍未形成。尤其是在高频交易情况下，虚假申报操纵行为的定罪量刑标准略显局促，难以适应证券操纵的新情况、新特点，有待于进一步优化刑事司法认定的路径。2020 年 12 月 26 日第十三届全国人民代表大会常务委员会第二十四次会议通过的《中华人民共和国刑法修正案（十一）》（以下简称《刑法修正案（十一）》）明确将虚假申报行为确定为操纵证券、期货市场罪的行为类型之一，并将其界定为"不以成交为目的，频繁或者大量申报买入、卖出证券、期货合约并撤销申报"。虽然此举使得刑法规制虚假申报操纵行为的法律依据更为明确充分，但是，高频交易技术的运用给证券操纵犯罪司法认定带来的现实挑战仍然存在。随着虚假申报操纵刑事案件的不断出现，操纵行为的认定、入罪标准的把握、"不以成交为目的"的判定等具体的司法适用问题亟待解决。如何在刑事司法领域因应高频交易的现实境况，对虚假申报操纵行为进行科学的定罪量刑，关系到证券犯罪的有效治理。

二、虚假申报操纵刑事司法认定的法律挑战

滥用高频交易技术实施的虚假申报操纵行为，与正常的报撤单行为具有外在行为的相似性，且操纵行为极其隐蔽、搜集证据困难。这导致其与正常的程序化交易行为界限不易厘清，从而为刑事司法的认定带来了法律挑战。

（一）虚假申报操纵行为定性的差异化

《刑法修正案（十一）》通过之前，我国《刑法》第 182 条以列举的形式明确了连续交易操纵、约定交易操纵、自买自卖操纵等三种行为方式，还规定了"以其他方法操纵证券、期货市场的"兜底条款。既往，具有严重社会危害性的虚假申报操纵行为，无法被纳入到《刑法》第 182 条明确规定的三种

---

① 参见"两高"《操纵证券、期货市场刑事适用解释》第 1 条的规定和《证券法》第 55 条的规定。

② 参见徐日丹：《最高检证监会联合发布 12 起证券违法犯罪典型案例》，载《检察日报》2020 年 11 月 7 日第 1 版。

操纵方式中，而只能以兜底条款进行规制。"两高"《操纵证券、期货市场刑事适用解释》也是将虚假申报操纵行为作为兜底条款适用的情形之一。然而，对于兜底条款的司法适用，在刑法理论界和实务界存在不少争议。毋庸置疑的是，对于刑法中兜底条款的解释应遵循同质性解释规则。亦即，动用刑法兜底条款进行规制的犯罪行为需与该刑法条文所明确列举的行为具有同质性，方能在解释论上坚持罪刑法定原则，以确保兜底条款的适用能够在国民的可预测范围内。① 既往，我国刑法理论界和实务界的主流观点认为，操纵证券、期货市场罪的罪质表现为价量操纵。② 在此理论下，《刑法修正案（十一）》通过之前的《刑法》第182条明确列举的三种操纵方式，体现的也是行为人以证券、期货的交易来直接影响证券的交易价格和交易量，交易行为对价量控制直接施加了具有决定意义的影响。故而，按照刑法解释的同质性原则，兜底条款所规制的证券市场操纵行为，其行为本质也应是直接影响证券、期货的交易价量。

然而，高频交易型虚假申报的本质并非如此。在行为人滥用高频交易进行虚假申报的情形下，虽产生了大量的报撤单，但行为人主观上并不具有成交的目的，而是通过大量高速的报撤单制造出市场交易的假象，其他投资者在市场表现出来的不真实信息基础上作出投资决策，这种决策恰恰有利于滥用高频交易的行为人。具言之，在有效的金融市场上，金融投资者能够依据公开接受的市场价格信息作出相应的证券买卖策略，而行为人利用高频交易技术的速度优势可以比一般投资者预先了解到相关证券的报价信息，进而通过频繁的报撤单推动证券价格朝着其设定的价格趋势运行，这样就使得其他普通投资者基于证券表面的价格趋势作出证券买卖策略。而高频交易者在成交之前基于技术优势获取的交易速度迅速进行反向操作，使得市场的报价系统难以反映其真实投资意图。③ 这样，虚假申报操纵行为人通过向证券市场上的普通投资者传递不全面、不真实的买卖信息，诱导投资者作出相关的证券投资决策，进而通过反向交易获得不法利益。但需要注意的是，行为人在证券成交之前频繁报撤单并不会直接引起证券实际交易价格的波动，证券交易价量产生波动的直接原因是其

---

① 参见朱刚灵、孙万怀：《论滥用高频交易的刑法规制——以伊世顿公司操纵期货市场案为例》，载《海南金融》2017年第4期，第46页。

② 参见刘树德、喻海松：《从法治的立场解读〈刑法修正案（六）〉》，载《中国审判》2006年第6期，第8页。

③ 参见商浩文：《美国首例"幌骗"型高频交易刑事定罪案及其借鉴》，载《华东政法大学学报》2019年第2期，第162页。

通过虚假申报操纵诱导普通投资者作出证券买卖决策,进而导致相关证券交易量的大量注入或者撤离,影响证券交易价格。行为人通过低位买入和高位卖出,利用证券买卖、差价进行套利交易。可见,虚假申报操纵者本身没有直接通过交易行为控制证券交易价格,或者其报撤单的行为强度不足以对证券交易价格施加具有直接意义的作用力;①虚假申报操纵者实现对证券市场控制的关键在于通过报撤单行为影响投资者证券买卖决策,其对于证券市场交易价格的控制只能是一种预期,很大程度上依赖于对普通投资者的诱导交易,并不是如传统操纵手段那样通过行为人的直接交易来操纵证券交易价格。总之,虚假申报操纵并不会直接对证券交易的价格或者交易量直接产生影响,而是对一般投资者的投资决策产生影响。这大大区别于《刑法修正案(十一)》通过之前的《刑法》第182条明确规定的三种传统操纵方式以证券交易直接影响交易价量的行为本质。

综上所述,虚假申报操纵的行为方式与《刑法修正案(十一)》通过之前的《刑法》明确列举的三种操纵方式存在相关差异,若以兜底条款的相关规定予以制裁,则将会面临刑法规范的不当扩大适用问题。尽管《刑法修正案(十一)》将虚假申报操纵行为明确为法定的操纵行为类型,但是,虚假申报操纵与传统操纵方式在行为性质上的差异性客观存在,且新增条文亦有待于在刑法教义学上进行解释和阐明。

(二) 虚假申报操纵入罪标准的复杂化

我国司法解释对于操纵证券市场行为入罪标准的确定,借鉴了贪污贿赂等犯罪的"数额+情节"的混合认定模式。其中,数额为犯罪数额(包括行为数额和结果数额),情节包括主体身份、社会影响、对象受害程度等。②就虚假申报操纵而言,"两高"《操纵证券、期货市场刑事适用解释》主要规定了以下"情节严重"的入罪标准:(1) 撤单量要达到该交易日市场总申报量的50%以上,且证券撤回申报额在一千万元以上、撤回申报的期货合约占用保证金数额在五百万元以上;(2) 违法所得数额在一百万元以上;(3) 违法所得

---

① 参见谢杰:《操纵证券、期货市场罪的实质解释——〈刑法〉第182条兜底条款的立法完善与司法解释优化》,载《证券法律评论》2017年卷,第533—534页。

② 参见刘宪权:《操纵证券、期货市场罪司法解释的法理解读》,载《法商研究》2020年第1期,第8—10页。

数额在五十万元以上，具有相应的七种情形之一。① 据此，"两高"《操纵证券、期货市场刑事适用解释》将撤回申报量和违法所得数额确定为虚假申报操纵证券市场行为入罪的两个独立并行的条件，只要符合其中一项条件就达到了入罪的标准。在实践中，对于撤回申报量，由于计算方式明确，一般可以根据交易所当天的数据统计情况较为容易得出。然而，违法所得数额的认定则较为复杂，往往是司法实务中认定的焦点和难点。尽管"两高"《操纵证券、期货市场刑事适用解释》第9条将违法所得界定为通过操纵证券、期货市场所获利益或者避免的损失。但相关的计算规则却没有规范性文件予以明确。在上述全国首例虚假申报操纵证券市场的刑事案件中，违法所得的认定就曾成为控辩双方争议的焦点。② 在司法实践中，对于违法所得的认定，有两个问题尤其值得关注和有待明确。

一方面，违法所得数额计算的时间点如何确定。虚假申报操纵行为一般是通过建仓和平仓进行反向交易获取不法利益，因此，违法所得数额的认定一般是以行为人平仓成本和建仓成本之间的价差计算。但是，在一些虚假申报操纵的案件中，案发后行为人并未实施平仓操作。对于未平仓部分的违法所得的认定，存在较大争议。有论者认为，此部分不应当计入违法所得的认定。也有论者认为，应当计入违法所得认定。但到底是以操纵行为停止后的市场价格还是以行为人被立案调查后的市场价格作为违法所得计算的标准，存在一定的争论。③ 对于违法所得数额计算的期间，究竟是以撤回申报量超过50%的交易日当天的获利为计算标准，还是以证券操纵实质关联的股票建仓时间到出售时间为范围来计算违法所得，也尚未形成统一的定论。

---

① 根据"两高"《操纵证券、期货市场刑事适用解释》第3条的规定，操纵证券、期货市场，违法所得数额在五十万元以上，具有以下7种情形之一的，即为"情节严重"："（一）发行人、上市公司及其董事、监事、高级管理人员、控股股东或者实际控制人实施操纵证券、期货市场行为的；（二）收购人、重大资产重组的交易对方及其董事、监事、高级管理人员、控股股东或者实际控制人实施操纵证券、期货市场行为的；（三）行为人明知操纵证券、期货市场行为被有关部门调查，仍继续实施的；（四）因操纵证券、期货市场行为受过刑事追究的；（五）二年内因操纵证券、期货市场行为受过行政处罚的；（六）在市场出现重大异常波动等特定时段操纵证券、期货市场的；（七）造成恶劣社会影响或者其他严重后果的。"

② 参见朱一峰、於智源：《虚假申报型操纵证券市场行为公诉审查要点——以全国首例以虚假申报操纵手段操纵证券市场案件为样本》，载《中国检察官》2020年第7期，第50页。

③ 参见刘宪权：《操纵证券、期货市场罪司法解释的法理解读》，载《法商研究》2020年第1期，第12页。

另一方面,违法所得的计算是否应当扣除操纵行为过程中的损失数额。根据《认定指引(试行)》第 51 条的规定,已向国家交纳的税费、向证券公司交付的交易佣金、登记过户费、交易中其他合理的手续费等应当予以扣除。但是,如果行为人在虚假申报证券的过程中因为市场因素而遭受损失,那么,在计算违法所得数额时是否应当采取"盈亏相抵"原则进行扣除呢?在中国证监会针对郑领滨虚假申报操纵的行政处罚案件中,当事人就提出抗辩,认为违法行为发生时正值 2014 年至 2015 年牛市期间,认定违法所得时应考虑证券市场大盘及行业的影响,要求采用"盈亏相抵"原则减少对申请人违法所得数额的认定。① 对此,相关司法解释并未明确。由于违法所得的认定直接关系到行为人是否构成刑事犯罪,如不明确相关的裁判规则,不利于刑事司法裁判的统一性,也会很大程度上影响证券操纵犯罪的刑事司法治理效果。

总之,虽然"两高"《操纵证券、期货市场刑事适用解释》将违法所得作为虚假申报入罪的重要认定标准,但是,实践中违法所得认定情况复杂多样,对该入罪标准的判定存在诸多争议。因此,相关的裁判规则和判定方法有待确立以有效指导司法实践。

(三) 虚假申报操纵主观认定的客观化

关于虚假申报的主观目的,无论是国外的相关立法,还是我国相关的法律规范,均将"不以成交为目的"作为虚假申报的主观目的。例如,《认定指引(试行)》第 40 条就明确规定虚假申报需以"行为人不以成交为目的";《证券法》、"两高"《操纵证券、期货市场刑事适用解释》、《刑法修正案(十一)》亦规定虚假申报操纵须具备"不以成交为目的"的主观目的。事实上,"不以成交为目的"是反映虚假申报操纵违法性的重要标准,也是行政执法与刑事司法实践中区分正常的程序化交易和虚假申报操纵的具体标准。例如,在全球首例高频交易刑事定罪案中,美国联邦第七巡回法院就以客观事实来认定被告人具备"不以成交为目的"这一主观目的,进而认定其构成幌骗罪。② 因而,在认定虚假申报操纵时,必须要证明行为人主观上具备"不以成交为目的"的主观目的。既往,我国行政执法实践一般是根据行为人报撤单的客观行为来推定其主观上是否具有不成交的目的。在证券立法严格的英美等国家,面对智能化、信息化的操纵手段,执法和司法实践中也是通过对客观的"外化行为"

---

① 参见郑领滨操纵四川长虹电器股份有限公司等 19 只股票价格案,中国证监会行政处罚决定书〔2018〕127 号。

② United States v. Michael Coscia, 177 F. Supp. 3d 1087 (2016).

予以类型化并进行推论,这样就绕开了对主观方面的证明。① 因此,将犯罪构成主观方面的证明内容转化为实践中具有客观性的证据事实,具有重要的司法价值。

但是,在关于虚假申报行为"不以成交为目的"的主观目的的判定方面,高频交易对虚假申报操纵的认定逻辑带来了挑战。高频交易下的操纵犯罪具有智能化与隐蔽化等诸多特征,其本源上就是通过拆单和频繁报撤单的方式来降低交易成本。② 高频交易由计算机程序自动按事先设定的条件进行,其频繁报撤单行为主要源于算法交易内在跟量跟价的追踪逻辑,并非申报时没有成交意愿。而且,高频交易源于欧美市场,其交易策略是依据欧美市场逐笔行情而设置的,报单时间较之于我国沪深交易所三秒提供一次的行情设置时间大大缩短,因而,在算法程序设置的更短时间内高频交易行为人能够进行多次报撤单。③ 故而,在某种程度上说,频繁报撤单是程序化算法交易的伴生现象,不宜简单仅以报撤单的外观行为来简单判定交易主体是否存在虚假申报操纵行为。最高人民检察院联合证监会于2020年11月6日公布的6起证券犯罪典型案例之"唐某博等人操纵证券市场案"的典型意义部分明确指出,司法实践中要着重审查行为人的主观目的、是否进行反向交易、相关交易数据、申报撤单之间的关联性等情况,综合判断行为性质,要准确把握虚假申报操纵行为和合法的报撤单交易行为的界限。④ 因此,在算法交易的环境下,用"频繁报撤单"作为"不以成交为目的"虚假申报操纵的司法认定标准,尚不能完全准确认定行为人的主观目的。

总之,虚假申报操纵具有智能化、隐蔽化等特征,在刑事司法实践中不能简单的以频繁申报和撤单行为来判定"不以成交为目的"的主观目的,需要综合考虑相关的客观要素。而如何择定能够表明行为人主观目的的客观要素,关乎合理区分相关行为到底是属于正常的高频交易还是滥用高频交易进行的市场操纵行为,这是司法实践中需着力解决的重要问题。

---

① 参见王新:《金融刑法导论》,北京大学出版社1998年版,第179页。
② 参见徐文擎:《算法交易被动跟踪可致频繁报撤单》,载《中国证券报》2015年8月5日第3版。
③ 参见夏中宝:《算法交易对虚假申报操纵法律认定逻辑的新挑战》,载《证券市场导报》2017年第10期,第62—63页。
④ 参见《最高检、证监会联合发布证券违法犯罪典型案例》,载最高人民检察院官网,https://www.spp.gov.cn/spp/xwfbh/wsfbh/202011/t20201106_484204.shtml,最后访问日期:2020年11月6日。

三、虚假申报操纵刑事司法认定的路径优化

鉴于虚假申报操纵犯罪的司法认定存在定性差异化、入罪标准复杂化、主观目的认定客观化等现实挑战，我们应当进一步对现行刑事司法认定规则进行适当的明确和调试，以促进资本市场虚假申报操纵犯罪的有效治理。

(一) 科学界定证券市场操纵犯罪的本质内涵

如上所述，《刑法修正案（十一）》通过之前的《刑法》第182条所体现出来的操纵行为的本质内涵较为狭窄，无论是将其限定为价量操纵，还是欺诈操纵，已经严重不符合打击新型证券操纵行为的现实需要，进而导致司法实践中过度依赖该条兜底条款的适用。[①] 但是，兜底条款的适用也必须遵守同质解释的原则，如果过度扩张适用兜底条款将会导致刑罚处罚范围模糊，有损罪刑法定原则，也不利于刑罚实现其威慑性和强化公众规范意识的目的。[②] 要走出这一困境，唯有对操纵证券市场的行为本质进行重塑，并且进一步充实兜底条款的内容。近年来，随着新型操纵行为的发生，一种有力的观点认为，证券操纵的本质应当是"滥用优势"。[③] 基于证券操纵犯罪的本质和证券操纵犯罪治理的现实需要，笔者赞同将证券操纵的本质界定为"滥用优势"，即行为人通过滥用市场优势（不仅包括资本，还包括信息、技术等）实现对证券市场的控制。

第一，证券操纵犯罪的实质。1997年刑法之所以增设"操纵证券交易价格罪"，强调的就是行为人对证券市场价格机制的破坏。2006年，经过《中华人民共和国刑法修正案（六）》的修改，该罪罪名确定为"操纵证券、期货市场罪"，目的是规制价格操纵之外的其他操纵行为。操纵证券、期货市场行为不利于市场资源的优化配置，违反了资本市场的"公平、公开、公正"原则，损害了投资者的合法权益。而操纵行为之所以能够影响证券市场，其本质在于操纵行为人相较之于其他交易者拥有相关的市场优势，不仅包括传统的资金优势、持股优势等，部分交易者利用人工智能技术还将具有速度优势、智能优势等。虽然各个国家和地区关于操纵证券市场的立法规定不同，但总体来看均是

[①] 参见刘宪权：《操纵证券、期货市场罪司法解释的法理解读》，载《法商研究》2020年第1期，第5—6页。

[②] 参见赵希：《论证券、期货市场新型操纵行为的刑法规制路径》，载《证券法苑》2018年第1期，第306—307页。

[③] 参见田宏杰：《操纵证券市场罪：行为本质及其司法认定》，载《中国人民大学学报》2014年第4期，第87—88页。

要求证券市场操纵的行为人能够对证券市场产生控制或影响。① 而要实现此控制或影响之目的，行为人就必须具有相应的市场优势，借助于此优势直接影响证券交易价量或者是通过影响其他投资者的投资决策来影响证券交易价量，进而操纵证券市场。一言以蔽之，证券市场操纵者对证券价量的控制以其具备相应的市场优势为前提，因滥用市场优势地位而妨害市场自由竞争机制。因而，将证券操纵犯罪的本质界定为证券市场"滥用优势"更能合理界定操纵行为的本质特征。

第二，资本市场融通变革下系统性风险的事前防范。在资本市场融通趋势下，市场操纵行为的风险不再局限于微观的投资者利益，市场操纵的价格波动风险呈现出系统性演变，延展至宏观领域威胁金融市场的系统性安全，2015年中国股市的"股灾"就是明证。针对资本市场融通趋势下市场操纵风险的系统性演变，事前的防范更为关键和有效。因而，市场操纵本质认知应从关注操纵结果的价量控制以及操纵行为的诈欺，转向关注操纵的实施条件。② 而将市场操纵的本质界定为滥用市场优势地位，可以将证券市场的风险关注提前至操纵实施条件，更有助于设置事前主动的防御性风险监管制度，规避既有监管制度存在的微观局限和事后惩治不足的缺陷。故而，部分西方国家立法中已经出现了以滥用市场优势地位重新认定市场操纵本质的趋势。例如，欧盟和英国在立法上将操纵证券市场的行为独立于证券欺诈行为，并将其纳入市场滥用行为的范畴，形成了独立的证券失范行为的法律规制类型。③

第三，新型证券操纵犯罪刑事规制的现实需要。将证券操纵犯罪的本质界定为"滥用优势"，不仅能够体现证券操纵的犯罪本质，有益于证券市场系统性风险的事前防范，同时，更有助于在立法上针对新型证券操纵犯罪进行刑事规制。较之于价量操纵与欺诈操纵，"滥用优势"的概念具有更强的包容性，能够较为全面的涵括新型操纵行为。在"滥用优势"的操纵证券犯罪本质界定下，不仅传统的价量操纵行为体现为行为人对资金、持股、持仓优势的滥用，而且新型的抢帽子交易、信息型操纵、虚假申报等操纵行为也表现出对信

---

① 参见田宏杰：《操纵证券市场罪：行为本质及其司法认定》，载《中国人民大学学报》2014年第4期，第87—88页。

② 参见杨松、石启龙：《市场操纵本质的新认知及监管制度创新》，载《江西社会科学》2019年第3期，第172—173页。

③ 参见夏中宝：《算法交易对虚假申报操纵法律认定逻辑的新挑战》，载《证券市场导报》2017年第10期，第63页。

息、技术等市场优势的滥用。① 其中，虚假申报操纵等技术型操纵则属于对电子信息技术的滥用，相关交易者通过滥用这些优势，形成对证券市场的有效控制。因此，在此犯罪本质的界定下，立法者可以根据新型操纵犯罪治理的需要，在立法中将非直接价量控制的行为纳入刑事规制的范畴，避免司法实践中兜底条款的过度适用，以实现对新型证券操纵行为的有效惩治。此种解释在一定程度上也是对《刑法修正案（十一）》将虚假申报操纵、蛊惑性操纵、抢帽子交易等三种非直接价量控制的操纵行为明确为法定操纵行为的立法证成。

总之，在刑事立法和司法实践中，应将操纵证券市场的本质界定为"滥用优势"，也即行为人通过滥用资本、信息、技术等市场优势以实现对证券市场的有效控制，这不仅符合新型证券操纵行为的治理需要，也有助于证券市场系统性风险的事前防范。

（二）合理确定虚假申报操纵入罪标准的判定规则

如上所述，违法所得的认定关乎虚假申报操纵行为是否入罪。然而，由于证券操纵的行为复杂性和多样性，司法实务对于证券操纵的违法所得的认定尚未形成明确的裁判规则。这就需要我们结合证券操纵的犯罪本质，合理确定违法所得的判定规则。

一方面，以市场优势的滥用作为违法所得认定的基本原则。证券操纵犯罪行为的本质在于市场优势的滥用。正是由于资金、技术等市场优势的滥用，行为人才能够获取相关的违法所得。可以说，违法所得是滥用市场优势的最终目的，滥用市场优势是获取违法所得的手段，违法所得在本质上是证券市场优势被滥用的价值转化，体现了操纵行为的社会危害程度。因此，违法所得的计算应当以被滥用优势的价值转化为衡量基础，② 如此方能准确的认定和剥夺行为人的犯罪收益。由于虚假申报操纵的核心行为表现为短期内频繁的大额报撤单，特别是在高频交易的情形下，其利用的主要是资金、技术等优势。因此，虚假申报操纵违法所得的认定需要以行为人滥用优势的价值转化为基础，也即只能将来源于滥用市场优势而获得的交易利润认定为违法所得。基于这样的判断规则，由于行为人因违法行为被发现、股票来不及卖出等预期之外的因素导致的未平仓部分证券客观上也是具有可以计算的价值，其获取的利益与虚假申报操纵直接相关，应将行为人实施操纵后的未平仓部分的交易利润计算在内。

---

① 参见商浩文：《论信息型操纵证券市场犯罪的司法认定路径——以2019年"两高"最新司法解释切入》，载《法学》2020年第5期，第54页。
② 参见刘宪权：《操纵证券、期货市场罪司法解释的法理解读》，载《法商研究》2020年第1期，第13页。

违法所得的认定范围以行为人滥用市场优势开始至操纵影响消除时的市场价格作为违法所得计算的标准。故而,考虑到虚假申报短线交易的特点,对于在开盘竞价或者盘中阶段的操纵行为,应将操纵行为实施的当日最后一笔平仓行为发生的时间确定为操纵影响消除的时间;而对于发生在收盘竞价阶段的操纵期间的认定,由于行为人主要是为了控制收盘价,应将行为人在收盘价形成的后一个交易日的最后一笔平仓行为发生的时间认定为操纵影响消除的时间,并以此来计算最后的违法所得。

另一方面,违法所得的认定应坚持整体性评价的判断方法。"两高"《操纵证券、期货市场刑事适用解释》将虚假申报操纵证券的入罪标准确定为撤回申报量和违法所得数额两个独立并行的条件,其中撤回申报量确定为当日撤回申报量达到同期该证券总申报量50%以上。对此,有论者认为,关于违法所得的计算仅为达到或超过50%标准的交易日当天的获利数额。[1] 笔者认为,违法所得是行为人从事证券操纵违法行为所获得的利益,是判断行为危害性的重要参考,既是行政处罚的判断标准,也是刑事追诉和定罪量刑的重要依据,对于违法所得的认定应当坚持总体评价的基本方法,将操纵行为作为整体予以考虑。从罪质的层面来看,市场优势的滥用是行为人获得违法所得的根本原因。因此,滥用市场优势期间获取的所有利益应认定为违法所得,不应以行为构成犯罪的时间点计算违法所得。在前述首例虚假申报证券操纵刑事案件中,公诉机关就是坚持整体性评价的原则,考虑行为的连贯性和延续性,以操纵行为实质关联的股票建仓时间到出售时间为范围来计算违法所得。[2] 另外,需要注意的是,整体性评价方法是针对某种证券的操纵行为而言的。在行为人通过虚假申报的形式操纵多种证券场合,若操纵相关证券的行为可被识别和辩认为独立的操纵行为,那么,鉴于操纵行为的独立性和违法所得的可计算性,即使某种证券的操纵行为存在亏损,此种亏损也不能折抵其他证券获取的利益,即不能适用"盈亏相抵"原则计算违法所得。此种认定思路在中国证监会针对郑领滨的虚假申报操纵行政处罚案[3]中得到了印证。

---

[1] 参见朱一峰、於智源:《虚假申报型操纵证券市场行为公诉审查要点——以全国首例以虚假申报操纵手段操纵证券市场案件为样本》,载《中国检察官》2020年第7期,第50页。

[2] 参见朱一峰、於智源:《虚假申报型操纵证券市场行为公诉审查要点——以全国首例以虚假申报操纵手段操纵证券市场案件为样本》,载《中国检察官》2020年第7期,第50页。

[3] 参见郑领滨操纵四川长虹电器股份有限公司等19只股票价格案,中国证监会行政处罚决定书〔2018〕127号。

总之，对于作为入罪标准的违法所得之认定，在刑事司法实践中应当以市场优势的滥用作为违法所得认定的基本原则，并坚持整体性评价的判断方法，科学合理认定违法所得。

（三）综合考量虚假申报操纵主观认定的客观要素

美国商品期货委员会（CFTC）在《"禁止扰乱市场行为"解释指引和政策说明》中指出，对于虚假申报操纵，行为人"不以成交为目的"的主观目的，应依据市场环境、交易方式等客观因素进行全面综合的考量，以避免逾越幌骗交易操纵和正当报撤单的界限。故而，美国的执法和司法实践侧重于结合相关客观情况根据行为人报撤单行为进行主观目的的推定。例如，美国联邦第七巡回法院就认为，"提供被告主观意图的直接证据通常是困难的或不可能的，我们允许通过间接证据来证明犯罪意图"。① 具体表现为，依据订单的持续时间、实际的成交量、交易的数据统计等"间接证据"来认定行为人主观上具备"不以成交为目的"的主观目的。② 笔者认为，基于虚假申报操纵的主观认定困难和司法效率的考量，虚假申报操纵行为人"不以成交为目的"的主观目的证明也可考虑进行刑事推定。

其一，"不以成交为目的"的核心判断标识：是否具备相应的反向交易行为。与合法的价格套利策略交易不同的是，高频交易下的虚假申报操纵，一般是通过证券市场的正反方向设置大额订单和小额订单，借助高频交易的速度优势进行虚假申报操作，故意通过大额订单引诱普通投资者，引起证券市场交易价量的变化，识别和判断一般投资者的交易策略，然后迅速撤销大额订单，以有利于自己的价格成交小额订单，通过反方向的交易获取差价利润。行为人在较短期间内的交易方向逆转，能够较有说服力地揭示频繁申报撤单和反向交易之间存在的手段和目的关系，反向交易能够有力证明此前的申报撤单行为"不以成交为目的"。③ 在美国首例高频交易刑事定罪案中，法院认定被告具备"不以成交为目的"的主观目时，重要证据之一就是行为人通过高频软件进行大量的反向交易进而获利。④

其二，"不以成交为目的"的时间判断标识：订单的市场存续时间。行为人之所以能够通过反向交易获利，主要是因为其能够依据高频交易的技术优势

---

① United States v. Morris, 576 F. 3d 661, 674 (7th Cir. 2009).
② United States v. Michael Coscia, 177 F. Supp. 3d 1087 (2016).
③ 参见夏中宝：《算法交易对虚假申报操纵法律认定逻辑的新挑战》，载《证券市场导报》2017年第10期，第64页。
④ United States v. Michael Coscia, 177 F. Supp. 3d 1087 (2016).

获取较之于一般投资者更快的报撤单速度，待判断出市场上的投资策略后，迅速进行交易。因此，如果行为人的大额订单在市场上持续的时间较长，就表明行为人具有成交订单的主观目的；反之，如果大额订单存续的时间较短，频繁进行报撤单，则很大程度上能够反映其主观上"不以成交为目的"。事实上，2009年中国证监会在卢道军虚假申报操纵的行政处罚案件中，就是依据订单平均驻留时间和最短驻留时间等指标来认定卢道军主观上不具备成交目的。①

其三，"不以成交为目的"的技术判断标识：成交委托比。通常情况下，操纵行为表面上都会表现出不符合经济理性的状态。② 例如，行为人申买量明显大于市场上卖方前五档总量，或者申卖量明显大于市场上买方前五档总量，在其申报订单很难全部成交的情况下大量堆单；又如，在订单申报档位上升之后，成交可能性增加，行为人却将该申报进行了撤单，然后重新申报，多轮重复前述操作，等等。此等行为往往是不符合经济理性的，有可能是行为人制造证券交易大量买卖的假象。因而，在司法实践中，可以通过审查高频交易成交委托比判断行为人是否"不以成交为目的"。如果行为人的大额订单的成交率与小额订单的成交率存在显著差别，或者是下单量和成交量的比率远远高于普通投资者或者一般的正常高频交易者，则基本可以判断行为人通过高频交易下单并不具备真实交易的目的，而是通过大额订单影响证券交易价量，进而促使反向的小额订单以有利的价格卖出。中国证监会对外公开的《证券期货市场程序化交易管理办法（征求意见稿）》在区分禁止性和正常的程序化交易时，就是把成交委托比是否明显低于正常水平的交易行为作为判断的重要依据。③

其四，"不以成交为目的"的排除性因素：推定事实的反驳。刑事推定的基本构造是"基础事实＋常态联系→推定事实"。其中，基础事实作为推定的前提，常态联系是基础事实与推定事实之间的因果关系。刑事推定以法定化的常态联系为依据。但是，由于常态联系是或然性的，这就决定了推定事实具有盖然性。④ 因而，就必须允许推定能够被反驳。为了避免"不以成交为目的"主观认定存在失误，应当听取当事人的合理说明。此时，应当依据案件的实际

---

① 参见卢道军利用"张春梅""李丽虹"账户组操纵股价案，中国证监会行政处罚决定书〔2009〕37号。

② 参见范林波：《操纵证券市场行为监管执法问题实证研究》，载《证券法苑》2017年第4期，第424—425页。

③ 《证券期货市场程序化交易管理办法（征求意见稿）》第18条规定："程序化交易者参与证券期货交易，不得有下列影响交易价格或交易量的行为：……（三）频繁申报并频繁撤销申报，且成交委托比明显低于正常水平。"

④ 参见赵俊甫：《刑事推定论》，知识产权出版社2009年版，第23页。

情形判定是否属于正当抗辩事由。例如，当事人为了履行强制平仓义务，在证券股价跌停的情形下仍大量申报卖出，此时可以构成正当抗辩事由，不应认定其具备虚假申报操纵犯罪"不以成交为目的"的主观目的。

总之，基于虚假申报操纵的特点以及行政执法与刑事司法实践的考量，可以将是否存在反向交易行为、订单的市场持续时间、成交委托比等客观要素作为"不以成交为目的"的主观目的的判断标识。同时，考虑到刑事推定存在的错误风险，应允许当事人的合理抗辩。

四、结语

随着大数据、人工智能技术在金融领域的运用以及金融工具与科技手段的深层次结合，金融科技创新正深刻地影响着资本市场，法律监管正面临着前所未有的挑战。科学技术具有客观性、中立性，可以成为服务人类社会的可把握、可依赖的工具。但是，技术中立并不意味着价值中立。如果技术被行为人所滥用，将会对社会造成重大损害，行为人也应承担相应的法律责任。证券犯罪作为智能化、专业化程度较高的犯罪，当违法犯罪行为借助于金融技术，各种新型的犯罪行为将会不断出现，危害性将会更大。以高频交易为代表的虚假申报操纵行为正是技术被滥用的表现方式。美国 2010 年证券市场因行为人滥用高频交易技术而引发闪电崩盘事件也给我们敲响了警钟。因而，这就要求相关的法律制度应主动跟上科技进步的步伐，积极应对科技发展对证券市场治理带来的新挑战。在刑事司法实践中，要对违法犯罪行为进行准确认定，需揭开犯罪行为的"科技伪装"，在为鼓励和规范科技创新预留制度空间的同时，严惩以科技之名行金融违法犯罪之实的行为。在技术革新和资本市场变革的新形势下，我们必须正视社会变迁导致的法律规范的相对滞后性，及时明确和完善相关刑事司法裁判规则，以促进资本市场刑事治理的法治化和科学化，防范金融领域的系统性风险。

（责任编辑：高磊）

组织、领导传销活动罪中"骗取财物"的刑法分析

陈卫东、徐贞庆[*]

2013年11月14日最高人民法院、最高人民检察院、公安部《关于办理组织领导传销活动刑事案件适用法律若干问题的意见》(以下简称《意见》)明确将层级和人数作为组织、领导传销活动罪定罪量刑的依据。因此,司法机关在办理传销案件时,更关注传销活动中涉及的层级和人数等表面化的要素。作为传销活动核心特征的"骗取财物"却被忽视,导致司法机关在罪与非罪、此罪与彼罪的判断上出现问题。

一、"骗取财物"是组织、领导传销活动构罪的前提

传销组织一般都以推销产品、提供服务或者其他方式诱骗他人加入,收取入门费,按顺序组成一定层级,以发展人员的数量作为计酬或者返利的依据,最终实现骗取财物的目的。[①] 无论是拉人头、收入门费还是建立层级,目的都是骗取财物。"骗取财物"在传销活动中的经常表现是按"人头"计算报酬,参与者虽然缴纳了一定的费用,但是并没有获得相应的商品或者服务,而只是获得了发展下线的资格,手中握有的是一张"空头支票"。在被传销组织洗脑之后,参与者不断将自己的亲戚、朋友拉入传销组织,继续缴纳费用,从而获得一定的返利,返利的来源也都是其他参与者缴纳的入门费。传销组织本身并不能产出任何有用的产品或者服务,也不创造任何经济效益,只是单纯地依靠不断有人加入来维持自身的生存。因此,每一个参与者缴纳的费用实际上都被传销组织用于自我生存和发展,换一种说法就是参与者缴纳的财物实际上被传

---

[*] 陈卫东,江苏省江阴市人民检察院检委会专职委员;徐贞庆,江苏省江阴市第三检察部检察官。

[①] 参见王恩海:《组织、领导传销活动罪的司法认定》,载《法学》2010年第11期,第157页。

销组织骗取了。

二、"骗取财物"不要求组织者、领导者主观上具有非法占有目的

由于传销活动具有"骗取财物"的性质，很多人据此认为传销活动的组织者、领导者实施了诈骗行为，主观上应当具有非法占有的目的。而且，我国刑法将组织、领导传销活动罪与合同诈骗罪都规定在第 224 条之中。组织、领导传销活动罪作为第 224 条之一，让很多人误以为该罪与合同诈骗罪一样，也属于诈骗罪的一种特殊类型，应当要求组织者、领导者主观上具有非法占有目的。

首先，组织、领导传销活动罪在刑法分则中的位置是立法技术问题，不能与合同诈骗罪规定在同一条之中，而将其作为一种诈骗罪的特殊类型，要求组织者、领导者主观上具有非法占有的目的，而是应当从犯罪构成的角度探讨本罪是否需要组织者、领导者主观上具有非法占有的目的。其次，组织、领导传销活动罪中的"骗取财物"具有特殊性。"骗取财物"在其中不是一个行为动词，而是一个形容词，是对整个传销活动的界定和描述，针对的是整个传销活动，不是个别的组织者和领导者。最后，要求组织者、领导者主观上具有非法占有的目的，与传销活动的实际情况也不相符。实践中，传销活动的组织者、领导者一般也都是传销活动的参与者，不仅在传销活动中起组织、领导作用，而且也向传销组织缴纳一定的费用，成为会员，积极发展下线，获取返利，并将自己的返利继续投入到传销组织当中，争取获得更大的返利。如果组织者、领导者主观上具有非法占有的目的，也就是说想占有参与者的财物，那么其自身还积极参与其中，成为被非法占有的对象，于理不通。

三、"骗取财物"并不意味着参与者完全被骗

组织、领导传销活动罪中的"骗取财物"与诈骗罪不同。诈骗罪是指行为人通过虚构事实、隐瞒真相使被害人产生错误认识，主动交付财物。被骗后，被害人基本上都可以很快意识到自己被骗，并主动报案。组织、领导传销活动罪中的参与者不仅很少主动报案，而且即使在公安机关查获传销组织，并对参与人员进行法制教育后，很多参与者仍然会执迷不悟，继续投身其中。原因就在于，传销组织并不是完全采用欺骗的手段对参与者进行洗脑，更多地是利用参与者的认识局限，以高收益为诱惑，将参与者套入其中，以快速致富的诱饵钓着参与者，使其不愿离开，最终让其越陷越深。传销活动的参与者往往也不会认为自己被骗，而是认为自己的能力没有达到传销组织的要求，没有完成既定的任务，所以没有实现目标。可见，传销活动中的欺骗行为与诈骗罪中

的欺骗行为存在较大区别。

具体来说，传销组织在吸引人们参加的时候，虽然会在国家政策、投资前景等方面进行虚假宣传，但并不会隐瞒自身"拉人头"的经营模式，反而会大肆宣传，营造一种可以通过传销获取巨大经济利益的假象。参与者最终遭受财物损失也并不是因受到欺骗而主动交付财物，客观上应当是表现为没有完成传销组织设定的既定目标，无法拿到应有的返利。实践中，传销活动之所以具有极强的生命力，而且屡禁不止，并被称为"经济邪教"，就在于其为参与者提供了一条人人听得懂、看得见、实际却无法实现的快速致富路径。在传销组织资金链断裂之前，人们不会注意到该方法并不具有可持续性，而只是关注于自身可以通过此方法快速致富，所以积极参与其中。

大部分传销活动参与者在明知传销的经营模式前提下，自愿加入并承担由此带来的风险，一定程度上类似于人们买彩票，虽然可能获得大奖，但也可能竹篮打水一场空，即使没有中奖，也不会认为自己的钱被骗走，反而会觉得自己是运气不好。因此，传销活动中的参与者并不应当如诈骗案件中的被害人一样被认定为刑事案件的被害人。同时，对组织、领导传销活动罪中的"骗取财物"在认定的时候并不需要达到诈骗罪中欺骗行为"使人产生错误认识"的标准，只需要存在一定程度的欺骗性即可。因为，在具体个案中，存在部分参与者对传销活动有明确认识的情况下，依然主动参与，在短期盈利后快速抽身的情况。在此类情况下，参与者完全没有被欺骗，但依然应当将其作为传销活动的参与者认定为特定的层级。

四、"骗取财物"不需要以实现为前提

组织、领导传销活动罪中的"骗取财物"并不需要客观的现实化。[①] "骗取财物"只是显示传销活动的特征，所以不应当将"骗取财物"的行为包含在组织、领导传销活动当中。组织、领导传销活动罪的处罚对象是组织、领导行为本身，而不是"骗取财物"。"骗取财物"作为传销活动的特征只需要具备即可，并不需要通过具体的事实予以反映。

从刑法保护法益的角度来看，我国刑法将组织、领导传销活动罪规定在第3章破坏社会主义市场经济秩序罪当中，保护的法益主要是社会市场经济秩序。如前所述，有的传销活动的参与者实际上并不是被骗参与，而是自愿参与，此类参与者不宜认定为刑事案件的被害人。参与者的财产损失应当认定为

---

① 参见李翔：《组织、领导传销活动罪司法适用疑难问题解析》，载《法学杂志》2010年第7期，第95页。

自愿参与前提下的自我风险承担,而不应当作为行为人实施组织、领导传销活动罪的犯罪后果之一。因此,传销活动"骗取财物"的方法是否最终导致参与者的财产损失,并不影响本罪的成立与否。刑法也没有将骗取财物的数额作为本罪定罪量刑的依据。也就是说,虽然传销活动可能使众多参与者蒙受损失,但是即使无此损失,传销活动作为一种非法的经济活动,只要达到一定的层级和人数,形成一定的规模,已经破坏和扰乱了我国的市场经济秩序,侵害了刑法保护的法益,符合本罪的犯罪构成。

五、"骗取财物"是区分此罪与彼罪的关键

就组织、领导传销活动罪与非法经营罪来说,《刑法修正案(七)》之后,刑法对传销的规制由"单轨制"转为"双轨制",即对不同性质的传销进行区别对待:"团队销售"仍定性为非法经营罪;"拉人头"和"收取入门费"应认定为组织、领导传销罪。① 但是,《意见》中明确指出:以销售商品为目的、以销售业绩为计酬依据的单纯的"团队计酬"式传销活动,不作犯罪处理。也就是说,在司法解释出台之后,传销式的经营活动如果不符合组织、领导传销活动罪的犯罪构成,也不应当认定为非法经营罪,"双轨制"不复存在。如此处理一方面有利于贯彻罪刑法定原则,非法经营罪强调"经营"二字,而传销行为却都不是经营行为,很大一部分都是通过"拉人头"的方式实现牟利目的,经营行为无从谈起。另一方面刑法具有行为规制机能,将传销犯罪界定为非法经营罪,不能体现出传销活动的本质特征,在表现上也不足以和其他罪名相区别,会弱化刑法的行为规制机能。②

"骗取财物"是组织、领导传销活动罪与集资诈骗罪的实质重合之处。集资诈骗罪要求行为人主观上具有非法占有目的。组织、领导传销活动罪并不要求组织者、领导者主观上具有非法占有的目的。例如,行为人以投资拉人头返利为名吸引人们参加,层层建立等级,形成金字塔,扩充上下线,上线通过发展下线获取利益,一般的组织者、领导者主观上通过发展下线获取利益,虽然最终导致金字塔下层的参与者财产损失,但是其主观上并没有非法占有的目的,其行为构成组织、领导传销活动罪,而不是集资诈骗罪。但是,作为金字塔顶的发起人,其主观上对参与者缴纳的费用是否具有非法占有的目的则需要

---

① 参见潘星丞:《传销犯罪的法律适用》,载《中国刑事法杂志》2010年第5期,第49页。

② 参见李翔:《组织、领导传销活动罪司法适用疑难问题解析》,载《法学杂志》2010年第7期,第93页。

结合具体的案件事实予以认定。如果发起人将通过传销组织骗取的钱款用于挥霍浪费、违法犯罪活动或者有事后携款潜逃、隐匿等行为，则可以认定行为人通过下线层层发展社会不特定人员，吸引参与者投资，骗取投资款，其行为应当认定为集资诈骗罪。

（责任编辑：程君）

金融衍生品犯罪法律适用问题研究

——以邮币卡诈骗犯罪为视角*

赵梦蝶　吕永滨**

近年来，在"互联网+"及金融创新的双重助推下，金融衍生品市场飞速发展。金融衍生品，又称金融衍生工具，是指从传统金融工具中衍生而来的新型金融工具。从理论上讲，金融衍生工具是根据某种相关资产的预期价格变化而进行定值的金融工具。这种相关资产可以是货币、外汇、债券、股票等金融资产，也可以是金融资产的价格（如利率、汇率、股票价格指数等）。①

目前，我国的金融衍生品市场尚处于初步萌芽状态。因金融监管缺乏、法律规制滞后，金融衍生品市场在高速发展的同时也存在着大量违法犯罪乱象，其中又以诈骗类犯罪、非法集资类犯罪居多。因此，如何规范金融衍生品市场，为当前的金融衍生品市场注入法律规制、金融监管的基因，已成为当务之急。

一、问题缘起：案例与痛点

（一）Z市"邮币卡"诈骗案例分析样本

2016年3月至12月，钟某某与北京新嘉泰商品经营有限公司各部门经理经事先商量，指使业务经理冒充邮币卡分析师助理，并指使各部门业务员冒充炒邮币卡散户与其他散户交友，再以邮币卡分析师助理有内幕消息、炒邮币卡有高额回报和稳赚不赔为诱饵，诱骗散户在河北滨海大宗邮币卡交易平台上注册资金账户。客户入金后，操盘公司通过操盘将新嘉泰指定的26张邮票价格

---

* 本文系"国家重点研发计划资助"项目《侦查与审判活动全过程监督支撑技术研究》（2018YFC0832000）的阶段成果。

** 赵梦蝶，浙江省诸暨市人民检察院检察官助理；吕永滨，浙江省诸暨市人民检察院检察官助理。

① 陈小平：《国际金融衍生品市场》，中国金融出版社1997年版，第150页。

炒高，业务经理则在指定时间以指定价格依照钟某某通过操盘公司提供的操盘信息诱导散户在邮票高价位时定向买入指定邮票，之后又以邮币卡票价操盘公司通过操盘令新嘉泰商品经营有限公司指定的邮票价格一路下跌，导致客户资金套牢，无法出金，以此方式达到非法占有散户邮币卡交易亏损金额，钟某某等人先后诱骗全国各地的 700 余名被害人进行邮币卡投资，涉案金额共计 1.4 亿余元。

最终，钟某某因犯诈骗罪被 Z 市中级人民法院判处无期徒刑；其余 105 名被告人被判处有期徒刑 6 个月至 14 年不等。

（二）司法实践痛点

以上是金融衍生品犯罪的一个典型案例。邮币卡电子盘业务是文化金融的一大创新，邮币卡，是邮票、钱币和电话卡类物品的简称。作为金融衍生品的一种，邮币卡与其他金融衍生品一样，邮币卡电子盘业务依赖于传统的金融工具产生。现今，邮币卡类犯罪十分突出。

本文选取的案例样本是 Z 市的"邮币卡"诈骗案例。关于本案的定性，在司法实践中存在争议。有部分人认为，该案应定性为非法经营罪，指未经国家有关主管部门批准非法经营证券、期货、保险业务，或者非法从事资金支付结算业务；另一部分人认为应认定为诈骗罪。以钟某某为代表的犯罪集团谎称有内幕消息，以炒邮币卡有高额回报和稳赚不赔为诱饵骗客户入金后，通过操盘公司操纵指定邮币卡价格，让客户亏损其入金的金额，从而达到非法占有客户资金的目的。

由此可见，不同办案人员在办理该类金融衍生品犯罪案件时，在定性方面就已经出现了争议。同时，该类案件涉及的被害人众多，犯罪嫌疑人人数也较多，涉案数额大，因此如何精确认定每一个犯罪嫌疑人的量刑情节也是一个难点。可见，司法机关在办理金融衍生品案件时存在诸多难点。

二、问题研究：定性与量刑

金融衍生品是在传统金融产品的基础上出现的一种新型金融类工具，天然带有虚拟性、杠杆性等特点，涉及金融衍生品的刑事犯罪案件也层出不穷。不可否认的是，当前司法机关在金融衍生品犯罪案件办理中还存在诸多问题，具体如下：

（一）定性有争议

首先，罪与非罪区分难。是单纯的金融创新还是披着创新的违法犯罪行为？在金融衍生品犯罪案件办理的过程中，司法机关首先要做的是准确界定民事纠纷与刑事诉讼的界限。例如，对于行为人通过社交软件虚构身份后引诱客户进行投资或者利用话术引诱客户投资的模式，能否仅仅依据该欺诈行为的存在将其确定为犯罪？这个问题值得商榷。笔者认为，一般欺诈行为与诈骗罪中的"虚构事实、隐瞒真相"存在差别。按照刑法谦抑性的要求，可以用民法规制的行为完全可以通过民事诉讼来解决，而不必上升到刑事案件层面。

其次，主观故意认定难。金融衍生品诈骗犯罪，大多是利用合法正常的投资平台进行交易，行为人则是在幕后人为操控金融衍生品交易价格和涨跌幅度，最终导致被害人大量亏损。因此，要判断诈骗的主观故意，需要确定行为人是否具有非法占有的目的，以虚构何种事实、隐瞒何种真相的方式实施犯罪。在司法实践中，行为人到案后常会对主观故意进行辩解，导致无法从言词证据入手，只能从客观证据进行推定。因此，犯罪嫌疑人的主观故意认定难。

最后，被害人陷入错误认识认定难。一般情况下，被害人是在不知情的状态下被骗，这种情况当然不值得讨论。但也有部分投资者，其在投资过程中会意识到行为人具有或者可能具有诈骗故意，然而，基于为获取更大收益的侥幸心理而继续进行大量投资，最终被骗。这种特殊情形，是否属于被害人陷入错误认识，笔者认为存在争议。

（二）量刑情节确定难

1. 人员情节判断难

首先，打击范围确定难。金融衍生品犯罪所依托的团队分工明确、人员较多且层级分明，参与人员的角色往往涉及总负责人、中层团队负责人、一般业务人员及财务、行政等。由于金融衍生品案件较为新颖，目前打击范围并不统一，缺乏相应的法律规范，对于只处理主要参与人员还是对所有人员进行全链条打击，在司法实践中也存在不同看法，整体来看，各地的打击范围也千差万别。

其次，在确定打击范围后，对拟追究刑事责任行为人的主、从地位，参与犯罪的程度及在团伙犯罪中的地位作用等内容需要作出进一步判断，这也是在办理案件时应该重点审查的地方，尤其是一般业务人员的主观恶性、参与时间、涉案金额等情况差别较大，应综合多种因素进行准确认定，避免"一刀切"式的从重打击。如何保证不放纵犯罪，又要体现宽严相济的刑事政策，在技术处理上存在诸多困难。

最后，在准确认定各行为人量刑情节的基础上，检察机关应分别作出起诉或者不起诉的审查处理决定。金融衍生品不同于一般意义上的证券概念，也不能完全以规制证券市场的刑法规范来处理。目前，在对金融衍生品犯罪的处理上尚无明确标准，各地检察机关和审判机关所持标准也不同，一般是靠办案经验确定，容易造成同案不同判的情况。

2. 犯罪金额确定难

一是总数额计算难。金融衍生品犯罪的数额计算主要是依靠投资平台上被害人投入资金的电子数据，但在该类犯罪中，行为人在操控平台交易价格及涨跌幅度时会反复买入卖出，涉及资金出入频繁，程序复杂。行为人所操控的金融衍生品可能有多种，且被害人人数众多、涉案金额大，导致总金额计算工作量大。另外，由于投资平台完全在行为人的掌握之中，其为了逃避侦查、销毁证据，可能会通过技术手段对相关数额进行篡改或者隐藏，甚至一些数据会设置为在一定时期内自动消除或者被行为人立即删除。对于这种情况，无疑会给办案人员增加对数额计算的难度。

二是对于业务员等一般人员的犯罪数额计算难。在金融衍生品犯罪中，包括总负责人等在内的主犯较好认定，但普通业务人员及其他财务、行政等涉案人员因流动性较大，通常无法根据平台数据直接获取，而是要结合行为人供述、工资单、缴纳社保记录等主客观证据来计算，但如果工资单等客观证据缺失，则会导致犯罪期间无法准确认定。即使可以确定，但要与平台上每笔金额、被害人的转账记录进行对应，也存在很大的困难。

（三）取证难度较大

金融衍生品投资犯罪行为一般是在线上实施，几乎所有的聊天记录、转账记录等客观证据均留存于QQ、微信等社交软件和投资平台、支付宝、微信等第三方支付平台。同时，因电子证据繁杂，投资平台数据容易在行为人的操控下被篡改或者删除，会给取证及案件办理带来挑战。此外，该类案件所涉及的电子数据还有行为人与被害人之间在微信、QQ等社交软件上的聊天记录，被害人向平台注入资金的支付宝、微信、银行卡转账记录等，因案件涉及金额较大、人数较多，需要调取的电子证据量大且繁杂无序，除了从双方当事人手机、计算机等媒介中提取外，还需向相关单位申请调取全部后台数据，时间精力耗费巨大。

三、未来展望：对策与创新

金融衍生品市场的健康发展离不开有效的行业监管、健全的法律规制以及投资者自身的风险防范意识。对于司法机关来说，从当前已有的司法实践出发，梳理案件办理模式并创新，才能从本质上提高相关案件的办理质量。具体做法如下：

（一）违法性判断先行

第一，判断是金融创新还是违法犯罪行为。金融行业在与互联网的融合中总是走在前列的，金融衍生品也是在金融创新的大潮中涌现，具有新的特点。金融衍生品投资必须受法律规制，但法律规制也不应阻碍金融衍生品市场的良性发展。在办理相关案件时，我们应透过金融衍生品投资的表面形态看清业务本质，从业务的本质入手将资金来源、中间环节与最终投向连接起来，甄别业务性质是否属于违法犯罪行为。

第二，进行法理分析。从罪责刑相适应的角度，主要考虑行为人的行为是否具有严重的社会危害性；如果有严重的社会危害性，危害程度是否达到具有必须科以刑罚的程度；如果足以科以刑罚，属于什么罪名，又应该接受何种程度的惩罚。从罪刑法定的角度考虑，在确定行为人的行为应该用刑法来规制之后，就要仔细分析案件事实，透过现象看本质，确定行为性质是否符合犯罪的构成要件以及在案的证据是否达到确实充分的标准。

第三，从客观行为异常推定主观诈骗故意。针对行为人不承认诈骗事实，且行为具有隐蔽性的情况，可以根据大量异常行为来推定主观故意，比如，行为人通过虚构身份和夸大自身经济实力等手段获取被害人信任、利用账户控制金融衍生品投资价格走势、在投资平台反复操作、总是诱骗被害人在高价买入、被害人所投资的金融衍生品价格最终都会持续下跌等，这些行为是不符合常理的，足以推定行为人具有诈骗故意。

(二) 量刑情节分层次确定

针对金融衍生品犯罪中犯罪金额确定及各类人员的情节确定难的问题，笔者认为必须认真区分各层级人员的定罪量刑情节，并对不同层级人员分别制定处理标准。案件中的实际负责人及直接责任人作为犯罪的组织者、发起者，对犯罪的发生具有直接作用，对犯罪的结果负有主要责任，要加大打击惩治力度，扼制网络犯罪嚣张气焰；对于团队负责人、经理等犯罪组织中的中层责任人，参与程度较深，也应突出惩治力度。但普通业务人员层级较低，应突出"教育为主、惩罚为辅"的理念，符合条件的可以作不诉处理。对于财务等部门的不知情人员，要作无罪处理；对于只领取固定工资的行政人员，可以认定为情节显著轻微，不认为是犯罪。

对于涉案数额的认定，首先要区分好各行为人的犯罪情节。公司的实际负责人、直接负责人等在犯罪中起着全盘谋划、组织的作用，应对犯罪行为持续期间所产生的数额承担刑事责任。对于中层团队负责人、经理等人员，其对自身所带领的团队负有直接责任和主要责任，应对其任职期间在团队内组织、策划、指挥、实施的数额计算在内。对于普通业务人员、财务和行政人员等，只对自己的行为负责，涉案金额应按照其实际参与的数额分别进行计算。在计算犯罪数额时，关键是要查实各行为人参与犯罪的时间节点，结合该期限内的电子账目及相应被害人转账数额进行认定。

（三）创新电子取证方法

大数据时代的优势就是互联网行为处处留痕。但也正因为如此，在金融衍生品犯罪案件办理过程中所需要的特定数据也会淹没在海量信息中，给电子数据取证提出更高要求，需要不断创新取证方法。

一是网络数据流实时监控技术。针对网络数据有可能被轻易篡改或者删除，智能手机、计算机等作案工具容易被销毁的特点，通过专门研发的软件系统对相关联的互联网信息进行动态监控，从而自动筛选出有用信息供侦查机关和司法机关作为证据使用。

二是探索切实可行的数据获取技术。面对繁杂无序的数据信息，在提取时务必要注意程序合法性问题，保证所获取证据的真实性、关联性经得起质疑。在获取数据时，可以采用特定的加密设备或者技术对数据进行拷贝，比如侦查机关在对涉案手机中的电子证据进行勘验检查时，通过"美亚手机取证塔FL-900"软件保存获取数据后将文件打包导入光盘，可以有效避免所收集的数据被篡改，确保证据真实可靠。

三是加快区块链技术司法应用。区块链技术在我国很早已经开始应用，目前已经上升到国家战略的高度，其作为核心技术创新的重要突破口，具有可追溯、防篡改、去中心化等特点，可应用于办案部门电子数据存证。2018年，最高人民法院已经确认了利用区块链技术进行加密存证的做法，并先后适用于民商事和刑事审判工作中。在司法实践中，可以积极探索"数据获取及恢复技术+区块链技术存证"模式，通过可靠的数据采集设备或系统软件，将数据实时保存，保障证据在传输、存储等环节流转的安全性。①

（四）法律规范的渐进式建立

金融衍生品作为一种新型金融工具，其相关的法律制度建设不可能一蹴而就，但也不能停滞不前，而应该根据现有的制度创新实践逐步改善立法情况。

一是创新监管模式。要避免出现类似于P2P爆雷事件的发生，减少新型金融市场对法律风险的突破，最根本的出路还是创新监管模式。监管沙盒机制最早出现于英国，通过创设一个安全空间，在其中可以对新的产品、商业模式等进行测试但不会立即违反现有法律。监管沙盒实际上是一种豁免机制，强调弹性监管，应用于金融衍生品创新是一种合理尝试，可以平衡金融衍生品创新

---

① 陈平祥：《运用区块链技术提取和审查刑事电子数据》，载《检察日报》2019年10月14日。

与法律风险之间的关系,有利于监管机构及时调整金融衍生品市场的产品设计导向及交易模式,从而推动金融衍生品市场监管法治化进程。但需要注意的是,监管豁免并不能突破法律底线,必须在设定范围内依法开展。

二是纳入法律规制。目前,金融衍生品在监管主体、监管模式等方面均无明确规定,形成了多头监管、模式混乱的现象,处于野蛮生长状态,不利于金融衍生品市场的良性发展。但金融衍生品又有其自身特点,大部分并不适合用当前有关证券市场的法律法规进行规制,亟待从国家层面、行业层面出台具体的监管细则,对监管主体、监管模式等作出合理安排。对于监管主体,应设立或者指定统一的监管机构进行管理,逐渐建立权责分明的金融衍生品交易市场。

(责任编辑:蔡巍)

新型网络犯罪研究

网络虚拟物作为财物的法益属性及其标准*

童德华**

摘　要：财物是一个流变性的概念。受所有权观念的影响，刑法传统理论认为，财产罪的保护法益是所有权。这种理论是建立在物是有形物这一观念之上的，在以物易物的经济发展模式下，它具有刑法解释的效力。但是，市场经济的发展导致了财产权利分离，一种共享型经济发展模式也得以出现，所有权观念由此开始衰落，刑法中的所有权理论也开始动摇，根据技术发展与经济发展的新态势，刑法对财产的保护应着眼于财物的效用，但同时要坚持刑法对民法保障法性质，将效用作为财产罪的保护法益，实现刑法对于有形物和无形物乃至网络虚拟物的有效保护。

关键词：财产罪法益　无形物　网络虚拟物　效用

一、序说

所有权理论是我国刑法关于财产罪保护法益的传统理论，该理论认为财产罪保护法益是公私财产的所有权。①近年来，随着科学技术的发展，网络账户、网络装备、QQ 号码、Q 币等网络虚拟物已经成为社会生活的重要方式，因而，一些人利用特殊的计算机技术窃取他人所使用的这些网络虚拟物，进而卖给第三人，从中牟利的情况屡见不鲜。对此类案件，刑法理论界有争议，有

---

*　本文系 2018 年国家社科基金重点项目："中国刑法立法现代化的理论基础与路径选择研究"（18AFX013）阶段性成果。

**　童德华，中南财经政法大学刑事司法学院教授，博士生导师，东盟刑事法研究中心主任。

①　童德华、胡亚龙：《财产权利分离模式下财产罪法益的类型化研究》，载《江汉论坛》2016 年第 8 期，第 91 页。

的认为应以破坏计算机信息系统罪定罪处罚,① 有的则认为应以盗窃罪处罚。② 根据我国现有立法,某些无形物作为特殊财物得到了立法上的确认,如电信码号、电信设备已经成为财产罪的保护对象,③ 但是很明显,这是一种例外性的立法。例外性立法说明在传统观念中,我们实际上还是不能直接承认无形物是财物,问题是在将网络虚拟物作为信息系统是否符合时代发展呢?

在传统法学语境下没有网络虚拟物这个概念,但是可以肯定的是,网络虚拟物是一种特殊的无形物,因为一般而言,有形物是可以触摸的物品,如土地、衣服、金银;无形物则是不能触摸的物品。④ 网络虚拟物有广义和狭义之分,广义上的网络虚拟物是指一切存在于特定虚拟环境中,不能脱离此环境存在的物品,包括ID、虚拟货币、虚拟装备等;狭义的网络虚拟物是指具备现实交易价值的虚拟物,仅包括那些可以通过支付费用取得并通过交易获得现实财产价值的虚拟物。⑤ 网络虚拟物是存在于网络系统之中,可以通过虚拟技术呈现的数据或者信息。可见,网络虚拟物是一种以特殊方式存在的无形物。

无形物和有形物有很大差异,那么,特殊无形物作为特殊财物并受到刑法保护的内在法理是什么?本文考虑到将网络虚拟物视为财物观点的影响力越来越大,但是也不乏否定其财产属性的异见,表明将网络虚拟物作为财物对待的法益属性还缺乏理论上的充分论证。那么,上述无形物被例外视为特定财物的内在理由是否可以解释网络虚拟物作为财物的法理呢?当前网络虚拟物已经具有明显的现实价值,但是其是否属于财物并受到刑法的保护并根据何种方式被保护,却依旧有很大争议。这个分歧在很大程度上与刑法中的所谓法益概念相关。但是必须指出,法益概念是一个历史性的、不断精神化的概念。这决定了财产罪保护法益的历史性与发展性,由此可以看到网络虚拟物可以上升为财物,并受到刑法保护的理论路径与逻辑之所在。本文基于这种考虑,对网络虚

---

① 任彦君:《网络中财产性利益的刑法保护模式探析》,载《法商研究》2017年第5期,第119页。

② 梁根林:《虚拟财产的刑法保护——以首例盗卖QQ号案的刑法适用为视角》,载《人民检察》2014年第1期,第7页。

③ 我国《刑法》第265条规定:"以牟利为目的,盗接他人通信线路、复制他人电信码号或者明知是盗接、复制的电信设备、设施而使用的,依照本法第二百六十四条的规定定罪处罚。"

④ 马俊驹、梅夏英:《无形财产的理论和立法问题》,载《中国法学》2001年第2期,第102页。

⑤ 王秀梅:《网络游戏虚拟物交易规范系列研究之一——交易客体论》,载《科技与法律》2007年第3期,第58页。

拟物作为财物的法益属性的理论路径进行如下论证：一是阐明无形物不被认为是财物的历史与社会原因，并对传统法益理论即所有权理论的合理性进行反思；二是阐明在互联网时代财产罪保护法益的标准；三是对效用的评价依据和实践进行验证；四是结合效用说阐明网络虚拟物成为财物的标准。

二、传统所有权理论形成的原因及其反思

为了寻求网络虚拟物的法律属性，必须从无形物被财物化的过程中澄清一个问题，即：无形物在一般观念中不被认为是财物的原因是什么？笔者认为，无形物在一般观念中不被认为是财物，主要受制于我们关于物的历史观念及其想象力的贫乏。其背后的原因主要有两点：

第一，自然科学与技术的发展限制了物的定义。现代所有权观念形成于18世纪左右，虽然当时的科技水平较过去有了很大提高，但是现代产权观念在古罗马时期就已经形成。即在18世纪之前的生产力水平上所形成物的观念和想象，不仅限制了18世纪以来的所有权观念，而且迄今为止依然还束缚着我们对于物的扩展性认识。这种限制表现为，在当时的技术条件下，在人类社会的经验世界里还不能发现和掌握无形物。所以，在那个时代所谓的"物"就是有形物，也就是那些可以在视觉上看到并且凭借其他感官感觉到的东西，因为这些物可以直接满足人生存的物质需要。至于看不到、感觉不到的东西，由于其不能进入经验世界，无法为人所用，它们是否真实存在也就无关社会生活的宏旨。

第二，对物的价值及其社会意义的认识限制了财物的定义。在生产力低下的社会，物质相对较为贫乏，所以，占有物的多少能体现财富的多寡，从而有形物在当时因能充分满足财富的社会心理而具有社会价值。从手段上，能体现财富的物只能是那些置于所有人占有和控制之下的有形物，所以，作为财富象征的有形物在经验上表现为被人占有、控制、处分的物品。反过来说，占有、控制、处分等也成为体现所有人拥有财物多寡的最有效方式和手段。而且所谓占有、控制、处分都表现为以有形的方法进行物理上控制或者分割，如持有、囤积、分配等。在这种社会背景下，经济发展奉行的是一种独占型模式，即财富不可与人分享，如古罗马关于财产的基本法观念是，"一切私有财产只有一个所有人，它的权利是绝对的和排他的。"① 财富交换的基本方式是以物易物，物质流通的基本方式也是以物易物。进一步可以发现，占有和所有基本上是同义词，古典理论认为：在自然状态下，先于他人占有某物，占有人便取得占有

---

① 肖厚国：《所有权的兴起与衰落》，山东人民出版社2003年版，第56页。

物的所有权,"占有才成为一种取得财产的自然方式。"① 这揭示了占有和所有之间的依赖关系,占有即所有,反之,所有即占有。可见,在生产力水平低下、社会经济发展程度较低的社会,对财物的物理性控制是财富(或财产)生产、取得的唯一有效方法,因此,侵犯他人财产或者财富的方式就表现为对他人占有下的财物予以物理性的转移或者破坏。

生产力的发展与法权意识的形成提升了所有权在社会生活中的地位,占有的地位逐渐发生了改变。社会发展使得"占有的权利也完全摆脱了原初自然法所加与的限制",② 物质的充裕改变了财物的生产方式并促进了物质的交换,"所有权"上升为一种基本权利,成为民法上或物权法上的概念。这种改变直接体现在当今的法律体系之中,所有权一般是指权利人对所有物所拥有的占有、使用、收益和处分的权能,可见所有与占有在规范层面上分离了,如将自己所有的房屋承租给他人居住,房屋的所有权没有改变,但是占有关系发生了转移。近现代以来,大多数国家的民法对物权作了类似明细的界定,并约定了刑法关于财产法益的表述方式。由于刑法和民法之间的保障与被保障关系,所以刑法也不知不觉地沿袭了民法学的表述方式。如在我国刑法立法上,所有权说的根据在于《刑法》第91条和第92条关于公私财物的规定,由于这两个条文中均使用了"所有"这一概念,持所有权说的学者遂将其直接等同于民法或者物权法意义上的"所有权",据此,很多学者自然而然按照民法或者物权法上关于所有权的概念来界定刑法上的财产所有权。③ 另外,《刑法》第92条明确规定刑法保护的是公民"私人所有"的财产,这一表述也很容易被理解为财产罪的保护法益应当是财产的所有权。④

刑法中传统财产罪的全部要义在于对财产所有权给予严格保护,据此,所有权理论对于传统财产的流通方式而言是值得肯定的。所有权理论在实际判断中衍化出如下几种推理方法:其一,体现所有权对象的有形财物,不仅是财产的归属判断中重点关注的对象,甚至可能被当作财产罪唯一的、当然的行为对象。占有财物、毁坏财物被理所当然地解释为侵犯财产罪的主观目的,是否占有或者毁坏财物也成为判断犯罪是否完成的分水岭,抢劫、抢夺、盗窃、诈

---

① 肖厚国:《所有权的兴起与衰落》,山东人民出版社2003年版,第93页。
② 肖厚国:《所有权的兴起与衰落》,山东人民出版社2003年版,第132页。
③ 江潮:《财产犯罪的保护法益:法律—经济财产说之提倡》,载《法学评论》2016年第6期,第87页。
④ 童德华、胡亚龙:《财产权利分离模式下财产罪法益的类型化研究》,载《江汉论坛》2016年第8期,第91页。

骗、敲诈勒索、毁坏等行为手段逐步衍生成为侵犯财产罪的基本行为方式,并担负了界定财产罪中此罪与彼罪的重要职能。① 其二,根据财产的归属决定其所有权,简言之,归属就是所有权,侵犯财产的归属亦即侵犯财产的所有权,从而构成侵犯财产罪;反之亦然。在有些学者看来,区别"归属"和"所有权"的主要目的,不过是为了避免用词上的单一,而非要在它们之间划分明确的界限。

综上所述,财产罪的保护法益是建立在"物系有形物"这一观念和想象之上的,所谓的所有权理论虽然借助法律规范的限制,具有权利的属性,从而使所有和占有在规范的层面上发生了分离,但是,在生活观念中,所有等同于自然意义上的控制和占有。根据所有权说,行为如果没有侵犯所有权,基本上就可以排除侵犯财产罪的成立。因此,第三人以非法手段取得他人合法占有下的财物,无论他人是否有所有权都可以构成盗窃罪、抢劫罪等侵犯财产罪;但是,有学者指出,当所有权人实施上述行为,又没有借此勒索等后续行为,因为没有侵犯到财产所有权,亦不构成侵犯财产的犯罪。

如前所述,财产罪的保护法益不是一成不变的,社会认知程度的提高,生产力水平的提升,特别是所有与占有的分离,已经肢解了传统的法权观念。新的实践观念要求,刑法规范对财产所有权的保护范围包含着对占有权的保护,它超出了民法规范上财产所有权的保护范围。在此情形之下,再坚持将所有权理论作为财产罪法益的解释,不仅不符合实定法规范的要求,而且也无法满足司法打击财产犯罪的实践需要。② 故此有学者提出,所有权说可谓是一种戴着脚镣跳舞的学说。③

总之,所有权理论的关键问题的形成原因在于,该理论一方面极力维系权利一体的传统,但另一方面又不得不面对权利分离的现实。所有权理论在技术手段不发达、商品流转缓慢的社会和时代具有其现实解释意义。在社会经济发展程度较低的时候,对有形财物的物理性控制是财富(或财产)生产取得的唯一有效方法,对此所有权在司法实践中具有解释学上的效力。但是,当所有与占有分离后,其中就暴露出一些固有的缺陷,其中有两个问题是比较明显的:第一,所有权过于抽象、空洞,不能准确地标示侵犯财产罪的法益,而占

---

① 文海林:《关于财产罪的反思》,载《法学研究》1994年第5期,第73页。
② 童德华、胡亚龙:《财产权利分离模式下财产罪法益的类型化研究》,载《江汉论坛》2016年第8期,第91页。
③ 陈洪兵:《财产罪法益上的所有权说批判》,载《金陵法律评论》2008年第1期,第139页。

有是直接的、现实的权利,能够准确涵盖财产犯罪的法益;第二,有学者认为所有权说否认对占有的保护,缩小了刑法的保护范围。后来的本权说就是试图在所有权说的基础上应对权利分离问题,但是,当所有关系不明确,或者受害人缺乏所有权时,侵犯财产的行为是否构成犯罪,则有这样或者那样的问题,假如在司法实践中完全贯彻此观点,反而会对财产的归属及其流转秩序造成人为的混乱。① 本权说只是笼统地强调对所有权和本权的保护,最终还是摆脱不了所有权说的束缚,不能积极对待财产权利分离的方式及其法律应对方法。故此,在当今刑法理论上,纯粹持该说的学者并不多见。② 除了本权说之外,还有占有说也试图对所有权保护范围狭窄的问题予以适度扩展。占有说认为,刑法财产罪保护法益是行为人对财物事实上的占有状态,而此种占有是否具有民事法上的根据则在所不问,即刑法不仅保护合法占有(有权占有),也保护违法占有(无权占有)。③ 可见,占有说试图摆脱基于规范意义上的占有诱发的权利分离所形成的司法问题,进而重新回归到事实占有这一逻辑起点上来。在我国司法解释中,这种理论在某种意义上得到了司法实践的认可,④ 是考虑到债权人与债务人事实上的债务关系具有对抗他人的作用,无论该债务关系是规范上的合法债务关系还是非法债务关系。基于该债务关系所采取的剥夺他人自由的行为,只能评价行为人剥夺他人自由的行为,而不能评价行为索取债务的行为,因此不能将行为认定为绑架罪,而是认定为非法拘禁罪。但是,该理论也有一点值得重视:将占有从规范意义置换到事实意义的轨道上来,提出对物的事实占有才是财产罪的保护法益。可见,占有所重视的还是对有体物的占有,与我们传统想象中的"拿在手中"别无二致。据此,占有说抛弃了对物的权利观念,强调自然意义上的占有,扩大了刑法的评价范围。但是,占有说虽然并非基于占有权的学说,最终它却与所有权说如出一辙。这些特征决定了占有说在现实中也难以得到承认。

根据传统观念,难以对无形物的财物属性予以肯定,所以一段时期以来,气体、电力能源因为是无形物,从而被排除在财产犯罪的保护范围之外。如在德国就出现过拒绝将未经许可使用电力能源的行为作为盗窃加以惩罚的司法判

---

① 童德华、胡亚龙:《财产权利分离模式下财产罪法益的类型化研究》,载《江汉论坛》2016年第8期,第90页。
② 何荣功:《财产罪法益新论》,载《甘肃政法学院学报》2012年第1期,第64页。
③ 刘明祥:《财产罪比较研究》,中国政法大学出版2001年版,第12、32页。
④ 2000年最高人民法院《关于对为索取法律不予保护的债务非法拘禁他人行为如何定罪问题的解释》规定:"行为人为索取高利贷、赌债等法律不予保护的债务,非法扣押、拘禁他人的,依照刑法第二百三十八条的规定定罪处罚。"

例,其理由是认为电不能被称为物质性的物品。但现实的需要始终是刑法不能回避的问题,尽管学者主张电力能源无法作为有体之物,但是他们无法否定刑法对电力能源提供保护的实现需求,为了解决这个问题,德国刑法后来不得不在第248c条中增加禁止盗用电能的规定;①《日本刑法》第245条规定,"电气视为财物",这就表明,电气在刑法中本来不是财物,但是后来不得不被作为一种特殊财物对待。问题是,是在解释学上将电力能源当然解释为财物抑或是立法上扩张为财物,哪一种做法更为妥当呢?法律是沉默的文字,但法律也是生动的现实,立法上的扩张容易破坏刑法的安宁,通过当然解释或者扩大解释解决上述问题更应值得赞赏。据此,我们应该破除无形物不是财物的观念,毕竟上述德、日立法不仅是对社会需要妥协的结果,而不能视为刑法观念进步的结果,而且无助于对相关问题的系统性解决。如根据《日本刑法》第245条和第251条的规定,"电气视为财物"只适合盗窃、强盗、诈骗、恐吓这几种法律明文规定的犯罪,② 在其他的财物犯罪中则不能适用,如侵占电气就不构成侵占罪,否则就违反了罪刑法定原则。这种见解在日本获得了一些著名刑法学者的支持。但是,固守传统观念的刑法学者还是较多,如我国台湾地区的学者倾向于采取有体性说,大陆地区有学者也支持这种观点,认为"最好的办法是以有体性说为原则,同时,法律明文规定哪些无体物以财物论,对法律无明文规定的无体物,不得任意解释为财产罪对象中的财物。"③ 有体性说对于财产罪的法律观念具有很大的束缚。根据刑法教义学的要求,法学解释必须致力对现行规定的合理性加以必要论证,从这个角度看,立法扩张的做法并不妥当。特别是随着互联网时代的到来,类似问题又再次凸显出来。因此,"物系有体物"的传统观念应被刑法理论所抛弃,科学技术的发展使刑法面临着新的问题和挑战,我国刑法立法在某些方面显示了应对新问题的及时性和进步性。例如我国《刑法》第265条的规定,④ 即不仅电力能源,而且电信码号都被作为财物受到我国刑法的保护。但这种提示性的立法表明,实践中也是将电

---

① [德]克劳斯·罗克辛:《德国刑法学总论》(第1卷),王世洲译,法律出版社2005年版,第86页。

② 必须指出,外国刑法中的犯罪范畴和我国不一样,以日本为例,其盗窃罪的构成不要求数额限制,因此,即使盗窃数额较小的财物,也可能构成犯罪。在其他一些国家,也有违警罪,这些犯罪的程度,一般相当于我国违反治安管理处罚法(律)的行为。所以在有关外国资料的运用上,类似问题我们主要参阅刑法理论的论述。

③ 刘明祥:《财产罪比较研究》,法律出版社2001年版,第24页。

④ 该条规定:"以牟利为目的,盗接他人通信线路、复制他人电信码号或者明知是盗接、复制的电信设备、设施而使用的,依照本法第二百六十四条的规定定罪处罚。"

力能源、电信码号等无体物作为特例纳入到侵犯财产罪的保护范围中来的,其背后的观念并无实质上的突破。

由于本文主要就无形物的财产法益属性进行研究,所以仅仅就上述理论的局限性做一般性陈述;本文关心的是,上述理论的局限性是否会构成我们对无形物刑法评价的理论障碍。从当前理论和立法一般情形看,上述理论已经明显显现出无法适应科技发展带给我们关于物的观念的大变革。根据传统的刑法理论,财物一直被解释为有体物,这也与民法上关于财产的相关规定是相对应的。但随着科学技术的发展,电力能源、电信码号得到了广泛的应用和推广,由于这些物具有交换价值和现实效用,针对它们的犯罪行为也随之发生,更为新兴的领域则是伴随着计算机技术、互联网技术的发展所产生的,在网上的虚拟物促成了物的观念的革命性变化,无形物的所有形式与占有方式与传统都不一样,这种变化要求我们应以新的想象来应对物的发展。

三、互联网时代财产罪保护法益的确立标准

我们必须以新的理论完善财产罪的保护法益,尤其要着眼于将网络虚拟物作为财物提供刑法保护,从而有效适应互联网时代经济、技术与社会发展的新要求。为此必须在无形物和有形物之间找到公约因素,据此提出财产罪的保护法益。无形物与有形物的差异主要体现在自然属性上,但二者在社会工具属性方面并无区别。因此应当依循无形物与有形物在社会属性上的相通性,结合经济、技术与社会发展的实际情况,重构财产罪保护法益的新标准。

(一) 财产罪的保护法益要体现财物的根本属性

财物的属性很多,但是,如果我们继续着眼于从虚拟物的财产性把握其法益,"其消极的误导性作用大于其积极的引导性作用"。[①] 虚拟物最根本的属性不是价值,而是效用。效用或称功用,是经济学中最常用的概念之一,是指消费者从消费某种物品中所得到的满足程度。在英语语言中,效用一般指有用性;而在汉语语言中,效用主要指功效,但二者却无实质区别。在传统观念中,任何物品作为财物必须满足如下条件:第一,劳动赋予的内在价值;第二,因有用性获得的使用价值。另外,财物作为商品还必须具有交换价值。使用价值体现了物的效用,效用也使物具有交换价值。物的效用具有多样性,它分为六大类:生理、物质、知识、情感、正义和审美;同一产品的效用可能满

---

① 董笃笃:《虚拟财产法律学说的回顾与反思》,载《重庆邮电大学学报(社会科学版)》2013年第5期,第32页。

足多种需要类型,比如食物既可以满足生理需要,也可以满足挥霍性消费需要即快乐需要;不同效用的产品,有着不同的价格。[①] 所以,必须将物品的效用与有用性、使用价值、欲望满足等联系在一起,才能认识商品或财物的属性。一般而言,人天生会追求效用最大化,当满足单一需要时,追求单一效用最大化;当面临多种需要选择时,追求需要满足总和最大化,前者服从于后者。但是,社会发展改变了效用的偏好,丹尼尔·伯努利在解释圣彼得堡悖论时认为:在风险和不确定条件下,个人的决策行为准则是为了获得最大期望效用值而非最大期望金额值。的确,当经济出现快速发展,贫富差距加大后,剩余价值已不再成为财富积累的主要手段,物品的商品效用对人产生占有欲的满足程度成为主要的价值体现。[②] 这表明效用重心的转移,以前的人们关注物的生理或物质效用,今天可能重点关注物在情感上或审美方面的精神效用。

物的效用是物能形成财产权利关系的基础,财物不仅是一种为人可能支配的东西,而且也是一种具有特定效用的东西。从财产权的元理论中可知两个事实:第一,财物只是个人财富的一种象征;第二,财产的保护范围和方式与个人财富增长方式相适应。但归根结底只有一点是必不可少的,即物只有具备某些效用,才能成为财物的象征。如前所述,在古代,财富的增长方式就是对财物的直接的物理占有;到了商品经济时代,财物的流转也可能实现财富的增长;另外,如下几点也很重要,其一,在很多时候,财物本身的价格不仅取决于物内在的劳动力因素,而且也受物的效用的影响,同样的物,效用越大价格越高,效用越小价格越低;其二,生活实践可能使人们越来越关注物的效用,甚至对于物之效用的追求超越对物之占有的追求;其三,在生产力低下的社会,有形物具有满足人们生理需要的现实效用;在生产力发展后,有形物具有实现人们占有、炫耀财富的心理需求的价值效用;在技术高度发达时代,物的胜利或者物质需求退居次要地位,满足人们情感需求的精神效用的无形物越来越受追捧。

(二)财产罪的保护法益要适应共享经济发展方式

在不同的历史时期,人们关于物的控制范围、手段、方式不一样,导致关于物的法权观念也不相同,但社会发展方式已经发生了质的变化,传统的独享型经济发展方式已经迈向分享型经济发展方式,关注财产的实体性、当下性,强调占有、控制与积累的传统法权观念,在新的时代背景下已经受到了重大冲

[①] 张立建:《人们追求效用最大化的全新解读》,载《广州大学学报(社会科学版)》2018年第4期,第52页。

[②] 盛庆琜:《统合效用主义与公平分配》,浙江大学出版社2006年版,第106—107页。

击,一种全新的法权观念已悄然兴起,这种新观念注重信息财产的虚拟性、衍生性和未来性,强调分享、利用与流通。① 因此,财产罪的保护法益必须与分享型经济发展方式相适应。毫无疑问,有形物以及基于有形物想象的所有权说、本权说和占有说充分表现了独占型经济发展方式下的法权观念,已经无法适应经济现代化的要求,而无形物及其在生活中以分享的方式实现利用与流通的特质,值得其实现并发挥其特有的价值与社会效用。值得注意的是,当前网络犯罪也表现出利益共享的趋势,② 如果根据以往的理论,势必存在新的问题难以解决。

对效用的重视能适应经济发展的基本趋势。在现实社会中,财富的多或少并不意味着占有财物的多或少,人们更加关注的是通过物的流转而带来更多的利益。有形物能带来利益,无形物也能带来利益;占有能实现保值,流转能实现增值,在经济学上如何利用物增值比如何占有物保值更具有现实诱惑力,因此对物的合理使用及其保护问题比对物的占有问题更应引起法学界的思考。另一方面,效用说契合传统立法观念。刑法关于财产罪的立法还是建立在民法所有权基础之上的,它保护的是占有、使用、收益和处分的权能。

(三) 财产罪的保护法益要具有统合性

虽然所有权具有较高的统合性,但是,它的统合性仅仅局限于法权层面,没有效用的统合性明显。采用效用作为财产罪的保护法益,不仅可以综合了所有权、占有权、收益权与处分权等法权核心要素,而且兼备了事实上的核心功能。能适应现实发展要求,扩大刑法的保护范围。基于分享型经济发展观念,当我们在确定是采取所有权、本权或者占有权的时候,必须重视对财物的自然属性和财物的工具属性因分离而导致的现实问题,结果,就忽视了财物的自然属性与工具属性之间存在的内在逻辑。应当看到,财物的工具属性实际上不能脱离其自然属性,自然属性也会因工具的革命而不断丰富。换言之,科学进步与生产发展会扩大财物的范围,改变财物存在的的价值方式。可惜的是,由于所有权理论、本权理论以及占有理论都建立在物的有体性说这一自然属性理论之上,而根据有体性说,财物只限于有体物,但有体物不限于固体物,还包括液体。由于这些物品是有体的,所以我们可以通过排他的方式占有它们。因此,这些学说也会妨碍我们对于分享型经济发展方式的认识,进而会妨碍刑法

---

① 马长山:《智能互联网时代的法律变革》,载《法学研究》2018 年第 4 期,第 30 页。

② 黄京平:《新型网络犯罪认定中的规则判断》,载《中国刑事法杂志》2017 年第 6 期,第 9 页。

保护新的社会发展方式，妨碍对财产罪的保护法益的历史认识。根据分享型经济发展方式的要求，要重视无形物的刑法保护。

(四) 财产罪的保护法益应具有广泛的解释效力

如前所述，所有权概念在解释上存在明显的局限性。较之物权概念，效用对无形物的财产属性可以提供更有效的刑法教义学上的解释。理由在于：

第一，对于有形物具有解释上的补正作用，根据传统理论，当行为针对某些特殊的有形物时，存在占有或者所有是否受到侵犯的争议，而根据效用对财物进行法律评价时，可以借助于成本、投入的资金等进行成本核算和损害评价，从而使传统刑法理论焕发新的活力。例如行为人在他人粉刷好的墙体上乱涂乱画，导致墙体失去了它原有的图案和色彩。从有形物的角度看，行为并未使有形物的价值贬损减少，因此不构成对财产的侵犯。但是，诸如此类的行为改变了物的外观，降低了他人对物予以利用的效用，如果恢复原状，受害人需要额外支付费用。如重新粉刷墙面必须另外支付材料和人工成本，这就是虚拟导致的财物损害。据此可以认为行为人的行为构成故意毁坏财物的犯罪。当然，实践中许多类似物的损害则是无法恢复的，如行为人在他人收藏的名画上乱涂乱画，由于没有破坏图画的载体，如果认为不构成犯罪的话，显然是不合理的。可见传统说不能对工艺设计、艺术品之类的东西进行有效保护。而按照效用说完全可以予以解决。

第二，对于电力能源和电信码号等传统无形物具有解释上的扩展作用。同样以电力能源为例。电力能源是否属于物，曾有一个认识上不断变化的过程。过去的人认为物是看得见、摸得着的东西，这样通常不将电力能源等当作财物，但是，现在人一般都知道电力能源都是具有经济价值的，必须通过对价关系才能使用由电力公司控制和提供的电力能源，之所以如此，是因为电力能源是具有效用的。电力能源的效用决定于如下因素：其一，电力能源具有财物的基本特征，电力能源具有经济价值，是因为它是人类通过劳动生产出来的一种物质，具有价值和使用价值，从而可以通过市场进行交换，成为一种商品。电力能源的经济价值可以通过一定仪器加以检测和衡量。其二，电力能源也可以为人们所支配和控制。人们按照电力的属性和自己的目的，通过一定的设备生产电力、传输电力和使用电力，造福人类，这样，电力能源就为人类所支配和控制，而且随着社会的发展，人类控制和支配电力能源的手段也会越来越多，比如过去电力难以被储存，但是现在储存电力能源的工具和手段很多。其三，由于无形能源能被人们支配和控制，满足人们的生活需要，在这个意义上，它也就完全可以为违法犯罪分子所窃取和占有。① 因此，电力能源具有财物的属性并不是陌生的命题。将电力作为盗窃罪的对象，即使没有被明文规定，但是在法的观念上却已经被确立下来了。可见，电力能源是财产性犯罪的对象，盗窃电力能源的行为，应当作为盗窃罪的违法犯罪行为进行处理。

综上所述，在分享型经济发展方式下，物的效用在某种程度上重构了财物的内涵及其外延，因此应以效用作为财产罪的法益。

四、效用法益的评价依据及其实践展开

（一）效用的刑法评价

财物作为一种独立于社会实践主体之外的存在物，不仅具有物理上的自然属性，还有经济、政治和价值等方面的工具属性，而且两种属性甚至是分离的。因此，财物的概念是一个流动的概念，财物的范围也因此呈现为不断扩张的态势。我们发现，关于财物的认定有着一个较为清晰的脉络，那就是：随着对物的管理（包括使用）能力的不断加强，法律生活中物的范围得到了很大扩展，由此推动了财产罪中财物范围的扩张。财产罪保护法益的设定应适应这种要求，将对物的管理方式作为效用评价的重要依据。

对物的管理能力决定了我们对物的管理方式，也决定了我们对于财物的保护范围及保护方法。在人类社会的早期生活实践中，由于缺乏科学的手段，人们只能凭借自身感觉认识自然界，并依据日常经验处理人类和自然的关系，此时，在人类眼中的物首先必须是凭借人的感官看得见且摸得到的物，固态物和液态物符合这种属性，因此成为早期的物之标本；气体虽然可以被感知，但既看不见也摸不到，无法被有效控制，因此在产权观念形成以后，不能被当作财物。随着科学的发现和科技手段的增强，人们不仅认识、感知气体的存在，并可通过一定方式有效控制（如灌装气体）和使用气体，从而实现气体的交换价值，因此，在特殊情况下，气体也可能成为财物。此外，电力能源、电信码号等虽然难以界定其物质属性，但因为人类能有效管理和使用电力能源，因此，电力能源也成为财物的一种特殊方式。物的效用理论在实践中得到实现必须遵循如下方式。

第一，物具有技术上的可控性。技术上的可控性是获得效用的唯一途径，效用既能解释分享型经济发展方式中的诸多问题，又能适应共享经济发展方式的种种要求。物权起源于物的效用，效用的本质和方式决定了财物的意义和生

---

① 赵秉志主编：《侵犯财产罪研究》，中国法制出版社1998年版，第168—169页。

产方式。即便在独占关系中,物的效用是不可或缺的重要因素。效用还与精神感受有关,但是其重要性可能被基于物理上可直观的可控性或者管理可能性所遮蔽。效用是通过使用或者具体的管理方式体现出来的。对物的管理可能性就是对物的控制性,占有是最现实、最直接的控制,但控制本身并不能获得收益或者增长财富,使用或者具体的管理方式才是获得收益或增长财富的重要手段。根据控制理论,刑法中关于侵犯财产罪的犯罪对象,不必拘泥于有形物的限制,凡具有能实现经济价值目标的物,只要其具有可控性,不论是有形物还是无形物,均可成为侵犯财产罪的犯罪对象。无形物法律地位的演变对此具有佐证作用。过去德国等国司法判例不承认电力等为财物,似乎符合罪刑法定主义的形式要求,但是其基本理由是否恰当,并非没有值得怀疑之处。其后立法的发展也表明了这一问题。关于法律中对物的理解,本文一再强调其并非一成不变的,它应当随着人类认识和控制能力的发展而演变。根据社会的发展情形,如果还是将财物拘泥于有体物的范围,一方面不符合社会的一般认识规律,另一方面也不利于对他人权益的保护。在通常情形下,作为法律中的财物应当具有以下特征:其一,经济价值;其二,可控性;其三,动产或者不动产。技术进步与生产方式的发展改变了人和物之间的自然关系,强化了人对物的控制能力,拓展了人对物的管理方式,丰富和扩充了人与人之间的社会关系。过去,人拥有该物并成为该物的所有者或管理者,表明某人可以占有或者管理某物,也意味着他人同样可以占有和管理该物,如果没有一定规则,该物的权属就不明确,容易导致社会纠纷,因此,法律要对物的权利归属进行划分。今天,人可以与他人共同管理某物,并可实现各自的财富增长,因此物的归属已经不再那么重要。另外,在法律所规定的物权体系中,重要的不是物的外在特征,而是人类是否具备对物的管理可能,后者派生了物的权能并决定了物的法律关系。由于可控性明确显示了物的所有者或者管理者,无论物是有形的还是无形的,只要它能为人类所支配和控制,就获得了法律上的一定地位,成为法律的保护对象。根据这种观点,对他人管理的侵犯,意味着减损了他人的效用,因而应受到刑法规制。

第二,物具有事务上的管理可能性。对物所实现的事务管理可能性是获得效用的重要方式,效用也是通过一定的管理方式实现的。可以认为,管理可能性是决定有体物和无体物被作为财物的关键要素,不仅有形物如此,而且对具有管理可能性的无体物也有必要加以刑法保护。当然,仅仅根据管理可能性的思路也可能诱发实践问题,即在财产罪法益中片面强调管理可能性会破坏刑法的明确性与安定性，悖离罪刑法定原则的内在要求。① 所以，必须对管理可能性说加以合理限制。为此，有学者进一步将管理分为事实上的管理和规范上的管理，将管理可能性分为事务管理可能性与物理管理可能性，前者强调，不仅具有物理管理可能性的东西是财物，债权之类的权利等仅有事务管理性的东西也是财物，如盗窃权利等也可能成立盗窃罪；后者认为，财物应限定在有物理的管理可能性的范围内，仅仅有事务管理可能性而无物理管理可能性的东西不是财物，如电力、热能等有物理管理可能性的能源是财物，但权利等观念上的东西不是财物，如广播电视台发射的电波，虽然是能源，但不具有物理的管理可能性，不是财物。但是，如果不能进行事实上的管理，就无法实现事务上的管理，因此事实上的管理是实现事务管理的前提。但是事务管理也很重要，它是实现有序的事实管理以及可控性的保障。总之，没有可控性就无效用。但可控性并不局限于占有。

第三，物的使用价值具有综合性。网络犯罪的最终后果表现为个人利益，② 而效用集中体现为成本投入、收益之类的概念。但是对效用的评价和人的需求有关。个体差异会带来效用评价的个性化，有的人更在意物质方面的效用，有的更在乎精神方面的效用。如对书法作品，有的人会认为这些东西不能吃、不能喝，没有价值；但在某些人看来，它们是不可多得的宝贝。因此，财物的内涵和外延也会因社会发展而变化，如后所述，随着互联网技术的发展，一些对新型虚拟物的定性提上了研究日程。但是，有一点无法改变，那就是效用更多体现在物的效用上。

综上，随着互联网的发展，网络虚拟物已经成为一种虽然看得见但却摸不到的物，它们能满足很多人的精神享受，从而能进行交换产生价值，因此网络虚拟物成为财产罪保护对象的呼声越来越高。但是，对网络虚拟如果还是根据传统观念进行解释的话，我们很难有效厘定所有权人、占有人以及使用人之间的界限。这种现象促使我们有必要采用新的思路界定财产罪的保护法益。

(二) 网络虚拟物

网络虚拟物，是网络虚拟世界中可能受到法律保护的客体。其类型多种多样，主要包括：虚拟金币（货币）、虚拟装备（武器、装甲、药剂等，即"item"）、虚拟动、植物（宠物、盆景等）、虚拟角色（虚拟人、ID 账号等）。

---

① 逄锦温：《论盗窃罪适用中的几个问题》，载《国家检察官学院学报》2002 年第 2 期，第 36 页。

② 时延安：《网络规制与犯罪治理》，载《中国刑事法杂志》2017 年第 6 期，第 15 页。

也有学者把网络虚拟物称为虚拟财产,并将其分为两种,即广义的虚拟财产与狭义的虚拟财产。前者是指一切存在于特定网络虚拟空间内的有专属性的虚拟物,包括 ID、QQ 号码、E-mail、虚拟货币、游戏装备等;而后者则是特指具备现实交易价值的虚拟物,只包括那些网络用户通过支付费用取得,并具有在离线交易市场内通过交易获取现实利益可能性的虚拟物品,其典型表现为收费邮箱、网易泡泡币以及网络游戏中的角色 ID、点数、装备、"宝物"等。这种观点实际上是把网络虚拟物的一部分划定为网络虚拟财产。①

自 2005 年第一例 QQ 账号盗窃案以来,网络账号、网络虚拟物是否能成为财产刑法的保护对象,就一直存在争论。司法实践中对盗用网络虚拟财产的行为在定性方面大致存在三种主张:一是以盗窃罪定罪处罚;二是以侵犯通讯自由罪定罪处罚;三是以非法获取计算机信息系统数据罪定罪处罚。仔细推敲各自的理由,可见它们之间分歧的要点在于,是否能认定网络虚拟财产属于财物。盗窃罪说承认网络虚拟财产具有使用价值属性,而后两说否定其财物属性,非法获取计算机信息系统数据罪说在论证上最具代表性,该观点承认本罪在立法时就是将信息系统作为有形物之外的东西,从而被当作特殊保护法益之对象。② 由此可见,依据有形物观念想象财物的结构与外延,对当前的网络信息的立法具有很大的束缚效果。从行为上看,从最初针对计算机功能及程序的破坏,到针对虚拟财产和人格的侵害,直至发生在平台上的恶意点击、流量劫持、商业拦截和干扰、客户端劫持、刷榜等新样态的出现,各种争夺无一不指向在一定阶段出现的互联网新型财产利益。③

针对本案分歧,有的学者的看法是,对于 QQ 号以及其他存在于互联网空间与计算机信息系统中的数据、信息以及相关的虚拟财产,如果认定其具有财产属性,在行为时刑法其他条文无特别规定因而不存在特别法条竞合关系的前提下,应当并且可以成为我国刑法规定的盗窃罪法益保护对象。④ 针对上述新的问题,不仅无法合理展开所有权说,而且也难以有效展开本权说,对此,有学者明确指出,如果在类似案件中采纳本权说,必须认定行为侵犯了腾讯公司

---

① 石杰、吴双全:《论网络虚拟财产的法律属性》,载《政法论丛》2005 年第 4 期,第 33 页。

② 臧德胜、付想兵:《盗窃网络虚拟财产的定性——以杨灿强非法获取计算机信息系统数据案为视角》,载《法律适用(司法案例)》2017 年第 16 期,第 70 页。

③ 季境:《互联网新型财产利益形态的法律建构——以流量确权规则的提出为视角》,载《法律科学》2016 年第 3 期,第 182—183 页。

④ 梁根林:《虚拟财产的刑法保护——以首例盗卖 QQ 号案的刑法适用为视角》,载《人民检察》2014 年第 1 期,第 7 页。

对 QQ 号的所有权,才能判定行为构成盗窃罪。如果认定行为只是侵犯了 QQ 注册用户的占有使用权,但未侵犯腾讯公司对 QQ 号的所有权的,即使将 QQ 号视为财物,亦无法判定其行为构成盗窃罪;反之,如果采纳占有说,由于行为人通过篡改密码排除了原注册用户对 QQ 号的占有使用,虽然其行为无法改变 QQ 号归腾讯公司所有的现实,行为亦构成盗窃罪。① 如有学者认为:包括网站、电子邮箱账号、下载账号、论坛账号以及网络游戏的账号、游戏中设备在内的虚拟财产,虽然不具有现实财产的有体性和可触性,但它具有与现实财产一样的功效,符合盗窃罪调整的对象。②

但是,上述理由都有问题。首先它们没有回答虚拟物的价值来自何处,其次没有结合价值来源分析其效用实现途径,再次没有注意网络物的控制方式,因此总体把握还是有欠缺的。以现代技术条件的行市合理计算网络虚拟物并非难事,虽然虚拟物价格有跌有落,但这不能成为否定其价值或者价格的理由,如果仅仅根据物之价格的稳定性进行计算,那么诸如艺术品之类的物也无法成为刑法保护的对象。行为人通过特殊技术破解他人账户密码,盗窃他人的网络游戏装备、网络充值币等网络虚拟物,尽管它们只是记录在电磁上的数据,但是它们具有特殊的效用:其一,它们凝结了价值因素。玩家认为值得对这些虚拟物投入大量与现实对价的财产和劳动,从而使虚拟物本身具备了等值于财产意义上的价值。其二,在网络技术背景下,它们满足了玩家的心理需求并被普遍接受,因此具备了现实效用。③ 其三,也是基于前述因素,导致在很多时候,网络虚拟物具有稀缺有限性,能通过交易进行流转,正因如此,才发生了线上线下盗窃虚拟物的行为。线上线下都虚拟再现了现实生活的情境和控制方式、流转方式。总之网络物的效用是无法虚拟的,对网络物的控制方法、其效用增加或者贬损途径也是不能虚构的,因此,网络虚拟物也具有财物的一般属性。

(三) 劫持流量

"劫持流量"是一个随着互联网技术发展逐渐被刑法接受的技术性概念,因此它在界定上尚存在不一致的问题,这种理解分歧有进一步厘清之必要,不

---

① 梁根林:《虚拟财产的刑法保护——以首例盗卖 QQ 号案的刑法适用为视角》,载《人民检察》2014 年第 1 期,第 10 页。

② 赵文胜、梁根林、曲新久、张新宪、董晓华、罗欣、吴新华、赵阳:《盗窃"流量包"等虚拟财产如何适用法律》,载《人民检察》2014 年第 4 期,第 42 页。

③ 谢江东、梅慎实:《论网络虚拟财产的法律属性》,载《南海法学》2017 年第 5 期,第 36 页。

然我们难以根据相对应的情况进行合理定性。

一般认为,所谓流量劫持,是指利用网络链接技术强制或欺骗网络搜索用户进入其指定的网页,而不是用户意图链接的网页,以此获得流量收入、广告收入、佣金收入等利益的行为。典型的是"DNS 劫持",即通过修改路由器、浏览器设置、锁定主页或者弹出新窗口等技术手段,强制网络用户访问指定网站的行为。此外,流量劫持还包括 CDN 入侵和劫持网关等。① 根据上述观点,"蹭流量"就不属于劫持流量。但是,笔者认为,任何利用一定的接受装置无偿接受无线信号归自己使用的行为都属于流量劫持,蹭流量在很多时候是利用他人权限管理上的疏忽,在他人不知情的情况下使用他人流量的行为,在广义上属于原始的流量劫持。

对于劫持流量的法律性质,理论界和实务界都有争议。流量劫持行为没有被作为犯罪处理,甚至有很多人主张这种行为属于不正当竞争,如有学者明确主张,恶意进行安全软件插标、进行网址导航站劫持的,构成不正当竞争。② 但是,今天越来越多的人主张应将这种行为当犯罪处理。客观而言,从刑法角度审视流量劫持是有现实意义的,一方面是因为流量劫持在互联网经济发展中成为越来越普遍的现象;另一方面是因为,流量劫持行为的社会危害性越来越明显,但其危害性到底有多大却又是难以估量的。③ 在流量劫持行为的社会危害性存在明显的不确定性的情况,且仅用其他法律已经难以有效治理这类问题的时候,刑法的谦抑性已经达到了极限,如果刑法还不对该行为进行积极防范,互联网经济发展势必受到影响。问题是在教义学上,应该如何对此进行刑事定性,存在罪名的适用上并不统一的问题,刑法学界对网络流量性质的认定存在如下争议:④ 流量到底是"财物"还是"服务"?第一种观点认为,"流量"具有价值和使用价值,有管理可能性,与其他虚拟财产一样,可归入财物的范畴,从而成为盗窃罪的犯罪对象;第二种观点认为,手机流量包事实上属于电信"服务","流量服务"属于财产性利益,但不能等同于盗窃罪的行

---

① 谭宇:《刑法学视域下侵害网络流量问题研究》,载《太原理工大学学报(社会科学版)》2016 年第 3 期,第 23 页。

② 白正岩:《安全软件插标和导航站劫持流量构成不正当竞争》,载《人民法院报》2013 年 6 月 19 日,第 7 版。

③ 芦天亮:《互联网流量安全问题分析与对策》,载《中国人民公安大学学报(自然科学版)》2018 年第 2 期,第 51 页。

④ 参见赵文胜、梁根林、曲新久、张新宪、董晓华、罗欣、吴新华、赵阳:《盗窃"流量包"等虚拟财产如何适用法律》,载《人民检察》2014 年第 4 期,第 42 页;任彦君:《网络中财产性利益的刑法保护模式探析》,载《法商研究》2017 年第 5 期,第 114 页。

为对象——他人"财物";第三种观点认为,流量是一种电信服务,这种服务不能认定为财产性利益,不能成为盗窃的对象,盗窃或劫持流量的行为不能构成盗窃罪。但是否应属于财产罪的保护法益,至少需要完成三个论证:第一,流量在法律上界定为财物的可行性;第二,传统财产法体系接纳这一新型客体的可行性;第三,如果既有财产体系不能接纳这一新型财产权利,应如何界定其属性和地位?[①]

可见,上述问题的原因在第一个层面就是可否将网络流量视为财物。尽管网络流量在互联网平台上所承载的巨大经济价值,但关于流量获取、利用、归属等问题,在较长时期以来成为法律实践中不得不正面回答的问题,[②] 可惜的是,法律界迄今并未就此达成共识。虽然最高人民法院研究室《关于盗窃互联网上网流量如何认定盗窃数额的研究意见》认为,盗窃者及购买者在交易时,对于流量包的使用时间和使用量并无明确的预期,实际上类似于"盗接他人通信线路、复制他人电信码号出售"行为,因此主张定盗窃罪。但是这种做法只能对极为个别的情形进行处罚,而不能对绝大多数劫持流量的行为进行处罚,结果会违反法律适用的普遍性原则。那么,应当如何处理类似问题呢?目前最高人民法院指导案例认为,对"DNS劫持"可按照破坏计算机信息系统罪处理,理由是该行为"导致用户无法访问原IP地址对应的网站或者访问虚假网站,从而实现窃取资料或者破坏网站原有正常服务的目的。"[③]

上述做法并不能从根本上解决流量劫持问题。这个问题之所以存在,是因为我们依据传统财物的想象来确定流量等物的法律属性时出现了一些错觉,并且对网络劫持流量的行为(管理方式)理解不一致的观念问题,或者说对行为理解存在类型化不足问题。正如前面所述,网络劫持分为狭义和广义两种,广义上的网络劫持包括"蹭流量"。其中分别要解决的问题是,在狭义劫持情况下,行为人效用受到了哪些实质性侵犯?例如行为人未经他人同意,强制他人进入某个网页,在一般场合他人并不会对效用问题有所觉察,是因为他人并没有感知到本人由此丧失了对流量的占有权和使用权以及由此造成的额外支出。但是这并不意味着他人效用没有降低的可能性。从管理方式上看,我们可以将上述狭义流量劫持分为两种情况,一是诱导性劫持,二是强制性劫持。前者是通过关键词误导用户主动浏览某些网页,增加用户浏览的这些网页的机

[①] 季境:《互联网新型财产利益形态的法律建构——以流量确权规则的提出为视角》,载《法律科学》2016年第3期,第186页。

[②] 林旭霞:《虚拟财产权性质论》,载《中国法学》2009年第1期,第91页。

[③] 最高人民法院指导案例102号:付宣豪、黄子超破坏计算机信息系统案。

会,减少浏览其他网页的机会;后者是行为人通过植入代码或者插件等手段,使用户不得不接受某些网页的信息。对此,有人认为前者属于不正当竞争,后者属于破坏计算机信息系统的行为。① 这种观点值得肯定,但是论者似乎没有提出较充分理由。笔者认为,在诱导性劫持中,用户可以选择是否应该进入特定网页,因此其效用并没有遭到他人的实质性减损,这种行为就不宜认定为是犯罪行为;而在强制性劫持情况下,由于行为人通过在信息系统中植入代码之类的方式,对他人构成了强制,导致他人无法做出选择,因此用户失去了自由选择的权利,但是受到损害的并不是效用,对此就不宜作为财产犯罪处理。据此可以肯定新近指导性案例的意见。

再如"蹭流量",需要看到,流量作为特殊物,对流量的不合法支配无疑会降低他人使用流量的效用,如网络通信质量下降,出现卡顿现象,个别情况下也会出现用户支出增加问题,从而使受害人的实际收益下降。有人主张,在案件情况非常清晰的情况下,如在特定时间只有特定的第三人"蹭"用他人网络且使用的流量能被计算出来的,可以按照盗窃罪定罪处罚。② 笔者认为,这种观点并不具有现实合理性。因为如果我们将蹭流量作为盗窃罪认定,意味着流量是财物,意味着我们可以按照财物管理方式管理流量。这是认定蹭流量为盗窃罪的两个先决条件。但是,我们当前实际上还很难对流量进行有效管理,这导致我们难以将其作为财物对待。所以目前不宜将任何形式的流量劫持行为作为犯罪对待。另外,这个问题表明我们对流量的控制能力还不成熟,因此当前网络服务商的技术问题,使用者很少怀疑也难以发现被他人恶意劫持,据此,当前难以将劫持流量的行为定罪的主要障碍来自于技术层面。从社会观念层面看,这并不能否定理论上研究这个问题的意义。

现有技术发展已经提出一个新的刑法任务,刑法必须着眼保护流量劫持行为背后的流量。刑法必须对上网流量提供法律(包含刑法)保护的理由在于:其一,上网流量具有现实的价值交换可能性,这种价值包括电信服务商前期投入建设成本等,且可以通过科学的计算测算其价值。其二,上网流量是电信运营商经营或者实现经济利益的对价物。其三,上网流量是一种可控的物质,能被电信服务商所控制、分配和使用。因此,手机流量虽然是无形的,但具备了

---

① 袁博:《流量劫持应当如何追责》,载《中国知识产权报》2015年12月9日,第8版。
② 谭宇:《刑法学视域下侵害网络流量问题研究》,载《太原理工大学学报(社会科学版)》2016年第3期,第23页。

财物扩展的几个基本因素。① 但是，由于当前的控制手段不成熟，因而还不宜以财产罪追究行为人的刑事责任，但随着技术手段的成熟，特别是流量追踪技术的发展和应用，追究流量劫持者的刑事责任是完全可能的。

（责任编辑：石磊）

---

① 赵文胜、梁根林、曲新久、张新宪、董晓华、罗欣、吴新华、赵阳：《盗窃"流量包"等虚拟财产如何适用法律》，载《人民检察》2014 年第 4 期，第 43 页。

区块链技术驱动下智能合约犯罪研究

赵志华[*]

摘　要：智能合约的信用体系存在助长新型网络犯罪生态系统的风险，与传统的网络犯罪系统相比，智能合约可以成为犯罪行为的完美载体。考虑到这种智能合同系统的易用性和隐蔽性，预计它不仅会刺激新的服务，而且会刺激新的犯罪形式。智能合约犯罪针对价值互联网，但是传统的信息互联网的定罪量刑的规则体系在智能合约犯罪中适用会遇到障碍。确认新生事物的法律属性，建立智能合约犯罪的罪名体系，以延长刑法打击的半径，防范新型价值网络犯罪生态系统的风险，为打击智能合约犯罪的行为创造保障。

关键词：区块链　智能合约　犯罪载体　保障措施

近年来，区块链智能合约作为现代社会最具革命性的技术在全球范围引起巨大冲击，尤其是在互联网金融领域带来了极大的行业变革。智能合约是"一套以数字形式定义的承诺，包括合约参与方可以在上面执行这些承诺的协议"，[①]它允许在没有第三方的情况下进行可信交易，自动代码运行于无中央权威的分布式平台，取代法律、中介和人际关系成为信任的实现载体。这些交易可追踪且不可逆转，这种基于程序和协议建立"代码即法律"的非人格化信任关系深刻地改变了整个社会秩序规则。站在区块链行业发展的角度看，智能合约是一个"激流世界"，下一刻没有人知道会发生什么。但是值得注意的是，智能合约不可逆转的自动性和执行性容易使它成为犯罪行为的完美载体，

---

[*] 赵志华，中国政法大学法学院副教授。

[①] 计算机科学家、加密大师尼克·萨博（Nick Szabo）于1994年创造了"智能合约（Smart contracts）"一词和相关概念。

比如 2016 年 6 月，The DAO①系统漏洞被黑客利用，直接导致了价值 6000 万美元的数字货币被攻击者窃取。该案带给我们的思考是，运行在区块链平台上的智能合约在技术不够完善的情形下，如果没有相应的法律法规和完备的监管体系及时跟进，智能合约就会演变成智能犯罪合约。智能合约存在助长新的犯罪生态系统的风险，但是对于在刑事法律上如何建立防止智能合同犯罪的保障措施，我们却一无所知。对付未知的世界，核心手段就是找出万变不离其宗的"宗"，以不变应万变，从而找到核心解决之道，智能合约风险的防控亦然。因此，基于前瞻化的视角加强刑事法律的监管体系研究，对于区块链技术整体应用的健康发展具有十分重要的现实意义。

一、智能合约犯罪与传统网络犯罪

（一）智能合约犯罪的技术基础

简单地说，智能合约是基于区块链的分布式账本的应用，当签订合约的触发条件满足时，智能合约将自动执行并产生一系列由数据驱动的业务功能。具体来说，智能合约是格式化的合约形式，交易方只需将自己的意志填写在代码的空白处即可。代码的核心内容为两项：一是合约的权利和义务，二是触发合约自动执行的条件。也就是说，智能合约会按照约定自动完成这笔交易，不再需要传统模式下中立第三方机构的存在。智能合约的工作原理类似于计算机程序的 if-then 语句，即人们预先编好一个程序代码，当程序设定的条件满足时，随即触发系统自动执行相应的合约条款，以此完成交易和智能资产的转移。即"if X occurs, then Y will be triggered"的模式。

智能合约本身就是一个系统参与者，对接收到的信息进行回应，可以接收

---

① The DAO 是以太坊上的一个众筹 Dapp（去中心化应用）。2016 年 6 月，有黑客利用合约设计漏洞对该应用发起攻击，总计劫持了高达 360 多万以太币（按事发前价格折算约 5 亿元人民币）。以太坊团队通过立即更新协议的方式，将其间所有相关交易做无效处理，保全了 The DAO 上的资产。尽管最终漏洞被修改，但很难想象，如果类似攻击发生在银行、保险等大型金融机构上，将造成多大的损失、最终是否能挽回。2016 年 6 月 19 日，该名黑客发公开信声称，其次此行为属于"合法并正当"，而 The DAO 无论是采取硬分叉还是软分叉，都是在"对其合法权益的侵害"。其理由有二：一是因为"DAO 代码本身就包括这种功能"，所以是"合法并正当"的；二是 The DAO 并未有其他解释和说明，也未作出限制。本部分关于 The DAO 的介绍说明材料来源于伍旭川、刘学：《The DAO 被攻击事件分析与思考》，载《金融纵横》2016 年第 7 期。

和储存价值,也可以向外发出信息和价值。[①] 犯罪分子可以以智能合约的形式,或者以智能合约为对象实施现实世界的各种犯罪,这类智能合约的出现让这种前所未闻的事物进入了刑法的视野,这就是智能合约犯罪。例如,犯罪设计者将买凶杀人的信息(包括被害人的具体信息和具体的报酬)发布到区块链上,犯罪的实施者看到后接受了这个任务。犯罪设计者将一笔法定货币(约定好的报酬)转换成数字货币,汇入区块链上的虚拟托管账户,该账户自动控制和管理进入的资金。犯罪设计者拟定合约条款并通过编程语言编写代码(code),最简洁的代码为"If,犯罪实施者实施了致被害人死亡的行为,并造成被害人死亡的结果,Then,犯罪的设计者支付犯罪实施者一万元"。犯罪设计者确认代码设定的条件(被害人死亡)被验证后,向托管账户发送一个数字签名的区块链消息,托管账户将报酬释放给犯罪实施者。传统互联网情形下,交易双方需要一个受信任的第三方的参与,提供信任基础。在区块链智能合约的场景下,由于智能合约自身的信任系统,在无技术干扰的正常情况下,无须任何受信任第三方就可以完成交易。因为智能合约的履行由计算机根据设定程序进行,当预定条件满足时,合约自动完成履行,这种自动执行机制为犯罪行为实施者提供了交易便利,不存在迟延履行、不完全履行、不能履行等不能全面履行义务的形态。用一句形象的话来总结,就是"只要合同一建立,合同自此走上了一条不归路"。智能合约的可编程特性使得犯罪主体可进行各种"if-then"类型的虚拟实验设计、场景推演和结果评估,为相互不信任的各方之间提供了公平的交换逻辑,消除了第三方中介参与,从而降低交易风险与减少不必要的监视和跟踪。智能合约犯罪不仅包括利用智能合约的犯罪,还包括通过智能合约直接经营犯罪业务,或从智能合约中获取犯罪方法,或利用智能合约掩护其他犯罪,或者利用智能合约招募犯罪行为的实施者,或者盗窃、诈骗智能合约中约定的酬金等,这些都属于智能合约犯罪的范畴。

(二)智能合约犯罪的完美性

有相关领域内学者认为,根据网络发展的代际变迁,可以将犯罪分为四个阶段:前网络时代的"以计算机为'媒介'的犯罪"阶段、网络1.0时代的"以计算机为'对象'的犯罪"阶段、网络2.0时代的"以网络为'工具'的犯罪"阶段和网络"空间化"时代的"以网络为'空间'的犯罪"阶段。这四个阶段,构成了传统网络犯罪的时代背景。上述的四个犯罪阶段都是发生在

---

① 长铗、韩锋等:《区块链:从数字货币到信用社会》,中信出版集团2016年版,第119页。

互联网为信息网的背景之下。区块链带来新一代的互联网，区块链互联网我们称为价值网。在价值互联网的阶段，智能合约犯罪就是以智能合约为犯罪手段、犯罪对象和犯罪空间的犯罪阶段。价值互联网阶段的智能合约犯罪与传统信息网络犯罪的相比，其完美性体现如下：

1. 提供信任基础

传统的以信息网为背景的网络犯罪是在不安全的环境下，建立一个虚拟的安全环境，这是不可靠的。有学者提出，和违法黑客、侵权内容分销商和身份窃贼经常访问非区块链"暗"网一样，类似丝绸之路的违法加密货币市场也未停止运转，但这种鬼鬼祟祟的行为规模有限。大多数人并不会在线上购买毒品或花钱获取流媒体服务。[①] 原因在于在传统网络中，网络当事人彼此不信任，网络上的信息很多都是失去真实性的，而且永远存在第三方的参与和第三方的监管，或者由第三方提供中介服务或者提供技术支持，总之都是由第三方提供信任基础，因为网络中活动的一对一，或者一对多，或者多对多，他们都没有信任的基础，需要第三方提供信任基础。如果没有第三方提供信任基础，网络犯罪交易就只能出现在熟人社会中。在信息网的网络犯罪中，交易的双方虽然进行了沟通，列出了合作的模式或者交易的模式以及具体步骤，但是在执行阶段，彼此毕竟没有信任作为基础，交易难以真正大范围的开展。在价值网络犯罪阶段，区块链技术的特征具有去中心化、去中介化、透明化、不可篡改性、可追溯性等，其不可篡改性特征使得人与人之间的信任问题得以解决，智能合约的当事人双方便不再担心对方的诚信问题，当事人不必担心对方不履行智能合约约定的相对义务进而损害自己的"合法权益'。因为智能合约最突出的特点是可以自动实施预设的合约内容。智能合约和其他形式的电子协议之间的关键区别是执行。缔约方使用加密技术"签署"智能合约并将其发布到区块链上，当满足代码中的条件时，程序触发预设的操作。一旦商品或服务交付，智能合约可以通过区块链强制自动执行支付。在区块链技术之下的价值网，高速、稳定、可靠和能保护隐私，价值网上运行的智能合约是点对点的交易，没有第三方的参与和监管，依靠区块链技术自带的信任系统，也就是基于对技术的信任双方在进行交易。在价值网的环境下，智能合约的核心思想是自动履行合约内容，从而消除了在履行过程中的人为干预因素，这可以为构建一个降低信任成本和交易成本的商业社会提供新的交易方式。智能合约挽救了当今脆弱的声誉体系，排除了潜在的欺骗。

---

① ［美］凯文・沃巴赫（Kevin Werbach）：《信任，但需要验证：论区块链为何需要法律》，林少伟译，载《东方法学》2018年第4期，第104页。

2. 消除第三方监管

智能合约很容易被犯罪分子利用，原因有三：第一，代码是一串数字符号，验证节点无法知晓代码的真实内容；第二，代码经过加密，更让验证节点无法获知代码内容；第三，智能合约奉行假名主义，验证节点无法知晓真正的当事人身份。① 在区块链平台上运行智能合约，可以为犯罪行为的双方当事人提供保证交易完成的安全保障，也可以为犯罪提供更广泛的角色、道具、情节等。但是由于智能合约的匿名保护、域名的频繁变更和最小化的交互使得非法活动更难被执法部门监控。犯罪证据难以收集，导致利用智能合约进行的犯罪行为难以证实，为犯罪提供了得天独厚的条件。不能忽视智能犯罪合约服务的潜力，以及它们对犯罪分子的吸引力。考虑到这种智能合同系统的易用性和隐蔽性，预计智能合约不仅会刺激新的犯罪手段，而且会刺激新的犯罪形式，带来新型网络犯罪的巨大风险。

"网络犯罪"已经成为一个被广泛认可的术语。智能合约犯罪也是在网络平台上运行的，"智能合约犯罪"与"网络犯罪"在概念上不是一个并列的关系，智能合约犯罪是一种基于区块链技术下，运行在价值网中的新型网络犯罪。在将来无论是就危害性而言还是就法律资源的投放方向来说，更为关注和予以严厉制裁的是"智能合约犯罪"，打击的重点不再是技术攻击和破坏计算机信息系统的犯罪，而是利用智能合约实施的传统犯罪。

二、智能合约作为犯罪行为载体的场景展示

伴随着智能合约的广泛应用，智能合约可能会成为一个全新的犯罪载体。在真正去中心化网络中，也就是区块链平台上，无论是向已知的恐怖组织转移资金、或者贩卖儿童作为现代奴隶，或者洗黑钱，任何交易都是没有限制的。② 当然，法律对智能合约应然调整方案的设计，离不开对智能合约技术机理和应用情景的具体分析，只有在此基础上，才可能设计出开放的制度，不仅要规范智能合约技术的合理发展，而且要为智能合约技术的发展预留空间。

---

① 王延川：《智能合约的构造与风险防治》，载《法学杂志》2019 年第 2 期，第 47 页。

② Thomas Hobbes, *Leviathan or The Matter, Forme & Power of a Common Wealth Ecclesiasticall Andcivill* (1676). p. 164. Pete Rizzo, Augur Bets on Bright Future for Blockchain Prediction Markets, Coin Desk, http://www.coindesk.com/augur-future-blockchain-predictionmarket/，最后访问日期：2015 年 3 月 1 日。

(一) 以智能合约为犯罪手段的犯罪

互联网和信息技术彻底改变了我们的生活,以至于网络空间中人们的行为结构也开始发生形变。① 在信息网络犯罪阶段,犯罪分子利用网络传播信息,发布违法犯罪的信息,最终寻找被害人并锁定被害人。在价值网络阶段,犯罪分子利用智能合约招募犯罪实施者,也就是招募共同犯罪的行为人。智能合约成为共同犯罪行为的独有温床和土壤,相当一些犯罪行为离开了智能合约,要么根本就无法生存,要么根本不可能爆发出令人关注的危害性。

以买凶杀人为例,假设犯罪发起者在区块链平台上发出邀约买凶杀人,即要谋杀某人,并提前将杀人的内容与支付条件设置于智能合约中,合约规定谋杀事件是否发生,也就是他人死亡结果的真实性以某权威新闻媒体的报道为准,犯罪行为人响应了邀约,制订杀害他人的计划,然后实施了杀人行为,导致他人死亡结果的发生。当约定的新闻媒体报道该事件后,杀害他人的细节(死亡的日期、死亡的具体时间和地点)与邀约的内容匹配以及与犯罪行为人设置的计划细节吻合,智能合约则自动执行,杀人的报酬自动转移至犯罪行为人设定的地址账号。该例子描述了我们所说的"买凶杀人"犯罪,指将某种犯罪(例如某一天,具体时间和地点)不可预知的特征放在待验证的合约上,然后让犯罪实施者通过值得信赖的、经过验证的数据进行验证匹配。什么是智能合约指明的值得信赖的、经过验证的数据呢?(1)危害结果出现,并以智能合约约定的方式展现;(2)犯罪行为人提供的具体犯罪信息与原本承诺时约定的信息相符。如果满足这两个条件,合同将支付约定的报酬。买凶杀人可以成为支持多种智能合约犯罪的通用框架,运用智能合约"买凶杀人"模式的通用框架,犯罪设计者可以招募很多其他犯罪的共犯,比如洗钱、出售或购买个人信息、伤害、抢劫、抢夺、绑架和恐怖袭击等。这些恶性犯罪原本都是在非常小的范围内运作,共同犯罪的当事人建立在有信任的群体之间,其爆发的范围有限。而且因为可以监管,所以案发容易被侦破。如果运用通用框架式的智能合约招募上述犯罪的共犯,因为智能合约提供信任基础,所以共犯可以在全世界完全没有信任基础的任何人中间进行招募,又由于智能合约的匿名保护、域名的频繁变更和最小化的交互使得非法活动更难被执法部门监控,即使案发也很难被侦破,所以其社会危害性的范围会更加广泛,危害会更深。

(二) 以智能合约为犯罪对象的犯罪

英国学者通过对将近100万份智能合约分析后发现,其中34200份智能合

---

① 黄京平:《新型网络犯罪认定中的规则判断》,载《中国刑事法杂志》2017年第6期,第9页。

约很容易受到黑客攻击。又对 3759 份智能合约抽样调查后发现，3686 份智能合约有 89% 的概率含有漏洞。① 在以智能合约为犯罪对象的犯罪场景中，犯罪呈现出"技术性犯罪"的倾向，利用技术手段针对智能合约本身实施犯罪是主流，具体表现为非法侵入智能合约系统，修改智能合约约定内容的漏洞或者非法获取智能合约当事人的私钥，继而获得智能合约中的数字资产等行为。这实际上是将智能合约作为犯罪"对象"加以侵害。因此，将智能合约作为犯罪对象的犯罪门槛较高，对犯罪分子有知识背景上的要求，犯罪的技术性色彩明显，一般是掌握区块链知识与技术的人才有可能实施此类犯罪，普通人不可能参与其中。

1. 修改型——修改智能合约约定内容的漏洞

2016 年 6 月 17 日，出现了以太坊历史上最大的代码漏洞"The DAO 事件"。黑客利用以太坊上运行的私募基金合约 The DAO 的代码漏洞，将价值 6000 万美元的以太币转移到其私人账户，且黑客的操作手法完全符合代码的逻辑。2017 年 5 月，加拿大最大的加密货币交易所 Quadriga CX 宣布，其损失了价值超过 1400 万美元的以太币。② 这笔以太币永远也追不回来。事实证明是硬分叉后用于分离以太坊和以太坊经典的余额的代码出现了错误。2014 年，黑客从最负盛名的比特币交易所 Mt. Gox 窃取了价值 4 亿美元的比特币，Mt. Gox 随之倒闭。③ 2016 年，另一家主要交易所 Bitfinex 也遭到黑客攻击，被窃走价值 7000 万美元的货币。④ 据统计，至少有 15 起加密货币盗窃事件，其中失窃额最低 100 万美元，总失窃额超过 6 亿美元。⑤

---

① See Ivica Nikolic, *Finding The Greedy, Prodigal and Suicidal Contracts at Scale*, https://arxiv.org/pdf/1802.06038.pdf, 最后访问日期：2018 年 11 月 3 日。

② See Stan Higgins, *Ethereum Client Update Issue Costs Cryptocurrency Exchange $14 Million*, COINDESK, https://www.coindesk.com/ethereum-client-exchange-14-million/, 最后访问日期：2017 年 6 月 2 日。

③ See Amir Mizroch, *Large Bitcoin Exchange Halts Trading After Hack*, WALL ST. J.: DIGITS BLOG, http://blogs.wsj.com/digits/2015/01/06/large-bitcoin-exchange-haltstrading-after-hack, 最后访问日期：2015 年 1 月 6 日。

④ Josh Horwitz, *The $65 Million Bitfinex Hack Shows That It Is Impossible to Tell a Good Bitcoin Company From a Bad One*, QUARTZ (August 9, 2016), https://qz.com/753958/the-65-million-bitfinex-hack-shows-that-it-is-impossible-to-tell-a-good-bitcoin-company-from-a-bad-one/, 最后访问日期：2016 年 8 月 9 日。

⑤ 作者的分析基于 Michael Matthews 的 *List of Bitcoin Hacks* (2012 - 2016), Steemit, https://steemit.com/bitcoin/@michaelmatthews/list-of-bitcoin-hacks-2012 - 2016 and other sources, 最后访问日期：2016 年 3 月 1 日。

2. 非法获取型——非法获取智能合约当事人的私钥

区块链网络世界中，任何用户无须身份证这类实体证件来证明身份，只要拥有了"地址+签名+私钥"就能随意使用该地址下的数字资产。区块链平台中用户身份匿名性与资产安全性通过不对称加密算法产生公钥和私钥①实现。用户支付数字货币时，私钥用于生成支付数字货币所必需的签名以证明资金的所有权，所以只要拥有了私钥就相当于拥有了数字资产的所有权，即"拿走你的私钥就可以拿走你的数字资产"。

三、智能合约犯罪对刑事法律的挑战

以智能合约为载体的犯罪是一个依托于技术数据而辐射至各层次、各方面法益侵害的狭长体系，涉及刑法分则各章的实体内容。实际情况可能比我们预想的还要错综复杂，智能合约不仅作为犯罪手段而存在，也作为犯罪对象而存在，有很多时候超越我们的想象。有些犯罪行为发展仅限于现实的公共场所类型，但是有些犯罪行为在区块链空间和实体场所空间随意扩散。智能合约的存在，使得传统犯罪由特定的人或者犯罪形式演变扩散为不特定的人或者不特定的犯罪形式。虽然智能合约犯罪针对的仍然是现实社会的具体法益，但是传统的定罪量刑的规则体系在智能合约犯罪中会遇到障碍。

（一）智能合约犯罪的罪与非罪

1. 代码即法律的解读

智能合约旨在消除当事人事后请求法律强制执行的需要，其核心特征是在执行过程中没必要甚至不可能适用法律。换言之，由于智能合约的执行过程完全自动且不可修改，智能合约并不需要法律参与强制执行的过程。从这个意义上说，智能合同本身并不支持任何人乃至法律程序强制中断或中止合约内容的执行。The DAO 就是典型的例子。试图窃取资金的攻击者和通过硬分叉夺回被盗资金的矿工，两者唯一的区别就是动机不同。② 转走以太币的黑客在一封公开信中说到，自己的行为符合代码技术逻辑，并认为以太坊基金会的分叉行为将损害用户利益，自己在必要时会诉诸法律。另外，黑客扬言会拿出 100 万以太币和 100 个比特币奖励给矿工以抵制以太坊基金会采取的软分叉和硬分叉

---

① 公钥（Public Key）与私钥（Private Key）是通过一种非对称加密算法得到的私钥对（即一个公钥和一个私钥），公钥是私钥对中公开的部分，私钥则是非公开的部分。公钥通常用于验证数字签名，或加密可以用相应的私钥解密的数据。

② Werbach & Cornell, Supra Note 25.

措施。① 该案在刑事法律上的启示意义在于：符合代码要求的合约操作是否属于一种盗窃行为，虚拟世界规则与现实世界规则应该如何平衡。②

2. 区块链价值网中平台的监管义务

在信息网络中，关于平台服务者应当承担的责任，《刑法修正案（九）》规定："明知他人利用信息网络实施犯罪，为其犯罪提供互联网接入、服务器托管、网络存储、通讯传输等技术支持，或者提供广告推广、支付结算等帮助，情节严重的，处三年以下有期徒刑或者拘役，并处或者单处罚金。单位犯前款罪的，对单位判处罚金，并对其直接负责的主管人员和其他直接责任人员，依照第一款的规定处罚。有前两款行为，同时构成其他犯罪的，依照处罚较重的规定定罪处罚。"国外有学者提出，中间服务者的责任应依赖于三个相互关联的概念：金钱、知识和权力。③ 国内也有学者提出，由于这一类型的网络服务提供者依靠在网络空间中构建虚拟的社会关系从而在提供服务的同时获取商业利益，其技术模式、商业利益和社会干预高度融合，故对其应当放弃严格的技术中立立场，转而从其商业意图、技术行为模式和社会危害后果的一致性上来综合判定其行为的刑事违法性及其程度。④ 这些立法和理论可能适合信息网络犯罪中的大多数情形，但是都无法充分评价区块链技术驱动下的价值网络平台管理者的责任。在区块链智能合约犯罪中，价值网络平台的服务者提供的是空白合同，没有具体的内容，犯罪的发起者按照自己的需求填写空白合同，形成自己需要的智能犯罪合约。例如犯罪的发起者填写的是买凶杀人犯罪的内容，这份智能合约就是故意杀人的合同，填写的是盗窃私钥的内容就是盗窃私钥的合同。合约的内容是否合法、是否构成犯罪，都取决于犯罪的发起者，不取决于平台服务者。价值网络平台的服务者提供的是空白合同，这是我们讨论智能合约的起点。区块链技术驱动下的智能犯罪合约采用纯数学方法而不是中心机构来建立分布式节点间的信任关系，从而形成去中心化的可信任的分布式系统，也就是说犯罪的发起者和犯罪的执行者之间是点对点的沟通，没有中心机构，去中心化是区块链技术支持下智能合约的灵魂，平台的服务者不

---

① See Understanding The DAO Attack：https：/www.coindesk.com/understanding-dao-hack-journalists，最后访问日期：2018 年 10 月 25 日。

② See Understanding The DAO Attack，https：//www.coindesk.com/understanding-dao-hack-journalists，最后访问日期：2018 年 10 月 25 日。

③ See Kenny Shumard, *Is Mark Zuckerberg Liable For Conspiracy To Commit Murder*, 20 HOLY CROSS J. L. & PUB，最后访问日期：2016 年 8 月 9 日。

④ 杨彩霞：《网络服务提供者刑事责任的类型化思考》，载《法学》2018 年第 4 期，第 172 页。

像信息网络管理者那样需要对客户进行监管,而且也监管不了,大家在区块链平台上是平等的。平台开发者声称他们没有能力"审查、限制、控制、修改、改变、撤销、终止或对市场做出任何改变"。如果在价值网中对平台服务者苛加监管义务,实际上就是背离了区块链技术的初衷。

3. 共犯——单向"明知"的认定

如果运用智能合约的形式招募共犯,运用通用框架式的智能合约招募洗钱、出售或购买个人信息、伤害、抢劫、抢夺、绑架和恐怖袭击等犯罪的共犯,犯罪的设计者不知道谁会接受邀约实施犯罪行为,这些实行者各自只是知道自己的任务和必须实现的目标,不知道是否还有其他人参与共同犯罪,实施者之间彼此不认识,犯罪的设计者和犯罪的实施者之间也彼此不认识,他们在主观上没有犯意联络,也就没有传统意义上的犯意的共同,但却丝毫不影响犯罪行为的实行。以"买凶杀人"犯罪为例,如果评价犯罪设计者和犯罪实施者之间是一种特殊的共犯关系,特殊的缘由在于其若有似无的犯罪联系上。设计者按照自己的要求填写平台提供的空白合同,制定智能合约,犯罪的设计者以智能合约的形式发出邀约,实施者按照合约的内容进行承诺,以邀约和承诺的形式形成犯罪合意。从宏观来看,不知道具体数额的犯罪实施者都在围绕犯罪设计者发起的智能合约的邀约内容实施犯罪行为,也就是在围绕同一个被害人实施犯罪行为。但是从微观来看,他们彼此毫不知情,就算是犯罪的设计者,他也是不知情的,直到有与邀约内容相匹配的信息出现了才可能知道有人实施了犯罪行为,并且既遂了。在此之前,他不知道谁在实施犯罪行为,有几个人实施犯罪行为,怎么实施犯罪行为。作为单枪匹马准备实施犯罪行为的单个犯罪实施者,他们没有任何意思联络,更加没有事前共谋,也不存在事中互相助力和事后共同为逃避犯罪做努力,他们甚至不知道对方的存在。可以说,智能合约并没有改变现实世界的暴力犯罪的本质,却使其形式迅速变化,智能合约的无障碍交流特征,使得共犯的形成呈现出随意性、松散性、职业化特点,也使得犯罪的实施变得更为简单,危害性更为巨大。但是在缺乏双方的双向犯意交流的证据的情况下,如何认定犯罪的设计者和犯罪实施者之间具有"明知"的故意,并认定犯罪的设计者和犯罪的实施者构成共同犯罪,就成为一个刑事司法上的难题。

(二) 智能合约犯罪的此罪与彼罪

对通过盗窃、诈骗或者其他方式获得私钥的行为是否论罪处刑,以及以何种罪名论罪处罚,才能保证刑法体系的协调和处理结论的合理?

1. 非法获取私钥并持有

众所周知,在传统的财产性犯罪中,盗窃、诈骗或者抢夺行为人只有先破坏了他人对财物的控制和支配,才能够获得对财物的支配关系,然而,在智能合约犯罪中,私钥文件具有可复制性,行为人完全可以盗窃他人的私钥,此时原私钥的所有人和复制私钥的人拥有对该平台上的经济利益同等的管理和支配能力。也就是说新的支配关系已经建立,但是旧的支配关系依然存在。对此可能引发的疑问是,财产犯罪占有转移的成立是以独占性为前提,如此行为人非法获取私钥文件的行为是否成立财产性犯罪?如果唯有行为人利用拷贝的私钥将平台上的财产转移至其他账户时,才能视为对财物建立了新的支配关系而成立财产性犯罪既遂,如此认定犯罪是否过于迟滞而不利于对财产权的保护?

2. 非法获取私钥并毁损

私钥具有不可复原性,譬如:行为人并不具有非法占有的目的,而是将他人唯一的私钥备份毁损,这里的"毁损"不仅包括将他人的私钥备份删除,也包括通过加密等技术措施,使得被害人实际上丧失对私钥的支配。毁损私钥有别于损毁他人唯一的银行卡密码备份,原因是智能合约是"去中心化"的,没有特定的中心发行机构,被害人无法通过挂失找回自己的私钥;况且,由于私钥具有匿名性,私钥是持有者证明其所有权的唯一凭证,一旦私钥遗失意味着对应的平台上的利益也将永远遗失,类似于纸币被损毁而无法复原。[①] 关于私钥的毁坏型侵财犯罪的认定,难点在于:第一,如何证明行为人所毁坏的是被害人唯一的私钥文件?第二,即使是被害人唯一的私钥,由于私钥并不是财物,而是控制财物的一串数据,毁坏一串数据如何认定构成毁坏财物类犯罪?

(三) 智能合约相关证据认定

最高人民法院2018年9月颁布的《关于互联网法院审理案件若干问题的规定》(以下简称《规定》) 第11条第2款规定:"当事人提交的电子数据,通过电子签名、可信时间戳、哈希值校验、区块链等证据收集、固定和防篡改的技术手段或者通过电子取证存证平台认证,能够证明其真实性的,互联网法院应当确认。"根据这一规定,在民事案件中,电子签名、可信时间戳、哈希值校验、区块链等证据可以作为证据使用,但是在刑事领域,没有规范的法律法规、司法解释等规范化性文件确认电子签名、可信时间戳、哈希值校验、区块链等可以作为证据使用。

立法或者司法解释确认区块链证据作为刑事案件的证据存在问题。2018年6月28日,杭州互联网法院所办理的一起作品信息网络传播侵权案件中,

---

① 王熠珏:《"区块链+"时代比特币侵财犯罪研究》,载《东方法学》2019年第3期,第155页。

原告通过第三方存证平台自动抓取被告侵权的网页内容以及侵权页面源识别码，并以压缩包的形式计算成哈希值上传至 Factom 区块链和比特币区块链。也就是说，在民事案件中一方当事人主动认可了自己的身份并公布。智能合约的内容对所有人都是公开和透明的，记载在上面的电子记录难以篡改，但是其上的地址和关联的人均是匿名，区块链智能合约犯罪中，因为区块链技术的去中心化，所以在交易中没有我们熟悉的第三方参与，也就是并不像银行卡那样有中心化的机构。在区块链上，可追踪的只是一堆数字货币交易所提供的看起来杂乱无章的哈希值。这些哈希值需要确认值验算一致且与其他证据能够相互印证，否则不能证明案件的事实。也就是说，侦查人员可以确认发生了犯罪，并确认犯罪的过程，但是无法确认是谁策划组织了犯罪，是谁实施了犯罪行为，是谁帮助了犯罪行为的实施。化名或匿名相对方的身份确认的确面临许多实际困难。区块链用户的假名性质使得侦查机关很难追踪到违法犯罪嫌疑人，司法机关难以确定管辖权、启动诉讼，确立交易方资格，以及对违法交易进行惩罚。

四、智能合约犯罪的司法应对

智能合约虽然冲击着传统法律制度，但是其产生具有较完善的技术基础和强烈的经济动因，具有旺盛的生命力，而不是昙花一现的技术代码。本文以智能犯罪合约具体的新型犯罪场景为出发点的研究思路，虽然可以保证理论研究的实践性意义，但是如果仅限于此，则所谓的实践性迟早要沦为单纯就事论事的实用性。智能合约犯罪在结构上不断异化，在样式和类型上不断更新，如果对于今后出现的以智能合约为载体的每一种新型犯罪场景都要展开专门性研究的话，无疑会使刑法理论和立法疲于奔命、穷于应付，最终无所适从。智能合约犯罪是传统网络犯罪的升级版，具有超越以往传统网络犯罪的严重危害性，属于"徘徊在虚拟空间的幽灵"。无论是刑法的策略性应对还是战略性调整，都离不开对智能犯罪合约本质的精确把握与发展趋向的准确预测。因此，快速形成"智能合约思维"并用于指导制裁智能合约犯罪的刑法反应体系的构建，是当务之急。

（一）新生事物之明确

刑事司法的贡献在于在法律没有明确规定的情况下率先摸索出一套适用于司法实践的处理规则。价值网络飞速发展，各种新生事物层出不穷，其中相当一部分都可能涉及法律问题，这些新事物的内涵以及在法律上的地位往往一开始并不明确，这就需要通过司法解释予以规定，用以指导司法实践。

1. 智能合约代码不是法律之明确

法律制度和软件代码都能促进信任，也能摧毁信任。随着分布式分类账日益普及，其与法律需求此消彼长的片面观点越来越站不住脚。丝绸之路的骇客追缉令显示，区块链并不能完全规避法律实施，而 The DAO 攻击事件则反映出纯粹算法系统的治理局限性。法律行为主体和开发新分布式平台的技术人员必须采取积极措施促进信任。① 如果治理得当，区块链项目就能克服法律实施的局限性。当监管者、立法者和司法机关直面基础性新技术带来的挑战和机遇时，法律改变就会水到渠成。采用明确的措施能加速法律代码化的进程。区块链市场在不断壮大，路径依赖问题也并不严重，未来可能出现的风险现在担心还为时尚早。现在应当以法律和代码的融合作为主要任务。监管者、立法者和司法机关可采取措施，为实验创造明确的空间。区块链开发者同样需要发掘两者的共同之处，将代码纳入法律的监控范围之内。

2. 智能合约相关证据之明确

应当明确，智能合约中载入的数据可以作为刑事法律的证据存在，可以作为犯罪的认定依据，其法理逻辑和具体步骤如下：第一步，侦查机关依靠抓取程序获得智能合约的网页截图、源码等电子数据；第二步，利用区块链技术（符合技术标准）对所获电子数据的存证，起到强化固定作用；第三步，确认哈西值验算一致且与其他证据能够相互印证。② 因为区块链可追溯性的特征，为司法机关搜集证据带来极大的方便，区块链数据利用时间戳技术来使其生成的区块按照时间顺序依次排列，这为司法机关按照案发时间来准确定位证据带来方便。通过第一步和第二步，侦查机关可以真正取到该案件的核心证据部分（也即"区块链证据"），用于印证犯罪行为的真实性，其证明方式可以归结为"技术自证"。问题在于第三步的认定，因为智能合约是匿名的，所以如何确定犯罪行为人是我们需要解决的问题。可以通过区块链顶层设计实名化，比如废除假名机制，要求交易方以真名注册交易账户；在每个计算机节点上建立后门来监控智能合约运行；③ 给平台施加压力，要求客户将法律直接编入代码等

---

① ［美］凯文·沃巴赫（Kevin Werbach）:《信任，但需要验证：论区块链为何需要法律》，林少伟译，载《东方法学》2018 年第 4 期，第 107 页。

② 杭州互联网法院首次确立区块链电子存证的法律审查方式［EB/OL］（2018 - 06 - 29），载 http://news.east-day.com/eastday/13news/auto/news/china/20180629/u7ai7860717.html，最后访问日期：2018 年 7 月 19 日。

③ 美国专利商标局 10 月 4 日公开的文件显示，阿里巴巴申请一项区块链系统专利，允许第三方管理员执行"特殊处理"，专用的管理员账户能够给节点发送所谓的"特殊处理指令"，以中止一个智能合约或是冻结与非法活动相关的账户。

来解决这个问题。

(二) 等价性基础上做刑法解释

我国近二十年来的网络犯罪的立法与司法形成了较为融洽的特殊互动模式。只有对所有智能合约犯罪进行类型化分析并且在此基础之上"分而治之",才不失为是最周全、最合理的做法。尽管我们难以精确预测区块链技术的发展与刑事法律关系的未来走向,但是,面对智能合约犯罪,刑事立法和司法必须找出一个恰当的视角和切入点,以便做出最快最优的预防和惩治智能合约犯罪。智能合约思维的演变与智能合约犯罪状况的发展要求刑事立法模式的调整,化解由犯罪手段引发的犯罪体系内部的深化扩展。当下对智能合约作为保护对象的独立性仍然较弱,还没有到应当采取单独的保护手段以正确评价智能合约作为犯罪载体的法益价值。毕竟利用智能合约实施犯罪的不多,可以采取温软的过渡方式,应当在不逾越"法条用语的可能含义""一般人的预测可能性"的前提下,重点分析智能合约犯罪的特性以及智能合约犯罪与信息网络犯罪的等价性基础上做出刑法解释。[1]

1. 非法获取私钥行为

明确私钥的法律属性是解决私钥犯罪的第一要务。私钥本质上是一串由字母和数字随机组成的64位字符。私钥不具有独立的经济价值,不是虚拟财产,私钥并不是也不能被评价为刑法上的财物。它依赖于载体、代码和其他诸种要素才能发挥作用。私钥的交易必须依附于平台、代码、服务协议、交易合同这些技术和法律关系的整体性交易过程,不可能独立完成,从而其自身并无固定的性质和功能。私钥只有被赋予具体的内容,才能具有法律意义。换句话说,私钥的拥有者不能对私钥所管理的金融资产进行物理性直接支配,权利人需要通过相关网络数字信息的支配(间接支配)来实现对网络虚拟财产的控制。非法获取私钥并使用的行为侵犯了何种的法益以及可能造成多么严重的社会危害,决定了对这种行为的科学定性。如果犯罪行为人非法获取私钥,并通过私钥实现对被害人网络虚拟财产的控制,可以认定为盗窃罪、诈骗罪或者其他财产性犯罪,如此等等。如果犯罪行为人非法获取私钥并持有,由于私钥与传统银行账户密码还不尽相同,后者的泄露或遗失可通过修改密码或银行挂失来及时冻结账户资金、减小损失,而私钥的泄露意味着原持有者的利益面临着随时被侵犯的紧迫危险,应当以非法获取计算机信息系统数据罪论处。如果犯罪行

---

[1] 欧阳本祺:《论网络时代刑法解释的限度》,载《中国法学》2017年第3期,第183页。

为人非法获取私钥并毁坏,如果可以证明行为人所毁坏的是被害人唯一的私钥文件,可以以非法获取计算机信息系统数据罪论处。

2. 监管的责任和范围

在信息网络时代,网络平台的建立者、管理者有某种"准政府"的身份和责任,对于平台上的违法犯罪行为,不允许其视而不见甚至纵容,因此,我国《刑法》第286条规定了"拒不履行信息网络安全管理义务罪",该罪给网络服务提供者明确了新的刑法义务:网络安全管理义务。面对"买凶杀人的市场",平台开发者声称他们没有能力"审查、限制、控制、修改、改变、撤销、终止或对市场做出任何改变"。事实证明,虽然价值网络空间是虚无缥缈的,但提供网络服务的人、公司和系统却是实际存在的。从控制比特流的网络服务和托管服务提供商到控制资金流量的金融服务公司,存在多个控制点,监管者可以任意选择对在线活动进行管控。① 这并不意味着其监管方式与其他空间相同,也不意味着区块链交易的监管方式与传统网络交易的监管方式相同,希望监管者能够且应该像管理中心化系统一样管理算法系统的观点也是错误的。但有一点毋庸置疑,即区块链价值网络与监管并不矛盾。信息反馈和工具创新是智能合约规制的重要抓手,可以探索以数据驱动监管为核心,构建分布式的智能化实时监管的科技驱动型监管体系。② 无论在信息网络平台还是价值网络平台,强调平台的法律责任乃至刑事责任是一种必然的趋势。

(三) 增设智能合约犯罪

长远来看,可以考虑转向以智能合约为中心的犯罪设置思路,并在分则体系中体现,以开放性的姿态实现现有刑法犯罪体系的调整。与区块链技术的快速发展相伴随的,是区块链空间中各种脱序、失范行为的快速"推陈出新",这就给智能合约法律规则的确定化带来挑战。③ 由于网络信息技术的介入使得虚拟空间中行为的多次性、反复性、并发性变得轻而易举,这就凸显了规范性的评价思路的重要性。④ 以智能合约为独立犯罪手段的犯罪体系应当而且必须涵盖需要保护的各层次、各方面的法益,突出刑法的保护机能,避免体系性缺

---

① See Jonathan Zittrain, *Internet Points of Control*, 44 B. C. L. REV. 653 (2002).

② 杨东:《监管科技:金融科技的监管挑战与维度建构》,载《中国社会科学》2018年第5期,第77页。

③ 李怀胜:《三代网络环境下网络犯罪的时代演变及其立法展望》,载《法学论坛》2015年第4期,第100页。

④ 王华伟:《网络语境中的共同犯罪与罪量要素》,载《中国刑事法杂志》2019年第2期,第80页。

漏的出现。在制度规范的顶层设计中，可以要求在智能合约犯罪立法体系中，实现科技犯罪的技术性理念融合到立法中，体现出技术更新后立法反应的及时性。传统的网络犯罪体系是制裁信息网络犯罪的主体部分，但传统信息网络犯罪体系毕竟不是专门为价值网络时代设立的，即便其能够在现有情况下做到打击的"全面性"的基本满足，但考虑到价值网络犯罪的特殊性与急迫性，为了进一步追求制裁价值网络犯罪的"有效性"而设立专门的价值网络犯罪势在必行。我国可以在吸取实践经验，整合司法解释的基础上，开始制定针对价值网络犯罪的立法，构建信息时代下价值网络犯罪体系，增设"非法利用智能合约罪""非法修改智能合约罪"和"非法获取私钥罪"。

结　语

应当强调，分布式加密货币有许多有前途的、合法的应用，例如区块链技术所促生的分布式可验证数据库和智能合同具有改变技术与法律边界、形成新的治理模式的潜质。[①] 而禁止发布智能合约是不明智的，也是不可能的。因此，紧迫问题是如何在支持这些强有力的、有益的应用的同时，寻求在去中心化与中心化之间的平衡。在技术领域，可以对智能合约编程采用"深度防卫范式"，尽可能多地添加安全保护层，以达到减少漏洞影响的目的。[②] 在刑事法律领域内，理念上，坚持该宽则宽，当严则严；策略上，统筹前瞻性与稳健性，为防范智能合同滥用行为创造保障。能否平衡区块链系统监管方法的灵活性和保护措施尚无定论，此间争论刚刚开始。总而言之，积极尝试好过袖手旁观。

（责任编辑：石磊）

[①] 郑戈：《区块链与未来法治》，载《东方法学》2018 年第 3 期，第 75 页。
[②] 伍旭川、刘学：《The DAO 被攻击事件分析与思考》，载《金融纵横》2016 年第 7 期，第 23 页。

刑民交叉型诈骗犯罪的司法认定[*]

杜 邈[**]

摘 要：刑民交叉型诈骗犯罪可以作出程序和实体的不同分类，前者重在解决案件管辖等程序问题，后者重在解决罪名适用、刑罚轻重以及违法所得追缴等实体问题。在事实认定上，应当遵循实质重于形式原则，不能仅以民事法律行为的外观作为判断依据；在法律评价上，应当遵循法秩序统一性原则，确保刑法、民法等法领域构成的法秩序之间互不矛盾；在责任承担上，应当遵循刑民效力分立原则，行为人构成诈骗犯罪，并不必然导致其对外签订的合同无效。诈骗犯罪的认定过程中，除了以"对价衡量说"认定非法占有目的之外，还要注意甄别涉案财物的权属和性质，精准计算犯罪数额。

关键词：刑民交叉 诈骗犯罪 "实质重于形式" 法秩序统一性 对价衡量说

刑民交叉（民刑交叉）并非严格意义上的法律概念，是指同一事实同时符合刑事法律和民事法律的规定，且刑民规范在法律效果上相异所引起的双重评价。随着市场经济的迅速发展，自然人、法人和其他组织之间进行资金融通、货物交易的民事法律行为日趋频繁，从而出现一种新的犯罪类型——刑民交叉型诈骗犯罪，涉及诈骗罪、合同诈骗罪、集资诈骗罪、贷款诈骗罪、信用卡诈骗罪等罪名。该类犯罪具有经济关系复杂、作案手段隐蔽、资金往来密集等特点，刑事犯罪与民事欺诈的界限并不明晰，使之成为司法实务中最为疑难的案件类型之一。为此，有必要对刑民交叉型诈骗犯罪的司法认定进行研讨，依法准确追究犯罪分子的刑事责任。

---

[*] 本文是"国家重点研发计划资助"项目"侦查与审判活动全过程监督支撑技术研究"（课题编号：2018YFC0832000）阶段性成果。

[**] 杜邈，北京市人民检察院第二分院检察官，法学博士、博士后。

一、刑民交叉型诈骗犯罪的基本类型

刑民交叉型诈骗犯罪包括程序性分类和实体性分类，前者重在解决采用何种程序以及由于程序不同而引起的适用何种法律方面的问题，包括案件管辖等，后者重在解决实体法上的定性困难，以及究竟应该适用民法还是刑法的问题，包括罪名适用、刑罚轻重以及违法所得追缴等。①

（一）程序性分类

关于如何判断刑民交叉案件，相关司法解释和规范性文件均采取了"事实同一性"标准，只是在表述上有所区别。第一种观点是"法律事实说"。1998年《最高人民法院关于在审理经济纠纷案件中涉及经济犯罪嫌疑若干问题的规定》、2015年《最高人民法院关于当前商事审判工作中的若干具体问题》采取该种表述方式，如"同一法律关系""不同法律事实""法律事实完全相同""法律事实部分相关"等。第二种观点是"自然事实说"。2014年"两高一部"《关于办理非法集资刑事案件适用法律若干问题的意见》、2015年《最高人民法院关于审理民间借贷案件适用法律若干问题的规定》、2019年《全国法院民商事审判工作会议纪要》采取该种表述方式，如"同一事实""不同事实"等。笔者赞同第二种观点，民事法律规范和刑事法律规范分属不同部门法，两者在调整对象、调整方式、法律后果等方面均不相同，难以称为"同一法律事实"。据此，"同一事实"并非是指民事法律规范和刑事法律规范作出规定的要件事实，而是自然意义上的事实本身。如果民事案件中涉及的事实，对刑事案件的审理、善后处置等有影响，也应属同一事实。②

在"事实同一性"的基础上，按照刑民所涉事实的重合程度，可以将刑民交叉型诈骗犯罪分为竞合型和牵连型两大类。竞合型是指同一事实同时涉及刑事法律关系和民事法律关系，且两者在行为主体、相对人以及行为本身等方面完全一致，呈现一种纵向的包容重合关系；牵连型是指同一事实同时涉及刑事法律关系和民事法律关系，但两者仅有部分要素重合，呈现一种横向的同位并列关系。③ 两者的程序处理规则包括：（1）竞合型适用"先刑后民"规则。

---

① 参见李晓明、张鑫：《刑民交叉案件分类及其对未来研究的影响》，载《河北法学》2016年第2期，第14页。

② 梅振娇与李红玲、海南鸿凌投资担保有限公司等借款合同纠纷案，最高人民法院 (2015) 民申字第1778号民事裁定书。

③ 参见杨兴培：《刑民交叉案件法理分析的逻辑进路》，载《中国刑事法杂志》2012年第9期，第18页。

如果民事案件与刑事案件所涉事实完全同一，正在审理民事案件的人民法院发现有诈骗犯罪线索的，应当及时将犯罪线索和有关材料移送侦查机关。侦查机关作出立案决定前，人民法院应当中止审理；作出立案决定后，应当裁定驳回起诉。2014年"两高一部"《关于办理非法集资刑事案件适用法律若干问题的意见》规定，人民法院在审理民事案件或者执行过程中，发现有非法集资犯罪嫌疑的，应当裁定驳回起诉或者中止执行，并及时将有关材料移送公安机关或者检察机关。（2）牵连型适用"区别对待"规则。如果民事案件与刑事案件所涉事实部分重合，判断民事案件是否继续审理的标准应当是《民事诉讼法》第150条第5项"本案必须以另一案的审理结果为依据"，防止以涉及刑事案件为由对民事案件一律中止或拖延审理的做法。2019年最高人民法院《全国法院民商事审判工作会议纪要》规定，如果民商事案件必须以相关刑事案件的审理结果为依据，而刑事案件尚未审结的，应当根据《民事诉讼法》第150条第5项的规定裁定中止诉讼。待刑事案件审结后，再恢复民商事案件的审理。如果民商事案件不是必须以相关的刑事案件的审理结果为依据，则民商事案件应当继续审理。例如，储户要求追究银行履行储蓄合同过程中的违约责任，不必等到相关刑事案件结案后才能确认，民事诉讼无须中止审理。[①]

（二）实体性分类

从实体判断的角度来看，诈骗犯罪涵盖罪前、罪中和罪后等不同阶段，可以拆分为一系列具体行为，每种具体行为均可能出现同时涉及刑民法律关系的情形，对非法占有目的、欺诈手段以及犯罪数额认定等问题产生影响。

1. 犯罪起因行为与民事法律行为的竞合

犯罪起因行为是指引起和推动行为人实施诈骗犯罪的原因行为，对于认定非法占有目的具有重要意义。2001年最高人民法院《全国法院审理金融犯罪案件工作座谈会纪要》指出："对于以非法占有为目的而非法集资，或者在非法集资过程中产生了非法占有他人资金的故意，均构成集资诈骗罪"，这说明行为人可能因某种外部因素"临时"产生非法占有目的。有的遭受他人诈骗，不仅没有采取合法手段维护权益，反而为挽回损失再次实施诈骗，转嫁自身的经济损失；有的因经营失败，在债权人追索欠款的情况下，产生非法占有目的诈骗他人财物。例如，在一起票据诈骗案件中，行为人系某电器销售公司的实际控制人，先后以公司资金周转为名向其亲友高息借款，后因经营不善而无力归还。为了偿还即将到期的借款本息，行为人在与被害人签订、履行合同的过

[①] 《周培栋诉江东农行储蓄合同纠纷案》，载《最高人民法院公报》2006年第2期。

程中，采取签发空头支票等手段诈骗被害人货物，当货物销售之后，所得款项均被用于偿还先前借款。该案中，行为人在实施欺诈行为时已经背负巨额债务，远远超出了其自身的偿还能力，通过欠款数额与其实际资产的比对，可以认定其"明知无力偿还"而诈骗他人财物。

2. 犯罪预备行为与民事法律行为的竞合

犯罪预备行为是指行为人为了实施诈骗犯罪而准备工具、制造条件的行为。有的通过购买伪造的产权证明、营业执照、合同文本、支票等，获取被害人对其履约能力的信任。有的与第三人签订、履行合同，或是注册"皮包"公司等，以此服务于诈骗的实行行为。例如，在一起合同诈骗案件中，行为人在没有实际运营项目的情况下，向某国有单位租赁办公场所，后带领多名被害人前往参观该办公场所，声称其帮助该国有单位运营项目，最终骗取巨额财物。该案中，行为人向国有单位租赁办公场所的行为，就成为认定欺诈手段的重要依据。

3. 犯罪实行行为与民事法律行为的竞合

诈骗犯罪实行行为的基本构造是：行为人实施欺骗行为—对方陷入或者继续维持认识错误—对方基于认识错误处分（或交付）财产—行为人取得或者使第三者取得财产—被害人遭受财产损失。[1] 根据我国刑法规定，合同诈骗罪发生在经济合同的签订、履行过程中，贷款诈骗罪、信用卡诈骗罪涉及行为人与金融机构的借贷关系，均会形成刑民法律关系的竞合。包括两种类型：（1）单一行为。行为人与被害人实施单一民事法律行为的过程中，采取欺诈手段非法占有被害人财物。例如，在一起合同诈骗案件中，行为人经营某建材公司，通过虚构承包某医院外墙建设工程项目等事实，与被害人约定保本付息，骗取巨额借款。该案中，行为人与被害人签订的是借款合同，表面上符合民间借贷的特征，但行为人并无足够财产和经营收入，获得被害人钱款后亦未实际投入经营活动，因此认定为诈骗犯罪。（2）连续行为。行为人与被害人连续实施多个民事法律行为，首先使被害人获得一定的经济利益，产生对其履约能力的信任，最终骗取被害人损失，故《刑法》第225条将"以先履行小额合同或者部分履行合同的方法，诱骗对方当事人继续签订和履行合同"规定为合同诈骗罪的罪状之一。例如，在一起合同诈骗案中，行为人假冒某汽车网高级管理人员，谎称能低价共同购买汽车高价售出牟利，骗取被害人钱款。在伪造购车合同诈骗被害人之前，行为人还与被害人实施了其他两起共同"投资购车"行为，多返还给被害人20万元。由于行为人无低价购买汽车的实际能

---

[1] 参见张明楷：《诈骗罪与金融诈骗罪研究》，清华大学出版社2006年版，第8页。

力，根本目的是骗取被害人对其"低买高卖"能力的信任，对于该种情形应当进行整体评价，综合认定犯罪数额，不应将连续实施的多个行为割裂开来。

4. 事后返还行为与民事法律行为的竞合

事后返还行为是指行为人在诈骗犯罪完成后，直接向被害人返还财物的行为，以及引入第三人提供担保、实施"债转股"等，如果被害人在案发前得到有效补偿，会影响犯罪数额的认定，甚至阻却非法占有目的的成立。例如，在一起合同诈骗案件中，行为人虚构"串支票"业务等事由，以借款为名骗取被害人钱款，后将钱款用于个人挥霍。案发前，因被害人带领多人到其家中追索债务，行为人与被害人重新补签了借款合同，由其父母以家中房产为抵押签订担保协议。该案中，应当对行为人履行合同的现实可能性进行实质判断，如果行为人及其父母认可合同效力，且房产可以足额偿付的，不宜作为刑事犯罪处理；如果行为人及其父母以受到胁迫为由，均不认可补签的借款合同及担保协议的效力，且其家中房产已被设定抵押，无实际偿还欠款的能力和意愿，不影响诈骗犯罪的认定。

5. 赃物处分行为与民事法律行为的竞合

赃物处分行为是指行为人在诈骗犯罪完成后，将被害人的财物按照其经济价值加以利用的行为，包括用于偿还债务、消费购物等。目前，我国确定了"以追缴诈骗财物为原则，以善意取得为例外"的违法所得追缴原则，在犯罪分子将诈骗财物用于清偿债务或者转让给他人的情况下，如相对方取得财物时并非出于善意，则不能取得财物的所有权。对此，2014年"两高一部"《关于办理非法集资刑事案件适用法律若干问题的意见》明确规定："将非法吸收的资金及其转换财物用于清偿债务或者转让给他人，有下列情形之一的，应当依法追缴：……（二）他人无偿取得上述资金及财物的；（三）他人以明显低于市场的价格取得上述资金及财物的；（四）他人取得上述资金及财物系源于非法债务或者违法犯罪活动的……"案件办理过程中，除了对被告人定罪量刑之外，还需要对赃款赃物的受让者是否出于善意进行甄别，准确认定追缴涉案财物的范围。例如，在一起集资诈骗案件中，行为人骗取被害人钱款后，与其特定关系人签订虚假的货物交易合同，由特定关系人占有部分赃款，对此应当依法予以追缴。

二、刑民交叉型诈骗犯罪的认定原则

（一）事实认定：实质重于形式原则

作为我国刑事司法中一项重要的原则，实质重于形式原则是指按照案件事实的真相作出判断，不能仅以民事法律行为的外观作为判断依据。相关的司法解释包括：（1）犯罪主体的认定。1999年最高人民法院《关于审理单位犯罪案件具体应用法律有关问题的解释》规定，个人为进行违法犯罪活动而设立公司、企业实施犯罪的，或者公司、企业、事业单位设立后，以实施犯罪为主要活动的，不以单位犯罪论处。（2）欺诈手段的认定。2019年"两高两部"《关于办理"套路贷"刑事案件若干问题的意见》规定，"套路贷"的常见犯罪手法和步骤包括以"小额贷款公司""投资公司""咨询公司""担保公司""网络借贷平台"等名义对外宣传，以低息、无抵押、无担保、快速放款等为诱饵吸引被害人借款，继而以"保证金""行规"等虚假理由诱使被害人基于错误认识签订金额虚高的"借贷"协议或相关协议。（3）非法占有目的的认定。2010年最高人民法院《关于审理非法集资刑事案件具体应用法律若干问题的解释》规定，使用诈骗方法非法集资，抽逃、转移资金、隐匿财产，或者搞假破产、假倒闭，逃避返还资金的，可以认定为"以非法占有为目的"。（4）财物权属的认定。2007年"两高"《关于办理受贿刑事案件适用法律若干问题的意见》规定，国家工作人员收受请托人房屋、汽车等物品，未变更权属登记或者借用他人名义办理权属变更登记的，不影响受贿的认定。

在我国法律体系中，民法属于调整性法律规范，行为人可以根据自由意思来决定民事法律关系的设立、变更和终止，公权力一般情况下并不主动介入，这意味着实践中存在大量"名实不符"的民事法律行为。然而，刑法属于保护性法律规范，涉及公权力对公民人身权、财产权等权利的剥夺，只有在查明事实的基础上，才能对行为的刑事违法性、法益侵害性作出准确判断。例如，有的公司控制人出于诸多原因的考虑，使用财务人员的银行卡作为公司资金的流通卡，表面上通过个人账户操控资金，实际上用于公司的经营活动，这就需要查明涉案资金的真实流向，不能以账户外观认定行为人具备非法占有目的。又如，有的"隐名"出资人向公司实际投资，但其姓名或名称并没有出现于公司的工商登记簿、股东名册、章程等文件中，不能以公司登记的外观否认行为人对公司财产的权利。

民事法律行为是指行为人通过意思表示设立、变更、终止民事法律关系的行为。意思表示作为民事法律行为的核心要素，包括意思表示真实和意思表示不真实两种情形，意思表示不真实又可以分为真意保留、虚假行为和隐藏行为等，能够产生不同的民事法律后果，对于刑事判断亦具有重要意义。[①] 按照实质重于形式原则的要求，应对纷繁复杂的民事法律行为进行"穿透式"审查，

[①] 杨立新：《民法总则规定的隐藏行为的法律适用规则》，载《比较法研究》2017年第4期，第98页。

准确查明行为人的真实意图。主要包括以下情形。

第一种情形，是行为人单方作出虚假意思表示。有的行为人为了逃避法律制裁，通过设立"空壳"公司、签订虚假合同、制造资金往来记录等，意图掩盖或企图实现非法占有目的，较为典型的就是借贷型诈骗犯罪。从借款人的角度来看，其在签订、履行借款合同过程中，虽然与对方当事人表面上达成了合意，无论是虚构有履行还款能力的假象，还是故意隐瞒没有还款能力的真相，均不具备按照合同约定返本付息的真实意思。从出借人的角度来看，其通过虚增借贷金额、制造虚假给付痕迹、恶意制造违约、肆意认定违约、毁匿还款证据等手段，形成虚假的民事债权债务关系，进而实现非法占有目的，即属于典型的"套路贷"。①

第二种情形，是行为人与第三人共同作出虚假意思表示。在借贷、买卖、货物运输、加工承揽等经济活动中，债权人需要以担保方式保障其债权实现，如果行为人与其中一方形成共谋，制造某种民事法律关系的假象，就会使被害人产生其具备履约能力的错误认识，最终遭受财产损失。在借贷型诈骗犯罪中，通常包含"编造引进资金、项目等虚假理由、使用虚假的经济合同"等欺诈手段，涉及行为人与第三人虚假合意的判断。例如，出借人为了确保交易的安全，通常会要求借款人提供相应的项目合同或商品购销合同，根据经济合同的盈利前景而提供相应的借款，从而出现借款人与第三人共谋骗取财物的情形。

第三种情形，是行为人与被害人共同作出虚假意思表示。双方当事人出于各种因素的考虑，在虚假意思表示的背后会隐藏真实追求的民事法律行为，导致表面约定的事项与实际履行的情况不符。例如，出借人为了追求"双保险"，在签订民间借贷合同时还签订买卖合同作为借贷的担保，名为买卖合同，实际上仍然属于民间借贷合同。又如，诈骗犯罪可能发生在"托盘融资"业务过程中，托盘融资业务的当事人之间不存在真实交易，不仅合同标的物为虚假，且参与贸易的各方对货物真实性并不关心，这一行为在民事上被定性为

---

① 2019年《最高人民法院、最高人民检察院、公安部、司法部关于办理"套路贷"刑事案件若干问题的意见》规定，"套路贷"是对以非法占有为目的，假借民间借贷之名，诱使或迫使被害人签订"借贷"或变相"借贷""抵押""担保"等相关协议，通过虚增借贷金额、恶意制造违约、肆意认定违约、毁匿还款证据等方式形成虚假债权债务，并借助诉讼、仲裁、公证或者采用暴力、威胁以及其他手段非法占有被害人财物的相关违法犯罪活动的概括性称谓。

以虚假买卖合同掩盖企业间拆借或借款的实质。① 尽管借款合同与买卖合同均是债之关系，但借款属于转移财产权利，货款属于购买货物的对价，不可一概以"经济往来"而简单处理。

此外，实质重于形式原则涉及刑民判决的既判力问题。刑事判决作出后，被害人对被起诉的同一案件事实要求民事赔偿时，刑事判决是否具有约束性的效力？民事判决作出后，针对同一案件事实又提起刑事公诉的，刑事诉讼是否受到已有民事判决的约束？② 刑事判断与民事判断本身并无效力高低之分，两者的区别在于查明案件事实的方式和标准不同。民事诉讼遵循高度盖然性的证明标准，采取"谁主张、谁举证"的举证规则，很多情况下，法官主要根据双方当事人提交的证据材料进行居中判断，难以查明行为人的真实意图。刑事诉讼中，侦查机关可以依法运用各种强制措施和专门调查手段，包括讯问犯罪嫌疑人、询问证人、调取书证、物证、委托鉴定等，能够对案件证据"去伪存真"。刑事诉讼的证明标准最为严格，如果案件事实符合"排除合理怀疑"的标准，民事诉讼应遵循同一的事实认定。相反，民事诉讼中认定案件事实的证明标准低于刑事诉讼，不具有约束刑事裁判的绝对效力。诈骗犯罪的办理过程中，即使同一案件事实已经过民事审判且作出生效裁判，仍应对证据采信和事实认定进行实质审查，发现民事裁判确有错误的，可以通过审判监督程序予以纠正。

（二）法律评价：法秩序统一性原则

在刑民交叉型诈骗犯罪的法律评价中，应当贯彻法秩序统一性原则，使刑法、民法等多个法领域构成的法秩序之间互不矛盾。③ 更为准确地说，在这些刑民领域之间不应作出相互矛盾、冲突的解释。否则，就会产生诸如在民法中

---

① 周光权：《实务中对托盘融资行为定罪的误区辨析》，载《环球法律评论》2018年第5期，第22页。

② 李哲：《刑民交叉案件中的既判力问题探析》，载《当代法学》2008年第4期，第78页。

③ 法秩序统一性原则在我国法律中得到明确体现。2015年《立法法》第4条规定，立法应当依照法定的权限和程序，从国家整体利益出发，维护社会主义法制的统一和尊严。2018年修订后《人民检察院组织法》规定，人民检察院通过行使检察权，追诉犯罪，维护国家安全和社会秩序，维护个人和组织的合法权益，维护国家利益和社会公共利益，保障法律正确实施，维护社会公平正义，维护国家法制统一、尊严和权威，保障中国特色社会主义建设的顺利进行。

被允许的行为在刑法中却要受处罚的事态。① 法秩序统一性的本质是刑民法益保护的一致性。民法以人身法益和财产法益为主要保护对象,刑法除了上述内容之外,还包括国家安全、公共安全、社会管理秩序等保护对象,在刑民法益保护的"最大公约数"上,不能出现某一部门法认可而另一部门法否定的法益。值得注意的是,我国刑法规定的犯罪构成中包含大量民法概念,法秩序统一性不要求刑民法律规范的解释完全一致,由于刑民条文的立法目的不同,相关概念的含义亦不等同。例如,民法中的"宣告死亡"常见于自然人失踪的情况,主要用于调整遗产继承等财产法律关系,不能等同于刑法中侵犯公民人身权利犯罪的"致人死亡"。又如,民法中的"合同"旨在设立、变更或消灭平等主体之间的人身关系和财产关系,而合同诈骗罪的"合同"规定于"扰乱市场秩序罪"之中,不仅要体现民法关于"合同"的一般性规定,还要能够体现市场秩序。法秩序统一性原则包括以下内容:

一是民事合法的行为不应按照犯罪处理。民事合法行为是指行为人实施的符合民事法律规定,能够产生预期法律效果的行为,包括内容合法、目的合法、方式合法等。行为人的行为首先应具备民事违法性,在此基础上才会产生刑事违法的可能,如果行为人的行为既没有违反合同约定、没有违反侵权规范、没有损害公共利益,更不会对刑法保护的法益造成实质侵害。由于刑法是民商法等法律的保障法,所以,在民商法等法律上完全合法的行为,不可能构成刑法上的犯罪。② 例如,在签订、履行借款合同的过程中,如果借款人按照相关法律规定,向出借人披露了与借款有关的业务活动和真实财务状况,仅仅隐瞒了与借款无关的业务活动,并不构成民事欺诈,更不可能构成刑法意义上的欺骗行为。

二是民事不法的行为未必构成犯罪。民事违法行为包括侵权行为和违约行为两类,前者是行为人违反民事义务,侵害他人人身、财产等合法权益的行为;后者是指行为人违反合同约定义务的行为。与民事不法行为相比,我国刑法对诈骗犯罪采取"定性加定量"的入罪标准,在《刑法》第266条诈骗罪这一基本类型的基础上,又衍生出合同诈骗罪、集资诈骗罪、票据诈骗罪等特殊类型,上述罪名均强调行为人具备非法占有目的。在行为类型化的基础上,司法解释为不同的罪名规定了不同的立案追诉标准,如"诈骗数额在3000至1万元以上""合同诈骗数额在2万元以上""个人进行集资诈骗数额在10万

---

① 参见[日]松宫孝明:《刑法总论讲义(第四版补正版)》,钱叶六译,人民大学出版社2013年版,第81页。

② 张明楷:《实体上的刑民关系》,载《人民法院报》2006年5月17日第B01版。

元以上"等。刑法在整个法律体系中具有保障法的地位,当民法的侵权责任、违约责任仍不足以修复社会关系时,才需要严厉手段介入实现法益保护的目的。据此,只有具备刑事违法性且社会危害性达到一定程度的民事不法行为,才会进入刑事制裁的范围。

三是民法保护的利益应当受到刑法的认可。有的涉案财物在案发前已按照约定在行为人、被害人或第三人之间发生流转,从而引发涉案财物的所有权争议,对于刑事判断产生重大影响。民事诉讼包括确认之诉、给付之诉和变更之诉等类型,确认之诉是指诉的目的仅在于消除当事人之间的争议,查明当事人之间是否存在一定的权利关系的诉讼,包括确认权利关系存在的积极确认之诉和确认权利关系不存在的消极确认之诉。对于涉案财物的所有权归属,应当遵循"首先进行民事确权,然后认定刑事犯罪"的司法认知逻辑,不能出现民法上的所有权已经转移,而刑法上的权属没有变化的情况。① 例如,"一房多卖型"诈骗犯罪中,行为人以同一房屋为标的物订立数个买卖合同,分别出售给数个买受人,涉及合同效力、登记、履行顺序等民事判断。在一房多卖的情况下,买卖合同的成立就只能以产权证书的转移登记为准,未进行登记的,成立在先的有效,以此确定诈骗犯罪的被害人。又如,集资诈骗犯罪或涉众型合同诈骗犯罪中,部分被害人在刑事立案前,已经就债权关系向法院提起民事诉讼并已执行,后法院发现多名被害人向同一被告人提出诉讼,将该案移送公安机关刑事立案,从而引发是否需要追缴涉案财物的问题。对于涉案财物首先应进行民事确权,如果善意第三人依法获得了涉案财产的所有权,刑事诉讼亦应当尊重这一事实,不宜对已执行的裁判实行执行回转,使稳定的民事法律关系再次发生变动。

四是民法否定的利益不应受到刑法的认可。不法给付是指基于违反强制性法律法规或公序良俗的原因而为之给付,如双方当事人签订合同的标的物涉及淫秽物品、毒品、枪支弹药等违禁品,或者合同内容涉及行受贿、伪造公司印章等犯罪行为。不法给付的财物能否成为诈骗对象不能一概而论,应当明确"物"和"债"的区别:(1)以不法给付之物为诈骗对象的,不能按照合同诈骗罪处理,但可以构成诈骗罪。根据《合同法》第52条规定,对于符合"一方以欺诈、胁迫的手段订立合同,损害国家利益""违反法律、行政法规的强制性规定"等情形的,因严重缺乏生效要件,无法按照当事人的合意内容产生民事法律效果,不能认定为民法认可的"合同",更不能认定为合同诈

---

① 参见黄亮:《商业秘密刑民交叉案件处理模式的困境及其破解》,载《时代法学》2015年第3期,第112页。

骗罪中的"合同"。但是,不法给付之物是一种客观的现实存在,无论是归属于原权利人还是应被国家机关追缴,均属于财产犯罪的保护对象。(2)以不法给付之债为诈骗对象的,不应按照诈骗犯罪处理。行为人采取欺诈手段骗免赌博"服务费"、贿赂"中介费"的,事先约定的"不法之债"自始无效,在民事上不会产生债权债务关系,亦不能认定为刑法中的财产性利益,从而丧失了法益保护的基础。① 换言之,因不法原因取得的无权占有、用于不法目的的财物仍然是刑法意义上的财产,而不法劳务与民法上无效的请求权,则不能被认定为财产犯罪保护的对象。②

(三)责任承担:刑民效力分立原则

刑民效力分立原则是指分别依据不同的法律规范对刑民法律关系进行评价,行为人构成诈骗犯罪,并不必然导致其对外所签订的合同无效。在刑民交叉型诈骗犯罪中,应当采用刑、民分离的责任承担思路,坚持刑事犯罪认"行为实质",民事责任看"权利外观"的刑民区隔之分析策略。③ 刑事责任侧重于规范社会秩序,它是在主体的权利义务不能正常实现的情况下通过制裁而形成的,目的是惩罚"已然之罪"和预防"未然之罪"。民事责任侧重于保障个体权利,体现了平等主体之间因违反合同约定或侵权而发生的权利义务关系,目的是补偿相对人的经济损失。刑民效力分立可能导致"责任聚合",是指同一案件事实基于相异法律规定及损害后果的多重性,责任人需向权利人承担多种内容不同的法律责任的形态。④

目前,诈骗犯罪的涉案财物主要有两种处置模式:一是集资诈骗罪的"特殊处置"模式。2019年"两高一部"《关于办理非法集资刑事案件若干问题的意见》规定,在集资诈骗案件的办理过程中,查封、扣押、冻结的涉案财物,一般应在诉讼终结后返还集资参与人。涉案财物不足全部返还的,按照集资参与人的集资额比例返还。退赔集资参与人的损失一般优先于其他民事债

---

① 我国司法解释已经明确了非法债务不受法律保护的原则。2017年《最高人民法院关于适用中华人民共和国婚姻法若干问题的解释(二)的补充规定》,夫妻一方在从事赌博、吸毒等违法犯罪活动中所负债务,第三人主张权利的,人民法院不予支持。
② 王钢:《不法原因给付对于认定财产犯罪的影响——立足于财产概念与"非法"占有的考察》,载《法学家》2017年第3期,第145页。
③ 贾科、赵永华、王永红:《刑民交叉型合同诈骗类案件中民事法律关系处理机制新探——以被害人民事权利保障为中心》,载《人民司法》2013年第19期,第35页。
④ 参见丁德宏、沈烨:《责任聚合理论在刑民交叉案件中的运用》,载《人民法院报》2019年1月24日第7版。

务以及罚金、没收财产的执行。由于集资诈骗罪需要具备非法性、公开性、利诱性、社会性等特点，涉及的集资参与人众多，司法机关不再对合同的效力进行逐一甄别，而是统一采取按比例返还的方法，对集资参与人提起附带民事诉讼等请求不予受理。① 二是其他诈骗犯罪的"一般处置"模式。根据2013年最高人民法院《关于适用刑法第64条有关问题的批复》规定，被告人非法占有、处置被害人财产的，应当依法予以追缴或者责令退赔。被害人提起附带民事诉讼，或者另行提起民事诉讼请求返还被非法占有、处置的财产的，人民法院不予受理。

除此之外，诈骗犯罪的被害人还可能存在其他民事救济方式，包括请求担保人、被代理人承担民事责任等，如果因诈骗犯罪的成立而一概否认合同效力，无疑会使担保制度、表见代理制度等立法意图完全落空，对合同相对人亦不公平。2000年《最高人民法院关于刑事附带民事诉讼范围问题的规定》、2015年《最高人民法院关于审理民间借贷案件适用法律若干问题的规定》对刑民交叉案件的合同效力判断、民事责任承担等问题做出了明确规定。② 我国现行民事立法认可的合同行为效力类型主要包括生效合同、绝对无效的合同、可撤销的合同、效力待定的合同、相对特定第三人无效的合同以及尚未完全生效的合同。③ 如果犯罪人与被害人签订的合同不属于法定无效的情形，亦未经被害人行使撤销权，仍应肯定相应民事合同的效力，使相对人承担相应的民事责任。例如，信用卡诈骗罪中，当被害人信用卡被他人盗刷，且发卡机构未能提供必要的安全、保密的交易环境，即构成民事违约，应承担相应的责任。又如，"借款型"诈骗犯罪中，即使认定借款人构成犯罪，借款合同和担保合同并不必然归于无效，借款人之外的担保人仍可能承担民事责任。当然，引发上述民事责任的根源均在于犯罪行为，其他主体承担民事责任后

---

① 2015年《最高人民法院关于审理民间借贷案件适用法律若干问题的规定》第13条规定，出借人事先知道或者应当知道借款人借款用于违法犯罪活动仍然提供借款的，借款合同无效。

② 2000年《最高人民法院关于刑事附带民事诉讼范围问题的规定》规定，经过追缴或者责令退赔仍不能弥补损失，被害人向人民法院民事审判庭另行提起民事诉讼的，人民法院可以受理。2015年《最高人民法院关于审理民间借贷案件适用法律若干问题的规定》第8条、第12条规定，借款人涉嫌犯罪或者生效判决认定其有罪，出借人起诉请求担保人承担民事责任的，人民法院应予受理。借款人或者出借人的借贷行为涉嫌犯罪，或者已经生效的判决认定构成犯罪，当事人提起民事诉讼的，民间借贷合同并不当然无效。

③ 王轶：《合同效力认定的若干问题》，载《国家检察官学院学报》2010年第5期，第151页。

有权向行为人追偿。

三、刑民交叉型诈骗犯罪的认定方法

（一）以"对价衡量说"认定非法占有目的

诈骗犯罪和民事欺诈的区分是司法实务的难点问题。实践中，刑民交叉型诈骗犯罪主要包括三种手段：一是"办事型"，通过承揽某项事务的方式从被害人处骗取财物。二是"交易型"，通过商品购销的方式从被害人处骗取财物。三是"借贷型"，通过借款的方式从被害人处骗取财物。有观点指出，对于诈骗犯罪和民事欺诈行为，可以从欺骗内容（整体事实还是要素事实）、欺骗程度（足以使他人产生认识错误并处分财物的程度）和非法占有目的等方面进行区分。① 然而，诈骗犯罪与民事欺诈客观上往往存在重合，即行为人故意隐瞒真实情况或故意告知对方虚假情况，诱使对方当事人作出错误意思表示，难以从欺骗内容、欺骗程度等方面进行"量"的区分，必须从非法占有目的上进行"质"的把握。

通常认为，非法占有目的是指排除权利人，将他人的财物作为自己的财物进行支配，并遵从财物的用途进行利用、处分的意思，非法占有目的由"排除意思"与"利用意思"构成，前者重视的是法的侧面，后者重视的是经济的侧面。② 上述解释属于一般性的判断规则，在刑民交叉的情形下，"非法"既包括刑事不法，也包括民事不法，需要结合民事法律关系的特点进行判断。在英美合同法中，对价原则（Doctrine of Consideration）包括"对价必须充分但无须相当"等内容，行为人必须按照约定为对方当事人提供一定的利益作为回报，至于双方交换的利益是否相当或相等，司法机关并不依职权主动加以判断和干涉，完全交由双方当事人经过意思自治而达成。③ 在非法占有目的认定中可引入"对价衡量说"，对行为人提供的对价进行全面考量：（1）对价的相当性。行为人提供的对价与其所获财物是否价值相当，该约定是否建立在被害人真实意思的基础之上，如果行为人通过欺诈使被害人产生错误认识，在交易中接受其提供的明显不等值对价，即属于非法占有。例如，行为人将价值数百元的假翡翠饰品冒充"真货"销售，骗取被害人高达数十万元的货款。

---

① 陈兴良：《民事欺诈和刑事欺诈的界分》，载《法治现代化研究》2019年第5期，第7页。
② 张明楷：《刑法学（下）》（第五版），法律出版社2016年版，第957页。
③ 参见刘承韪：《英美合同法中对价原则之功能分析》，载《中外法学》2006年第5期，第569页。

(2) 对价的充分性。行为人与被害人约定相当对价的基础上，是否从数量和质量上提供了充足对价，如果行为人在占有对方财物的同时，无法提供任何对价，或者只能提供明显不成比例的少量对价，均属于非法占有。例如，行为人在非法集资后，仅将少部分集资款用于生产经营，将大部分集资款用于偿还本息、消费挥霍等，导致集资款不能返还。2001年最高人民法院《全国法院审理金融犯罪案件工作座谈会纪要》对于如何认定金融诈骗犯罪的非法占有目的，规定了"明知没有归还能力而大量骗取资金""非法获取资金后逃跑"等7种情形；2010年《最高人民法院关于审理非法集资刑事案件具体应用法律若干问题的解释》对于如何认定集资诈骗犯罪的非法占有目的，规定了"集资后不用于生产经营活动或者用于生产经营活动与筹集资金规模明显不成比例"等8种情形，主要是关于对价充分性的判断。应重点把握以下方面：

一是双方当事人约定的内容。双方当事人订立民事合同的情况下，首先要判明约定的真实内容，这决定了行为人应当付出何种对价才能占有对方当事人财物，以此作为认定"非法占有"的前提和基础。有的双方当事人为了规避相关税收规定，存在签订"阴阳合同"的情况，表面上签订交易价格较低的虚假房屋买卖合同，双方仍按真实合同价格交易。有的双方当事人原本约定交易额不得超过担保财产的价值，但一方为了提升业绩不断扩大交易规模，在合同履行过程中对约定进行了全部或部分变更，导致实际交易额远远超出了担保财产的范围。有的双方当事人约定一方完成多个事项，对方"一揽子"给付钱款，每个事项并没有明确、具体的对价。

二是行为人的履约能力。履约能力不能简单等同于行为人实际占有的财物，除了考察行为人名下的房产、存款、股票等资产之外，还要考察其经营模式和收益，以及是否对外享有债权或承担债务等。例如，"借鸡生蛋型"诈骗犯罪中，行为人本身没有足够的资金实力，通过欺诈手段获得对方当事人给予的钱款自行使用，后因种种原因不能返还，该行为能否构成诈骗罪不能一概而论。"借鸡生蛋"很多时候表现为一方提供资金、一方实际经营，由于出资方的要求较高，经营方可能实施夸大经营能力的欺诈行为，如果行为人存在稳定的经营模式和相当收入，不应认定其"明知无归还能力"。又如，有的案件中，行为人虽然表面上呈现"资不抵债"的状况，但其对第三人享有大量合法债权，如果行为人的对外债权足以偿付，又没有明显的隐匿、转移财产等行为，可以通过民事渠道进行救济，不宜启动刑事制裁手段。

三是被害人财物的用途。民商事关系中，被害人之所以自愿将财物交付给对方当事人，总是为了获得一定的经济回报，应当将被害人财物的用途作为重要的判断标准。主要包括：（1）被害人财物全部投入营利活动，确因客观原因亏损不能归还的，不应按照犯罪处理。（2）被害人财物全部投入非营利活动。如果行为人将被害人财物用于偿还他人欠款、违法犯罪活动、消费挥霍等，不足以产生任何合法利润的，可以作为认定非法占有目的的重要依据。（3）被害人财物部分投入营利活动。刑民交叉案件中，行为人将骗取的全部财物用于消费挥霍的情形并不多见，而是呈现"虚实结合"等特征，在此情形下，需要对行为人所获财物的总体数额与投入营利活动的数额进行比对，综合营利活动的模式、获利情况等，判断是否属于"明显不成比例"。如果行为人没有将大部分钱款用于营利活动，不具备提供对价的可能性，可以认定具备非法占有目的。由于案件的具体情况各不相同，这里的"明显不成比例"主要依靠经验法则确定，难以提出绝对的量化标准。

（二）甄别涉案财物的权属和性质

诈骗犯罪以财物占有及占有转移的判断为基础。随着买卖、抵押、租赁等民事法律关系日趋复杂，当财物在行为人、被害人和第三人之间流转时，财物的权属和性质往往存在争议，影响到被害人的认定甚至案件定性。主要包括以下情形：

一是单位财物。"表见代理型"诈骗犯罪中，公司职员利用职务便利与第三方签订合同，使他人将货款转入个人账户后非法占有的行为，涉及诈骗犯罪与职务侵占罪的区分。根据我国刑法规定，职务侵占罪和诈骗犯罪均以非法占有为目的，可以采取骗取等手段，这意味着难以从主客观方面对上述犯罪进行明确区分，需要以涉案财物是否属于"本单位财物"作为切入点。民法中的表见代理是指行为人事实上无代理权，但相对人有理由认为行为人有代理权而与其进行法律行为，其行为的法律后果由被代理人承担的法律关系。据此，需要对公司与其职员之间是否存在委托收款关系进行实质判断，如果公司长期通过明示或默示的方式，许可其职员以个人账户代收第三方货款的，该货款因"表见代理"归属于公司，行为人构成职务侵占罪，公司对第三方承担相应的民事责任。如果公司从未授权其职员以个人账户代收第三方钱款，应认定货款归属于第三方，行为人构成合同诈骗罪，公司不应承担相应的民事责任。不能在民事上承认表见代理成立，要求公司对第三方履行合同义务，在刑事上又认定货款仍然归属于第三方，作出刑民相互矛盾的结论。

二是担保财物。"两头骗型"诈骗犯罪中，行为人骗取担保人信任提供财产担保，再骗取银行贷款后用于个人挥霍，贷款到期后担保人代为偿还债务，涉及贷款诈骗罪与合同诈骗罪的区分。担保法律关系涉及债权人、债务人和担保人的三方法律关系，如果认定行为人非法占有的财物归属于债权人，则可能构成贷款诈骗罪，如果认定非法占有的财物实际上来自于担保人，则应认定为合同诈骗罪。有观点认为，借款人骗取他人借款人骗取他人担保的，既成立对借款人的贷款诈骗，又成立对担保人的合同诈骗，两行为之间具有牵连关系，应从一重罪处断。① 笔者认为，"两头骗"是指行为人以非法占有为目的，实施了前后两个欺诈行为，通过第一次欺诈行为骗取担保，进而实施第二次欺诈行为获得财物，至于占有何人的财物、何人承受经济损失均不违背其意志，那么案件定性的关键在于涉案财物的权属判断。只要银行基于善意在案发前足额受偿，应当尊重民事法律关系的现实存在，肯定其财产法益并未遭受损害，不宜将其认定为刑事案件的被害人。但是，如果银行明知债务人通过欺诈手段获取担保，属于当事人恶意串通签订担保合同损害第三人利益，则不应肯定其对担保财产的所有权。

在"两头骗"的情形下，如果行为人第一次欺诈时已经实现了财产的转移占有，则第二次欺诈只是对涉案财物的事后处分。例如，行为人骗取房屋过户后抵押借款的行为，只有第一个购房行为构成合同诈骗罪，骗取房产过户以后再抵押借款的行为，系对赃物的处置，根本不存在欺诈。② 又如，行为人骗租车辆质押借款的行为，在骗租车辆之后已经实现了对车辆的非法占有，其后将所骗车辆质押借款的行为，只是对赃物变现的一种手段，不影响案件的定性。③

三是保管财物。"委托保管型"诈骗犯罪中，行为人占有对方当事人委托其保管的财物后，临时产生非法占有目的，采取欺诈手段拒不退还或擅自处分，涉及诈骗罪与侵占罪的区分。一种观点认为构成侵占罪，因为财物系行为人合法保管，欺骗的因素只是为了掩盖其非法占有的事实。另一种观点认为构成诈骗罪，因为行为人以虚构事实的方法非法占有财物。④ 侵占罪属于"非转移占有型"犯罪，客观表现为被害人基于委托、信任等原因自愿地将财物交给行为人，行为人占有他人财物与欺诈行为没有因果关系，而是另起犯意将合法控制之下的财物非法占有，且拒不退还。诈骗犯罪属于"转移占有型"犯罪，行为人自始不具备归还意思，采取虚构事实、隐瞒真相等方法，使得被害人基于错误认识将财物交给其占有。保管合同是保管人保管寄存人交付的保管

---

① 钱叶六：《担保贷款双重诈骗案刑民交叉实体问题研究》，载《法商研究》2018年第5期，第169页。

② 参见陈兴良：《合同诈骗罪的特殊类型之"两头骗"：定性与处理》，载《政治与法律》2016年第4期，第44页。

③ 参见林虹、李亮、黄艳洁：《汽车租赁中实施"两头骗"的行为人构成何罪》，载《人民检察》2018年第16期，第49页。

④ 参见张军、姜伟、陈兴良：《刑法纵横谈》，北京大学出版社2008年版，第266—267页。

物，并在约定期限内或应寄存人的请求返还该物的合同，保管人要对保管物的灭失、损毁承担相应的违约责任。如果行为人在财物转移占有之前没有非法占有目的，即使事后采取了一定的欺诈手段，如谎称财物被盗、丢失、损毁等而拒不归还，对方当事人并未丧失追索权的，不应按照诈骗罪处理。但是，如果行为人在财物转移占有之后，通过欺诈手段使对方当事人免除返还义务或丧失追索权的，同样属于财物处分行为，应按照诈骗罪处理。

(三) 精准计算诈骗犯罪的数额

诈骗犯罪的数额既是定罪的重要标准，也是对被告人适用刑罚的重要依据。"借新还旧型"诈骗犯罪中，行为人在尚未清偿完所欠被害人的已到期债务的情况下又与被害人签订新的借款合同，并用新借款的全部或部分偿还原有的借款，由于双方连续发生资金往来或一方与多人同时发生资金往来，对诈骗犯罪的数额计算带来了较大挑战。应把握以下方面：一是确定诈骗犯罪的着手时间。有的合同双方当事人系熟人关系，两人前期属于正常的民间借贷，行为人因资金链断裂产生非法占有目的，以欺诈手段继续获取被害人财物。该种情形下，不能将行为人与被害人的所有资金往来"打包"处理，将诈骗犯罪数额简单等同于两人之间的收付款差额，而应准确认定非法占有目的产生的时间节点，将该节点之后的收付款差额作为诈骗数额。二是明确诈骗犯罪的对象。在行为人与多个对象发生的资金往来中，不排除对部分对象具有非法占有目的，对部分对象没有非法占有目的的情形。集资诈骗犯罪中，行为人通常采取"借新还旧"的手段形成资金沉淀，以集资参与人新投入的资金偿还他人的本息，案发时必然造成部分集资参与人获利、部分集资参与人损失的情形，需要对每名集资参与人的盈亏状况逐一甄别，准确认定被害人的人数和损失数额。三是扣除案发前返还的数额。根据2010年最高人民法院《关于审理非法集资刑事案件具体应用法律若干问题的解释》规定，集资诈骗犯罪的数额以行为人实际骗取的数额计算，案发前已归还的数额应予扣除。有的行为人与被害人约定还本付息，其案发前支付被害人的利息应当从犯罪数额中扣除。有的被害人因诈骗遭受经济损失后，会直接向行为人追索钱款，行为人迫于种种压力，案发前会向被害人返还部分钱款或提供有效的财产担保，对该部分数额也应予以扣除。

结　　语

刑民交叉型诈骗犯罪涉及程序和实体两个领域，程序涉及民事诉讼法和刑事诉讼法两个部门法;实体涉及民法和刑法两个部门法。① 长期以来,刑民交叉型诈骗犯罪的司法认定存在"重刑轻民"倾向,通过刑事诉讼对行为人的刑事责任和被害人的经济赔偿一体解决,对于案件涉及的民事法律关系不予重视。刑民交叉的本质是公权力介入与私权利保障的交织融合,随着市场经济的迅速发展,民事法律关系已经深入社会生活的各个方面,公权力介入和私权利保障二元并重已经成为大势所趋。对此,应树立"刑民并重"的司法理念,运行多元诉讼程序适用各自程序法和实体法进行审理裁判,既能够运用公权力惩罚犯罪,又能够有效地按照民事法律保障民事主体的私权利,这样才真正实现了法秩序的统一性。② 在程序方面,除了认定被告人是否构成犯罪,还要依法启动民事审判程序,确定相关人员是否承担民事责任,最大限度地保障被害人的合法权利;在实体方面,要通过非法占有目的等要素,准确把握刑事犯罪与民事欺诈的界限,防范公权力不当介入经济纠纷。

(责任编辑:石磊)

---

① 陈兴良:《刑民交叉案件的刑法适用》,载《法律科学(西北政法大学学报)》2019年第2期,第161页。

② 张永泉:《法秩序统一视野下的诉讼程序与法律效果的多元性——以竞合型刑民交叉案件为视角》,载《法学杂志》2017年第3期,第54页。

区块链信息服务提供者的刑事责任研究*

王熠珏**

摘 要：区块链技术在促进信息服务行业发展的同时，亦存在被不法分子用以传播有害信息的风险。面对区块链技术给刑事责任认定带来的诸多挑战，我国主要将区块链信息服务提供者作为治理区块链有害信息的切入点，对其赋予了管理信息内容和配合监督检查的网络安全管理义务，违反该义务可能涉及刑事责任的承担。在区块链信息服务提供者不履行配合检查义务的场合，应依循着纯正不作为犯的路径来认定其刑事责任。在区块链信息服务提供者不履行信息内容管理义务的场合，则需要从保证人地位的判定、可归责的危害后果类型以及主观方面的认定等方面来对其不纯正不作为的刑事责任范围予以限缩。

关键词：区块链　网络服务提供者　网络安全管理义务　行政犯　不作为犯

一、引言

自 Satoshi Nakamoto 于 2008 年发布比特币白皮书以来，[①] 作为其底层技术的区块链逐渐为人们所熟知。区块链技术有助于解决信息时代所面临的信息孤岛、信息安全和信息价值传递等难题，可以为信息的整合、处理、分析提供新的社会化组织合作模式，从而推动国家治理改革不断向现代化方向发展。[②] 然

---

* 本文系国家留学基金管理委员会"2019 年国家建设高水平大学公派研究生项目"A1 类奖学金（留金选［2019］110 号）资助成果。

** 王熠珏，中国人民大学刑事法律科学研究中心博士研究生，伦敦玛丽女王大学联合培养博士研究生。

① Satoshi Nakamoto, *Bitcoin: A Peer-to-peer Electronic Cash System*, https://bitcoin.org/bitcoin.pdf, accessed on December 2nd 2020.

② 余宇新、章玉贵：《区块链为国家治理体系与治理能力现代化提供技术支撑》，载《上海经济研究》2020 年第 1 期，第 88 页。

而,它在带来技术革新的同时,亦存在一些负面效应。① 为避免区块链技术被不法分子利用而作为存储、传播有害信息实施网络违法犯罪活动的工具,② 我国国家互联网信息办公室于 2019 年 2 月 15 日施行了《区块链信息服务管理规定》(以下简称 2019 年网信办《规定》),首次对区块链信息服务行业作出规定,以期实现规避风险与促进创新的双重目标。不过,该规定仍留下一系列的问题亟待解决。例如,利用区块链与利用其他网络媒介传播有害信息有何不同,其技术特征究竟会对刑事责任的认定带来哪些影响?为防范区块链被用以传播有害信息,我国现有规范体系对区块链信息服务提供者赋予了怎样的网络安全管理义务?哪些情形可被认定为违反了义务?如何才能将传播有害信息所致的危害后果妥当地归责于区块链信息服务提供者?上述问题的厘清,对于明晰区块链信息服务提供者的刑事责任边界具有重要意义。因此,本文旨在通过阐明区块链的技术特征及其对刑事责任认定所造成的困境,探讨区块链信息服务提供者如何成为刑事责任主体,并因不履行网络安全管理义务而承担不作为犯罪刑事责任的问题。

二、区块链场景的有害信息治理:以区块链信息服务提供者为切入

在区块链场景中,有害信息一旦上链便可被链上的其他主体获知,具有实时公开、全网直播的效果,较之其他网络媒介更具即时性和弥散性,③ 这无疑为有害信息的传播添加了"放大器",给网络安全管理甚至国家安全治理带来

---

① 德国亚琛工业大学的学者曾对比特币区块链中的非财务数据(Non-Financial Data)作了全面系统的研究。研究发现,在 2.51 亿笔交易中已有 1.4% 被插入了非财务数据,在最终提取的 1600 多个文件中有 99% 以上都是文本或图像;尽管大多数数据是对比特币协议(Bitcoin's Protocol)的良性扩展,但也有一些有害信息被不可撤销地存储于比特币的区块链上,其中不仅有涉及洗钱主题的聊天记录,亦存在侵犯个人隐私的各类信息(如电话号码、地址、银行账户、密码等),还有涉嫌儿童色情的图片或链接,以及侵犯知识产权的内容。除了前述已查明的有害信息类型外,区块链还可能被用以传播恶意软件、泄露国家秘密或传播其他危害国家安全的信息。Roman Matzutt, et al., *A Quantitative Analysis of the Impact of Arbitrary Blockchain Content on Bitcoin*, in Sarah Meikle & John Kazue Sako eds., Financial Cryptography and Data Security, Springer, 2018, pp. 420–435.

② 本文所称的"有害信息"指的是给某一主体的合法权益造成危险乃至损害的信息,它的外延比"违法信息"更广。有关"有害信息"和"违法信息"的详细界分,参见张新宝、林钟千:《互联网有害信息的依法综合治理》,载《现代法学》2015 年第 2 期,第 55—56 页。

③ 例如,快播公司的缓存服务器虽然能够提高视频的下载、传播速度,但并非所有用户都用其下载淫秽视频。

巨大隐患，故而对利用区块链传播有害信息的行为予以规制是必要的。但是，区块链的技术特征会给相关主体的刑事责任认定带来一定难度，究其原因有二：一是区块链的去中心化特点导致其缺乏清晰的成员构成与边界，二是区块链的匿名性使得参与者的独立人格与主体形态难以识别。① 具言之，区块链系统中诸多节点之间的内部关系并非一目了然，且节点背后的主体是匿名的，故难以从中确定应由谁来承担网络安全管理义务，致使刑事归责的责任主体难以确定。在此，有必要结合2019年网信办《规定》的相关内容，了解我国为应对"利用区块链传播有害信息"的惩治疑难已作出的回应，以及明晰仍有哪些亟待解决的未尽问题。根据网信办《规定》可知，我国目前是将"区块链信息服务提供者"作为承担网络安全管理义务的主体，它不仅包括向社会公众提供区块链信息服务的主体或节点，还涉及为前者提供技术支持的机构或者组织。② 此外，为了解决因区块链匿名性而带来的治理困境，2019年网信办《规定》要求服务提供者在准入环节对用户进行实名认证；③ 为了厘清区块链系统内部各节点之间的关系，还要求服务提供者制定并公开管理规则和平台公约，与用户签订服务协议以明确双方的权利义务关系。④ 应当说，上述举措有助于明确我国区块链场景中的主体身份，以消解因匿名性和内部关系不明而带来的监管难题。然而，前述规定仍然无法圆满回应如下疑问：区块链中的有害信息治理为何要从区块链信息服务提供者切入？为回答这一问题，首先需要缓和区块链的去中心化与区块链可监管性之间的对立。

区块链的去中心化特点是确定义务主体时不容回避的技术因素。所谓"去中心化"，最先是由乔姆斯基于1971年提出，他认为尽管一个去中心化的权力体系和自由结社体制会存在问题，但也比寄希望于中心化的机构更安全，因为中心化的机构几乎不可避免地服务于它最有权力的部分，而去中心化则有

---

① 汪青松：《区块链系统内部关系的性质界定与归责路径》，载《法学》2019年第5期，第134—135页。
② 参见2019年网信办《规定》第2条第3款。需要说明的是，该定义以"主体""节点"并举，并未使用"主体（包括节点）""主体和节点"的表述方式。可见，二者并非简单的包含关系亦或是并列关系。其中，"主体"侧重于法律语境，即提供区块链信息服务的运营者（自然人或组织）；"节点"则立足于技术语境，指的是参与到区块链网络中的各终端，包括计算机、矿机、手机、服务器等。从某种意义上看，"主体"和"节点"只是区块链场景中关于法律主体的不同表述，二者在一定程度上重叠。
③ 参见2019年网信办《规定》第8条。
④ 参见2019年网信办《规定》第7条。

助于瓦解公民对国家的绝对服从，从而扩大公民的自主权利。① 网络空间结构的"去中心化"变革，便是上述观点的最佳注解。去中心化并非区块链所独有，而是构建互联网空间的根基。当下对区块链可监管性的担忧与早年因特网可监管性的争论颇为相似。网络自由主义者曾认为，由于网络具有分布式、全球化性质，加上网络参与者身份不明且流动性极强，法律难以对其实施有效约束。相反，网络家长主义者则主张，网络空间的本质属性并未脱离法律的规制范围。随着因特网的日渐成熟，后者的预测得到了印证。② 尽管人们无法给整个互联网确定一个中央控制者，但这并不妨碍国家对互联网适用既有的数据保护规则，类似的思路同样适用于区块链。③ 根据应用场景和设计体系的不同，可将区块链分为公有链（Public Blockchain）、联盟链（Consortium Blockchain）和私有链（Private Blockchain）。④ 从公有链、联盟链到私有链，其节点的权限管控逐渐严格，相应的开放性程度逐渐降低，去中心化程度亦逐渐减弱。传统的合同关系或组织关系均有较为明确的主体或成员构成，由此形成的关系系统具有较强的封闭性。与之相对，公有链网络则是开放的，任何拥有必要硬件或软件的人均可作为节点加入其中，其用户群遍及世界各地且具有不稳定性，故难以追究特定节点的责任。不过，私有链或联盟链作为"部分去中心"的区块链，其内部往往有一个组织和治理结构来负责决定和管理谁能够参与该系统，不仅能够在准入环节对参与节点进行合规性评估，也有助于明确其内部各节点之间的关系，从而使义务主体的确定成为可能。

承前所述，私有链或联盟链有望兼顾技术创新与合规发展，将二者纳入法制规范的轨道实为必然。第一代区块链应用（如比特币）之所以在监管和归

---

① 参见[美]诺阿姆·乔姆斯基、[法]米歇尔·福柯：《乔姆斯基、福柯论辩录》，刘玉红译，漓江出版社2017年版，第79—84页。

② [英]凯伦·杨：《区块链监管："法律"与"自律"之争》，林少伟译，载《东方法学》2019年第3期，第125页。

③ Lokke Moerel, *Blockchain & Data Protection...and Why They Are Not on a Collision Course*, 26 European Review of Private Law 825, 837–839 (2018).

④ 公有链的各个节点可以自由加入和退出网络，并参加链上数据的读写，网络中不存在任何中心化的服务端节点，如比特币、以太坊等数字货币的底层技术即典型的公有链架构。联盟链的各个节点通常有与之对应的实体机构组织，须经授权后才能加入与退出网络，彼此间组成利益相关的联盟，共同维护区块链的健康运转。私有链适用于特定机构内部的数据管理，其节点的写入权限收归内部控制，而读取权限可视需求而有选择性地对外开放。参见《中国区块链技术和应用发展白皮书（2016）》，工业和信息化部信息化和软件服务业司2016年10月18日发布，第11页。

责方面存在困难,主要是因为其平台提供者通常是非正式组织或个人。如今,随着需经许可的区块链(即联盟链或私有链)的发展和运用,为确保区块链系统的安全性、稳定性和连续性,必须对平台提供者的资质作相应要求,使之成为受监管的法人。① 这样一来,由于法人本身就已经受到了相关规则的调整,传统的以中介商为中心的监管制度和法律规则便可继续发挥作用。正因如此,2019 年网信办《规定》将区块链信息服务提供者作为区块链监管和法律规则适用的切入点,要求其向国家网信办履行备案及相应的变更、终止手续。②

综上,我国将区块链信息服务提供者作为治理区块链有害信息的关键切入点,有助于解决区块链场景中犯罪主体要件的认定障碍。但是,这显然还不足以为相关主体的刑事责任认定提供充分依据。"任何一种责任制度,如果完善的话,都应当包括义务指定、归责要素和负担形式三方面的内容。它需要明确行为人应当做什么,若没有做什么时该负怎样的后果,负担后果时应当具备怎样的条件。如果不从这三个方面去规定责任,责任就不可能得到实现。"③ 循此思路,若要追究区块链信息服务提供者的刑事责任,需要考察的内容包括:区块链信息服务提供者是否违反了法律规定的义务、该法律义务之违反构成行政违法抑或刑事犯罪、如何将有害信息传播所致的危害后果归责于行为人。

三、从行政违法到刑事违法:区块链信息服务提供者的义务违反

目前,区块链被作为传播有害信息的工具已是不争的事实。若放任有害信息在区块链场景中恣意传播,将扰乱互联网信息传播秩序,严重损害公民、法人和其他组织的合法权益,最终导致区块链信息服务行业的无序和夭折。事实上,区块链信息服务提供者和用户都可能成为传播有害信息的行为主体。根据有害信息来源的不同,可分为如下两种情形:一则,在区块链信息服务提供者自己发布有害信息的场景中,从信息发布、信息传播到信息导致法益侵害后果可被视为一条完整的因果链,区块链信息服务提供者对自己发布的有害信息负

---

① 汪青松:《区块链系统内部关系的性质界定与归责路径》,载《法学》2019 年第 5 期,第 139 页。
② 参见 2019 年网信办《规定》第 11 条。需要说明的是,尽管公有链中位于我国境内的节点也属于 2019 年网信办《规定》的监管对象,但考虑到监管的有效性,我国当前应首先侧重于规制需经许可的区块链。另外,从网信办所发布的境内区块链服务备案目录来看,不仅有百度、京东、阿里、华为等互联网企业,还包括中国银联、工商银行等金融机构。
③ 冯军:《刑事责任论》(修订版),社会科学文献出版社 2017 年版,第 20 页。

责,仍符合传统犯罪的一般归责原理,不会对传统罪责中的个人责任模式造成冲击,亦不会对其罪名认定带来困境。二则,若用户利用区块链发布有害信息,则涉及能否将他人信息所致的危害后果归责于区块链信息服务提供者的问题。在传统的刑法教义学中,探讨一个人是否需要为他人行为承担刑事责任,主要依循着共同犯罪或是不作为犯理论来认定。本文拟将视域聚焦于用户发布有害信息的情形,并重点探讨区块链信息服务提供者的不作为责任。为了对区块链信息服务提供者的网络安全管理义务予以明确把握,接下来将从义务内容、义务性质、义务违反三个层面作具体展开。

(一)义务内容的设定:信息内容管理义务和配合检查义务

区块链本质上是一个分布式账本(数据库),由所有节点共同参与数据维护,单一节点的数据被篡改或被破坏不会对区块链所存储的数据产生影响。不仅如此,由于区块链中前后相邻的区块间存在验证关系,若要删除某个区块中的有害信息,就要改变该区块及其所有后序区块中的数据,且须在共识机制的特定时间内完成,这便意味着参与节点越多,处理违法信息的难度就越大。[①] 可见,区块链的不可篡改性给义务设定带来了挑战。不可篡改性最初的价值在于使陌生参与者在没有任何第三方介入的情况下实现相互信任,由此形成有别于传统"人身性信任机制和中心化制度性信任机制"的"基于技术理性的共识性信任机制"。[②] 不过,"DAO 攻击事件"不仅打破了区块链系统无懈可击的神话,也证明了单纯依靠技术代码所建构的信任机制是不可取的。[③] 既然如此,便没有必要继续追求区块链的绝对不可篡改性。实际上,"不可篡改性并

---

① 刘敖迪等:《区块链技术及其在信息安全领域的研究进展》,载《软件学报》2018年第7期,第2094、2097页。

② 汪青松:《信任机制演进下的金融交易异变与法律调整进路——基于信息哲学发展和信息技术进步的视角》,载《法学评论》2019年第5期,第82页。

③ DAO(Distributed Autonomous Organization)是一个完全基于智能合约的线上众筹系统,其代码自动运行于无中央权威机构的分布式平台,取代了基于法律、中介和人际关系的传统信任机制。在发行期间,DAO 发售了 1.5 亿的 DAO 币,用以交换 1200 万的以太坊(ETH,即以太坊区块链使用的虚拟货币),价值约 1.5 亿美元。然而,2016 年攻击者利用 DAO 软件代码的漏洞盗取了该平台三分之一以上的资产(约 5000 万美元)。参见[英] 凯伦·杨:《区块链监管:"法律"与"自律"之争》,林少伟译,载《东方法学》2019年第3期,第133—134页。

不是绝对的,而只是程度的问题。"① 为了使技术真正适应于社会需要,如今已有一系列的改良方案来构建可编辑的区块链,以确保区块链从业者能够在事后变更或删除原有交易。② 例如,在以自动执行著称的以太坊区块链系统中,人们已发现其程序员能够"重置"过去的交易,撤销滥用漏洞的以太币转移。尽管该"重置"有违区块链交易结果不可篡改的原始理念,但却有助于保护整个市场免受程序漏洞的挟持。③ 因此,区块链的不可篡改性有望随着技术进步而被"软化",该特征不能成为相关主体免于承担网络安全管理义务的理由。职是之故,2019 年网信办《规定》第 6 条要求区块链信息服务提供者应当具备与其服务相适应的技术条件,需要对其发布、记录、存储、传播的有害信息具备应急处置能力。这意味着所有区块链信息服务提供者原则上都应具备处理有害信息的技术能力。

根据法秩序的统一性原理,法定犯的违法性判断需先根据行政管理法规确定行为的行政违法性,在此基础上再判断刑事违法性。④《网络安全法》《互联网信息管理办法》和 2019 年网信办《规定》等行政法律法规为区块链信息服务提供者设定了网络安全管理义务,具体可分为信息内容管理义务和配合检查义务。⑤ 信息内容管理义务是指对他人发布的有害信息应及时采取相应的处理措施,防止有害信息扩散,保存有关记录以及向有关主管部门报告,并对相关用户采取警示、限制功能、关闭账号等处置措施。概言之,区块链服务提供者对他人的有害信息负有停止传输义务、及时处置义务以及报告义务。配合检查义务主要表现为三点:一是信息留存义务,针对用户的记录备份需保存不少于六个月,以备相关执法部门依法查询;二是协助检查义务,为配合网信部门依法实施监督检查提供必要的技术活支持和协助;三是接受监督义务,即设置便

---

① Maurice Schellekens, *Does Regulation of Illegal Content in the EU Need Reconsideration in Light of Blockchains*?, 27 International Journal of Law and Information Technology 292, 305 (2019).

② Giuseppe Ateniese, et al., *Redactable Blockchain-or-Rewriting History in Bitcoin and Friends*, IEEE European Symposium on Security and Privacy, 2017, pp. 111 – 126, also see Online Library of Queen Mary University of London, https://ieeexplore-ieee-org.ezproxy.library.qmul.ac.uk/document/7961975.

③ 汪青松:《区块链系统内部关系的性质界定与归责路径》,载《法学》2019 年第 5 期,第 140 页。

④ 参见刘艳红:《法定犯与罪刑法定原则的坚守》,载《中国刑事法杂志》2018 年第 6 期,第 62—63 页。

⑤ 参见 2019 年网信办《规定》第 16、17、18 条。

捷的投诉举报入口，及时处理公众投诉举报。当然，仅违反前置法所规定的网络安全管理义务并不必然导致行为人承担不作为的刑事责任，在认定不作为犯时，还需要根据区块链信息服务提供者的功能类型对其各自承担的义务作区别对待。

（二）义务性质的把握：主动防控义务抑或事后止损义务

就义务性质而言，配合检查义务自然是一种事后义务，关键需考察"信息内容管理义务"究竟是要求区块链信息服务提供者对有害信息进行主动地监测与防控，还是仅需采取事后措施予以止损。

从比较经验来看，世界各国对网络服务提供者所设定的信息内容管理义务，主要继受于美国在《数字千年版权法》第512节所确立的归责原则。其中，很重要的一点是，不要求网络服务提供者主动监视或积极地去寻找网络中表明侵权行为的事实。① 在《数字千年版权法》的影响下，欧盟《电子商务指令》亦保持了相同态度，其第15条第1款规定："成员国不应要求服务提供者承担监督其传输和存储的信息的一般性义务，也不应要求服务提供者承担主动收集表明违法活动的事实或情况的一般性义务。"② 之所以排斥对网络服务提供者科以主动防控的义务，主要是考虑到服务提供行为具有纯技术性、自动性和被动性等特征，避免服务提供者因承受过重义务而阻碍互联网的创新发展。诚然，上述立法产生于互联网兴起之初，如今很多网络服务提供者早已突破了本世纪初网络平台的"从属性、工具性和中立性"角色，而成为了一种兼具"主动性、自主性和空间性"的"社会组织形式"，③ 由此其义务范围也随之扩大，除了须承担事后的屏蔽、消除义务外，还被赋予了更多事前的风险防控义务。但是，区块链技术仍处于发展初期，目前还无法完全防止意外内容（Unintended Content）进入公有链，全节点（Full Nodes）不可能检测和拒绝所有包含意外内容的交易；当前区块链中最迫在眉睫的风险来自于任意长度（Arbitrary-length）且易于读取（Easy-to-read）的内容，④ 不排除有害信息还能

---

① U. S. Code Title 17，§512（m）(1)。

② E-Commerce Directive 2000/31/EC, Art. 15 (1)。

③ 于冲：《网络平台刑事合规的基础、功能与路径》，载《中国刑事法杂志》2019年第6期，第96页。

④ Roman Matzutt, et al., *Thwarting Unwanted Blockchain Content Insertion*, IEEE International Conference on Cloud Engineering, 2018, pp. 365 – 366, also see Online Library of Queen Mary University of London, https://ieeexplore - ieee - org. ezproxy. library. qmul. ac. uk/document/8360355.

以加密或其他更为隐蔽的形式插入到区块链中,况且区块链中所存储的数据量巨大,这无疑给有害信息的识别增加了难度。虽然有学者建议对区块链内容进行过滤,但考虑到目前过滤技术的精准性仍有待提高,且稍微复杂的过滤系统便需要付出昂贵的成本,① 不宜要求区块链信息服务提供者主动审查所有的有害信息,对其设定的信息内容管理义务应理解为一种事后的内容管理义务。

反观国内立法,《网络安全法》第 47 条规定网络运营者"发现法律、行政法规禁止发布或者传输的信息的,应当立即停止传输该信息,采取消除等处置措施,防止信息扩散,保存有关记录,并向有关主管部门报告。"仅从文义上看,该规定中的"发现"既能被解释为主动审查后的发现,亦能解释为消极被动地发现。就区块链场景而言,此处的"发现"应当理解消极被动地发现,即区块链信息服务提供者在认识到有害信息时所产生的行动义务。另外,2019 年网信办《规定》第 16 条规定区块链信息服务提供者应对有害信息及时采取相应的处理措施,并未使用"发现"一词。如此也说明,将《网络安全法》第 47 条所规定的"信息内容管理义务"理解为区块链信息服务提供者被动了解到有害信息后应采取相关处置措施并无不妥。总之,不能单纯基于风险预防的管理需求,而对区块链信息服务提供者赋予主动审查的义务。

(三)义务违反的判断:规范审查与路径探寻

从一定意义上讲,所有犯罪都是对特定义务的违反,对某一主体进行归责,其前提是该主体违反了特定义务。② 区块链信息服务提供者除了自身不得利用区块链制作、发布、传播有害信息之外,③ 还须对他人发布的信息承担一定的网络安全管理义务,包括信息内容管理义务和配合检查义务。与之对应,区块链信息服务提供者违反网络安全管理义务的情形有二:一是不履行信息内容管理义务,例如没有对相关用户采取限制措施,或没有及时处理有害信息以防止其扩散;二是违反配合检查义务,比如没有履行相应的信息留存、协助检查和接受监督义务。那么,这两种义务违反的情形究竟仅涉及行政违法,还是均会涉及刑事违法?对此,需要考虑两个层面的问题,即刑罚权的启动是否有足够的规范依据,以及在此基础上应依据何种理论来对区块链信息服务提供者

---

① Maurice Schellekens, *Does Regulation of Illegal Content in the EU Need Reconsideration in Light of Blockchains?*, 27 International Journal of Law and Information Technology 292, 303 (2019).

② 时延安:《刑法规范的结构、属性及其在解释论上的意义》,载《中国法学》2011 年第 2 期,第 115—117 页。

③ 参见 2019 年网信办《规定》第 10 条。

进行刑事否定性评价。

1. 刑法干预的规范依据审查

值得注意的是，2019年网信办《规定》对区块链信息服务提供者违反上述义务的法律后果表述存在一定区别：当未履行信息内容管理义务时，《规定》第20条并未明确要求其对放任或纵容"他人发布的有害信息"承担刑事责任，仅规定了由各级网信办按照《网络安全法》的规定予以处理；相比之下，对于区块链信息服务提供者违反配合检查义务的法律后果，《规定》第19条明确规定由各级网信办对其给予行政处罚，"构成犯罪的，依法追究刑事责任"。之所以如此规定，其背后可能蕴含着两种不同的立法考量。第一种可能性是基于平衡技术创新与风险规制的考量。由于新兴技术往往伴随着风险，动辄以刑罚相威吓或者进行刑事追究，将掣肘对技术创新的有益探索，所以为避免对区块链信息服务提供者科以过于沉重的信息内容管理义务，不要求其对他人发布有害信息所致的危害后果承担刑事责任。第二种可能性是区块链信息服务提供者仍须对他人发布有害信息所致的危害后果承担刑事责任，其法律依据可在更高位阶的《网络安全法》中找寻，故而不必再在2019年网信办《规定》中赘述。具言之，《网络安全法》第47条规定网络运营者对他人发布的有害信息负有停止传输、删除和报告义务。尽管该法第68条对违反第47条信息内容管理义务的网络运营者仅规定了行政责任，但该法第74条对网络运营者违反该法的所有情形设置了兜底的刑事责任条款，也就是说，综合《网络安全法》第47、68、74条的规定来看，网络运营者（区块链信息服务提供者）仍可能因不履行信息内容管理义务而对他人有害信息所致的法益侵害承担刑事责任。

在前述两种可能性中，本文更倾向于第二种观点的立场。2019年网信办《规定》虽然没有明确规定区块链信息服务提供者会涉及刑事责任，但由于更高位阶的《网络安全法》为区块链信息服务提供者不履行信息内容管理义务预留了刑法介入的空间，故区块链信息服务提供者可能要为他人信息所造成的结果负责。当然，为了避免妨碍区块链信息服务行业的创新发展，刑罚权的使用应始终保持理性而适度的状态，不仅要考虑区块链信息服务提供者可能构成哪些犯罪，还需对其犯罪认定环节予以严格把握。总之，区块链信息服务提供者违反网络安全管理义务的两种情形都可能最终进入刑法评价的视野，《网络安全法》和2019年网信办《规定》为刑罚权的启动提供了必要的规范依据。

2. 刑事责任认定的基本路径

区块链信息服务提供者若不履行网络安全管理义务，可能构成不作为之罪。在不作为犯理论中，纯正不作为犯与不纯正不作为犯的区分一直是刑法学中的难题，二者的区别主要体现在以下几点：一是从刑法规定来看，如果不作为被明文规定为构成要件，那便是纯正不作为犯；若构成要件是按照积极的作为的方式加以设计，只有当不作为者"依法必须保证结果不发生，且当不作为与因作为而实现法定构成要件二者相等价时"，才成立不纯正不作为犯。二是从行为的可罚性来看，纯正不作为的刑事可罚性在于行为人"不实施客观上应为的行为"；不纯正不作为的刑事可罚性则是行为人"不阻止符合构成要件的结果"。三是从行为的等价性来看，纯正不作为并不存在与之对应的作为犯，而不纯正不作为有与之相等价的作为。① 据此，在纯正不作为犯的情况下，由于构成要件已对其行为主体和不作为内容作了充分描述，不需要再特别考察行为人是否具备保证人地位；就不纯正不作为犯而言，只有当行为人应防止结果发生却未排除或控制既存的危险时，才可能与作为相当进而符合作为犯的构成要件。

上述归纳对于分析区块链信息服务提供者的不作为刑事责任具有一定的启发意义。对于不履行配合检查义务的情形，可依循着纯正不作为犯的路径，判断区块链信息服务提供者是否构成《刑法》第286条之一规定的拒不履行网络安全管理义务罪。相比之下，不履行信息内容管理义务的情形则较为复杂，既可能构成不纯正不作为之罪，也可能是不纯正不作为与纯正不作为之罪的想象竞合犯。具体而言，一方面，如果服务提供者明知他人利用区块链传播有害信息，却没有对相关用户或有害信息及时采取处理措施，对此，首先需要判断服务提供者对防止有害信息传播是否具备保证人地位，其次应考虑能否将他人发布的信息所致的危害后果归责于服务提供者，进而认定为相应的不纯正不作为之罪。另一方面，如果区块链信息服务提供者的不作为同时符合《刑法》第286条之一规定的拒不履行信息网络安全管理义务罪，那便构成不纯正不作为之罪与纯正不作为之罪的想象竞合，此时根据第286条之一第3款规定的"有前两款行为，同时构成其他犯罪的，依照处罚较重的规定定罪处罚"，从一重罪处罚。基于此，下文将具体探讨区块链信息服务提供者的刑事责任认定问题。

四、区块链信息服务提供者承担刑事责任的具体类型

承前所述，区块链信息服务提供者不履行信息内容管理义务或不履行配合检查义务都可能存在触刑风险，前者可能构成相应的不纯正不作为之罪，而后

---

① ［德］乌尔斯·金德霍伊泽尔：《刑法总论教科书》，蔡桂生译，北京大学出版社2015年版，第357、363、386页。

者则可能涉嫌纯正不作为之罪。相较于纯正不作为之罪一般具有严格的构成要件限制和责任阻却事由,不纯正不作为之罪因所涉罪名的广泛性而可能造成区块链信息服务提供者刑事责任范围的不当扩张,因此需要在成立要件上予以严格把握。

(一)纯正不作为责任的认定

在不履行配合检查义务的情形中,区块链信息服务提供者是否成立纯正不作为之罪将受到严格的罪刑法定限制,按照从客观到主观的顺序,首先需在客观上对行为、结果等构成要件要素加以认定,然后结合主观方面的内容判断能否将危害结果归责于行为主体。例如,区块链信息服务提供者在相关部门依法实施监督检查时未能提供必要的技术支持和协助,经监管部门责令采取改正措施而拒不改正,致使违法信息大量传播。在此情形中,不法层面要求区块链信息服务提供者具备违反配合检查义务的不作为,且不履行义务的行为与危害结果之间存在因果关系;就有责性层面而言,由于区块链信息提供者曾接到过协助检查通知,可以认定其是明知。因此,可根据《刑法》第286条之一规定的拒不履行信息网络安全管理义务罪追究其刑事责任。又如,根据最高人民法院、最高人民检察院2019年10月21日《关于办理非法利用信息网络、帮助信息网络犯罪活动等刑事案件适用法律若干问题的解释》第6条规定,《刑法》第286条之一拒不履行信息网络安全管理义务罪罪状中的兜底条款(即"有其他严重情节"),可以表现为"对绝大多数用户日志未留存或者未落实真实身份信息认证义务"。据此,如果区块链信息服务提供者没有履行信息留存义务,没有将其用户发布的内容和日志等信息保存6个月以上,经监管部门责令采取改正措施而拒不改正,以至于在相关部门依法查询时无法提供,那么便可能构成拒不履行信息网络安全管理义务罪。

(二)不纯正不作为责任的认定

在违反信息内容管理义务的情形中,若要区块链信息服务提供者为他人发布有害信息所致的危害后果负责,核心问题是关于保证人地位以及作为可能性的判断,并且还应结合危害结果范围和主观罪过内容来限定不纯正不作为刑事责任的边界。

1. 作为义务根据的实质解读

《网络安全法》、2019年网信办《规定》等行政法律法规是区块链信息服务提供者信息内容管理义务的形式义务来源。然而,如果对作为义务仅作形式的探讨,可能会导致实践中所确定的保证人范围有时过宽,有时过窄,不利于妥当界定不纯正不作为犯的处罚范围。为此,有必要进一步结合不作为犯的实质义务来源以表明区块链信息服务提供者承担信息内容管理义务具有实质合理性，同时对保证人地位的确立起一定的限定作用。在实质义务来源方面，德国主流观点采取机能二分说，将作为义务的来源分为对特定法益的保护义务和对特定风险（危险源）的监督义务，与之对应的分别是保护者保证人和监督者保证人。①

一方面，区块链信息服务提供者不具有保护者保证人地位。保护者保证人与被害人之间因存在着一定程度的信赖关系而产生了保护义务，该义务既可能是基于自然的紧密关系和紧密的共同体关系而产生，如父母对未成年子女的保护义务；也可能因行为人自愿接管了保护功能而具有了针对遇险者本人或者针对第三人的保护义务，例如，一旦加入登山旅行的共同体，便默认为愿意共同防止危险；还可能是基于特定公职而产生的义务。② 显然，区块链信息服务提供者和其用户之间难以拟制出上述关系，因此首先排除区块链信息服务提供者具备保护者保证人地位的可能性。

另一方面，如果从监督者保证人的角度来看，主要有两种义务来源，一是基于先行行为而产生的义务，二是基于对危险源的支配而产生的义务。③ 就先行行为义务而言，如果行为人自己创设了一个法所不允许的风险，那么便具有基于危险的先行行为的保证人义务。不过，将区块链信息服务提供者所提供的服务行为视为一种"危险的先行行为"并不妥当。因为任何技术都具有被滥用的风险，区块链虽可能被用以传播有害信息或实施犯罪活动，却不能据此否定该技术本身的合法性。既然区块链的信息服务活动不能被视为一种危险的先行行为，那么，尚需思考的是，能否从支配危险源的角度来探明区块链信息服务提供者的保证人地位？在危险源支配说看来，行为人对其支配领域内存在的危险源必须加以控制，以保证他人不因此受到损害，违反该保证人义务则可能成立不作为犯而受罚。危险源不仅包括危险动物、危险物品、危险系统等危险物，还可能是人，如监护人须对被监护人的法益侵害行为予以监督、阻止。区块链存在着被不法分子用以存储、传播有害信息的风险，故可将区块链视为传播有害信息的危险源。危险源监督者的保证人地位，其产生的前提是行为人事

---

① [德] 乌尔斯·金德霍伊泽尔：《刑法总论教科书》，蔡桂生译，北京大学出版社2015年版，第374—376页。

② [德] 乌尔斯·金德霍伊泽尔：《刑法总论教科书》，蔡桂生译，北京大学出版社2015年版，第381—382页。

③ [德] 乌尔斯·金德霍伊泽尔：《刑法总论教科书》，蔡桂生译，北京大学出版社2015年版，第376页以下。

实上能够控制或支配危险源。循此思路,判断区块链信息服务提供者是否处于监督者保证人地位,除了必须具备前置法所赋予的信息内容管理义务之外,还应着重考察其对区块链中的有害信息是否具有技术控制的可能性。由于不同类型的区块链信息服务提供者对有害信息的控制支配程度有别,刑法上能够期待其履行的信息内容管理义务理应有所不同。

2. 作为可能性的具体判断

从我国网信办的备案要求来看,需要备案的区块链信息服务提供者分为三类:一是基础设施提供方,包括矿池、云挖矿以及节点;二是应用运营方,如区块链浏览器、区块链钱包等;三是技术提供方,如 BaaS 系统等。不同类型的服务提供者对有害信息的控制支配程度有别,以下结合其业务属性和功能特点作具体分析。

首先,关于基础设施提供方,由于矿池、云挖矿最终都是以节点的形式参与争夺区块链网络中的记账权,在此以节点为例来分析该类服务提供者的义务履行能力。① 全节点(Full Node)存储数据并非为了传输信息而对其进行自动、中间性和短暂的存储(Transient Storage),故不属于网络接入服务提供者。另外,全节点存储数据也不是为了提高信息的传输效率而对信息进行自动、中间性和临时的存储(Temporary Storage),因此也不符合网络缓存服务提供者的特点。相较之下,宜将全节点视为网络存储服务提供者。② 换言之,如果全节点能够在提供存储空间的同时,对其所存储的信息实现控制或删除,相应地便具有防止有害信息传播的职责。不过,考虑到区块链所存储的数据量巨大,且有害信息的外观并不总是以文本、图片等易于识别的形式呈现,服务提供者对有害信息的监督应是被动性的而非主动性的,即其不承担主动审查的义务。

其次,在应用运营提供方中,区块链浏览器属于信息定位服务提供者,提供区块链上数据的查询搜索、展示和统计汇总等信息。但需要注意的是,与区块链专业人士采用命令行窗口访问区块链或执行相关程序不同,区块链浏览器既无法将有害信息直接从区块链网络上删除或修改,也无法对有害信息发布者

---

① "矿池"即多人合作挖矿,按照各自对矿池的贡献度来获得虚拟货币奖励;云挖矿是一种通过网络远程使用他人矿机进行挖矿的服务,相当于一种租赁托管服务。另外,区块链的节点有全节点(Full Node)与轻节点(Light Node)之分,前者能存储区块链自创建以来的所有数据,后者存储的数据量则小很多,仅同步每个区块头数据。

② Maurice Schellekens, *Does Regulation of Illegal Content in the EU Need Reconsideration in Light of Blockchains?*, 27 International Journal of Law and Information Technology 292, 298 - 299(2019)。

采取关闭账号等限制措施，只能对有害信息予以屏蔽。① 而区块链钱包则是为了管理和存储私钥而诞生，私钥是数字和货币所有权的唯一证明，钱包的主要功能在于管理用户的交易地址、发起转账交易、查看交易记录。② 鉴于区块链钱包的种类较多且技术迭代频繁，在此仅以中心化钱包和去中心化钱包为例，前者的用户不用自己保管私钥，其私钥由第三方服务器统一存储；后者的特点是用户自持私钥，用户的数字资产存储在区块链上，而不是托管在中心化的服务器上。③ 中心化钱包类似于网络存储服务提供者，需要对其存储的信息内容承担一定的管理义务；但去中心化钱包是否应承担信息内容管理义务还有待于进一步甄别，比如，有的去中心化钱包除了管理数字资产外，还提供实时资产价格查询、区块链知识学习等服务，④ 兼具有了类似信息定位服务或内容提供服务的特点，相应地便有义务拦截、屏蔽乃至删除有害信息。

最后，BaaS 是将区块链框架技术嵌入云计算平台，旨在为开发者提供更优质的区块链生态环境和配套服务。对此，需要结合具体应用场景来分析其服务内容，不再赘述。不过，值得一提的是，曾经一些区块链企业为规避境内的监管压力，通常采取"境外设立实体＋境内公司提供技术"的模式，如今这些为境外区块链信息服务主体提供技术支持的公司也会被纳入 2019 年网信办《规定》的监管范畴。

总之，作为义务根据的实质解读和作为可能性的判断只是认定不作为犯的两个重要环节。只有兼顾维护网络信息安全管理的客观需要与区块链信息服务提供者对有害信息进行技术控制的可能性，才能为区块链的发展谋取充足的空间和明确的边界，在技术创新与法律规制之间实现平衡。

3. 危害后果的范围限缩

为了避免对区块链信息服务提供者施加过于沉重的刑事责任而阻碍技术创新的发展，需要对他人发布有害信息所致的危害后果范围作限缩。利用区块链传播有害信息可能造成的两类法益侵害。第一类是传播行为本身属于构成要件的实行行为，有害信息的传播过程即可直接导致法益侵害。当有害信息针对个

---

① 邓建鹏：《对区块链监管草案的技术探讨》，载《证券日报》2018 年 11 月 10 日第 A03 版。

② 张中霞、王明文：《区块链钱包方案研究综述》，载《计算机工程与应用》2020 年第 6 期，第 30 页。

③ 参见《中国区块链技术和应用发展白皮书（2016）》，工业和信息化部信息化和软件服务业司 2016 年 10 月 18 日发布，第 21 页。

④ 参见《中国区块链技术和应用发展白皮书（2016）》，工业和信息化部信息化和软件服务业司 2016 年 10 月 18 日发布，第 22 页。

体性利益时，可能涉嫌侵害自然人的名誉权、隐私权或是企业的名誉权。当有害信息针对超个体性利益时，其传播的过程可能扰乱社会秩序和公共安全，或是影响到政府管控社会的能力，由此可能构成煽动型犯罪、① 传播虚假信息类犯罪②以及损害公序良俗型犯罪。③ 第二类是传播行为通常只是相应犯罪的预备行为而不属于构成要件的实行行为，需要结合线下的实行行为才能造成现实的法益侵害。例如，为实施诈骗等违法犯罪活动而发布信息，或发布销售违禁品、管制物品的信息。该传播行为仅构成相应犯罪的预备或未遂，需结合线下行为才能最终造成法益侵害。

在上述两类法益侵害中，容易产生争议的是第二类，即区块链信息服务提供者是否需要对超出有害信息传播范畴的线下法益侵害后果负责？答案是否定的。如果从保证人的风险管辖范围来看，危险源监管保证人（监督者保证人）仅对危险源所特有的而不是对任何风险负有防止其现实化的义务；保护者保证人则对处于弱势的特殊法益者负有广泛的保护职责，因而有义务防止来自法益所有者本人、第三人或自然界等一切可能导致法益侵害的因素。据此，为避免将现实世界中传统犯罪行为的风险也加诸于网络服务提供者之上，网络服务提供者只对"有害信息的传播"这一危害后果具有保证人地位，而对于超出信息传播过程之外的现实世界中的风险与风险实现，不具有危险源监管的保证人地位。④ 区块链场景亦是如此。当他人利用区块链传播有害信息时，区块链信息服务提供者只对那些明确以传播行为作为构成要件实行行为的犯罪承担不纯正不作为责任，而对于那些需要结合现实世界中的线下行为才会造成的法益侵害不负责；除非区块链信息服务提供者与有害信息的发布者成立共同犯罪，才可能把超出有害信息传播范畴的其他危害后果归责于区块链信息服务提供者。

4. 主观罪过的认定思路

囿于责任主义原则的要求，若区块链信息服务提供者未能认识到有害信息的存在，其客观上的不作为便因缺乏主观罪过而不具备谴责可能性。在主观罪过不明的情况下，义务履行的判断容易以区块链中是否存在有害信息为标准。比如，只要区块链中存在有害信息，便认定区块链信息服务提供者没有履行信

---

① 如《刑法》第 103 条煽动分裂国家罪、第 105 条煽动颠覆国家政权罪、第 120 条之三宣扬恐怖主义、极端主义、煽动实施恐怖活动罪、第 249 条煽动民族仇恨、民族歧视罪等。

② 如《刑法》第 291 条之一编造、故意传播虚假信息罪和编造、故意传播虚假恐怖信息罪等。

③ 如《刑法》第 364 条传播淫秽物品罪等。

④ 王莹：《网络信息犯罪归责模式研究》，载《中外法学》2018 年第 5 期，第 1320—1321 页。

息内容管理义务。这无疑会使构罪判断又回到了早已被摒弃的客观归罪道路。

从比较经验来看，主观明知是网络服务提供者的一项重要归责依据。美国《数字千年版权法》所创设的"避风港"规则，使网络服务服务提供者对他人发布的信息内容仅承担有条件的责任。以网络存储服务提供者为例，若同时满足以下条件即可免责：一是信息内容的存储是由用户发起或主导，即服务提供者对其存储的信息内容不作积极介入；二是未实际明知材料本身或使用该材料的行为构成侵权；三是一旦认识到存在侵权事实或收到符合要求的侵权投诉，立即采取行动删除侵权材料或断开链接，即履行"通知—删除"的事后管理义务。① 尽管具备上述条件免除的是民事责任，但根据美国较有影响力的《尼莫版权条约收录》中关于"没有引起民事上著作权损害的行为，必然不会构成刑事上的侵犯著作权犯罪"的论述，避风港规则理论上也具有排除刑事责任的作用。② 另外，欧盟《电子商务指令》第14条亦把主观不知情作为网络存储服务者免责的考量因素之一，一方面要求服务提供者对违法行为或违法信息没有认识；另一方面要求其一旦知晓上述情况便立即行动，删除或禁用对信息的访问。③ 可见，在对网络服务提供者进行刑事归责时，一个重要的考量因素就是其对信息内容是否明知；只有在实际认识到相关违法内容的情况下，才产生为避免结果发生而采取相关措施的义务，而不是始终负有一种主动审查的义务。

上述法规之所以对我国具有一定借鉴意义，主要是因为区块链信息服务提供者对有害信息的监督也是被动的，而非一种主动审查的义务；只有明知有害信息的存在，才能期待其采取相关措施。所谓主观明知，应将其理解为对有害信息的具体认识。仅当区块链信息服务提供者对有害信息具有认识而仍不履行信息内容管理义务，才能对其进行归责。有害信息作为主观明知的认识内容，指的是在伦理道德、价值观导向、真实性或合法性等方面存在严重错误，且传播结果可能对国家安全、社会秩序以及个人、法人或其他组织的合法权益构成潜在威胁或造成破坏的信息。④ 有害信息显然不是一个单纯的事实性要素，而是一个需要进行规范评价的概念。目前的问题在于，我国规制有害信息的相关

---

① U. S. Code Title 17, §512 (c) (1).

② 孙禹：《论网络服务提供者的保护规则——以刑事责任的限制为视角》，载《北方法学》2019年第2期，第141页。

③ E-Commerce Directive 2000/31/EC, Art. 14 (1).

④ 张新宝、林钟千：《互联网有害信息的依法综合治理》，载《现代法学》2015年第2期，第54页。

立法亟待完善。具言之,有关网络有害信息的规范条文散见于各类法规、规章或政策性文件中,而 2017 年《网络安全法》也并未对有害信息作出专门规定,仅能从其第 12 条规定推定出有害信息的大致范围。[①] 可见,我国治理有害信息的相关立法在统一性、科学性和可操作性方面均有所欠缺,由此可能会影响区块链中的有害信息认定。若根据信息所侵害的利益内容之不同,可将有害信息分为侵害超个体性利益的信息和侵害个体性利益的信息。前者包括危害国家安全、涉嫌恐怖主义、极端主义、传播暴力、淫秽色情内容等信息,其特点在于立法用语具有高度的抽象性和模糊性,存在被恣意扩大解释的风险。后者侵害的是公民、法人或者其他组织的合法权益,往往指向相对明确的主体的合法权益,如侵害他人名誉权、隐私权、知识产权等。对于侵犯个体性利益的信息,尚且可以要求区块链信息服务提供者继续沿用"行为人所属的外行人领域的平行评价"理论来予以认知。然而,针对侵害超个体性利益的信息,仅凭区块链信息服务提供者自己来评估信息内容是不够的,必要时仍然需要依靠监管部门的介入。

为了能够准确认定区块链信息服务提供者的主观罪过,构建清晰、合理的有害信息认定标准实属必要。我国的区块链研究尚处于萌芽阶段,前置法的规范供给仍显贫乏,因此建议监管者与行业主体共同制定行为准则,确保区块链场景中的信息发布形式符合相关的国家标准规范,并对有害信息的类型划分和认定标准给予更明确的指导。此外,鉴于区块链信息服务提供者所承担的信息内容管理义务具有被动性,应谨慎把握明知的推定。目前,可以考虑适用的推定情形有:一则,在网信部门书面告后仍不对有害信息采取处理措施;二则,接到公众举报后不履行其法定管理职责。当具备上述两种情况时,可以推定区块链信息服务提供者对有害信息存在明知。由此,如果全节点、区块链浏览器、中心化钱包等主体明知其管理的区块链中存在有害信息且具有相应的技术处理能力,却依然放任有害信息的恣意传播,那么便需要对他人发布有害信息所致的危害结果负责,从而承担不纯正不作为犯的刑事责任。

[①] 参见《网络安全法》第 12 条:"任何个人和组织使用网络应当遵守宪法法律,遵守公共秩序,尊重社会公德,不得危害网络安全,不得利用网络从事危害国家安全、荣誉和利益,煽动颠覆国家政权、推翻社会主义制度,煽动分裂国家、破坏国家统一,宣扬恐怖主义、极端主义,宣扬民族仇恨、民族歧视,传播暴力、淫秽色情信息,编造、传播虚假信息扰乱经济秩序和社会秩序,以及侵害他人名誉、隐私、知识产权和其他合法权益等活动。"

五、结语

法律始终落后于技术发展。这一法律与技术之间的张力会随着网络时代创新步伐的加快而变得更加明显。区块链若欲摆脱传统法律的束缚而独自运行,要么区块链本身能够自治,要么区块链并不能带来法益侵害或者威胁。然而,这显然是不成立的。新兴技术并非法外之地,区块链并非是一个纯粹的技术问题,而是一个治理问题。此时此刻,问题的焦点已不再是国家是否应对区块链实施监管,而是应当采用何种策略和技术才能成功达成监管目的。区块链技术虽然能够实现跨部门、跨行业、跨区域的信息共享,提高信息传递效率和增进不同主体的互信,但亦存在着被不法分子用以传播有害信息的隐患,故而全面审慎地研究区块链信息服务提供者的刑事责任问题无疑具有重要的现实意义。

区块链被用以传播有害信息的风险不容忽视。我国目前主要以区块链信息服务提供者作为治理有害信息的切入点,对其设定了网络安全管理义务,服务提供者可能因不履行该义务而承担不作为的刑事责任。需要进一步研究的是,为了有效地惩治和预防利用区块链传播有害信息的行为,除了定性层面的分析,如何量化区块链场景中的危害后果。例如,是否需要在入罪门槛上对不同类型的有害信息进行差异化设置?如何在入罪门槛的设置上使行政处罚的上限能够有效承接刑罚的下限?总之,区块链技术的发展仍存在很多不确定因素,新兴技术与法学之间的专业壁垒仍有待于通过增进学科间的交流来予以打破。在风险程度尚不明晰的当下,刑罚权的启动应始终保持理性、适度,动辄以刑罚权相威吓或者进行刑事追究,无疑将阻碍技术创新的发展。

(责任编辑:高磊)